WEGE
ZUM THEATER

Susi Nicoletti–Leo Mazakarini

WEGE ZUM THEATER

Max Reinhardts Schüler

ORAC PIETSCH

Bildquellennachweis:

A. Kleiner (2), Archiv des Reinhardtseminars (15), Heurteur, Graz (1), Max Fenichel, Wien (2), Madensky, Wien (2), Foto Kössler, Wien (1), Foto Croy (1), Atlantic (Ehrig) (1), Foto Ilse Buhs, Berlin (1), Bozucanin (1), Nassau (1), Fayer-Schikola, Wien (1), Kurt Freisl, Wien (1), Elfriede Broneder, Wien (1), H. Meroth, Wien (1), Ernst Hausknost, Wien (6), Gretl Geiger, Wien (1), Harry Croner, Berlin (1), Votava, Wien (1), Leif Öster, Helsingfors (1), Barbara Pflaum (1), Monika Löhr, Koblenz (1).
Schutzumschlag-Foto und Vor- und Nachsatz: Bernd Schilling, Wien.

ISBN: 385368-845-4

Schutzumschlag: Bronislaw Zelek
Technik: W. Menches
Fotosatz: Druckerei Robitschek & Co., Wien
Druck- und Bindearbeiten: Wiener Verlag

Inhaltsverzeichnis

Geleitwort von Leo Mazakarini 9

DIE SCHULEN DES PROFESSORS 15
Ausbildung und Erziehung:
Die Schauspielschule des Deutschen Theaters 15
Das Wiener „Conservatorium“ 23
„Werden Sie wesentlich!“
Das Schauspiel- und Regieseminar Schönbrunn 26

MAX REINHARDTS SCHÜLER 35
Der Dankbare — oder: Quasi ein Prolog 35
Die Dame, par excellence 42
Der Doyen des humoristischen Corps 46
Der Initiative 52
Das kaufmännische Talent 56
Der Liebling 59
Der Überlegene 67
Ein Wiener in Amerika 70
Das lange, lange Wartenmüssen 77
Der Herr vom Weghuberpark 82
Die Wahrheit darstellen 89
Hundertzwanzigmal die Sissy 93
„Ein Abbild des Menschlichen schlechthin“ 96

LEHRER, PLÄNE UND PROGRAMME 100
Das Seminarstudium 100
Nach der Methode Stanislawskis 103
Im Totaleinsatz für das Cumberland 107
Hundertprozentig 109
Die Suche nach dem Gleichgewicht 111
Unterrichtend Freude machen 115

Vorgegebene Improvisationen 118
Atmen, das heißt — leben 120
Das Land der Künste mit der Seele suchen 123
Sein Auftrag: Gerechtigkeit 127
Räume erfinden 135
Auf einige alles setzen 137
Ein Platz für Johann Nestroy 140

DIE SCHAUSPIELSCHULE DES BURGTHEATERS . 143
„. . . ohne Sensatiönchen" 147
Für den Rundfunk ungeeignet 148
„Ich geh in's Seminar" — wörtlich genommen 152
Es schien alles so einfach zu sein 156
Burg und Pawlatschen 160
Seminarist zwischen Welten 163

DAS THIMIG-ZEITALTER 169
Die schönsten (neun) Jahre seines Lebens 176
Als Kaiser im Museum 179
Kortners legitimer Richard 183
Liliputaner, nackt, am Nachttopf 193
Der Medienjongleur 198
Für Eindrücke immer offen sein 204
Der Glück und der Zufall 208
Anregungen und Aufregungen 214
Spontanes, authentisches Theater machen 218
Vom Seminar zur Oper 222
Nur Praxis, keine Theorie 223
Für sieben Schilling — Volk spielen 225
Ausdauer und Konsequenz 227
Zwangsläufig zum Theater 233
Vom Dreinredner zum Regisseur oder:
Der g'wöhnliche Faust 238
Die Annie aus dem „Abschiedssouper" 246

Eine kontinuierliche Entwicklung 249
Im Kampf gegen das Mittelmaß 250
Erst das Können, dann das Glück 253
Die Wandlungsfähige 256
Der Fixpunkt heißt Zufall 258
Nur ein paar Wochen 261
Ein künstlerisches Zuhause haben 264

ERFOLG IN ANDEREN BERUFEN 267
Zwischen Justinian und Thalia 269
Der Cutter des Paten 273
Ein Weg zum Nächsten 275
Zwischen Kunst und Bürgertum 278
Ein einziges Engagement nur 280
Der Vorsichtige 281
Pflicht und Liebe 283

DAS SEMINAR IM FERNSEHZEITALTER 285
So ein bißchen hineingeraten 287
Vertrauen macht kreativ 291
Ein Gespräch mit Senta Berger 294
Offenheit am Theater 306
Zurück zum Anfang 310
Denn dieser Tage Qual war groß 313
Die jüngste Staatsschauspielerin (und ein Zirkuspferd) . 320
Seine Motivation: Herausforderung 329
Einmal Filmregie führen 333
Heidi im Glück 336
Sich auf die eigene Phantasie einlassen 340
Es geht ständig weiter 342
Tief in sich hineinhorchen 343
„Wo bist du lieber unglücklich?“ 345
Sich selbst überwindend sich selber findend 349
Ein Theatralmaniker, sich selbst in Frage stellend . . . 352

Auf Entdeckungsreise nach dem Ich 355
Er entwickelt sich gelassen 359
Eine belastende, beglückende Verantwortung 363
Mehr als ein Gretchen 366
Die Voraussetzungen stimmen 369
Theater, das ist wie ein Fluß 370
Die Wahrheit als Weg 373
Von Arbeit zu Arbeit wachsen 374
Im Seminar — für das Leben vorbereitet 375
Ein Vormittag im Reinhardtseminar 376

AN VIELEN GROSSEN BÜHNEN 379
Ehestifter Reinhardtseminar 392
„Prominentenkinder" 393

INTENDANTEN, REGISSEURE, DIREKTOREN . . . 395

Statt eines Epilogs — von Susi Nicoletti 402

Wo sie engagiert sind 405
Personenregister 415
Literaturverzeichnis 429

Geleitwort von Leo Mazakarini

Ich glaube, wir haben zum erstenmal über die Idee, gemeinsam ein Buch über das Max-Reinhardt-Seminar zu verfassen, im Sommer des Jahres 1974 gesprochen. Wir saßen damals im Bauernhaus von Susi Nicoletti und Ernst Haeusserman in Niederalm bei Salzburg und lasen zu dritt Korrekturen jenes „Burgtheater"-Buchs, das der Hausherr verfaßt und anläßlich des zweihundertjährigen Jubiläums dieser Institution herausgebracht hatte.

Seit damals schwelte der Gedanke während aller unserer Begegnungen, „einmal" ein Buch über's Seminar zu schreiben. Er schwelte, doch er brannte nicht.

Beinahe zwei Jahre später trafen wir einander bei einem Empfang im Marmorsaal des Hotel Sacher. Anlaß war der hundertste Geburtstag dieser Institution. Und wieder war das Schönbrunner Seminar Thema jenes Gesprächs, das Susi Nicoletti und ich führten. Die Sache sollte nun endlich konkret angegangen werden.

Noch an jenem Abend wurde mit dem Verleger Grundsätzliches besprochen, Umfang und Illustration festgelegt, der Erscheinungstermin fixiert; als Deadline galt das Frühjahr 1979. Zum Termin, da das Reinhardtseminar seinen fünfzigsten Geburtstag feierte . . .

Wie Haeussermans „Burgtheater"-Buch, wie später mein Buch „Das Hotel Sacher zu Wien", so sollte auch für „Wege zum Theater" das Jubeljahr nur den „Aufhänger" liefern. Denn nicht die Jubiläen, die Institutionen selbst sind es, die zum Schreiben Anlaß gaben. Und die Institutionen rechtfertigen in allen diesen Fällen engagierte Auseinandersetzung.

Nun, damals war 1976. Der vereinbarte Erscheinungstermin lag noch in weiter Ferne. Susi Nicoletti und ich setzten uns zwar in Abständen zusammen, und wir versuchten, unsere individuellen Arbeiten aufeinander abzustimmen, vereinbarten, wer mit welchem unserer „Buch-Helden" zu sprechen habe (Susi Nicoletti übernahm einen großen Teil dieser Interviews); Tonband-, Bild- und Textmaterial sammelte sich an. Und mit der Substanz wuchs auch der Wunsch, daraus ein Buch zu formen.

Daß wir nicht die Historie des Reinhardtseminars aufbereiten wollten, war uns bald klar gewesen: die Geschichte dieses Hauses ist ja bereits geschrieben worden: „Max Reinhardt und das Wiener Seminar“, das Buch des langjährigen Instituts-Leiters, Helmut Schwarz, ist ein akribisch geschriebenes Werk, dem von uns nichts hinzuzufügen ist, dem wir aber viel Wissen verdanken und auf das wir uns wiederholt bezogen, wenn wir meinten, ohne historische Marginalien nicht auskommen zu können. Dankbar sind wir auch für die Doktorarbeit Hans Peter Holaseks, „Das Max Reinhardt Seminar“.

Von allem Anfang an interessierte uns mehr als die „äußere“ Historie die *eigentliche* Geschichte, die Geschichte jener Menschen, die dort, im Geist und Schatten Reinhardts, auf dem Weg ihrer Verwirklichung waren; als Lehrer, als Schüler vor allem. Was haben sie von diesem Institut ins Leben mitgenommen? Wie wesentlich — oder wie unwichtig — war diese Zeit für sie? Und was ist aus ihnen „wirklich“ geworden?

Es lag uns fern, ein Prominentenalbum anzulegen. Deshalb halten wir schon zu Beginn unseres Buches fest, daß es uns keinen Spaß gemacht hätte, nur klingende Namen zu sammeln; wie es uns auch zu wenig gewesen wäre, selbstherrlich festzustellen, wen wir für buchenswert hielten, und wen nicht.

Hier mögen manche jener fehlen, die — von Reinhardts Pflanzstätte her kommend — mehr oder weniger Karriere gemacht haben (sei es auf der Bühne, im Film oder im Fernsehen); ja, es mag sogar vorkommen, daß allein schon durch die Anzahl der geschriebenen Zeilen dem oder jenem hier scheinbar mehr Gewicht gegeben wurde, als ihm nach Meinung manch anderer zugekommen sein mag.

Quer durch die Zeit von fünfzig Jahren Menschen zu finden, die Persönliches, die subjektiv Gültiges zu sagen hatten, sie zu befragen, mit ihnen zu sprechen, das war unsere Aufgabe. Typisches,

Symptomatisches, Allzumenschliches und Überraschendes aufzuspüren und aufzuzeichnen, daran war uns gelegen; Wegen nachzugehen, die von einem Ausgangspunkt, dem Seminar, in viele verschiedene Richtungen geführt haben, das hatten wir uns zum Prinzip gemacht.

Bisweilen ging's unseren Gesprächspartnern wirklich nur um ein, zwei, drei Seminarjahre; mitunter setzten sie ihr ganzes Leben zum damals in Beziehung.

Wir haben in unserer Arbeit versucht, weder uns noch anderen ein Korsett anzulegen. Uns schien allein das wichtig, was jenen anderen wichtig war und wesentlich geblieben ist. Viele Subjektivitäten, die in ihrer Summe letztlich ein einigermaßen objektives Bild des Seminars ergeben mögen. In Reflexionen einzelner Menschen Atmosphäre von damals und heute fühlbar und spürbar zu machen, das ist's, woran uns gelegen war.

Das Reinhardtseminar bezieht seine Verpflichtung aus seinem Namen. Die Intentionen Max Reinhardts sind das Maß, nach dem man zu messen, der Geist Reinhardts — übersetzt in unsere Zeit — ist es, an dem man sich dort zu orientieren hat. Keine leichte Aufgabe.

Die Zeiten haben sich in den fünfzig Jahren, die das Wiener Seminar nun alt geworden ist, wesentlich geändert, und wir mit ihnen. Damals kann nicht heute sein. Lehrer haben gewechselt, und neue Schülergenerationen prägten viele Verwandlungen mit. Ist das Seminar, das vom sicherlich größten Theatergenie dieses Jahrhunderts geschaffen wurde, ist dieses Seminar überhaupt noch identisch mit jenem, das „Er" damals gründete? Oder hat es sich auch — wie rundum die Welt — mit den Zeiten bis zur Unkenntlichkeit geändert?

Als sicher gilt, daß diese Schule unverwechselbar ist; und diese Unverwechselbarkeit mag ein Kriterium für ihre Rechtmäßigkeit im Hinblick auf Reinhardts Vorgaben sein. Diese Unverwechselbarkeit ist es auch, die theaterbesessene junge Leute aus aller Welt anzieht: Japaner und Finnen, Schweden und Franzosen, Amerikaner und Italiener haben Ideengut dieses Hauses übernommen und in ihre Heimat exportiert, haben es dort an ihre Schüler weitervermittelt. Eine kulturpolitische Aufgabe, deren Bedeutung man sich oft gar nicht recht bewußt ist . . .

Blättert man in den alten Schülerverzeichnissen des Wiener Reinhardtseminars, lösen die dort aneinandergereihten, kommentarlos niedergeschriebenen Namen vielfältige Assoziationen aus. Namen verbinden sich mit Gesichtern, mit persönlichen Eindrücken und Erinnerungen, mit Begegnungen, mit Sympathien und mitunter auch mit Aversionen.

Da gibt es aber auch Namen, die einem nichts erzählen. Mag sein, daß jene, die hinter diesen Namen stehen, den Beruf später nicht ausgeübt, daß sie einen anderen Lebensweg gewählt haben, daß sie Schlosser oder Versicherungsangestellte, Zahntechniker oder Wirtschaftsprüfer geworden sind. Mag auch sein, daß andere hinwiederum sehr wohl Schauspieler geblieben sind, daß sie zu lokaler Größe in Solothurn oder in Kiel aufgestiegen sind, wir aber davon nichts gehört haben. Oder: einzelne haben wirklich Karriere gemacht, unter einem anderen als den in den Seminarregistern verzeichneten Namen. Allerdings: Überraschungen gab's da auch während unserer Arbeit. Zwar wußten wir, daß sich hinter dem Namen Günter Plachetta der Gunther Philipp verbirgt, daß aus der Eleonore Hahn die Nora Minor, aus Kitty Mattfus die Kitty Mattern geworden ist, daß Dr. Kurt Jagersberger Kurt Jaggberg und Marlies Moitzi Marisa Mell sind. Dennoch ist es uns nicht gelungen, diese Rätsel alle zu lösen. Daß aus dem Schauspieleleven Wolfgang Newerkla der Wolf Neuber, daß Hans Sachsl Hans Christian, Renate Röhrl Renate Bernhard und Peter Neumayer der Entertainer Peter Alexander geworden sind — wir haben es erst erfahren.

Ferner gibt es eine ganze Reihe von Leuten, die das Schauspielerhandwerk am Seminar zwar erlernt, es aber nie oder nur sehr kurz ausgeübt haben, Leute jedoch, die sich in ihren danach erwählten Berufen so sehr durchsetzten, daß sie „wichtig" geworden sind, als Dichter oder als Arzt, als Staatsbeamter oder Professor, als Architekt oder als Komponist. Einigen dieser Schicksale werden wir — stellvertretend für alle anderen — nachgehen.

Wie in Hugo von Hofmannsthals „Salzburger großem Welttheater“ ziehen da Menschen um Menschen vor unserm innern Aug’ vorüber, Bettler und Könige, viele Berufene, wenige Auserwählte. Wir sprachen mit jenen, die einst bebend vor Reinhardt selbst gestanden sind und die uns heute noch, ein halbes Jahrhundert danach, die Atmosphäre von damals vermitteln können. Sprachen mit Schülern aus der Zeit, da das Seminar zur Reichshochschule, zur Schauspielschule des Burgtheaters geworden war und man den Namen Reinhardt „besser nicht“ laut nannte; wir sprachen mit jungen Leuten von heute . . .

Seminarzeit ist Lernzeit. Zeit des Sich-Findens, des Sich-im-Innern-Kennenlernens. Begegnung mit dem eigenen Abbild im Spiegel des Bühnenpartners. Stimmt das alles immer? Oder ist es nicht oft auch eine Zeit der Illusionen? Des Selbstbetrugs? Des Irrtums über die eigenen Grenzen und Fähigkeiten?

„Wir können heute über den Ozean fliegen, hören und sehen“, sagte Max Reinhardt in einer Rede an der Columbia Universität, New York, im Jahre 1928, im Jahr, als er um seine künftige Wiener Schule kämpfte, „aber der Weg zu uns selbst und zu unserem Nächsten ist sternenweit. Der Schauspieler ist auf diesem Weg. Mit dem Licht des Dichters steigt er in die noch unerforschten Abgründe der menschlichen Seele, seiner eigenen Seele, um sich dort geheimnisvoll zu verwandeln und, Hände, Augen und Mund voll von Wundern, wiederaufzutauchen . . . “

Sind sie, die vielen hundert vor unserem inneren Aug’ vorüberziehenden Seminaristen, sind sie alle wiederaufgetaucht aus sich selbst? Haben sie überhaupt das Risiko auf sich genommen, und den damit verbundenen Schmerz, in sich hinabzusteigen? Wir wissen es nicht. Die es taten, egal nun, ob sie ihr äußeres Ziel erreichten oder nicht, sie sind die Eigentlichen. Nur sie zählen. Und an ihnen mißt sich der tatsächliche Erfolg der Schule. Einer Schule, die zwar auszubilden hat, die aber — nach Wunsch und Willen ihres Gründers — vor allem erziehen will.

DIE SCHULEN DES PROFESSORS

Ausbildung und Erziehung: Die Schauspielschule des Deutschen Theaters

Er selbst hat kaum ordentlichen Schauspielunterricht genossen. Ein paar Stunden nimmt der neunzehnjährige Beinahe-Bankangestellte Max Goldmann beim Burgtheaterstatisten Perak (der sich damit in ein bißchen Unsterblichkeit eingeschlichen hat), einige Lektionen auch bei einem Professor Bürde. Was er von dort für's Leben mitgenommen hat? Max Reinhardt faßte es später in einem einzigen Satz zusammen: „Es war schwer und sehr notwendig, es dann wieder zu vergessen."

Seine Lernjahre waren seine frühen Praxisjahre. Wie Werner Krauß, so wurde auch er als Darsteller reifer Männer, oft auch der Greise eingesetzt. Im Fürstlich-Sulkowskischen Theater in der Wiener Vorstadt Matzleinsdorf war er König Philipp im „Don Carlos" und Attinghausen im „Wilhelm Tell". Und das ebenfalls nicht gerade urbane „Neue Volkstheater" in Rudolfsheim (14. Wiener Gemeindebezirk) ließ den Anfänger in der Rolle des Spiegelberg in Schillers „Räubern" berichten, daß er „den Nonnen des Cäcilienklosters ein Andenken hinterlassen, sie werden ihre neun Monate dran zu schleppen haben . . . " Übrigens eine in der Retrospektive geradezu außerordentliche Aufführung, zumal der den Bösewicht Franz Moor darstellende Protagonist derart realistisch agierte, daß er nach dem fünften Akt von einem erzürnten Publikum windelweich gedroschen wurde. Bei diesem Jungkomödianten handelte es sich um den später in anderer künstlerischer Disziplin nicht ganz unbedeutenden Karl Kraus . . .

Dann: Preßburg (eine unvorstellbare Schmiere); Salzburg (dieses lernte ihn nicht nur als den alten Miller kennen, er war dort auch der

Wurzelsepp in Anzengrubers „Pfarrer von Kirchfeld“); endlich: der große Sprung nach oben, ans Deutsche Theater, Berlin.

Berlin: Mittelpunkt des künstlerischen Establishments wie auch der Avantgarde des Fin de siècle, Zentrum naturalistischer Schauspielkunst. Das Deutsche Theater: Ein Haus zwar, in dem noch das Pathos wohnte, das aber auch Hauptmann und Ibsen stilgerecht zu interpretieren verstand.

Direktor des Hauses in der Schumannstraße war Otto Brahm, als Kritiker einst auf einer Wegstreckte Gefährte Theodor Fontanes und Mitbegründer der „Freien Bühne“, Bahnbrecher des zitierten Naturalismus. Dorthin zog (1894) der ambitionierte junge Mann, und dort spielte er im Laufe der nun folgenden neun Jahre ein halbes hundert Rollen.

So progressiv das brahm'sche Unternehmen seinerzeit auch gewesen sein mag, so konservativ-altmodisch schien es bald dem Ensemblemitglied Reinhardt. Es verwundert also nicht, wenn der Endzwanziger dem Neuerer von gestern als Neuerer von morgen entgegentritt. „Ich habe Brahm verlassen, ein eigenes Ensemble gegründet . . . “ In seinem „Kleinen Theater“, in dem vorher das Kabarett „Schall und Rauch“ agiert hatte, brachte er erste eigene Produktionen heraus (1901).

Mit dem neuen Saeculum brach jenes des Max Reinhardt an: Als Regisseur reüssiert er schnell und total, er kann bald das „Neue Theater am Schiffbauerdamm“ als zweites Haus dazunehmen: mit Gorkis „Nachtasyl“ wird er zum Gesprächsthema Nummer eins in Salons und Kneipen, und seine „Sommernachtstraum“-Inszenierung — für die er die als verstaubt geltende Drehbühne reaktivierte und mit einer herrlichen Waldlandschaft versah — versetzt er die Stadt in Theatertaumel und schafft den triumphalen Durchbruch (1905).

1905: ein Schicksalsjahr Reinhardts und des Theaters. Er wird zum Nachfolger Otto Brahms. Und im Oktober desselben Jahres gründet er im Palais Wesendonck, In den Zelten 21, seinem Logis, das erste Reinhardtseminar: die Schauspielschule des Deutschen Theaters. „Gewiß, die besten Künstler seiner Zeit, erblüht mit ihm, gereift mit ihm, waren bald zum Bündnis mit dem neuen Theater bereit: aber er wollte auch die Talente, die noch außerhalb warteten, entdecken und an sich fesseln", erinnert sich Max Hochdorf fünfundzwanzig Jahre später an jene Zeit. Innerhalb dieser ersten fünfundzwanzig Jahre hatten 670 Studenten das Institut engagementreif verlassen, über 200 hatten es „im Beruf" bereits zu etwas gebracht: Roma Bahn und Paul Dahlke, Renate Müller und Lothar Müthel, Franz Schafheitlin und Otto Wallburg, O. E. Hasse und Mathias Wiemann, Werner Fütterer, Werner Hintz und Ulrich Bettac, um hier nur einige Namen zu nennen.

Reinhardt, der Talenteentdecker, der Talenteförderer: hat er nicht auch Tilla Durieux und Agnes Straub entdeckt, Elisabeth Bergner und Lucie Höflich, Josef Schildkraut und Paul Wegener? Die Reihe glänzender Namen setzt sich fort mit Werner Krauß und Eugen Klöpfer, Ernst Deutsch und Fritz Kortner, Rudolf Forster und Heinrich George . . . Und nun die Jungen von damals . . .

Alfred Beierle, Lehrer an Reinhardts Berliner Schule, hat uns einen Augenzeugenbericht der ersten Stunde übermittelt: „Großer Eröffnungstag vor Schülern gleichzeitig der Schauspielschule und Schülern der Regieschule, denen er sagt, wie schwer es ist, die Menschen da oben zu verstehen, mit ihnen umzugehen, die zwischen acht und zehn Uhr Schicksale spielen — wie oft ihr eigenes! — und die halb Kinder, halb Verbrecher sind. Und den jungen Schauspielschülern legt er das Verantwortungsvolle des Berufes dar, wenn sie nun nach ein oder zwei Jahren die ersehnte Welt jenseits des Rampenlichts endlich betreten dürfen, nachdem gar viele erst das Lampenfieber werden überwunden haben müssen. Dann schließt er unter großer Heiterkeit: ‚Jenes Lampenfieber, das ich soeben gehabt habe, als ich diese Rede sprach. Denn es war die erste Rede, die ich in meinem Leben gehalten habe . . .'"

Reinhardt, durch die Arbeit für seine beiden Theater und durch seine Inszenierungen, die ihn bald durch ganz Europa und Amerika führten, völlig aufgesogen, war natürlich zeitlich nicht in der Lage, das Institut selber zu leiten. Es mußte genügen, wenn er einmal zur rechten Zeit aufkreuzte, wenn er die eine oder andere Inszenierung leitete, die Führung der Schule im übrigen aber jenen anvertraute, die sein menschliches und sein künstlerisches Vertrauen besaßen. Wie sehr man als Lehrer wecken und fördern, wie leicht man auch Talente ruinieren kann, das wußte er genau, war er doch selbst Professor am Stern'schen Konservatorium in Berlin gewesen, worauf er später in seinem Briefwechsel mit Behörden anläßlich der Gründung des Wiener Seminars wiederholt hinwies.

Jedenfalls hat er es glänzend verstanden, besonders geeignete Lehrkräfte auszuwählen: Gertrud Eysoldt beispielsweise, die große Wedekind-Schauspielerin, und Hedwig Wangel, die vielbewunderte Darstellerin „mütterlich-leidvoller Frauen des Volkes". Albert Strakosch, vorher Lehrer in Wien, war der wohl berühmteste (wenn auch nicht modernste) Sprachmeister der Zeit: „Die begeistertste, ernsthafteste Hingabe, mit der uns Professor Strakosch unterrichtete", erinnerte sich später Leontine Sagan, „ist durch niemand, der mir je im Beruf begegnet ist, überholt worden. Damals waren wir albern und grausam genug, über den feurigen kleinen Mann heimlich zu kichern, aber seine unbeirrte, besessene Art, mit der er unser Empfinden für die Schönheit unserer Muttersprache zu schärfen und zu wecken sich mühte, ist mir nie aus dem Sinn gekommen". Strakosch starb nach vier Berliner Jahren gerade in jenem Augenblick, als er sich anschickte, einem Schüler Shakespeares verzweifelte Lear-Worte — „Undankbarkeit, du warmherz'ger Teufel / abscheulicher, wenn du im Kind dich zeigst — als aus dem Meer ein Ungeheuer" — vorzuspielen. Mit seinem Tod war auch der Sprechstil der Zeit dahin. Die neue Dramatik verlangte nach einem lockeren, legeren . . .

Lehrer auch: Eduard Winterstein („Jedenfalls ist mir klar, daß ich selbst unendlich viel gelernt habe beim Lehren, und das scheint mir die schönste Frucht meiner Lehrerzeit . . . "); Albert Steinrück, Siegwart Friedmann: Künstler, die gleichermaßen als Menschendarsteller wie als Lehrer suggestiv zu wirken verstanden: „Der Gesichtsausdruck des Lehrers ist beinahe schmerzlich gespannt, . . . (er) fühlt die Begeisterung, aber auch die soziale und moralische Verantwortung, die ihm sein Amt gebietet." — Die große Hermine Körner; Ferdinand Gregori, vorher Lehrer für dramatischen Unterricht an der Wiener Akademie für Musik und darstellende Kunst, Verfasser des Buches „Der Schauspieler", in dem er dem Nachwuchs von damals unzählige wertvolle Ratschläge gab („Arten des Auswendiglernens", „Sammlung als Schaffenshebel" — „Wohl und Wehe des Berufs" usw). Später wirkten hier Dr. Emil Geyer und Dr. Iwan Schmith, denen wir noch ausführlich in Wien begegnen werden; Max Dessoir las Ästhetik, Max Hermann Theatergeschichte. Unter den Lehrern finden wir markante Schriftstellerpersönlichkeiten wie Oscar Bie und Walter von Holländer. Nicht zu vergessen den berühmten Meister des Jugendstils, Emil Orlik. Und bald waren auch Schüler von einst Dozenten von heute: Lucie Höflich, Lothar Müthel, Leontine Sagan . . .

Zum ersten Leiter der Schule bestellte Reinhardt den Literaten Ephraim Frisch, der sich sehr bald von Paul Legbard ablösen ließ, dem wieder Richard Ordynski folgte. Dann nahm über einen langen Zeitraum hinweg der Reinhardt-Freund und -Kenner Berthold Held die schuldirektorialen Agenden im Sinne des Meisters wahr.

Die Lehrfächer: Dramatischer Unterricht, d. h. Einübung von Szenen und Monologen aus klassischen und modernen Stücken. Sprech- und Atemtechnik, Fechten, Tanzen, später auch Reiten. Also: technische, körperliche und — Kultur- und Geistesgeschichte — geistige Ausbildung. Gesamtanliegen war, „das Gemüt des Schützlings an sich zu bringen."

Von allem Anfang an und den Vorstellungen Reinhardts voll entsprechend, war dem Institut die Erziehung des jungen Menschen zur Künstlerpersönlichkeit mindestens ebenso wichtig wie die technisch-handwerkliche Ausbildung. Weil Ausbildung, so Berthold Held, „nur die Erlernung eines Teilgebiets, die Erwerbung von Fähigkeiten bedeutet, die Erziehung dagegen das Wesen des ganzen Menschen umfaßt." Daher sei es „Aufgabe eines vernünftigen Lehrers, darauf zu achten, daß durch den Unterricht eines reich veranlagten Menschen nicht die Entwicklung der Besonderheit seiner Persönlichkeit Schaden nehme, denn diese muß dem Künstler gewahrt bleiben. Das ist die Grenze, an der der Lehrer sich zurückzuziehen hat."

Man arbeitet und studiert viel. Und man tritt auch an die Öffentlichkeit: mit Szenen aus Shakespeare-Stücken, dem „Guiskard"-Fragment Kleists, den ganz großen Bogen umspannend bis hin zum revolutionären Zeittheater.

Zu Lessings zweihundertstem Geburtstag wird des Dichters „Freigeist" gegeben, und Kleist ehrt man zum einhundertfünfzigsten Geburtstag mit Szenen aus „Familie Schroffenstein" und „Prinz Friedrich von Homburg". Als Goethes „Faust" hundert Jahre alt war, gibt man vor einem Auditorium der Berliner Goethe-Gesellschaft der Tragödie Ersten Teil sowie den Schluß des Zweiten Teils.

Das Exterieur der Schauspielstudenten: „Flatternde Moissi-Krawatten, kurze Hosen, beinahe bis auf die Schultern fallende (gebrannte) Locken — das war damals die Uniform der Reinhardt-Schüler", berichtet Max Ehrlich.

Manche jener Probleme, die sich heute, beispielsweise den Lehrern am Wiener Seminar, immer wieder stellen, waren auch damals schon fast unlösbar: Zitieren wir hier nur, was man über die Beurteilbarkeit des Talents gedacht hat: „Zu den schwierigsten, dem Lehrer oder der Lehranstalt zugemuteten Aufgaben gehört die vorherige Beurteilung des Talents, denn die selbstverständliche Voraussetzung des Unterrichts sei die Begabung der Schüler. Wie steht es nun damit? Wer vermag zu behaupten, daß sein Urteil ihn nicht täuschte? Große Anfangstalente, die beim ersten Vorspielen überraschten, fanden keine Entwicklung und gingen unter, anfangs schüchterne, verschlossene, in ihrer Empfindungsäußerung gehemmte Menschen erlangten eine ungeahnte Entwicklung durch Unterricht", weiß Berthold Held aus langer Erfahrung, denn „der gehemmte Mensch ist der wertvollere. Der künstlerische Wert freilich liegt in der Überwindung dieser Hemmung. Wessen Hemmung unüberwindbar bleibt, der ist zum künstlerischen Beruf ungeeignet. Die Entwicklung seines Inneren kann unter Qualen erfolgen und zu einem Martyrium werden, aber sie muß endlich erfolgen . . . " Generationen von bedeutenden Schauspielern und Schauspiellehrern können das, aus eigener, oft leidvoller Erfahrung, voll bestätigen.

Ebenso unüberwindbar wie Hemmungen mögen mitunter pubertär-arrogante, vorschnelle Urteile oder Vorurteile von Schülern über Schüler sein, ein Phänomen, das es einst ebenso schon gab, wie es auch heute immer wieder auftritt: „Machten meine Mitschüler nach Premieren im Deutschen Theater oder in den Kammerspielen unten in der heute (1930) noch bestehenden Kaschemme der Schumannstraße großen Krach und Debatten über Schauspieler und Regisseure, verwarfen vom hohen Kothurn aus den einen und lobten gönnerhaft den anderen (mein Gott, war man jung!), so saß ich da und haßte alle und zankte mit ihnen, weil ich nicht begriff, wie man kritisieren kann, nachdem man eben noch hingerissen im Theater gesessen . . . Und so stehe ich heute einer neuen Jugend gegenüber, und wieder zanke ich mit jungen Schülern, wenn sie ‚sachgemäße Kritik' üben. Sie sollen sich lieber hundertmal zu Unrecht begeistern, als einmal kühl aburteilen . . . " Worte von Leontine Sagan. Sie könnten heute kritisch über manche Schüler jeder x-beliebigen Schauspielschule gesprochen werden.

Auf den Spielplänen der ersten Jahre stehen unter anderem Ibsens „Nora" (unter Leitung der Eysoldt), Shakespeares „Romeo und Julia" (Oberleitung: Friedrich Kayssler) und Goethes „Iphigenie". An sechs öffentlich zugänglichen Abenden im Deutschen Theater gibt die Schule alljährlich eine Art Rechenschaftsbericht.

Reinhardt selbst hatte mit den Schülern Max Halbes „Jugend" und Gerhart Hauptmanns „Weber" inszeniert. Von diesen Aufführungen weg wurden stets eine Reihe von Eleven an mehr oder weniger prominente deutschsprachige Bühnen engagiert. Bereits vier Jahre nach Gründung seiner neuen Schule konnte Reinhardt nicht ohne Stolz darauf hinweisen, daß es „dabei keinesfalls Aufgabe der Schauspielschule (sei), nur dem Deutschen Theater in Berlin, sondern allen deutschen Bühnen gut vorgebildete, begabte Anfänger zuzuführen". Und er zählt auch gleich zwei Dutzend Theater auf, an denen

Reinhardtschüler wirkten: Düsseldorf und Berlin, Mannheim, Karlsruhe und Wiesbaden, St. Gallen, Mainz . . .

Im Jahre 1911 übersiedelt das Institut vom Wesendonck'schen Palais in die Kammerspiele des Deutschen Theaters. Die Zahl der Schüler wird drastisch reduziert, auf das Schulgeld (bis zu 600 Mark im Monat, wobei allerdings besonders Begabte bei nachgewiesener Bedürftigkeit Stipendien erhielten) ganz verzichtet. Von den jährlich rund hundert Bewerbern werden maximal sechs bis acht auch wirklich aufgenommen. Zwischenprüfungen entscheiden, ob der Aufgenommene bleiben darf.

Einheitliche Seminarkleidung, zwingend vorgeschrieben für alle Studenten, war selbst bei Szenenabenden zu tragen. Der von der Idee her gewollte Gleichklang manifestierte sich immer wieder. Etwa nach jener märchenhaften „Sommernachtstraum"-Aufführung in einem Wald am Wannsee zur Mitternachtsstunde, da die Schüler sich „hernach an Mondschein und Sternenglanz und Elfenausgelassenheit ergötzt, als wenn das Leben nur zur Heiterkeit und Tanz berechtige . . . ": gemeinsames Erleben. Oder auch, wenn sie am Sarge eines verstorbenen Lehrers — Strakosch — gemeinsam die Totenklage sprachen: „Sagt mir, ich kann's nicht fassen und deuten . . . "

Reinhardt kam einmal zur festlichen Stunde und rief ihnen zu: „Seid Künstler mit der heiligen Besessenheit und der tiefen Spiellust der Kindheit!" Jener Spiellust, die Kinder zusammenführt und tief einigt . . .

Reinhardt führte das Deutsche Theater, die Kammerspiele und seine Berliner Schule fast dreißig Jahre lang. So lange, bis es ihm durch faschistischen Terror unmöglich gemacht wurde. Sein Nachfolger Heinz Hilpert leitete Theater und Schule in seinem Geist weiter. Und als der Krieg zu Ende war, übernahm Hilde Körber die Direktion. Max Reinhardts Witwe, Helene Thimig, erteilte dem Institut 1949 die Erlaubnis, den Ehrentitel „Max-Reinhardt-Schule" zu tragen. Wie das Wiener Reinhardtseminar, wurde auch jenes in Berlin in den Rahmen der staatlichen „Hochschule für Musik und darstellende Kunst" eingegliedert.

Mit dem Auszug Reinhardts aus Deutschland hatte das deutsche Theater seine zentrale Persönlichkeit verloren. „Seine Vision . . . überzeugend zu verwirklichen", sprach Oscar Waelterlin anläßlich der Totenfeier für Reinhardt im Zürcher Schauspielhaus, „half ihm sein selten sich täuschender Spürsinn, Schauspieler zu entdecken, zu entwickeln, an den richtigen Platz zu stellen, und wenn er an sie glaubte, mit ihnen auszuharren, bis er sie durchgesetzt hatte."

Reinhardt hat seine Schauspieler zur Inspiration geführt, hat den Darstellern durch sein suggestives Vorspielen die Möglichkeiten des Gestaltens gewiesen: er war der großartige Praktiker des Theaters. Theoretische Lehrschriften — wie etwa Stanislawski, wie Brecht mit seinem „Organon" — hat er nicht hinterlassen. Er wollte keine allgemeingültigen Regeln geben. Seine Arbeit war unmittelbar mit seiner Persönlichkeit verbunden.

Er war, wie einmal formuliert wurde, ein „Theatrarch".

Das Wiener „Conservatorium"

„Machen Sie Ihrem Kaiser Vorstellungen, eine Theater-Philantropie zu gründen! — Jede Kunst muß eine Schule haben, in frühester Jugend durch gute Grundsätze vorbereitet und geleitet zu werden". Worte Gotthold Ephraim Lessings an seinen Besucher in Wolffenbüttel, Johann Heinrich Friedrich Müller, der als Abgesandter des römisch-deutschen Kaisers und Mitglied des neugegründeten Nationaltheaters nächst der Burg in Wien auf Talentesuche unterwegs durch die deutschen Lande war und dem Dichter seine Aufwartung machte.

Von der Reise zurückgekehrt, machte Müller also dem Kaiser seine Vorstellungen, nach Muster der Mannheimer Singschule „Pepinière" auch hierzulande junge Leute für den Theaterberuf auszubilden. Die in Aussicht genommenen Schüler, Eleven aus

Waisen- und Erziehungsanstalten im zarten Alter von zehn bis zwölf Jahren, hätten nach Müllers Vorhaben eine auch heutigen Gesichtspunkten weitgehend entsprechende, sehr gediegene Ausbildung erhalten: höfliches und höfisches Benehmen, richtige Bewegung des Körpers, Tanzen, Ausdruck im mündlichen Vortrag (nicht deklamatorisch!), Gebärdenspiel, Schärfung des Urteils und der Geschmacksbildung, „wenigstens allgemeine Kenntnis derer ins dramatische Fach einschlagenden Wissenschaften, ganz oder theilweise", die Kenntnis der französischen und der englischen Sprache . . .

Verblüffend für uns Heutige ist, daß Müller als Schulort das Schönbrunner Schloßtheater vorschlägt, das rund dreißig Jahre vorher von Pacassi errichtet worden war. Dazu kam es jedenfalls nicht. Also erteilte der rührige Müller in seinen eigenen vier Wänden Unterricht an begabte Anfänger, erst mit Duldung, sehr bald aber unter Mißbilligung Kaiser Josefs.

Im Laufe des neunzehnten Jahrhunderts, vor allem gegen sein Ende, wurden in Wien eine Reihe von Privatschulen eröffnet; mehr unseriöse, von unqualifizierten Leuten geführte, als solche von Bedeutung. Wesentliches war schon früh getan worden für die *musikalische* Ausbildung junger Menschen. Bekannt und gerühmt wurde das von der „Gesellschaft für Musikfreunde" im zweiten Jahrzehnt des neunzehnten Jahrhunderts (1812) begründete Conservatorium, an dem seit 1853 der berühmte Hofschauspieler Heinrich Anschütz — vor allem Gesangschülern — „Declamation" lehrte und damit den Keim für die spätere Schauspielschule schuf. Seit 1875 gab es dort — immer noch im Rahmen der Gesellschaft der Musikfreunde — regelmäßigen Schauspielunterricht, durchgeführt nach einem wohlüberlegten Lehrplan und unter Heranziehung bedeutender Schauspieler als Lehrer. Die Schüler hatten Stimmbildung und Deklamieren zu pauken, wurden in der französischen Sprache unterrichtet, hörten Vorlesungen über Mythologie, übten das Tanzen und das Fechten, hatten ihre Gymnastikstunden und durften — wie später die Reinhardtschüler — im ersten Jahr noch nicht auf die Bühne. Josefine Wessely, Tante unserer großen Paula, war damals

Elevin. Sie berichtet aus ihrem letzten Lehrjahr: „Nahezu alle sechs Wochen spielte ich am Konservatorium öffentlich, und ich zählte meine Zeit nur nach den Abenden, wo ich das Glück hatte, aufzutreten . . . “

Das Konservatorium, im Jahre 1907 verstaatlicht, heißt ab 1909 „Akademie für Musik und darstellende Kunst“. Ferdinand Gregori, dem Josef Weil von Weilen, Bernhard Baumeister, Josef Krastel und Alexander Römpler als Institutsleiter vorausgegangen waren, erweiterte das zweijährige Studium um ein Jahr. Knapp vor dem Ersten Weltkrieg übersiedelte man in den Akademieneubau in die Lothringerstraße, brachte auf der hauseigenen Bühne (dem heutigen Akademietheater des Burgtheaters) eine Reihe von Stücken heraus und war, wie auch bisher schon, bei Neuaufnahmen von Schülern sehr selektiv: maximal zwanzig Bewerber fanden Aufnahme. Das Schulgeld: vierhundert Kronen.

Die Schaffung einer neuen Fachhochschule (1923), quasi als Überbau zur Akademie, war eine der Voraussetzungen, die es dem damals schon weltberühmten Max Reinhardt erlaubten, nach einem Vierteljahrhundert in Berlin gesammelter Erfahrung als Schauspielschulleiter auch in Wien ein Seminar zu gründen. Hier waren aber erst, anders als in Deutschland, eine Unzahl bürokratisch-politischer Steine aus dem Weg zu räumen. Man darf jedoch nicht vergessen, daß sich inzwischen auch die Zeiten geändert hatten: Noch hatte sich Österreich nicht vom Zerfall der österreichisch-ungarischen Monarchie erholen können; rundum herrschte soziale Armut, und man lebte in einem Staat, wie Hellmut Andics einmal formulierte, den keiner wollte.

„Werden Sie wesentlich!“
Das Schauspiel- und Regieseminar Schönbrunn

Anton Wildgans, der Dichter als Burgtheaterdirektor, hatte ein Gastspiel des Berliner Reinhardt-Ensembles, wie es mit Wildgans-Vorgänger Albert Heine vereinbart gewesen war, zu vereiteln gewußt. Auch andere Reinhardt-Projekte in Wien waren an mittelmäßigen und bürokratischen Partnern gescheitert. Der „Zauberer“ und die österreichische Hauptstadt kamen erst durch die Privatinitiative eines Millionärs einander nahe. Der Bankier Camillo Castiglioni hatte für den von ihm hoch verehrten Max Reinhardt das Theater in der Josefstadt gepachtet, es auf eigene Kosten generalsanieren lassen und damit ermöglicht, daß es zu Jahresbeginn 1924 — mit einer Reinhardt-Inszenierung von Goldonis „Diener zweier Herren“ — glanzvoll wiedereröffnet wurde.

Was lag nun näher, als es so zu machen, wie er's zwanzig Jahre vorher in Berlin getan hatte: dem Unternehmen eine „Schauspielschule des Theaters in der Josefstadt“ anzuschließen? Doch dann waren erste Gespräche mit Hochschuldirektor Joseph Marx, der als Liedkomponist großen Ruhm genoß, so zukunftverheißend verlaufen, daß diese Idee vorläufig fallengelassen wurde: Eine Einladung Reinhardts an die aus der Akademie hervorgegangene Hochschule für Musik und darstellende Kunst stand „in Erwägung“. In einem Brief an den Wiener Theaterkritiker Ludwig Karpath schrieb Reinhardt, voll berechtigtem Selbstbewußtsein, „daß alles, was zum Theater strebt, die Aufnahme in die Hochschule suchen würde, steht ja bei meinem Ruf im In- und Ausland außer Zweifel . . . “ Und er unterläßt auch nicht, auf negative Erfahrungen hinzuweisen:„ . . . vielleicht verläuft sich die Sache österreichisch, wie die Salzburger Festspiele, wie die ursprünglich von mir vorgeschlagene Reorganisation des Burgtheaters durch Verbindung mit der Josefstadt (die heute freilich gewollt wird, aber unsererseits nicht mehr möglich ist), und die ganze Geschichte verläuft im Sand einer alten bürokratischen oder parteipolitischen Streubüchse."

Er hoffe, daß die Sache diesmal anders laufe, denn sonst „bleibt nichts anderes übrig, als sich auch in bezug auf die Schule auf eigene Füße zu stellen" . . . , und er schließt letztlich resignierend: „Vielleicht ist der ganze Aufwand, die ganze Schreiberei umsonst — weil, nun weil wir halt eben in Österreich leben, wo nur um Gottes Willen nichts Wirkliches geschehen und gearbeitet werden soll . . . " (1923).

Ende des 1. Akts: ein Kompromiß. Man einigt sich dahingehend: Reinhardt wird während seiner Anwesenheit in Wien als „nicht honorierter Honorardozent" an der Hochschule einen Regiekurs halten. Ob man ihm aber auch den Titel eines Professors zuerkennen könne, müsse erst durch einen gesonderten Antrag geklärt werden, zumal aus „der Aktenlage nicht hervorgehe, ob es sich um den Titel eines ordentlichen oder außerordentlichen Professors handle".

Unmittelbar nach der Josefstädter „Sommernachtstraum"-Premiere, im Februar 1925, beginnt der Kursus, den nur ausgewählte Akademiestudenten und einige Gäste (z. B. Otto Preminger) besuchen dürfen. Während dieses Kurses, der drei Monate lang dauert, ist Reinhardt selbst „nur" rund zehnmal anwesend: eine Tatsache, die von den vorgesetzten Behörden gewiß nicht mit Wohlwollen zur Kenntnis genommen werden konnte. Doch Reinhardt hatte als Kursleiter einen Mann delegiert, der die Zielsetzungen und Wünsche des Professors genau kannte: Dr. Paul Kalbeck. Die beiden Abschlußabende, Ende Mai und Anfang Juli im Akademietheater, fanden bei Presse und Publikum durchaus positive Resonanz . . .

Österreichs Mühlen mahlen langsam, für den ungeduldigen Reinhardt zu langsam. Deshalb wurde im Jahre 1927 in der Tendlergasse im neunten Wiener Gemeindebezirk, eine „Neue Schule für dramatischen Unterricht" eröffnet, ein Unternehmen, das sicherlich von Reinhardt inspiriert war und in dem Hans Thimig und Alfred Neugebauer dramatischen Unterricht erteilten. Diese Schule wurde anderthalb Jahre später, als Reinhardt sein Schönbrunner Seminar eröffnete, für immer geschlossen.

Und endlich: im Jahre 1928 unterzeichneten Max Reinhardt und das Rektorat der Hochschule einen Vertrag, der die Existenz eines Schauspielseminars sichern sollte. Reinhardt selbst wird Professor, und die Einnahmen der Schule haben die Ausgaben zu decken.

Dr. Mena Blaschitz, eine Wiener Mittelschullehrerin, die Reinhardt während der Salzburger Festspiele 1927 kennengelernt und die ihre vielfältigen Beziehungen zur Realisierung des Seminarprojektes eingesetzt hatte, übernimmt die Administration. Dem Seminar wird das Schönbrunner Schloßtheater samt Nebenräumen zur Verfügung gestellt. Als Lehrkräfte waren damals geplant:

- die Professoren Alfred Roller und Oscar Strnad für Bühnenbild,
- Hans Thimig für dramatischen Unterricht,
- Prof. Dr. Erhard Buschbeck für Dramaturgie,
- Dr. Emil Geyer für Regie und Schauspiel,
- Dr. Iwan Schmith für Regie und Schauspiel,
- Dr. Mena Blaschitz (neben ihren administrativen Aufgaben) für die musikalische Vorbereitung der Studenten,
- Alexander Moissi und
- Paul Hartmann (oder an seiner Stelle ein anderer Schauspieler).

Übergeben wurde das Schloßtheater am 13. November 1928 in Anwesenheit des Bundesministers für Unterricht, Schmitz, auf dessen Rede Reinhardt unter anderem replizierte: „Wenn ich heute an dieser Stelle spreche, so erfüllt sich mir ein alter eigensinniger Traum . . .

Ich habe ja in meinem ganzen Leben nichts anderes getan, als meine Träume verwirklicht. Nicht restlos natürlich, und mit dem wechselnden Glück, das sterblichen Menschen eben beschieden ist . . . Wie weit mein hochfliegender Traum von einer Theaterschule in Wien Wirklichkeit werden kann, vermag weder ich noch sonst jemand im Augenblick zu entscheiden . . . Und warum in Wien? Weil hier die große Vergangenheit des Theaters in gewissen, unverlierbaren Traditionen noch lebendig aufzuspüren ist und weil mir das für ein gründliches Studium des Theaters ebenso notwendig erscheint, wie für den bildenden Künstler das Studium der alten

Bildwerke . . . Ob man die Tradition erneuern, bekämpfen oder verwerfen will, man muß sie erst kennenlernen. Weil hier noch immer die beiden mächtigsten Hauptpfeiler des künstlerischen Theaters stehen: Ensemble und Repertoire, und vor allem, weil hier das Fundament des Theaters, das Verhältnis zwischen Schauspieler und Zuschauer, in seiner köstlichen Ursprünglichkeit unerschüttert erhalten geblieben sind . . . "

Von den 66 für Ende November 1928 angemeldeten Aufnahmebewerbern bestehen 25 die Prüfung. Sechs weitere werden vorbehaltlich eines Probejahres aufgenommen.

Am 24. April 1929 erst versammelte Reinhardt auf der Bühne des Schloßtheaters Lehrer und Schüler und hielt eine denkwürdige Rede: „Wir werden Sie nicht mit grauen Theorien plagen. Wir wollen vielmehr gleich mit einem Satz auf diese Bretter springen, die von heute an unsere Welt bedeuten, und in jeder einzelnen Aufgabe das ihr innewohnende Gesetz zu erkennen und zu formen suchen . . . Was Sie hier lernen sollen, ist das Handwerk, das wie jedes Handwerk seinen guten Boden hat und wahrhaft gelernt sein will . . . Ich sage Ihnen: die vollkommene Meisterung des Handwerkes, die souveräne Beherrschung des Wortes und der Stimme, die gründliche, musikalische, rhythmische, tänzerische, sportliche, ja sogar akrobatische und auch die gesangliche Ausbildung wird in Zukunft vom Schauspieler verlangt werden . . . Was dem Theater, wie aller Kunst, nottut, ist die Persönlichkeit. Nun, Persönlichkeit ist freilich nicht etwas, was man jemandem beibringen kann, dem dieses höchste Glück der Erdenkinder nicht gegeben ist. Man kann es nicht erlernen und kann es — das möchte ich Ihnen mit besonderem Nachdruck sagen — gewiß nicht spielen, nicht vortäuschen, am wenigsten durch äußerliche Extravaganzen, durch genialische Allüren ersetzen . . . Seien sie wahr. Hören Sie auf, Komödie zu spielen. Fangen Sie lieber gar nicht damit an. Weder im Leben noch auf der Bühne. Die stärkste Macht der Komödianten ist die Wahrheit, die letzte, die innerlichste, brennende Wahrheit . . . "

Von nun an sah man Max Reinhardt in seinem Seminar nur mehr selten. Den Unterricht führten von ihm dazu ausersehene Lehrer durch:

- Dr. Emil Geyer, der in Abwesenheit des Professors auch das Theater in der Josefstadt zu führen hatte und der am Seminar vor allem die richtige Rezitation von Gedichten lehrte.
- Dr. Paul Kalbeck, wie Geyer auch schon im Berliner Team Reinhardts, erteilte dramatischen Unterricht; er lehrte die Darstellung klassischer Szenen.
- Dr. Iwan Schmith, Stanislawski-Schüler, bringt das Gedankengut des großen Schauspielerführers vom Moskauer Künstlertheater nach Wien. Er unterrichtete vor allem „stumme Szenen“: von Schülern selbst erfundene Geschichten müssen, ohne ein Wort zu sprechen oder ein Requisit zu benützen, künstlerisch dargestellt werden.
- Zdenko Kestranek und Ernst Zeiss unterrichteten Sprechtechnik.
- Dr. Mena Blaschitz las „Rhythmik der Musik und Sprache“, „Chorgesang“ und „Kunstgeschichte“.
- Hofrat Professor Alfred Roller und Professor Oscar Strnad, die zwei bedeutendsten Vertreter ihrer Disziplin zur damaligen Zeit, lehrten Bühnenbildnerei.
- Professor Dr. Joseph Gregor, Richard Strauss-Librettist, berühmter Schriftsteller und Theaterwissenschaftler, lehrte (ab 1932) „Geschichte des Theaters“
- Fechtunterricht erhielten die Schüler des Seminars aufgrund einer hochschulinternen Abmachung in der Turnanstalt der Wiener Universität.
- Fritz Klingenbeck, erst Schüler, ab 1934 auch Lehrer am Seminar, war für die Fächer Tanz und Bewegung zuständig.
- Professor Walter von Hoesslin, ebenfalls Seminarabsolvent der ersten Stunde, unterrichtet seit 1932 Bühnentechnik.
- Professor Dr. Friedrich Schreyvogl, der Schriftsteller und Romancier, hat später das Fach „Bühnenfähige Dichtung: Das Zusammenwirken von Dichter, Theater und Kritik“ gelehrt.

- Prof. Dr. Erhard Buschbeck vom Wiener Burgtheater las, eine Stunde wöchentlich, praktische Dramaturgie.

Die erste Regiearbeit Reinhardts an seinem Wiener Seminar war Shakespeares „Was ihr wollt“; eine Inszenierung, die am 19. Juni 1930 im Schloßtheater erstmals gezeigt und im Rahmen der Salzburger Festspiele im Naturtheater des Mirabellgartens wiederholt wurde: „Wirkungsvoll gestaltete Aufzüge, die man noch, bevor sie die Rampe erreichten, in den Seitenkulissen der Laubengänge bewundern konnte, Tänze der Elisabeth-Duncan-Schule als Zwischenspiele, und die Idee, daß Salzburger Fackelbuben die Handlung zeitweise begleiteten, lassen den Verzicht auf jegliche Ausstattung angesichts eines prächtigen Sommerabends inmitten der Gärten als besonders raffinierten Effekt geglückter Inszenierungskunst erscheinen“, resümiert Helmut Schwarz, später viele Jahre Leiter des Seminars, heute Rektor der Hochschule für Musik und darstellende Kunst . . .

Reinhardt hatte einmal an den Rektor der Hochschule geschrieben: „Ebenso bestehe ich . . . auf den Unterrichtsschluß um 9, längstens 1/2 10 Uhr abends“, doch es stellte sich nur all zu bald heraus, wie undurchführbar dieses Vorhaben war: es entsprach nicht dem Tagesrhythmus Reinhardts, des Nachtmenschen und Spätaufstehers. Denn er selbst kam oft erst spätabends nach einer Josefstädter Premiere und anschließendem Abendessen ins Schloßtheater hinaus, wo ihn die Seminaristen bereits seit Stunden erwartet hatten, und nun erst begann er mit der Probenarbeit, die sich häufig genug bis in die frühen Morgenstunden zog. Das wieder konnte dem Rektorat nicht gefallen: man wußte zwar, was man an Reinhardt besaß, hatte aber anderseits gegenüber der Unterrichtsbehörde den „ordnungsgemäßen Ablauf des Unterrichts“ zu verantworten.

Wie es den Herren aus der Verwaltung auch nicht recht war, daß er während des Salzburger Festspielsommers seine Lehrstunden einfach an die Salzach verlegte: „Ich bin mir natürlich klar, daß ich mit diesen außergewöhnlichen Maßnahmen über den hergebrachten Rahmen der Schulordnung weit hinausgehe und kann dem gegenüber nur auf die außerordentlichen Schwierigkeiten meiner Zeiteinteilung, auf meinen leidenschaftlichen Willen, der Sache wirklich zu dienen, und zuletzt auf den Erfolg meiner Bestrebungen hinweisen, der sich in Wien und besonders in Salzburg in hohem Maße einstellt und den Ruf der Schule in internationalen Interessentenkreisen zweifellos gefördert hat."

Im Jahr 1931 kam es zu einer Krise, hervorgerufen durch einen Wechsel in der Akademieleitung. Man erwog die Auflösung des Seminars. Die Wiener Presse stellte sich, unter Führung Ernst Lothars, hinter Reinhardt: „Da hat man eine singuläre Erscheinung, die dauernd an Wien zu binden, Wien (wohin es sie zieht) zu verbinden, eine der primitivsten Selbstverständlichkeiten sein müßte. Statt dessen verekelt man ihm Wien . . . " Auch die Schüler gingen für ihren Lehrer auf die Barrikaden: Doch gegen Windmühlen kämpfte selbst Don Quichotte vergebens. Was nutzte es da, wenn die „Sechs Personen suchen einen Autor"-Inszenierung Reinhardts Schlagzeilen machte?

Im Jahre 1931 mußte das Seminar — auf Grund eines Ministerratsbeschlusses — aus dem Verband der Hochschule herausgenommen und als Privatinstitut weitergeführt werden. Dieser Umstand hatte eine wesentliche Erhöhung der Schülerzahl zur Folge, um mittels der dadurch erzielten Mehreinnahmen wenigstens einen Teil der auflaufenden Kosten decken zu können. Quantität auf Kosten der Qualität?

Neu am Seminar war in jener Zeit ein wesentlicher Lehrer: Doktor Otto Preminger. Der ehemalige Schüler Dr. Hans Niederführ wurde zum artistischen Sekretär bestellt.

Um die durch die politischen Gegebenheiten entstandene wirtschaftliche Not wenigstens einigermaßen zu lindern und einen Teil des bereits alarmierenden Defizits abzutragen, rief der Theater-Professor Friedrich Schreyvogl eine „Gesellschaft der Freunde des Wiener Reinhardtseminars" in's Leben, die Begabtenstipendien für bedürftige Schüler zu beschaffen hatte.

In jener Zeit führte eine Tournee die Seminaristen in die Tschechoslowakei: mit „Iphigenie auf Tauris". Im Sommer desselben Jahres — 1932 — zeigte Reinhardt mit seinen Schülern (eine jedermann in das Auge springende Demonstration der künstlerischen Kraft des Unternehmens) im Park des Schlosses Kleßheim eine für viele unvergeßliche „Sommernachtstraum"-Inszenierung: nicht nur die Szenerie, der Zuschauerraum wechselte. Fackelträger geleiteten das Publikum zu den Sitzen.

Im Jahr 1933 hatte Hitler in Deutschland die Macht und viele Schauspieler die Flucht vor dieser Macht ergriffen. Reinhardt führte damals an einer Reihe ausländischer Bühnen — in Italien, Frankreich, USA und Großbritannien — höchst erfolgreich Regie; das Seminar besuchte er erst wieder 1934, als er Kotzebues „Die deutschen Kleinbürger" inszenierte (wie paßte doch dieser Titel auf die Gegenwartssituation): das war seine letzte Arbeit in Schönbrunn. Von nun an war der Kontakt zu seinen Wiener Schülern auf die Salzburger Sommermonate beschränkt, wo er im „Jedermann" — als Tischgesellschaft —, und im „Faust" — als Bürgermädchen und Handwerksburschen — immer wieder Seminaristen einsetzte und mit ihnen so arbeitete, als hätte er es mit Jannings oder Moissi zu tun.

Eine erwogene Erweiterung des Seminars um eine Opernklasse kam nicht zustande.

Zu den altgewohnten gesellten sich neue Lehrer: Alfred Neugebauer, bedeutender Akteur aus der Josefstadt, erteilte dramatischen Unterricht, wie auch Frieda Richard, die in Salzburg Jedermanns Mutter war. Helene Thimig, Reinhardts Frau, trat erstmals lehrend auf; Walter Hoesslin wurde technischer Seminarleiter; wichtig auch: Ernst Lothar als Regisseur und (nachdem Strnad ausgeschieden war) Otto Niedermoser als Bühnenbild-Professor.

Im März 1938 inszenierte Paul Kalbeck am Seminar Shakespeares „Sommernachtstraum" — mit der soeben verbotenen Mendelssohn-Bartholdy-Musik. Ein paar Tage später hatte Geyer den Hut zu nehmen, und mit ihm ein Dutzend weiterer Lehrer. Die Existenz des Hauses, das den neuen Machthabern in der Ostmark schon auf

Grund der Person seines Gründers suspekt war, stand auf tönernen Füßen. Hans Niederführ, der gewichtige Beziehungen zu den zuständigen neuen Mächtigen hatte, trug nun durch persönlichen Einsatz dazu bei, daß Reinhardts Werk weitergeführt wurde. Niederführ war der neue Leiter.

MAX REINHARDTS SCHÜLER

Zurück zu den „Uranfängen“, in das Jahr 1927! Bevor noch das Seminar seine Pforten öffnete, gab es quasi einen Probegalopp: die „Neue Schule für dramatischen Unterricht“. Das Unternehmen hatte mit Reinhardt offiziell nichts zu tun, wurde aber von Persönlichkeiten aus seinem engsten Kreis geführt. Einer unserer Zeitgenossen war damals Augenzeuge:

Der Dankbare — oder: Quasi ein Prolog

Also sprach im Sommer des Jahres 1927 Hans Thimig zu seinem Privatschüler Leon Askenase: „Ich kann nicht länger Ihr Lehrer sein!“ Eine zum theatralischen Auftritt gestaltete Hiobsbotschaft an einen Schauspielschüler. Begründung: „Gemeinsam mit Paul Kalbeck eröffne ich demnächst eine neue Schule für dramatischen Unterricht.“ Kalbeck: Regisseur an Reinhardts Theater in der Josefstadt. Thimig entläßt den jungen Theaterenthusiasten nicht ohne Hoffnung: „Sie können natürlich dort die Aufnahmsprüfung versuchen.“

Neunter Wiener Gemeindebezirk, Tendlergasse 17. Der ehemalige Lagerraum einer Transportfirma: ein heller, großer Saal, zwei, drei kleine Zimmer, das war die neue Schule. Meister Kalbeck lehrte die „große klassische Szene“, Hans Thimig und Maria Bard setzten sich und die Eleven mit dem „individuellen Theater“ auseinander; Alfred Neugebauer war deklarierter Experte für österreichische Dramatik, und Margit von Tolnay zeichnete für die Sprecherziehung: „Als am Altjahrsabend Alexander allmählich ahnte Annas Ankunft . . . “

Leon Askenase, fünfzig Jahre danach: „Ein sehr anstrengendes Studienpensum war da zu bewältigen. Wir hatten täglich sechs Stunden Unterricht, von Montag bis Samstag.“ 36 Wochenstunden, exklusive Hometraining und Memorieren.

Auch die Namen der Gastlehrer wären heute Wunschträume, unerfüllbar geworden: Träume, die sich damals als selbstverständlich präsentierten: Egon Friedell, der „Kulturgeschichte des Theaters“ las, oder: Dr. Emil Geyer, der den Studiosi beizubringen versuchte, daß die Kunst des Thespis nicht nur mit künstlerischem Einsatz, sondern auch mit materiellem Aufwand verbunden ist.

Unvergeßlich für sie alle: der einmalige Besuch Max Reinhardts im Talentelager in der Tendlergasse. Aufmerksam hörte er den jungen Akteuren zu, die sich da auf dem kleinen Studiopodium produzierten. Dem Markus Fischer, später in Paris und New York ein vielbeschäftigter Schauspieler; der Martha Aufwerber, deren Zukunft ebenfalls in den Staaten lag; der Lizzi Balla, in der Folge beliebt als Musicalstar, geliebt von Hans Habe.

Als im Jahre 1928 vom Schülerensemble Arthur Schnitzlers „Der tapfere Kassian“ und Nestroys „Die schlimmen Buben in der Schule“ gespielt wurden, agierte Askenase bereits an den Städtischen Bühnen Düsseldorf. Von dorther einmal auf Urlaub in Wien, besuchte er auch seine Ausbildungsstätte. Sagte ihm Kalbeck: „Unsere liebe neue Schule wird sich verwandeln. Wird sich verwandeln in ein Schauspiel- und Regieseminar unter der Führung des Professors selbst . . . “

Wie auch Schüler Askenase sich bereits verwandelt hatte: in Leon Askin; jenen Askin, der in Shakespeares „Sturm“ an der Burg agierte, der sich als Menschendarsteller vieler Hollywoodfilme bewährte und sich auch als Regisseur in den Staaten durchsetzte.

Die „Neue Schule für dramatischen Unterricht“ in der Tendlergasse war nur ein Vorläufer gewesen, wo sich die Lehrer an Reinhardts Schönbrunner Seminar zu versuchen hatten. Es war wie stets vorher und stets nachher: Reinhardt war erst dann gekommen, als Lehrer und Schüler vorgeprobt hatten.

Der Rezensent der großbürgerlichen Wiener „Neuen Freien Presse“ hatte die Zusammenhänge geahnt, als er schrieb: „So haben die jungen Eleven dieser Schule um Reinhardt fast alle etwas von der reinhardt'schen Richtung. Sie haben das Streben nach Stil und Kultur, nach Gepflogenheit der Sprache . . . “

Im Jahr darauf hatte das Reinhardtseminar im Schönbrunner Schloßtheater seine Heimat gefunden. Am 24. April 1929 begrüßte der Professor die Lehrer und Schüler der allerersten Stunde – einunddreißig an der Zahl – mit einer wohlgesetzten Rede, die in ihrer vollen Länge jedem Eleven wie auch jedem Schauspieler getrost als Evangelium gelten kann: „Wir fangen heute mit unserer Arbeit an. In diesem verwunschenen Gartenschloß, in dem eine prunkvolle Gewesenheit begraben liegt, wollen wir ein neues Leben auferstehen lassen. . .“

Max Reinhardt stand seinem Wiener Institut nur kurze neun Jahre vor – bis 1938. Durch die politischen Widrigkeiten der Zeit keineswegs in guter Gemütsverfassung, hatte er ab 1934 in zunehmendem Maße den deutschen Sprachraum gemieden. Daß aber in dieser ganzen Zeit das Seminar in seinem Geiste geführt wurde, dafür sorgten jene Lehrer, die er bestellt hatte, die sein Vertrauen besaßen, die ihm seit langem schon verbunden waren und die präzise wußten, wie das, was er vorgegeben hatte, in die Realität zu übersetzen ist. Mittelbar von seiner Ausstrahlung und von seinem künstlerischen Wollen geprägt sind daher sicherlich alle, die seinerzeit das Seminar besuchten.

Unter den Studenten fanden sich – neben den später noch zu nennenden, um sie hier nur kurz zu erwähnen – beispielsweise Willi Bahner, der sich als wichtiger Bühnenbildner, Zeichner, Buchgraphiker und Architekt profilierte, und Dr. Richard Flatter: Der gelernte Jurist hat sich später mit seinen Shakespeare-Übersetzungen einen guten Namen gemacht.

Robert Horkys Stimme kennen die Österreicher aus der rund anderthalb Jahrzehnte lang erfolgreichen, kritischen Sonntagmorgensendung „Watschenmann“: „Jeden Ärger zu verdrängen, kann nur zu Komplexen führen“.

Hedwig Pistorius spielte während des Krieges viele große Rollen am Burgtheater; Stefan Wendt lebt als Schriftsteller in Paris, Kurt Kasznar in Hollywood als Regisseur, und Johannes Reich führt in den Vereinigten Staaten eine eigene Theaterschule. Mit seinem Namen verbindet sich eine kleine Geschichte: Gemeinsam mit dem damaligen Direktor des Theaters in der Josefstadt, Ernst Lothar, war er in Budapest mit einem Tournee-

Ensemble unterwegs. Als man eines vorstellungsfreien Abends weiter nichts im Sinne hatte, besuchte man die Arizona-Bar. Lothar kannte Reich als peniblen, dem Nachtleben abholden Mann. Baß erstaunt, mußte der regieführende Dichter nun feststellen, daß dieser seriöse Jüngling, dieser unnahbare Reich, plötzlich auf jedem seiner Knie eines der im Nachtlokal „diensthabenden“ Girls sitzen hatte. Kommentierte Lothar trocken die Situation: „Mein Reich ist doch von dieser Welt“.

Nora Minor wirkt seit vielen Jahren in München: Man sieht sie in vielen internationalen Filmen und in Fernsehspielen, zuletzt in „Holocaust“.

Daß die Ploy-Mädchen – Liesl und Trude – abgesehen von ihrem schauspielerischen Talent besonders attraktive Erscheinungen waren, erzählen heute noch ihre Mitschüler von damals fast im Chor.

Der Seminarabsolvent Fritz Eckhardt verschrieb sich bald der Kleinkunst, ist ein vielgespielter Autor von TV-Krimis („Marek“) und von Kabarettprogrammen. Er hat die Serien „Schwäbische Geschichten“, „Hotel Sacher“, „Wenn der Vater mit dem Sohne“ und „Der alte Richter“ geschrieben; sein Theaterstück „Rendevous in Wien“ ist zum Dauerbrenner geworden. Fritz Eckhardt ist in allen Medien zu Hause und einer jener Profis, wie es sie leider nur allzu selten gibt.

Marianne Gerzner ist dem Haus am Weghuber Park seit 1945 verbunden.

Inge Kühnelt-Leddhin war ihr Leben lang die beste Burg-Regieassistentin, die man sich nur wünschen kann.

Silvia Medved ist nicht nur Ur-Josefstädterin, sie war auch lange mit dem ehemaligen Josefstadt-Chef Franz Stoß verheiratet.

Zu den Besonderen in ihrem Metier gehört Hortense Raky, die oft erprobte, glänzende, wichtige Schauspielerin. Sie hat lange in der Wiener „Scala“ erste Rollen gespielt, war eine vielbeschäftigte Darstellerin in Film und Fernsehen: sehr beeindruckt hat sie, als Partnerin von Werner Krauß, in Willi Forsts „Burgtheater“-Film. Hortense Raky ist mit dem Erzkomödianten Karl Paryla verheiratet.

Liesl Kienast spielte an der Josefstadt und ist heute Mitglied des Wiener Burgtheaters. Sie hat viel Kabarett in der „Literatur am Naschmarkt" gespielt. Und gutes!

Hansi Prinz hatte die staatliche Akademie für Musik und darstellende Kunst absolviert, ehe sie mit der Absicht, im Reinhardtseminar modernes Theater zu lernen, nach Schönbrunn kam. Ihr Weg führte später über Aussig, Gießen, Dresden und Mährisch-Ostrau an die Stoß-Bühnen nach Berlin und von dort zurück nach Wien, an die Kammerspiele, an das Raimundtheater. Sie ist mit Guido Wieland verheiratet.

Gretl Löwinger stammte aus der bekannten Theaterdynastie; Eva Lissa war künstlerisch an der Josefstadt zu Hause und ist heute in Berlin tätig; Stefan Skodler viele Jahre am Burgtheater, wie auch seine Seminarkollegin Margarethe Dux.

Der gebürtige Klosterneuburger O. W. Fischer wurde vom Seminar direkt an das Wiener Volkstheater engagiert, nachdem er – noch als Seminarist – in kleineren Rollen in der Josefstadt agiert hatte. Schon während des Krieges hatte er in ersten Filmen gespielt: Seine große Karriere in diesem Medium setzte aber erst Ende der vierziger Jahre ein.

Nach dem Zweiten Weltkrieg war er eine Zeitlang Mitglied des Wiener Burgtheaters und ist in einer Reihe großer Rollen bestens in Erinnerung geblieben. Wir erinnern uns seines Dorfkaplans in Zuckmayers „Der Gesang im Feuerofen", an die Uraufführung des Gerhart-Hauptmann-Stücks „Herbert Engelmann", das, nach dem Tode des Dichters, von Zuckmayer vollendet wurde; er war St. Just in Büchners „Dantons Tod" und Gaius in Theo Lingens „Theophanes"; in Anna Karenina glänzte er als Wronsky, in Lessings Emilia Galotti als Prinz.

Anfang der fünfziger Jahre wandte er sich in zunehmendem Maße dem Film zu, spielte Hauptrollen in „Der träumende Mund", „Tagebuch einer Verliebten", „Ludwig II.", „Hanussen", „El Hakim", „Herrscher ohne Krone" und einigen Dutzend weiteren Filmen: „Fischer ist ohne Zweifel der intellektuellste, wenn auch der komplizierteste Schauspieler des deutschen Films. . . Nicht nur, daß er die Stoffe selbst bestimmen konnte, in denen er spielte, auch die Wahl seiner Partnerin und der anderen Darsteller, ja selbst des Regisseurs, war ihm vorbehalten." (Oertel)

Weniger gut als im europäischen Film ging es ihm in den USA. In Hollywood drehte er – mit June Allyson als Partnerin – den Film „My Man Godfrey": das Unternehmen endete mit Krach und der Abreise des Stars.

Fischer hat sich sein Leben lang mit philosophischen Problemen auseinandergesetzt und bisher sieben einschlägige Werke veröffentlicht.

Geraldine Katt spielte viel Theater und ist mit Operndirektor Hermann Juch verheiratet.

Die wichtige Erika Pelikowsky wurde bereits 1938, unmittelbar vom Seminar, an das Burgtheater geholt und überzeugte dort in vielen Rollen: Sie erschütterte als Luise in Schillers „Kabale und Liebe", war eine liebenswerte Mirza in Grillparzers „Der Traum, ein Leben", und sie war Hermia im „Sommernachtstraum". Nach dem Zweiten Weltkrieg ging sie dann mit ihrem Mann, dem Regisseur und Theaterdirektor Wolfgang Heinz, nach Ostberlin.

Jutta Bornemann hat nicht nur einen texte- und bücherschreibenden Ehemann, Carl Merz, sie war als Bearbeiterin von Operetten für die Wiener Volksoper höchst erfolgreich.

Maria Schmedes hat ihren Weg als Chansonette gemacht, und Helly Servi ist heute und seit langem eine wesentliche Stütze der Josefstadt.

Otto Ambros war, als er Seminarist wurde, bereits studierter Doktor der Philosophie und Mitglied des Österreichischen Instituts für Geschichtsforschung. Er verbrachte den großen Teil seines Lebens als Hörspiel-Regisseur, inszenierte bei den Festspielen in Forchtenstein und war Mitinitiator des ersten Grillparzerforums.

Eine schauspielerische Begabung, wie es sie nur selten gibt, besaß die intuitive Annie Mayer, die in Wiener Theatern in großen Rollen brillierte und allzu früh aus dem Leben schied.

Judith Holzmeister war Emilia Galotti und Eboli in „Don Carlos", eine verzaubernde Roxane in Rostands „Cyrano de Bergerac" und ist eben eine verwitterte Frau Peachum in der „Dreigroschenoper". Und in

Hamburg hatte sie mit „Fest für Boris" einen Riesenerfolg, der sich ein paar Jahre später am Burgtheater wiederholte.

Als sie im Jahr 1938 das Seminar verließ, führte sie ihr Weg über Linz und das Volkstheater an die Burg (1947). In der Nachkriegszeit hatte sie mit dem Willi-Forst-Film „Wiener Mädeln" Furore gemacht. Und unter der Regie ihres damaligen Mannes, Curd Jürgens, war sie in „Prämien auf den Tod" die Partnerin von Werner Krauß. Und mit einem Tournee-Ensemble von Curd Jürgens war sie damals viel unterwegs.

Sie war und ist nicht nur eine jener Schauspielerinnen, die die seltene Gabe der Zwischentöne hat; sie vermag ihr Können in subtiler Weise und erfolgreich auch an die Jugend weiterzugeben. Seit vielen Jahren lehrt sie am Wiener Reinhardtseminar.

Ihre Karriere beim Film hat auch Winnie Markus gemacht: Beginnend mit „Mutterliebe" im Jahre 1939 (ihr Partner von damals: Paul Hörbiger. Sie spielte in einem biographischen Film über das Leben Raimunds, „Brüderlein fein" (1942) unter der Regie Hans Thimigs, und im gleichen Jahr in Erich Engels „Sommerliebe" (mit O. W. Fischer). Zur gleichen Zeit machte auch Paul Hubschmid einen guten Weg beim Film mit Charme und blendendem Aussehen. Um die gleiche Zeit stand er mit Paula Wessely (Hero) als Leander auf der Bühne der Josefstadt. „Der gebieterische Ruf" (mit Rudolf Forster) war sein erster Film. Hubschmid hat die Bühne nie über längere Zeiten hin verlassen. Erst vor wenigen Jahren war er als Higgins in der Theater an der Wien-Produktion von „My fair Lady" zu sehen. Und in Hamburg war er der Bluntschli in „Helden, Helden".

Ein Seminarist der ersten Stunde, Doktor Richard Flatter, schrieb später in Hinblick auf diese Anfangsjahre: „Es ist ein heiliger Eifer, der dort lebendig ist und der auf alle, die die Idee richtig erfaßt haben, ansteckend wirkt." Die Seminarkollegen von damals aber machten sich über den Shakespeare-Übersetzer, der Hamlets „Oh, schmölze doch dies allzu feste Fleisch" mit „Oh, schmölze doch dies zuzufeste Fleisch" übertragen hatte, ihren eigenen Reim: „Von die Verserln von dem Flatter/wird der Shakespeare immer matter."

Die Dame, par excellence

Sie hat nie davon geträumt, Schauspielerin zu werden. Daß dies ihr Weg sei, sagte ihr Max Reinhardt persönlich. Vilma Degischers Jungmädchen-Metier hieß Tanz; Ausdruckstanz, Tanz zu Mozart-Sonaten, zu Mazurkas von Chopin. Sie spürt aber bald, daß „das" nicht alles sein könne, flüchtet in die Pantomime vorerst, in das getanzte Lied dann: „Sah ein Knab ein Röslein stehn", gesprochen, gesungen, getanzt: „Hab's furchtbar ernst genommen, die ganze G'schicht . . . "

Das verständige Publikum und die Herren Kritiker der großen Tagesblätter ebenfalls. 1929 saß Felix Salten von der „Neuen Freien Presse" unten im Saal (Salten: Autor des Bestsellers „Bambi" und angeblich der „Josefine Mutzenbacher") und war von dem Mädchen dort oben doppelt bezaubert. Hätte er sonst nach der Vorstellung gleich zweimal zur Feder gegriffen? Einmal, um den Lesern der Feuilletonseite persönliche Eindrücke zu vermitteln, und ein zweites Mal, um an die junge Künstlerin ein Billett zu schreiben: „Sie sind ein Geschöpf für Max Reinhardt . . . "

„Vater war mit mir zu Salten hinaufgegangen, in die Weimarerstraße. Und der hat mir ein Empfehlungsschreiben an Reinhardt mitgegeben. So bin ich in das berühmte Elferzimmer in der Josefstadt geführt worden."

Die Tänzerin Degischer ist „unbewandert", was Schauspielerei betrifft. Welche Rollen nur für die Aufnahmeprüfung vorbereiten, was dort vorsprechen? Nervosität. Ein paar Stunden bei der Tolnay würden guttun: als Sprechlehrerin wird sie ja von vielen gerühmt.

Dann, *der* Tag. „Ich hatte den großen Monolog der Maria Stuart einstudiert, die Klara aus „Musik" von Wedekind — und ein Gedicht." Warum all das Zittern? „Von meinem Programm habe ich maximal zwei Sätze gesprochen bei dieser Prüfung — und hab die fürchterlichsten Ahnungen gehabt, daß ich als völlig talentlos entlassen werde."

Arbeit an Szenen, an Monologen, draußen im Schönbrunner Schloßtheater: Mit den Professoren Geyer, Schmith und Kestranek: „Ich hatte das große Glück, bei der ersten Schönbrunner Produktion Reinhardts mit dabei zu sein, als Viola in Shakespeares ‚Was Ihr wollt'. Kestranek, dieser große Stimmbildner, saß bei den Proben stets dabei, machte Notizen, schrieb auf, was da fehlerhaft war . . . Ich weiß, daß ich ihm viele Passagen dieser Rolle zu danken habe, weil er einfach meine Stimme führte."

Wie man damals am Seminar arbeitete? Reinhardt ließ die Shakespeare-Komödie gleich dreifach probieren. Aus sämtlichen Schülern nämlich hatte er drei Ensembles gebildet, hatte je einen Regiestudenten mit der Durchführung der Proben betraut, den dreien seine Intentionen mitgeteilt und war wieder abgereist: nach London, nach Paris oder Petersburg, vielleicht auch nur nach Berlin. Die Gruppen arbeiteten nun — vom Meister allein gelassen — weiter. Nach Wochen ließ er sich die drei Produktionen vorspielen und filterte vorerst zwei Ensembles heraus. Arbeit nun mit Reinhardt, Arbeit mit den Regieschülern. Und schließlich wird aus den zwei Ensembles ein einziges, dem Reinhardt den letzten, den gültigen Schliff gibt. „Was ihr wollt" wird im Frühsommer 1930 im Schloßtheater, im August im Naturtheater des Salzburger Mirabellgartens, aufgeführt: Malvolio ist Richard Eybner, Nora Minor der Sebastian.

Vilma Degischer denkt an diesen Zauberer Max Reinhardt zurück: „Wir alle waren ungeheuer fasziniert von ihm. Es war nicht nur seine Autorität, es war seine Liebe zu uns. Er hat diese jungen Leute wirklich geliebt. Und hat uns auch gezeigt, daß er uns liebt. Er war von einer Güte und Geduld und ist mitgegangen mit unseren Nöten. Er hat niemanden verschreckt, und sein Lob hat uns beflügelt und beglückt. Aber selbst sein Tadel hat uns geholfen. Nie, daß er zynisch gewesen wäre, oder verletzend. Man hatte immer das Gefühl: da ist einer, der hilft . . . "

Einer, der hilft. Nach dem ersten Seminarjahr nimmt Reinhardt einige seiner jungen Schüler mit nach Berlin, an sein Deutsches

Theater. Nimmt sie hinein in seine von Oskar Strnad ausgestattete „Sommernachtstraum"-Inszenierung, in der Hermann Thimig und Richard Romanowsky, Paul Kemp und Otto Wallburg spielen: eine Bombenbesetzung. Die Liebespärchen besetzt er mit jungen, unbekannten Leuten: Vilma Degischer wird zur Hermia, der junge Wolfgang Liebeneiner zu Lysander. „Vilma Degischer gibt, schon sehr wirkungsvoll und fast routiniert, die Hermia. Stammen die Terwin-Töne von ihr — oder von Reinhardt?" fragt sich der gefürchtete Herbert Ihering.

„Ich hab' damals geglaubt, ich habe die Welt in der Tasche . . . " Es war nicht die Welt, es war ein Elevenvertrag der Berliner Reinhardt-Bühnen. Doch draußen, da marschierten schon die braunen Battaillone. Schwanengesang. Reinhardt und Deutschland, Deutschland und Reinhardt: das Ende einer Strecke. Jetzt führten andere Regie.

Noch durfte der Zauberer aber in Wien zur größeren Ehre eines deutschsprachigen Kulturkreises wirken.

Vilma Degischer ist Elevin an der Josefstadt. Zweites Dienstmädchen. Erstes Stubenmädchen. „Bäume" sagt man zu diesen Rollen im Jargon. Bäume, ja, aber in einem Wald, der von Persönlichkeiten beherrscht wird. Von Attila Hörbiger und den Thimigs, von Jaray und Edthofer. Sich von ihnen manches abschauen dürfen, sich zwar die Provinz sparen, dafür aber in Demut üben. Zwei Jahre, drei, vier. Und unendlich viel lernen, denn: „Es ist oft viel schwerer, eine kleine Rolle zu spielen", sagt sie, die seither zahllose große gespielt hat: „In einer Hauptrolle hat man ja die Möglichkeit, sich zu entfalten. Eine Charge aber muß man erst mit den eigenen Initialen ausstaffieren. Das ist nicht leicht. Reinhardt hat einmal ‚Mademoiselle' von Jacques Deval inszeniert. Und wiederum war ich als Stubenmädchen besetzt, ungefähr mein fünfundzwanzigstes. Da bin ich nun zu ihm, der immer so besonders nett war zu mir und ein wirklich väterlicher Freund und Förderer: ‚Herr Professor, mein Gott im Himmel, das ist mein fünfundzwanzigstes Stubenmädchen! Können Sie mich davon befreien!' Und der Professor hat geantwortet: ‚Sie werden das spielen!' Er konnte aber selbst den kleinsten Rollen eine Seele geben. Das damals zum Beispiel war ein Stubenmädchen, das nur ein paarmal durchs Zimmer gehen und einmal ein Packerl abgeben soll. Wenn man das Buch gelesen hatte, war das nichts. Absolut — nichts! Was aber hat Reinhardt mir geraten? ‚Spielen Sie eine gelangweilte Person, die alles sehr ungern tut!' Ich hatte in dieser Rolle ausgesprochenen Erfolg. Mit seinen kleinen Bemerkungen konnte er ein Wesen ausstatten, das dann gelebt hat." Wie sagte Helene Thimig einmal? „Gute Rollen zu *spielen* , das ist nicht schwer, sie zu *bekommen,* das ist schwer . . . "

Nach vier disziplinierten Dienstmädchenjahren verließ Vilma Degischer die Josefstadt, nahm ein Engagement ans Deutsche Volkstheater in Wien an. Und wurde im Laufe der folgenden fünf Jahre „die Degischer". Als sie 1939 vom neuen Josefstadtchef Heinz Hilpert zurück ans angestammte Haus geholt wurde, war sie bereits zur Menschendarstellerin herangereift.

Die Degischer war in den sechziger Jahren auch Lehrerin am Seminar: „Ich möchte diese Zeit nicht missen. Wenn die Schüler bei mir nur so viel gelernt haben, wie ich bei ihnen, könnte ich zufrieden sein." Eine der Gründe, warum sie dieses Amt nicht mehr weiter ausüben wollte: „Mich hat es so sehr belastet, festzustellen, ob einer begabt ist oder nicht . . . "

Einer der Mitschüler von Vilma Degischer (Jahrgang 1929/1930) war der heute über achtzigjährige, in Wien lebende Charakterkomiker, Kabarettist und große Schauspieler kleiner Rollen: Richard Eybner.

Der Doyen des humoristischen Corps

Für Kaiser, Gott und Reich war er unmittelbar nach seiner Gymnasialreifeprüfung in jenen Weltkrieg gezogen, den man damals noch nicht den ersten nannte. Mit zweiundzwanzig gehörte er einer der verlorenen Generationen dieses an verlorenen Generationen nicht allzu armen Jahrhunderts an.

Zurück zur Schulbank nach alledem, noch einmal mit dem Lernen anfangen, und das neben einem Job, den es erst zu finden gilt. Welthandelsstudium. Endlich ein sicherer Posten als Bankbeamter, eine Position, die aufzubauen und auszubauen war. Eybner geht konsequent diesen Weg. Siebeneinhalb Jahre lang. Ein Alltag zwischen Akkreditiven und Krediten, ein Alltag im Devisen- und Valutenhandel. Daneben ein bißchen Privatleben, am liebsten verbracht in seinem Verein, dem Männerbund Schlaraffia: „Ich hab' dort meine Späße gemacht und Anekdoten erzählt. Oder zur Klampfen das eine oder andere parodierte Lied gesungen — und wuchs so in's Kabarett hinein. Ich war zum Märchenerzähler geworden . . . Da bin ich mit einem Großstadtpublikum zusammengekommen."

„Bankkrach folgte auf Bankkrach", erinnert sich der zeitgenössische Publizist Otto Leichter jener Tage, „und die Korruptionsskandale der bürgerlichen Parteien, die durch die Bankenzusammenbrüche enthüllt wurden, kompromittierten das bürgerliche Regierungssystem aufs schwerste." Im Sommer 1926 erreichte die Krise der bürgerlichen Korruption den Höhepunkt . . .

Die Bank liquidiert, „. . . und ich lag auf der Goschen." Doch der Krach wird zum Angelpunkt für Eybners eigentliches Glück. Das Auf-der-Gasse-Liegen, wie man Eybners damaligen Status in Wien bezeichnet, hatte ihn zwar in panischen Schreck versetzt, doch ein Schreck ist für einen Eybner jedoch von nur kurzer Dauer: Der Endzwanziger tut sich in Vereinen um, sagt da „Gedichterln" auf, singt dort seine Liedel, macht sich da und dort beliebt — und kann schließlich von seinen — keineswegs honorarfreien — Auftritten leben. Eine Zeitlang geht das so dahin. Eybner, der Vortragskünstler! Aber, Profi oder Nichtprofi, das war die Frage, die es zu klären galt.

Da hört er eines Tages, daß im Johann Strauß-Theater an der Wiener Favoritenstraße eine Prüfung für Artistenaspiranten abgehalten würde. Die Klarheit also!

Man findet sich am bestimmten Nachmittag dort ein, ist einer inmitten von zwei, drei Dutzend Menschen, künftigen Jongleuren, Zauberern und Seiltänzern.

„Eybner Richard, auf die Bühne . . . "

Der stellt sich droben in Positur und schafft es, mit seinen „Gspassetteln" die Kommission da unten im dunklen Zuschauerloch zum Lachen zu bringen.

„So wurde ich Profi!" Wie übrigens auch der am gleichen Tag am gleichen Ort antretende Emmerich Arleth. Professioneller Vortragskünstler.

Er tritt in der Femina-Bar auf, „mit siebeneinhalb Schilling Abendgage." Halbnackte Girls werfen ihre Beine, der Profi singt dazu Volkslieder.

Er wird an den Simpl engagiert, und er unterhält die Gäste der Reiß-Bar. Dort, im gleichen Programm: die Legende Arthur Pollitzer. „Wenn der aufgetreten ist, mit irgendeinem Hut aus seiner großen Kostümsammlung auf dem Haupt, das Lied vom Bauernführer Stefan Fadinger auf den Lippen, vor dem Bauch eine alte Trommel, ungeheuerlich! Oder wenn er dagestanden ist, als Franzose verkleidet, und die Ballade vom Prinzen Eugen vorgetragen hat: da hat man geglaubt — da steht ein alter, barocker Wachtmeister . . . "

Eine gute schauspielerische Kinderstube, wo es Überlebensfrage war, ob einer Kontakt zum Publikum finden kann — oder nicht. „Drum werd' ich ja so nervös", donnert Eybner heute, und aus dem Wort „nervös" kann man sehr gut das Wort „bös" heraushören, „drum werd ich ja so nervös, wenn ich heute oft junge Leute sehe, die von einem Publikumskontakt keine Ahnung haben. Sie senden ja nicht mehr . . . "

Das „Senden“ hatte er selbst bei Freilichtveranstaltungen gelernt, als er zwischen sich und dem Publikum ein Tanzparkett zu überspielen hatte. Oder auch, wenn er in Wirtshäusern schnitzelessende, bierschlürfende Vereinsmeier aus selbstgefälliger Lethargie herausholen mußte. Da lernt man halt, bei den Leuten anzukommen . . .

Man holt ihn nach Linz, nach Graz, sogar nach München. Monatsengagement folgt auf Monatsengagement: das sind Richards Lehr- und Wanderjahre. Doch „meine Kabarettnummern wurden immer schauspielerischer. Und naiv, wie ich war, hab ich mir eingebildet: vielleicht könnt' ein Komödiant in mir stecken . . . “

Sommer 1929. Nach Front-, Bankangestellten- und Artistenjahren meldet sich der nicht mehr ganz taufrische Jüngling zur Aufnahmsprüfung an Reinhardts neugegründetes Seminar, betritt als fünfundzwanzigster die Bühne und präsentiert sich dem Magier des deutschen Theaters mit dem „Petersdorflied, als Hofszene“ gesungen. Der Theatermann mit dem totalen Gespür nimmt, drunten im Zuschauerraum, seine Brille ab, lacht, lacht, lacht.

„Wie alt sind Sie“, fragt er dann.

„Dreiunddreißig Jahre.“

„Reichlich spät . . . “ — Pause. — „Na ja, danke . . . “

Richard Eybner, der spätberufene Jungseminarist, dankt dem Meister für seine Aufnahme mit unendlichem Fleiß, setzt seine ganze Kraft darein, möglichst viel zu lernen. Vom Anfang an kommt es ihm vor allem auf deutliches, präzises Sprechen an.

Seminar, 1930. Reinhardt probiert mit den Schülern Shakespeares „Was ihr wollt“. Eben steht Curio auf der Studiobühne, Curio alias Seminarist Walter von Hoesslin.

Curio: „Wollt ihr nicht jagen, gnädiger Herr, den Herrsch?“

Reinhardt, ruhig: „Es heißt: Hirsch!“

Curio, bemüht: „Wollt ihr nicht jagen, gnädiger Herr, den Herrsch?“

Reinhardt, geduldig: „Nein Hirsch . . . Noch einmal!“

Curio: „Wollt ihr nicht jagen, gnädiger Herr, den Herrsch!?“

Reinhardt, sehr vehement: „Weg! Das soll ein anderer machen, jener dort, der eben die Bäume anbohrt. Sie junger Mann! Und Sie (zu Hoesslin), Sie bohren dort weiter . . . “

Hoesslin: „Das ist mir sowieso lieber, davon versteh ich viel mehr.“ Die Anfänge eines Bühnentechnikers.

Der junge Mann, der eben noch an den Kulissen gearbeitet hatte, betritt zaghaft die Bühne, spricht in klarem Deutsch: „Wollt ihr nicht jagen, gnädiger Herr, den Hirsch?“

Der Seminarneuling behält die Rolle.

„Wie war doch Ihr Name?“

„Fred Liewehr.“

Im Schloßtheater stand eine Schüleraufführung von Tschechows „Drei Schwestern“ auf dem Programm. Chargenrollen auf dem Theaterzettel: ein gewisses Fräulein Hahn, das als Nora Minor später in Deutschland Karriere machte; der Offiziersdiener von 1930, Willi Bahner, würde sich wenige Jahre später als Bühnenbildner durchsetzen. Eine Charge spielte auch Richard Eybner, 34. Im Publikum saß der Autor expressionistischer Stücke „Dies irae“ und „Kain“, Anton Wildgans, damals Burgtheaterdirektor. Der Schüler Eybner hat imponiert, wird eingeladen, soll vorsprechen im großen Haus am Ring.

Und wiederum: „Darf's das ‚Petersdorflied‘ sein, als Hofszene?“ Es darf. Und damit wird Richard Eybner „mit Wirkung vom 1. September 1931“ an eine der traditionsreichsten und bedeutendsten Bühnen des deutschen Sprachraums engagiert.

Noch aber war er Schüler, wenn auch ein sehr geschätzter. Mit den Seminarkollegen Robert Horky und Vilma Degischer darf er im Frühjahr am Deutschen Theater in Berlin in „Was ihr wollt“ spielen. „Zehn Mark Tagesgage haben wir gehabt. Und die Bahnfahrt zweiter Klasse, hin und zurück.“

Man ist glücklich, gemeinsam mit den größten Komödianten, die dieser Sprachraum besitzt, auf der Bühne stehen zu dürfen. Wenn man nicht gerade selber spielt, ist man Publikum, sieht beispielsweise Hofmannsthals „Der Schwierige“ in Reinhardts berühmter Inszenierung mit Gustav Waldau und Helene Thimig. „Den Paul Hörbiger als Hechingen, das werd' ich nie vergessen, der war sooo großartig, rührend, ein trauriger Dackel . . . "

Im Zentrum Theaterdeutschlands zu debütieren, geformt vom Genius Reinhardts: „Vielleicht könnt' doch ein Komödiant in mir stecken . . . "

Von Berlin geht es direkt nach Salzburg. Eybner ist Dottore in Goldonis „Diener zweier Herren" — mit Attila Hörbiger als Florindo und Paula Wessely als Smeraldina. Und weil der Schauspieldebutant den Meister einst zu herzlichem Lachen gebracht hat, darf er Jedermann-Alexander Moissis Dünnen Vetter mimen.

„Ich find' halt, diese Salzburger Festspiele waren damals hohe Kunst, und zugleich großartige Schmiere . . . " Man weiß, daß er damit „hohe Kunst" zu steigern versucht.

Und dann, „im September bin ich in's Burgtheater eingerückt, mit der Mindestgage von zweihundertvierzig Schilling . . ."

Nebenher tritt er weiterhin in Kabaretts auf, und er verkörpert im Laufe der Jahre nicht weniger als fünfundsiebzig Rollen im Film. Doch was ein Erzkomödiant ist, dem ist auch das noch nicht genug. Selbst wenn ihm die Flügel des Gesanges wachsen müssen. „Ich hab nie singen gelernt. Aber es kommt halt der Ton, wenn er kommen muß. Ich weiß nicht, wie ich das mach', ich brüll' halt los. Oft vielleicht nicht schön, aber laut genug, und verständlich . . . ", ironisiert er heute, der über neunhundertmal als Interpret des Musiktheaters auf der Bühne gestanden war: an der Wiener Volksoper und bei verschiedenen Festspielen. Er war der Blind in der „Fledermaus" und der Frank, er hat den Styx in Offenbachs „Orpheus in der Unterwelt" gesungen: „Als ich noch Prinz war von Arkadien . . . "

Eybner ist einer der wenigen unter den lebenden Schauspielern, der sich rühmen kann, sieben Premieren unter Max Reinhardts Regie gespielt zu haben. Wenn es Anfangs einmal auch recht starkes Herzklopfen um den weiteren Weg gegeben hatte, als Felix Salten, nach einer Premiere in der „Neuen Freien Presse" schrieb:

„Dieser junge Schauspieler hat noch viel zu wenig Profil, als daß er sich schon eine Nase kleben könnte . . . “ Hat es sich im gegenständlichen Fall doch um Eybners eigenen Gesichtserker gehandelt . . .

Bis zu seinem achtundsiebzigsten Lebensjahr ist Eybner aktives Mitglied des Burgtheaters: „So war das eigentlich eine recht gesunde Entwicklung. Ich hab mich in meine Mittelrollen hineingelebt, war verwendbar, war so ein Utilitée . . . “ (Understatement ist eine nicht ausschließlich englische Erfindung).

Der heute über Achtzigjährige resumiert, nicht ohne Bitternis: „Wir haben in unserem Beruf jahrelang das Regisseurtheater bitter erleben müssen. Aber jetzt ist das Dramaturgentheater ausgebrochen. Und das ist des Teufels!“ — Durchaus verständliche Reaktion eines Komödianten, für den es ein Leben lang nur eines gegeben hat: das Theater der Schauspieler, das Theater der Menschendarsteller. Egal war ihm immer, ob es um große oder kleine Rollen ging, um Chargen: „Mich haben immer ‚Bäume‘ interessiert, merkwürdigerweise. Es waren immer die kleinen Figuren, in die ich mich sofort verliebte, Figuren, mit denen man Atmosphäre erzeugen kann.“

In vielen dieser kleinen Rollen ist Eybner im Gedächtnis vieler vielleicht nachhaltiger geblieben als mancher Protagonist.

Walter Hoesslin, seit über vierzig Jahren mit der Volksoper (Wien) eng verbunden, Leiter des Reinhardtseminars im Jahr des fünfzigjährigen Jubiläums, ist zum lebenden Symbol für die Ganzheitlichkeit des Seminars geworden: Er ist das einzige heute noch aktive Mitglied des Professorenkollegium aus Reinhardts Zeit und ist ein Halbjahrhundert mit dem Institut verwachsen. Er hat seinen internationalen Weg als Bühnenbildner gemacht, und er war dennoch immer da, wenn er gebraucht wurde.

Der Initiative

Er ist gebürtiger Augsburger. Wie Bert Brecht. Wie seine Kollegen Caspar Neher und Günther Schneider-Siemssen. Und in Augsburg hatte der Gymnasiast seine ersten Schritte auf „die“ Bretter getan: die “Hoesslin-Truppe“ unternahm Tourneen, spielte in Zelten (was Reinhardt mit seinen Schauspielern — allerdings in großem Stil — ebenfalls tat), zeigte Halbes „Strom“, die „Judas-Tragödie“ Karl Schönherrs. „In Augsburg, ja, da war ich was!“ erinnert sich der Leiter des Reinhardtseminars von heute des kurzbehosten Theaterdirektors von damals. Als wär es nachher nur noch bergab gegangen. Und wirklich liest man in den „Augsburger Neuesten Nachrichten“: „Hoesslin führte geschickt Regie . . . “ Seine schauspielerische Leistung verdiene „sowohl nach der Seite des Erfassens wie rein physisch bewertet, alle Achtung . . . “

Daß Reinhardt Anno ’29 in Wien sein neues Schauspielseminar eröffnet hatte, sprach sich auch in’s Bayrische auf kurzem Wege durch. Hoesslin hörte die Botschaft, packte seine Theaterzettel, Plakate und Bühnenbildentwürfe in eine Aktentasche, machte sich auf den Weg nach Wien, kam dort bis zu Reinhardt persönlich vor, erzählte diesem, was alles er bisher gespielt hatte, trat zum Aufnahmeexamen an und — fiel prompt durch. Doch der Professor blickt weiter: „Was er da vorgesprochen hat“, wendet er sich an die Kommission (Preminger, Kalbeck, Geyer, Hugo Thimig), „was er da vorgesprochen hat, das war nicht sehr gut. Aber, meine Herren, ich habe das Gefühl: den Mann können wir gut brauchen.“ Er dreht sich zu Hoesslin um und entscheidet: „Sie sind aufgenommen!“

Aufgenommen zwar *auch* als Schauspielschüler, vielmehr jedoch als Allround-Assistent: Denn Reinhardt, Roller und Strnad wußten nur zu gut, daß das Schönbrunner Schloßtheater über keine technischen Einrichtungen verfügte, wußten, daß es also dringend initiativer Hände brauchte, jener eines Enthusiasten mit technischem Verständnis und Können: ob der theaterbesessene Jungunternehmer aus Augsburg so einen abgeben könne?

„Herr Hoesslin ist Assistent an meinem Schönbrunner Schauspiel- und Regieseminar. Ich bitte, ihm in Ausübung seiner Tätigkeit möglichst zu helfen.“ So, oder so ähnlich hatte Reinhardt auf ein Blatt Papier quasi einen Ausweis geschrieben, der seinem Schützling Türen öffnen sollte. Und wie um sogleich einen Maßstab zu setzen, was sich der Meister unter einem Assistenten vorstellte, überantwortete er Hoesslin dem technischen Direktor seines Theaters in der Josefstadt, dem Herrn Dworsky, der als Originalgenie der Theatertechnik galt. Eine weitere Person von höchster Wichtigkeit für Hoesslin: „der“ Horvath, Reinhardts Leibchauffeur: „Für uns ein kleiner Gott. Wann „Er“ kam, wie „Er“ lebte, was „Er“ tat: all das steckte in diesem Horvath; er wußte alles, er war eine unerschöpfliche Quelle . . . “

Die Realität: „Reinhardt kam oft erst um Mitternacht, oder um ein Uhr früh, nach einer Josefstädter Premiere, nach einem Abendessen im Weißen Hahn. Der Horvath brachte ihn im weißen ‚Horch‘ nach Schönbrunn. Doch wie spät es auch immer war, alle, alle waren wir um diese Zeit noch da. Das Haus ging förmlich über.“ Daß diese nächtliche Probenarbeit mit Reinhardt nicht zum Wohlgefallen der Akademieleitung vonstatten ging, braucht kaum erwähnt zu werden.

Die Wartezeiten von Seminaristen und Lehrern waren lang, die Gefahr, deshalb eines schrecklichen Hungertodes zu sterben, dennoch gering, gab es doch die Frau Kratochwil, der hier — nicht allein aus diesem Grunde — ein Minimonument gesetzt sein soll: verfügte die Kratochwil doch über die besondere Gabe der Menschenkenntnis! Meist auf den ersten Blick schon hatte sie durchschaut, welcher Eltern Kind solch ein Eleve war: jene, die laut kratochwil’scher Einschätzung allmonatlich einen fetten Scheck bezogen, hatten für ihre Sandwiches ein Vielfaches dessen zu berappen, was andere, die von ihr als mittellos klassifiziert worden waren, hinzulegen hatten. „Sie hat zwischen reich und arm die ausgleichende Gerechtigkeit hergestellt“, erinnert sich Hoesslin, „Und zwar genial . . . “

Man probiert Pirandellos „Sechs Personen suchen einen Autor“ im Schloßtheater. Knapp vor der Premiere entschließt sich Reinhardt, den Vorhang nicht seitlich-gerafft, von links und rechts der Mitte zu, fallen zu lassen, sondern von oben nach unten. Ein Umbau in kürzester Zeit war erforderlich. Kam es zu folgendem Dialog:

Reinhardt: „Wer schafft das bis morgen?“

Chor der Assistenten: „Technisch unmöglich, Herr Professor . . . “

Reinhardt: „Das Wort ‚unmöglich‘ will ich in diesem Haus nie wieder hören;

Er wendet sich um, seiner langjährigen Sekretärin zu: „Fräulein Adler, rufen Sie bitte meinen Dworsky in Berlin an. Er soll mit dem nächsten Flugzeug nach Wien kommen und diesen Vorhang richten.“

Der Schüler Hoesslin, bisher bescheiden im Hintergrund stehend, überlegt blitzschnell, erkennt: das ist meine Chance . . . : „Herr Professor, Sie brauchen Herrn Dworsky nicht einfliegen zu lassen. Wir arbeiten durch! Morgen haben Sie Ihren Vorhang!“

Neben Hoesslin steht Fritz, der für einen Tag aufgenommene arbeitslose Tischler: „Fritz, es gibt Arbeit!“

Fritz Mittermüller, derzeit *noch* ein arbeitsloser Tischler, bald schon (er ahnt's noch nicht) technischer Direktor der Josefstadt.

In einer Eisenwarenhandlung kratzen die beiden rasch all das zusammen, was sie zum Blitzumbau brauchen, werden dann zu nächtlichen Leiterkletterern, bohren, montieren, adaptieren. Und als Reinhardt am nächsten Tag, Punkt zehn (ein Wunder: Reinhardt war Spätaufsteher), im Schloßtheater eintrifft, hat er seinen Vorhang. Und Hoesslin die „technische“ Seminarleitung . . .

Die Vorhanggeschichte blieb nicht die einzige aufregende. Tag der Premiere: Der Meister arbeitet mit den Seminaristen seit vielen Stunden intensiv. Draußen geht schon die Sonne unter. Die Darsteller sind in Kostüm und Maske. Niemand kann mehr mit absoluter Gewißheit sagen: Ist dies noch die Probe, oder gar schon die Premiere? Man ist wie in Trance. Reinhardt streicht eine ganze Szene, die Dekoration wird umgestellt. Es ist sieben. Um acht soll sich der Vorhang heben. Hoesslin: „Kommt da einer zu mir, sagt: der

Professor muß aufhören! Die Theaterpolizei ist da, der Arzt, der obligatorische Feuerwehrmann. Kommissionierung! Im Schloßhof unten stehen die ersten Besucher. Smoking, Abendroben. „Ich schiebe mich an den Meister heran: ‚Herr Professor, es ist gleich Einlaß, der Eiserne Vorhang muß herunter!'" Reinhardt schaut Hoesslin entsetzt an. Lange Pause. Dann: „Sagen Sie den Leuten draußen, sie sollen wieder nach Hause gehen! Wir sind mit dem Stück noch nicht fertig. Heute ist keine Premiere!"

Das sollte einer in unseren Tagen wagen. Es gibt allerdings heute auch keinen Reinhardt mehr, von dem man sich das (heute) sagen ließe . . .

Als Hoesslin Seminarist geworden war, hat es auf der Bühne des Schloßtheaters keinen einzigen Scheinwerfer gegeben. Nach Anweisungen der Professoren Roller und Strnad fertigt er die ersten „Kübel" händisch an: es gibt sie noch heute, sie liegen irgendwo 'rum, draußen in Schönbrunn, und wären doch ganz hübsche Stücke für ein Seminarmuseum . . .

Mit den Scheinwerfern begann es, und sie dauerte fünfzig Jahre an, die Sorge um die Schloßtheatertechnik. Und was sich dort heute Lehrern, Schülern und Besuchern an Einrichtungen zeigt, geht weitgehend auf Hoesslins Initiativen zurück.

Einmal wurde mit blutigen Anfängern eine Liebesszene probiert. Den Part des Mädchens sprach eine schlacksige Fünfzehnjährige. Wie ein Kind eben von Liebe sprechen kann: ungekonnt. Reinhardt hört sich das ganze geduldig an, wendet sich dann an seinen Assistenten, fragt: „Hat sie schon einen Freund?"

Der Assistent, beflissen: „Nein, Herr Professor!"

Reinhardt, souverän: „Dann, Verehrtester, verschaffen Sie ihr einen Freund, und rufen Sie mich in Berlin wieder an, wenn sie einen gefunden hat. Dann soll sie mir die Rolle abermals vorspielen . . . " Ab.

Walter von Hoesslin machte seinen eigenen Weg als Bühnenbildner an vielen Bühnen der Welt. Doch ein ganzes Leben lang hielt er dem Seminar die Treue. Fünfzig Jahre.

Siebenmal in seinem Leben war Fritz Klingenbeck Theaterdirektor gewesen; er hatte in dieser Zeit siebenmal - und ohne selbst etwas dazu getan zu haben - die Staatszugehörigkeit zu wechseln, und er hat sieben Bücher herausgebracht: Die Reihe läßt sich fortsetzen. Zeit seines Lebens hat er sich als blendender Organisator erwiesen, mindestens sieben mal siebzigmal, und er organisiert heute noch, der fünfundsiebzigjährige Jüngling.

Das kaufmännische Talent

Der in Brünn geborene und in Lobesitz an der Elbe aufgewachsene Fritz Klingenbeck wird mit vierzehn Büropraktikant, macht als Lehrling — durch seine der Geschäftsleitung vorgeschlagenen Organisationsverbesserungen — innerbetrieblich schnell von sich reden, gilt bald als „kaufmännisches Wunderkind“ und avanciert mit einundzwanzig zum Prokuristen. Und als man ihm ein Jahr später in der Fabrik den Direktorsposten anbietet, lehnt er brüsk ab: „Dankeschön, denn jetzt gehe ich zum Ballett!“

Nun tritt Rudolf von Laban in Klingenbecks Leben ein. Laban: ungarischer Choreograph und Tanzpädagoge, Ballettdirektor in Berlin, dessen Theorie von der Autonomie der Bewegung und der Geste gegenüber der Musik und der Schauspielkunst bestimmend auf den modernen Ausdruckstanz wirkte.

„Ich möchte bei Ihnen Tanzunterricht nehmen“, hatte der junge Mann dem Jet-set-Star von 1926 geschrieben. Man trifft einander in Hamburg, und Laban nimmt den Einundzwanzigjährigen als Schüler an: „Einhundert Mark die Stunde!“ Das ist geradezu ungeheuerlich viel, selbst für einen erfolgreichen Jungmanager, der einiges auf dem Sparkonto hat. Man verhandelt. Und einigt sich auf fünfzig.

Erst Unterricht beim Meister, dann sein persönlicher Mitarbeiter sein dürfen — mit Gehalt und Gratisausbildung. Die beiden reisen viel, erarbeiten Choreographien, und wenn Laban einmal keine Zeit für seine Schüler findet, unterrichtet Klingenbeck.

„Kunst ist sie, wenn man sie aufschreiben kann“, sagte Laban einmal im Hinblick auf die Choreographie. Und beide entwickelten sie erstmals eine auf fünf Linien gestellte „Tanzschrift“.

Eine seiner vielen Reisen führt Klingenbeck nach Wien, und da trifft er Dr. Mena Blaschitz, die an Reinhardts Schule von der ersten Stunde an „musikalische Rhythmik“ unterrichtete. „Sie müssen zu uns hinauskommen“, meint die Blaschitz. Also wird aus dem Tänzer Klingenbeck der Regieschüler; er zeichnet für die Choreographie der Iwan Schmith-Inszenierung von Shakespeares „Die Zähmung der Widerspenstigen“ (in Richard Flatters Übersetzung) verantwortlich, macht die „Bewegungsregie“ in Somerset Maughams „Victoria“ (Titelrolle: Vilma Degischer), und bald wird aus dem Studenten Klingenbeck der Professor für Gymnastik und Tanz. Burgtheater und Josefstadt holen ihn für entsprechende Aufgaben, er schreibt für zwei Tanzzeitschriften Rezensionen, er spielt in der „Literatur am Naschmarkt“ und im „Regenbogen“ und heiratet — wie viele Seminaristen vor und nach ihm — eine Kollegin: Kitty Mattern: Eine Ehe, die es längst nicht mehr gibt.

Inszenierungen an der Volksoper — Richard Heubergers „Opernball“ zu Bühnenbildern des Seminarkollegen Hoesslin —, Mozarts „Entführung“.

Zwei Jahre Volksoper, Theater an der Wien, 1940 Intendant der „Gaubühne“ Baden, 1942 des Theaters in Brünn: Dort beginnt für ihn sowas wie das Leben, ein Traum. Er gebietet über ein auch für Weltstadtverhältnisse großartiges Ensemble, 45 Mitglieder allein zählt das Ballett, sechsundfünfzig der Chor. Selbstverständlich ist ein großes Orchester da. Und das insgesamt dreihundertsechzig Menschen beschäftigende Theater verfügt, ist ja klar, über zwei Malersäle, eine Korbflechterei, eine Schuhmacherei, eine Schneiderei . . . Seine Ballettmeisterin ist Dia Luca (später Wr. Volksoper), als Gastregisseur arbeitet an seinem Haus beispielsweise Adolf Rott.

Zwei Jahre lang dauert der Rausch, dann: totaler Krieg, allgemeine Theatersperre. Und im Sommer 1944 muß auch er zu den Soldaten, wird Funker und Chiffrierer.

Einmarsch der Amerikaner, Mai 1945. Das Leben beginnt wieder am Punkt Null. Erst macht Klingenbeck — wie viele andere — US-Truppenbetreuung, wechselt aber bald — sich seiner Kommerzerfolge als Jüngling entsinnend — in die Teppichbranche über und avanciert wenig später zum stellvertretenden Direktor einer Gmundner Keramikfabrik. Das Leben nimmt ganz neue Bahnen: Es war die Zeit, da er mit dem Theater innerlich Schluß gemacht hatte: „Ich hatte in Brünn so viele schöne Erlebnisse und so viel Erfolg, daß ich mir das nicht zerstören wollte."

Aber, nur noch Keramik? Gott sei Dank gibt es beim Theater den Deus ex machina, und der klingelte sich in sein Leben via Telefon: „Kommen Sie morgen nach Innsbruck, machen Sie bei uns einige Inszenierungen!" Statt Häferln — eine Tiroler „Nacht in Venedig" und den „Orlow".

Dann „war was, was ich mir immer schon sehnlichst gewünscht habe: ein Theater, das gar nicht existiert." Aus nichts etwas machen! Bregenz, die Vorarlberger Hauptstadt, rief, und Klingenbeck kam: „Die ersten Besprechungen fanden auf einer Bahnhofsbank statt." Kunst und Kommerz sind nun einmal in dieser Persönlichkeit eine Ehe eingegangen, und die beiden haben sich nie wieder scheiden lassen. Damit er sich den Luxus seines „Theaters von Vorarlberg" leisten kann, schließt er dem Unternehmen einen Handel mit alten Klavieren an. Sieben lange Jahre setzt er sich durch.

Aber der Wandervogel von einst ist seinem Wandertrieb treu geblieben: Bald führt ihn sein Weg wieder ostwärts: über Klagenfurt und Salzburg: fünf Jahre lang ist er Intendant des Landestheaters. 1961 ergeht an ihn der Ruf an's wiedereröffnete Theater an der Wien. Ein Ruf, dem er freudig folgt. Wenige Jahre später wird er froh sein, dieses Haus wieder loszuwerden: Ist auch nicht lustig, zwischen der öffentlichen Finanzierung Scylla — und Charybdis der städtischen Bürokratie durchzuschwimmen. Große Pläne — etwa Felsenstein-

Festspiele im Theater an der Wien — lösten sich damals in nichts auf. Ein Labsal, daß es die Josefstadt gibt, die an ihm die Symbiose Künstler und Kaufmann schätzt und ihn zum kommerziellen Direktor bestellt. Daß er — neben seinem Weg — eine Reihe von interessanten Büchern geschrieben hat, davon berichtete er uns gar nicht. Oder hat er sie in der Fülle seiner Erlebnisse einfach vergessen?

„Röbbeling (der Burgtheaterdirektor, Anm. d. A.) erkannte auch auf den ersten Blick das Talent Fred Liewehrs“ schrieb Friedrich Schreyvogel, „drei Jahre, nachdem dieser das Reinhardtseminar absolviert hatte, stellte er ihn als jugendlichen Helden auf die Bühne des Burgtheaters. Seither hat Liewehr alle großen Rollen seines Faches gespielt und ist vom Romeo zum Egmont geworden und vom Marquis Posa auch zu einem amüsanten, ganz persönlichen Typus im Lustspiel. Seine Art läßt sich weder wiederholen noch nachahmen.“

Zum Zeitpunkt, als wir eben die Korrekturfahnen dieses Buches lesen, setzt Liewehr einen neuen Akzent: Er wurde zum Intendanten der Burgenländischen Festspiele - Mörbisch und Forchtenstein - ernannt.

Der Liebling

Kollegen, Freunde, Verehrer, ja selbst viele Theaterbesucher sind sich seit jeher darüber einig: wenn sie vom „Freddy“ sprechen, weiß nicht nur jedermann, wer damit gemeint ist, sie alle sagen dieses „Freddy“ auch in besonders herzlichem Ton. Fred Liewehr, seit 1932 klassischer Held par excellence am Burgtheater, seit über drei Jahrzehnten auch Operettentenor, vor allem an der Wiener Volksoper, Darsteller vieler sympathischer Filmrollen . . . der Freddy . . .

In die Wiege hat man ihm das alles nicht gelegt, diesem Neutitscheiner Bürgerssohn. Angefangen hat dieses braver Leute Kind — brav: als Gymnasiast, der durch besonders gute Deutscharbeiten auffiel: als begeisterter Wandervogel, der — Schillerkragen, Waldeslust und frohe Lieder — jugendbewegt das polnisch-schlesische Grenzgebiet erwanderte. Und als Laienspieler, der — auf dem Jungensbart eine geklebte Matratze — den Hans Sachs mimend, erste Erfolge im Rampenlicht kostet: „Ich war dort so eine Art Zentralfigur . . . “ unterspielt er heute. Folge: Primäraffekt nach Bazillus theatralis-Infektion.

„Du wirst Germanistik studieren!“

Der Deutschlehrer läßt an seiner Überzeugung keinen Zweifel aufkommen. Und Freddy ist gehorsam, ein ganzes Semester lang. An der Prager Uni. „Es war eine staubtrockene Angelegenheit.“

Da läuft ihm zum Glück in den ersten Ferientagen ein Wandervogelkamerad über den Weg. Der „Bahner-Willi“. Und der weiß Köstliches zu berichten:

„Drunten in Wien, da hat der Reinhardt eine Schauspielschule aufgemacht. Und ich“, sagt der Willi ziemlich selbstbewußt, „ich bin Schüler des Gründungsjahrgangs.“

Nicht sehr fair, dem Bären nur vom Honig zu erzählen.

Ein Plan wird ausgeheckt, dem Vater die Sache verschwiegen, die Mutter eingeweiht. Und auf geht es, nach Wien. Sollte diese Prüfung bei Reinhardt wirklich gelingen, kann man dem Herrn Papa immer noch berichten. Wenn nicht, na, dann halt brav weiterstudieren an der Prager Uni. Und später Deutschpauker werden . . .

Ort der Handlung: ein Lehrsaal in der Wiener Musikakademie, Lothringerstraße. Zeit: Sommer 1930. Auf dem Podium — der Kandidat aus Neutitschein. Im Raum verteilt: die Prüfungskommission. Max Reinhardt. Liewehr hat eben den Egmont-Monolog verklingen lassen. Tönt es aus dem Auditorium, als hätte Adolf von Sonnenthal ein Come back auf Erden: „No, das ist ja ein junger Mann, der beim Sprechen den Mund aufmacht!“ — Pater Thimig dixit. Kein schlechtes Zeichen, oder? Ein Stück noch des

Baccalaureus aus dem Faust II. Und man ist mit dem einstudierten Programm am Ende.

Reinhardt: „Machen Sie noch etwas . . . "

Liewehr, kleinlaut, im Gelächter der Anwesenden beinahe untergehend: „Ich könnte nur noch ein Liedchen singen." Und legt los: „Ihr Herrn, die ihr uns lehrt, wie man Probleme . . . " Liewehr, brechtisch.

Der Ernst: Arbeit in den beiden Unterrichtsräumen und auf der Bühne des Schloßtheaters. Kalbeck, Roller, Strnad, Kestranek, Iwan Schmith: die Lehrer. Ensemblespiel: Als Fähnrich in Tschechows „Drei Schwestern". Als Lucentio in Shakespeares „Der Widerspenstigen Zähmung". Als Curio in „Was ihr wollt": doch darüber Näheres in unserer Hoesslin-Geschichte.

Im Sommer zieht man zu Reinhardts Festspielen nach Salzburg, ist in der Tischgesellschaft im „Jedermann" auf dem Domplatz, ist Komparse bei Opernaufführungen, sieht, hört, spürt, lernt. Und dann geschieht ein Bilderbuchmärchen, das so anhebt:

Es war einmal ein Schauspielergenie, das sich auf der Bühne nie hätte verkleiden brauchen, um einen König oder einen Bettler glaubhaft darzustellen. Was auch immer er spielte, man glaubte ihm. Eines Tages wollte er draußen, im Leben, eine Rolle darstellen: wollte als Arzt sehen, wie das ist, wenn ein Kind zur Welt kommt. Und er nahm den weißen Kittel und die Brille und „assistierte" bei einem Geburtsakt. In dieser Rolle war der große Komödiant nicht gut. Man erkannte in ihm den Schauspieler. Als Klatsch begann's, und zum Skandal ist's geworden. Aus, Schluß mit diesem Jedermann-Darsteller! Paul Hartmann, Alexander Moissis Guter Gesell, rückt an dessen Stelle auf, und Seminarabsolvent und Tischgesellschafter Liewehr wird Hartmanns Gesell.

Daß Reinhardt den jungen Liewehr mag, daß er an den begabten Schauspieler glaubt, läßt sich auch daraus schließen, daß er ihn zu Gretchen-Paula Wesselys Bruder Valentin in seiner berühmten Felsenreitschul-Faust-Inszenierung macht.

Kulisse: Reinhardts Märchenschloß Leopoldskron. Man probiert Shakespeares „Was ihr wollt" — mit dem Thimig-Traumensemble:

Helene ist Viola, Hugo Malvolio, Hans der Bleichenwang, Attila Hörbiger ein schneidiger Schiffshauptmann, Paula Wessely das lachlustige Kammermädchen Marie, erschütternd Gustav Waldau als Narr: „Der Regen, der regnet jeglichen Tag . . . “ Und als Herzog ist Karl-Heinz Jaffé eingesetzt, Seminarabsolvent, bald vielen Millionen Radiohörern von BBC akustisch bekannt. Nun, diese Produktion wurde nicht in Salzburg, dafür in der reinhardtschen Josefstadt gegeben. Und da durfte Fred Liewehr den Part des Herzogs spielen. Nicht so ohne, wie sich dieser junge Mann durchzusetzen begann — nach *einem* Seminarjahr.

Es hatte sich alles recht gut angelassen, in Salzburg, an der Josefstadt, doch „ich habe bald gesehen: da komm ich nicht durch. Da war der Attila Hörbiger und der Jaray, die haben einfach alles gespielt, alles, was ich mir nur gewünscht hätte . . . “

Jung-Josefstädter Liewehr läßt sich also bei Direktor Dr. Geyer (er kannte ihn gut, Geyer war sein Seminar-Lehrer gewesen) melden, bittet um Karenzurlaub, und erhält ihn.

„Es folgte mein Prunkjahr in Graz.“ Auch Selbstironie ist im Repertoire des Freddy.

In Graz wächst er in das große Fach hinein, spielt Karl Moor und Egmont, er wird sogar erstmals als Tenor eingesetzt, als Niclas in Offenbachs „Hoffmanns Erzählungen“.

Erinnerungen an das Grazer Schauspielhaus und an dessen Direktor, den berühmt-berüchtigten „Film“-Haas: „Da gab's in Wien damals einen Nachwuchssänger-Wettbewerb. Der Haas hat sich gleich die ersten Preisträger kommen lassen: ‚Hören Sie‘; hat er zu denen gesagt, ‚Sie dürfen bei mir den Lohengrin singen (die Senta, den Tamino, die Konstanze, je nachdem) . . . Sie sind aber ehrenwörtlich dazu verpflichtet, niemandem zu erzählen, daß Sie bei mir — keine Gage bekommen.“ Selbstverständlich sangen die jungen Leute um ihre Chance, und selbstverständlich kam die Gratissängerei auch der Gewerkschaft zu Ohren. Direktor Haas mußte die Mindestgage nachblechen . . .

Wenn aber einmal die Mühlen der Bürokratie langsam zu mahlen anfangen . . . Jedenfalls mahlten sie trefflich fein, und dabei stellte sich heraus: der gute Haas hatte sein Theater so rationell geführt, daß ihm ein Haufen Geld übrig geblieben war. Es sich selbst behalten? Das war nun nicht mehr möglich. Subventionen zurückgeben? Nein! Also: ausgeben!

Haas stieg in den Zug, begab sich nach Berlin, kam, sah und kaufte. Der Hit des Jahres war „Ball im Savoy“ mit der Alpar Gita. Das war's! Der Reichshauptstadtbesucher kehrt zurück und buttert den ganzen Batzen Geld in eine einzige Inszenierung. Eine gigantische Inszenierung. Liewehr hatte beispielsweise im Laufe des dreistündigen Abends sechzehn (!) Anzüge zu tragen. Für ihn allein hatten diese sechzehn Anzüge maßgeschneidert werden müssen. Hauptprobe: „Ich ging, laut Regieanweisung, ab, um etwas zu holen, trat aber sogleich wieder auf. Schon unterbrach der Haas die Probe: ‚Moment, was ist los? Warum hat der Liewehr noch einmal den gleichen Anzug an?‘ — Der Regieassistent: ‚Er holt ja nur ein Buch . . .‘ — ‚Egal! Er muß einen anderen Anzug anziehen!‘“

So ging es damals zu, im Grazer Film-Haas-Jahr des Fred Liewehr. Hasenclevers „Ein besserer Herr“ wurde als letzte Premiere der Saison vorbereitet. Regie: Franz Reichert. Liewehr bekam die Rolle des Liebhabers zugeteilt und — wies sie zurück. Das konnte sich der steirische Lokalmatador, als der er sich in jener Spielzeit bereits mehrfach glanzvoll bewiesen hatte, schon leisten, und das wurde selbst von der Direktion akzeptiert. Die Proben beginnen, alles läuft routinemäßig. Da wälzt sich eines Tages ein On dit durch's Haus: Burgtheaterdirektor Röbbeling käme, um den jugendlichen Bonvivant der Komödie, Terval, anzusehen. Der Gent der Burg, Ullrich Bettac, hatte sich nach München verändert, man brauchte Ersatz. Liewehr das hören, und die weggeworfene Rolle wieder haben wollen. „Kommt gar nicht in Frage“, sagt Reichert.

Liewehr spielte sie doch.

Persönliche Erinnerung: „Und was tut Gott? Der Röbbeling schaut sich die Vorstellung an, und der gute Terval hat einen besonders schlechten Tag. Der Zuschauerraum ist halb leer. Röbbeling läßt nicht ihn, er läßt mich in sein Hotel kommen, meint: ‚Ich will Sie in einer anderen Rolle sehen!' — ‚Kommen Sie nächste Woche, zur Welturaufführung von Mell's ‚Sieben gegen Theben'."

Und Röbbeling kam.

Um es ganz genau zu erfahren, verschaffte Liewehr seiner damaligen Grazer Freundin im Parkett in des mächtigen Burgherrn Nähe einen Sitzplatz, schärfte ihr ein, die Ohren offen zu halten und ihrem Freddy ja alle Bemerkungen mitzuteilen, die der Röbbeling seiner neben ihm sitzenden Ehefrau zuflüsterte. Und was wußte die Spionin ihrem Galan zu berichten? Ein Dialog im reinsten Sächsisch:

„Wat meenste, Frieda?"

„Der is' groß! Den nehm wa."

Seit diesen Tagen gehört Liewehr dem Ensemble des Wiener Burgtheaters an, seit also bald einem Halbjahrhundert.

Aber zwischen Graz und Wien lag damals für ihn noch Salzburg.

„Ich höre", und das ist Reinhardts Faust-Proben-Stimme, „ich höre, Sie gehen an dieses Borgtheater! Warum machen Sie denn das?!" Und wiederholte kopfschüttelnd: „Borgtheater!".

Ebenfalls auf der Faust-Probe. Nach Reinhardts Willen soll an einer ganz bestimmten Stelle das Sprechen in eine Art Singen übergehen. Ein junger Korrepetitor paukt Liewehr die musikalische Passage ein. Probe. Da haut auch der musikalische Freddy einmal daneben.

„Was ist denn los!" Reinhardt ist ungehalten. „Warum probiert man denn das nicht? Wer hat das einstudiert?!"

„Ein junger Salzburger", wagt Liewehr festzustellen.

„Welcher Salzburger denn?" Reinhardt ist sehr ungeduldig. „Wie heißt er denn, dieser Salzburger! Diesen Namen wird man sich merken müssen. Aus dem wird nie was!"

„Karajan."

Liewehr hat, wir alle wissen es, eine sehr persönliche und konsequente Karriere gemacht. Und dennoch hat er, der Fixstern am Burghimmel, seiner Meinung nach auch etliches versäumt. Den Weg zum großen Sänger, zum Beispiel. „Zweimal in meinem Leben hatte ich die Chance . . . " Einmal in Graz, als Haas ihm verkündete: „I' mach' aus dir an Tenor, wannst bleibst!" — Liewehr ging. Und ein zweitesmal, als er im Rundfunk bei der Produktion von Lehars „Paganini" mitgewirkt hat. Kammersänger Karl Friedrich sang die Titelpartie, ein berühmter Geiger fidelte dessen Virtuosenparts, und Liewehr trat als Paganini-Friedrichs Sprechdouble an.

„Warum so kompliziert?", wunderte er sich da, „all das könnte doch auch ein einziger machen."

„Wo find'st denn einen, der Geige spielen, sprechen und singen kann?" kontert der Regisseur.

Der Rest ist vorstellbar: Liewehr sang vor. Und sang und spielte in der Folge gleich zwanzig Operettenpartien im Rundfunk. Darunter den Danilo in der „Lustigen Witwe", darunter die männlichen Hauptrollen in „Wo die Lerche singt" und „Eva" — alles unter Stabführung von Meister Lehàr persönlich.

„In Tempi und Auffassung, da bin ich authentisch", verkündet er heute noch mit berechtigtem Stolz. Denn Auffassung und Tempi, die hat er vom Meister der Silbernen Operette persönlich.

BEREITE LUSTIGE WITWE IN BERLIN ZU FÜHRERS GEBURTSTAG VOR STOP WOLLEN SIE DANILO SINGEN STOP RUFEN SIE UM EIN UHR ZURÜCK STOP LEHAR, HOTEL soundso

Dieses Telegramm erreichte Liewehr im Spätsommer 1939 in Wien. Klar, daß man da sofort reagiert. Es war spät abends. Also, warten bis eins, dann anrufen, im Hotel sowieso in Berlin.

„Wen wollen Sie?" fragt ein verschlafener Nachtportier an der Spree.

„Meister Lehàr, den großen Komponisten."

„Nee, Lehàr, Lehàr, Lehàr haben wir keen' . . . "

Am nächsten Morgen studiert Liewehr das Telegramm noch einmal genau und entdeckt, daß es gar nicht in Berlin, daß es in Wien aufgegeben worden war. Erst den Maestro anrufen. Nachher der Gang nach Canossa, zum Burgchef Lothar Müthel, ihn um Urlaub bitten.

„Schauen Sie", sagt der, „ich kann Ihnen diesen Urlaub nicht verweigern. Aber ich brauche Sie im Augenblick wie einen Bissen Brot hier, weil mein Horst Caspar erst im nächsten Jahr kommt. Unter diesen Umständen kann ich allerdings nicht nein sagen. Aber etwas kann ich Ihnen sagen: An's Burgtheater kommen Sie nicht mehr zurück."

Daraufhin sagt Liewehr schweren Herzens Meister Lehàr und seinem Danilo ab. Und meint heute, damals die zweite große Chance verpaßt zu haben.

Kaum ein Jahrzehnt später, bald nach dem Zweiten Weltkrieg, inszeniert Adolf Rott an der Wiener Volksoper Carl Millöckers „Bettelstudent". Während der Probenarbeit erkrankt der Sänger der Titelrolle. Der arrivierte Burgschauspieler singt wieder mal vor, wird besetzt und Partner der nie vergessenen Maria Cebotari. „Ach, ich hab sie ja nur auf die Schulter geküßt . . . " Und bald wird er als männlicher Hauptdarsteller der „Kiss me, Kate"-Inszenierung umjubelt.

Viele, viele Operettenpremieren folgen. Soll das keine Sängerkarriere sein?

Schon sechs Jahre nach seinem Seminarabgang kehrt Liewehr nach Schönbrunn zurück. Der damalige Leiter des Instituts, Hans Niederführ, hat ihn darum gebeten. „Komm', hilf uns doch aus."

Liewehr gibt einige Monate lang Rhetorikstunden, wechselt aber bald zum Dramatischen Unterricht. Eine Aufgabe, die ihn ein viertel Jahrhundert lang erfüllt. Judith Holzmeister und Inge Konradi, Rudolf Prack und Paul Hubschmid, Winnie Markus, das sind nur einige seiner vielen hundert Schüler.

Als Seminar und Burgtheater 1944 ihre Pforten zu schließen haben, wird auch Liewehr dienstverpflichtet. Eine abenteuerliche Zeit, mit Eid auf Dönitz, dreimonatiger Kriegsgefangenschaft und Flucht auf Indianermanier. Endlich heim ans Burgtheater.

„Der Freddy" ist sein ganzes Leben lang der Liebling geblieben: seiner Kollegen, seiner Freunde, seines Publikums. Höchste Zeit, daß er das einmal schwarz auf weiß liest.

Otto Dürer, Seminarist im Jahrgang 1931, gründete nach dem Zweiten Weltkrieg gemeinsam mit Paula Wessely eine Filmproduktion. Zur Erinnerung hier einige der von ihm hergestellten Filme: „Maria Theresia" (1951), „Ich und meine Frau" (1953), „Das Licht der Liebe" (1954), „Der Weg in die Vergangenheit" (1945), „Die Wirtin zur goldenen Krone" (1955), „Liebe, die den Kopf verliert" (1956), „Wo die Lerche singt" (1956) und „Liebe unter achtzehn" (1957).

Der Überlegene

Schauspieler ist er schon lange nicht mehr. Aber er hat bisher dreiundzwanzig Spielfilme produziert, besitzt in Salzburg-Parsch Ateliers (in denen viele Szenen von „Sound of music" entstanden), er war mehrmals Theaterdirektor gewesen, war Generaldirektor der Wien-Film und der Sascha-Film. Begonnen aber hat Otto Dürer wie tausend andere auch: in der Provinz, als Schauspieler.

Erste Stationen: Nürnberg, Intimes Theater. Stadttheater Brünn. Diverse Kurtheater im Sommer. Beispielsweise beim berühmten Striese von Bad Hall, dem Direktor Rollett. Episoden von damals: Man spielte im Sommer 1928 den „Walzertraum" des Oscar Straus. Rollett in der Rolle des Lothar eilt stets, wenn der Vorhang fällt, durch die, die Bühne mit der Proszeniumsloge verbindende Türe, klatschte Beifall, ruft „Bravo, Rollett! Hoch, Rollett!", saust zurück auf die Bühne und verbeugt sich vor dem eigenen Applaus. Am letzten Tag der Haller Saison bittet er das gesamte Ensemble in den Zuschauerraum des Kurtheaters. Niemand ahnt, warum. Im Saal wird es finster, der Vorhang hebt sich. Auf der Bühne wird ein Altar sichtbar. Davor kniet, tief versunken, der Direktor. „Herr", tönt seine Stimme flehentlich gen Himmel, „Herr, ich danke dir!" Und voll Inbrunst: „Herr, ich danke dir, daß ich nun endlich von diesem Gesindel erlöst bin." Vorhang. Ende der Saison.

Selbstverständlich war auch Meister Dürer nicht vom Himmel gefallen. Diesen ersten Engagements vorausgegangen war intensiver Schauspielunterricht im Institut von Guido Wielands Vater Ernst, der als einer der besten Freunde Max Pallenbergs auch dessen Tourneen organisierte.

Zurück zur Schulbank. Aufnahmsprüfung an das Reinhardtseminar, Regiestudium bei Otto Preminger und Paul Kalbeck, persönliche Begegnung mit Reinhardt. „Wenn sein Kommen angekündigt war, herrschte große Aufregung im Haus. Überall wurde geflüstert: ‚Der Professor kommt‘. Damals gab es ja, zum Unterschied von heute, nur einen Professor.“ Oder: „Er hat schon seine besonderen Lieblinge gehabt, der Reinhardt. Die Hedwig Pistorius beispielsweise, die später am Burgtheater große Rollen gespielt hat. Oder die Grit Jullien, die Tochter vom Hans Moser. Wenn Reinhardt die gesehen hat, hat er sofort zu lachen begonnen. Vielleicht hat er sich da immer an ihren Vater erinnert . . . “

1932. Hundertster Todestag Johann Wolfgang Goethes. Dürer inszeniert am Seminar „Iphigenie auf Tauris“. Selbstverständlich, daß der Regieschüler dem Direktor Geyer seinen Besetzungsvorschlag vorzulegen hat. Geyer liest, schüttelt den Kopf, sagt: „Sie sind wohl verrückt! Den Liewehr wollen Sie als Pylades besetzen? Das ist doch ein Operettentenor.“ Beide hatten sie recht: Liewehr spielte damals und auch später, am Burgtheater, oft und erfolgreich den Pylades, und er sang, wie wir wissen, Operettenpartien.

Dürer kramt in Erinnerungen: War doch damals — für kurze Zeit — eine gewisse Hedy Kiesler am Seminar. Muß nur sehr kurz dagewesen sein: in den Unterlagen taucht sie nicht auf. Sei's drum. Dürer jedenfalls erinnert sich noch heute, wie Direktor Geyer der jungen Dame riet:

„Fräulein Kiesler, lernen Sie lieber kochen!“

Ob Mademoiselle wirklich kochen lernte, entzieht sich unserer Kenntnis. Wohl aber wissen wir, daß sie mit ihrer Nacktszene im „Ekstase“ Wirbelstürme verursachte (ihr Mann, der Waffenfabrikant Mandl, kaufte Kopie um Kopie, vergebens, es tauchten immer wieder neue auf), daß sie sich nach den USA begab und eine kometenhafte Hollywood-Karriere startete: die Hedy Kiesler alias Hedy Lamarr.

Nach einem Seminarjahr wird Dürer für die Saison 1932/33 — als Regisseur und Dramaturg nach Pforzheim engagiert. So gelassen er als Persönlichkeit auch gewesen sein mag, so sehr zitterten bereits rundum die morschen Knochen. Und da bleibt keiner mehr gelassen. Also: Rückkehr nach Österreich.

Dürer trat an Wiener Kleinbühnen auf, im „Lieben Augustin" am Naschmarkt, gemeinsam mit der blutjungen Gusti Wolf, mit Charlotte Reichert; und er sprach poetische Texte eines Peter Hammerschlag: „Ungarische Schöpfungsgeschichte" und so . . . Und gründet schließlich ein eigenes Ensemble, zieht damit durch die Tschechoslowakei, durch die Schweiz, zieht weiter „So lange, bis ich endlich in Amsterdam gelandet war, als Direktor des Operettentheaters der Niederlande, der ‚Franz Hirsch Operette.'" Ein Unternehmen, das heute noch, als Hofstaedt-Operette, existiert. Amsterdam wurde ihm bis 1949 zur neuen Heimat. Wenn auch seine Liebe nach wie vor dem österreichischen Theater galt und er sich sogar ein bißchen als Kulturbotschafter betätigte: er organisierte die ersten Gastspiele österreichischer Ensembles nach dem Zweiten Weltkrieg im Ausland — Gastspiele der Wiener Staatsoper und der Josefstadt, letztere mit Ibsens „Frau vom Meer", in der Titelrolle: Paula Wessely. „Da hat sich eine Freundschaft ergeben, und aus dieser Freundschaft wurde eine Filmproduktion."

Und weil ihn die vielen Filmaktivitäten offensichtlich immer noch nicht ausfüllten, halste er sich auch die Sorgen um ein eigenes Haus auf. In seinem „Intimen Theater" in der Wiener Liliengasse ließ er Boulevard spielen, Dieter Borsche und Dürers Frau, Nina Sandt, traten auf, und der bekannte Theodor Danegger. Das Publikum war's zufrieden, nicht aber die Presse. Und weil die Presse nicht zufrieden war, kam bald auch weniger Publikum. Soll man da nicht die Freud' verlieren?

Warum Dürer seit seinen Anfangsjahren nicht mehr als Schauspieler aufgetreten ist? Mag sein, daß es da ein Schlüsselerlebnis gibt, damals, als er dem berühmten Raoul Aslan den Mortimer aus Schillers „Maria Stuart“ vorgesprochen hat. Aufmerksam hatte ihm der Kammerschauspieler gelauscht, und als der Anfänger am Ende war, hatte Aslan in gemessenem Ton bemerkt: „Wissen Sie, als ich den Mortimer gespielt habe, da konnte ich ihn nicht spielen. Jetzt könnte ich ihn spielen, jetzt kann ich ihn nicht mehr spielen . . . “

Die Menschenjagd, die in Österreich im Jahre 1938 auf friedliche Bürger einsetzte, hat dem Land, was kulturelle Substanz an Menschen betrifft, nie wiedergutzumachenden Schaden zugefügt. Viele bedeutende Dichter, Maler und Schauspieler haben damals ihre Heimat verloren, und ihre Heimat hat sie verloren. Einer dieser allzu vielen ist Harry Horner, heute weltbekannter Filmarchitekt in den USA.

Ein Wiener in Amerika

Daß er zum Theater wollte, das war schon dem siebzehnjährigen Harry Horner völlig klar. Wenn dieser Gedanke in ihm auch inneren Widerstreit auslöste — stellte sich ihm doch das alte Problem vom Bürger als Künstler. „Werd' ich halt Regisseur“, tröstete er sich, weil ihm das doch ein wenig seriöser vorkam als die Schauspielerei.

Also meldete er sich, 1931, zur Aufnahmsprüfung an Reinhardts Institut. Auch Regieschüler müssen theaterspielen lernen, das ist des Meisters Meinung: Hinauf also, auf die Schloßtheaterbühne, einen schiller'schen Monolog rezitieren.

Nachher ruft ihn Kommissionsmitglied Iwan Schmith auf, sagt:

„Mein lieber Horner, warum wollen gerade Sie Schauspieler werden? Sie sind doch häßlich, Sie haben schlechte Lippen, sie artikulieren nicht gut.“

Der Noch-nicht-Anfänger ist tief betroffen, blamiert vor allen, deprimiert. Was half es ihm schon, wenn derselbe Schmith auch zu anderen Ähnliches sagte . . .

„Herr Professor", fragt der Gedemütigte später, mit Tränen in den Augenwinkeln, „warum haben Sie mich so entmutigt?"

„Lieber junger Freund", so die Antwort, „ich mußte Ihnen das sagen, um Sie zu prüfen. Denn jetzt ist die Zeit, Sie zu entmutigen. Wenn Sie trotz allem durchhalten, ist das ein gutes Zeichen. Sie werden im Laufe eines theatralischen Lebens noch sehr oft entmutigt werden."

Psychotraining.

Lehrer, die ihm ad hoc einfallen: Strnad. Roller. Hans Thimig. Otto Preminger: Zwischen diesem Früh-Glatzkopf und dem Jüngling mit lockig-fülligem Haar entspinnt sich alsbald ein einseitig geführter Nervenkrieg. Sarkastische Lehrerfeststellung bei passenden und unpassenden Gelegenheiten: „Horner, Sie haben zu viele Haare."

Der Regieschüler bürgerlicher Herkunft begeistert sich für das von ihm selber als unbürgerlich klassifizierte Spiel, entwickelt komödiantische Lustgefühle.

Arbeit an Szenen, an ganzen Rollen. Voller Einsatz.

Wann endlich kommt Reinhardt in das Seminar? „Er war immer die große Versprechung."

Im Mai geht ein Raunen durch das Haus. Niederführ bestätigt: „In drei Wochen kommt der Professor." Er wolle, heißt es, mit einigen Seminaristen Shakespeares „Sommernachtstraum" einstudieren.

Den „Sommernachtstraum?" Brennend ist der Wunsch: *„Ich* will Zettel sein". Doch man weiß auch, daß Träume sich nicht erfüllen . . . Den Part einzustudieren kann nicht schaden . . .

Und eines Tages heißt es: „Morgen kommt er, morgen um zehn!"

Reinhardt um zehn Uhr vormittags? Na, mal abwarten, Kinder! Und sie tun es, aufgeregt hin- und herrennend. Der Horner rannte mit. Minuten quälen sich zu Viertelstunden. Zunehmende Nervosität, selbst die Lehrer können sie nicht mehr verbergen. Zwölf schlägt's, und zwei, und drei.

„In einem Augenblick sagte ich mir: ja, ich werd' der Zettel sein, ich werd' ihn spielen können; und im nächsten war ich voll von Zweifel."

Sechs Stunden lang war der Raum ein besserer Wartesaal gewesen. Endlich springen die Türen auf, und herein tritt der Maestro persönlich — mit großem Gefolge: da ist Ehefrau Helene Thimig, der Bankier Camillo Castiglione, Josefstadt-Recreator. Leute und Leute und Leute . . .

„Da stand dieser kleine Mann nun, weiß behandschuht. Er hat nach Parfum gerochen, ich glaube nach Lavendel: ein sehr maskuliner Geruch jedenfalls."

Ein Tischchen war auf der Bühne bereitgestellt, an dem ließ sich Reinhardt nieder, bat um die Vorsprechkandidaten.

Horner ist einer der drei Zettels. Und er hat Glück, wie alle, die den Meister durch ihre Darstellung zum Lachen bringen können.

Proben in Salzburg. Die Seminaristen, jetzt stolze Tischgesellschaft des Jedermann oder Faustsche Osterspaziergänger, sind im Johanneum untergebracht, einem Nonnenkloster: „So lange wir dort waren, wirkte es nicht wie ein Kloster. Eher wie das Gegenteil."

Man probierte das Stück im Schloßgarten von Kleßheim, und die Rehe, die dort herumliefen, spielten auf ihre Weise mit. „Ich, der Zettel, hatte unter einem gewaltigen Laubbaum einzuschlafen. Hab da auf einmal festgestellt: ich liege ja direkt auf einem Ameisenhaufen. Sind ganz schön auf mich losgegangen, die Viecher. Da habe ich angefangen, mich zu kratzen, erst vorsichtig, damit es den andern nicht so auffällt, dann wilder." Reinhardt mußte wieder einmal über seinen Horner lachen, und er entschied: „Das müssen wir behalten!" Harry Horner, ab sofort ein sich wild kratzender Zettel.

Dieser Sommernachtstraum war, in einem gewissen Sinne, als Wandertheater inszeniert: Vom Park (wo die Oberon- und Puckszenen spielten) zog man, Schauspieler und Publikum, zur Prunkhochzeit in den Prunksaal des Schlosses, hingeleitet zu den Sitzen von livrierten Fackelträgern.

Im zweiten Seminarjahr traf den Seminaristen Horner die totale Auslastung: vehement hatte der Vater verlangt, daß der Junge neben seinen Theaterflausen auch etwas Anständiges zu lernen habe: „Absolviere ein ordentliches Studium!“ Architektur zum Beispiel. Ein Figaro-Schicksal beginnt: Harry bei der Vorlesung da, bei der Vorstellung dort; Pläne zeichnen da und theaterspielen lernen dort . . . Ein Zerrissener, der beide Aufgaben zu lösen verstand. In diesem zweiten Jahrgang trat er im Schloßtheater als Inspektor Dede in Galsworthys „Gesellschaft“ auf, entwarf für „Hanneles Himmelfahrt“ von Gerhart Hauptmann das Bühnenbild, war der Bobby in Shaws Komödie „Fannys erstes Stück“ und Orlando in Shakespeares „Wie es euch gefällt“; er zeichnete die Figur des Pjetja unter Premingers Regie in Katajews „Quadratur des Kreises“ nach, ist ein paar Tage danach Hans Sachs' „Fahrender Schüler im Paradies“; macht mal schnell eine Prüfung, Studienrichtung Architektur; saust unmittelbar danach hinaus, ins Schloßtheater, um nicht zur Vorstellung „Time is money“ von Labiche zu spät zu kommen; denn ohne den Darsteller des Michel können die nicht anfangen. Gottlob hat er Entwurf und Durchführung des Bühnenbildes für eben dieses Stück vor ein paar Wochen rechtzeitig noch liefern können.

Der zweite Sommer unter Reinhardt, wieder in Salzburg: „Ich hatte die große Ehre, in seiner Faust-Inszenierung den Schüler zu spielen.“ Nicht nur das: Horner war auch der Koch im „Jedermann“, und für einen erkrankten Kollegen sprang er als einer der Erzengel im „Prolog im Himmel“ ein, sprach melodramatisch von einer Arkade der Felsenreitschule: „Und schnell, und unbegreiflich schnelle, dreht sich umher der Erde Pracht . . . “

Detail aus der Arbeit: „Die Proben wurden am Vormittag von Johannes Reich (dem ehemaligen Seminaristen) geleitet. Der Professor kam erst später, unerhört gepflegt, parfumduftend, und fing zu ändern an. Er war grausam zu jenen, die er nicht mochte. Aber wenn er mit jemandem arbeitete, den er gerne hatte, hat er improvisiert, stets verbessert, hat dem Schauspieler seine Freiheit gelassen. Kollegen, die er aber nicht mochte, die hat er ‚sterben lassen‘ . . . “

„Eine der wichtigsten Künste des Schauspielers ist es, zuhören zu können. Daher haben es die kurzsichtigen Schauspieler besonders gut.“ (Reinhardt bei einer Probe in Salzburg, August 1934).

Nach vier Seminarsemestern hatte Emil Geyer den verheißungsvollen Jungschauspieler an die Josefstadt geholt. Im Jahr drauf aber löste Otto Preminger den Dr. Geyer in dessen Funktion ab: Und Preminger hatte für den Schauspieler Horner gar nicht viel übrig. Doch er mochte ihn als Bühnenbildner.

1935, nach anderthalb Josefstädter Jahren: „Horner, wollen Sie als Assistent Strnads mit mir nach Amerika gehen?“ fragt Reinhardt. Da kann man nicht nein sagen, ja, man fährt um so lieber, da es einem hier an jeder Hausecke schon entgegenblöckt, dieses „Ein Volk, ein Reich, ein Führer“, dieses „Juda verrecke!“

Also fährt man mit dem Dampfer über das große Wasser, in der Tasche die reinhardt'sche Einladung. Einfahrt in den New Yorker Hafen, Skyline und Freiheitsstatue. Beamte der Einreisebehörde betreten das Schiff:

„Ihre Arbeitsbewilligung, Mr. Horner?“

Er weist den Brief Reinhardts vor, zeigt die Pressenotiz, die im „Herald Tribune“ veröffentlicht worden war: „Young Austrian actor: Career in the States!“

No, no. That's nothing. Sie wollen ein ganz bestimmtes Dokument sehen. Hat er nicht? Dann, hinüber mit ihm, nach Ellis Island!

„Auf einmal war New York weit weg, und ich mußte vom luxuriösen Dampfer in ein kleines Boot umsteigen und damit in dieses Gefängnis . . . “ Zum Glück hatte er auf dem Schiff eine junge Dame kennengelernt, die sich als Sekretärin von Mr. Preminger vorstellte. „Bitte, richten Sie dem Doktor aus, daß ich nach Ellis Island muß. Falls er irgendwas für mich machen kann . . . “

Mit vielen, vielen anderen wird er in ein kasernenartiges Domizil auf dieser Insel gebracht, harrt der Dinge, die da kommen sollen.

Als sein Name aufgerufen wird, folgt er dem Polizisten in einen Raum, angefüllt mit Polizisten, und abermals wird ihm die Arbeitsbewilligung abverlangt.

„Ich habe keine . . . Max Reinhardt hat doch . . . “

„Who is Mr. Reinhardt?“

Erklärungen hin, und Erklärungen her.

„Kann diesen Job kein Amerikaner tun?“

Die Amerikaner sind sehr in Grenzen beeindruckt. Die Rettung: Otto Preminger taucht höchstpersönlich auf: „Mr. Horner kann durch niemanden ersetzt werden!“ Und holt ihn heraus aus dem Schlamassel.

Der Horner in Amerika. Proben in New York, Arbeit mit Oscar Strnad. Alles ist wunderbar und herrlich und schön. Ein paar Wochen lang. Dann stirbt Strnad plötzlich.

But the show must go on. Norman Bel Geddes wird engagiert, der berühmte Bühnenbildner. Ein guter Mann, ohne starken Bezug zur materiellen Realität allerdings: Eine Eigenschaft, die er mit Max Reinhardt gemeinsam hat. Die beiden schweben nun in den höheren Sphären der Kunst, bar der Wirklichkeit. Ein Beispiel: Bel Geddes hatte präzise Vorstellungen, wie der Orchestergraben auszusehen habe. Pläne werden gezeichnet, und alles schaut klar und logisch und einfach aus. Nicht bedacht hat man allerdings, daß New York auf Granit erbaut ist. Forget it, werden halt sprengen. Detonation. Die gipsenen Barockengelchen im Zuschauerraum lernen fliegen. O du lieber Augustin, alles ist hin. Die Kosten dieser Aktivitäten sind bald nicht mehr überschaubar. Einer der Hauptdarsteller des Stücks, praktizierender Katholik, verliert angesichts all dessen die Nerven, bringt sich um. Wie war doch der Titel dieses Schauspiels gewesen, das man da bringen wollte? „Der Weg der Verheißung.“

Die Engel kaputt, die Sitze herausgerissen, das Theater zerstört. Nun ruft der Produzent der Show den Assistenten Horner zu sich und eröffnet: „Wir haben Bel Geddes hinausgeworfen, haben furchtbar mit ihm gestritten. Er hat unser ganzes Geld ausgegeben. Du, Reinhardts Assistent, wirst nun zu deinem Boss gehen und ihm sagen: wir sind bankrott, wir müssen aufhören, klar?“

Ein Traumjob, das: Hiobsbotschaften überbringen.

Reinhardt hört ruhig zu, ist keineswegs bestürzt, sagt nur: „Aha, sehr interessant . . . “ Und ist am nächsten Tag in Hollywood, ohne einem Menschen etwas von seinem Vorhaben gesagt zu haben: nichts den Schauspielern, nichts seinen engsten Mitarbeitern, nichts seinem Assistenten. Niemandem. Die Produktion war gescheitert: warum hätte er sich damit auch nur eine Sekunde noch auseinandersetzen sollen?

Sechs Monate sind seit der Ankunft Horners in den USA vergangen, die Papiere laufen ab, er muß raus aus dem Land der Verheißung, zurück in die Heimat. Zurück nach Salzburg, wo man seine Rollen bei den Festspielen zu spielen hat. Und dort ein Wiedersehen mit Reinhardt, als wäre überhaupt nichts gewesen: „Ja, Horner, was machen Sie denn da?" Worauf Horner es sich nicht verkneifen kann, ebenfalls zu fragen: „Ja, Herr Professor, was machen *Sie* denn hier?"

Horner, Jedermanns „Koch", Horner, Fausts „Schüler."

Eines Tages fragt man den Meister: Was ist nun mit dieser New Yorker Produktion?

„Würden Sie sich trauen, um die Hälfte des ursprünglich geplanten Geldes das gleiche Bühnenbild zu bauen?

„Ja, Herr Professor!"

Horner hat in Europa in den nächsten Jahren einiges zu verlieren, aber: was soll er drüben schon verlieren?

Come back, to Amerika.

Vereinfachung der Dekoration, Kämpfe mit der Gewerkschaft, Sabotage . . . Dann der Erfolg. So großer Erfolg, daß keiner mehr daran denkt, diesen großartigen Bühnenarchitekten auch als Schauspieler einzusetzen.

Er schafft Bilder für die Met in New York, für Vancouver und Seattle, das Bühnenbild auch für die Welturaufführung von Thornton Wilders „Our town". Der große Dichter und Humanist ist begeistert, verlangt, daß der junge Mann auch die Ausstattung des „Unsere kleine Stadt"-Films überantwortet bekommt. Aus dem prominenten Bühnenbildner wird der prominente Filmarchitekt. Der faßt eines Tages wieder Fuß dort, wo er ursprünglich hingewollt hatte: er inszeniert Filme. Mehr noch, er versucht sich als Produzent, kurzfristig nur, denn um ein guter Kaufmann zu sein, dafür ist er zuviel Künstler.

Harry Horner, dessen Gesamtwerk im März 1979 an der Universität Rochester in einer großen Ausstellung gezeigt wird, ist heute — der internationalen Filmkrise zum Trotz — ausgebucht wie vor zehn Jahren. Was ihm allerdings verloren gegangen ist: sein Weg als Schauspieler. Was ihm fehlt: seine alte Heimat. „Ich möchte wahnsinnig gern nach Österreich zurück".

Keine schlechte Idee, sollte eigentlich aufgegriffen werden. Denn freiwillig ist Harry Horner damals nicht weggegangen . . .

Menschenwege sind nicht planbar, Karrieren schon gar nicht. Mitunter führen vielversprechende, von äußeren Einflüssen substanziell ungestörte Wege in Sackgassen, mitunter aber auch setzt sich der einmal begonnene Weg trotz widrigster Zeitumstände konsequent fort. . . Kitty Mattern ist – in die Stürme der Weltpolitik hineingeraten – sehr oft nicht zum Lachen gewesen. Verlernt aber hat sie es nicht. Und sie ist im Beruf geblieben – selbst dann, wenn andere bereits zehnmal das Handtuch geworfen hätten.

Das lange, lange Wartenmüssen . . .

Kitty Mattern ist heute freie Schauspielerin. Sie gastiert in München und in Berlin, macht zwischendurch mal eine Tournee, mal ein Fernsehen, ist, und das wünscht man sich in diesem Beruf wie in kaum einem andern, ständig „im Geschäft"; die Welt ist von außen und von innen weitgehend in Ordnung. Das war nicht immer so.

Denn ihr Weg wurde, wie der manches Seminarkollegen von damals auch, durch den GröFaZ*) heftig unterbrochen.

Die Gymnasiastin hatte eine gründliche Tanzausbildung bei Hellerau in Laxenburg und bei Trudi Schoop absolviert, war, achtzehnjährig, davon überzeugt, was ihr in Zukunft wichtig zu sein habe, und meldete sich, „um ja sicher zu gehen", gleichzeitig im Schönbrunner Seminar Reinhardts und an der Schauspielschule des Direktor Beer an.

Doppelt war gut gemoppelt, denn bei Beer fiel sie prompt mit jenem Repertoire durch, mit dem sie am Seminar überzeugte. Mit einem Schwung hatte sie da den Vorhang der Barockbühne geteilt, war an die Rampe getreten, hatte die Arme schräg hochgeworfen und der Kommission mitgeteilt: „Ein Schauspiel ist's für Kinder nicht, für Götter . . ." Da hätten die da unten nicht zustimmen sollen?

Mit den Kollegen Walter von Hoesslin und Kurt Kasznar, mit Walter Engel und Fred Liewehr, mit Hans Mosers Tochter Grit gemeinsam drückt man die Seminarbank, hört auf Kalbecks und Iwan Schmiths, auf Otto Premingers und Geyers Rat, und man erinnert sich auch heute noch dankbar an des Zdenko „Zizi" Kestranek Unterweisungen. Theatergeschichte lehrte Trakl-Freund Erhard Buschbeck, die Bühnenbildnerei Alfred Roller und Oscar Strnad: „Beide Fächer langweilten mich in meiner jugendlichen Ahnungslosigkeit schrecklich; daher schwänzte ich sie auch konstant. Doch schon sehr bald sollte mir das bitter leid tun."

Als Kitty Mattern ihre Schönbrunner Studien erfolgreich abschloß, schrieb man das Jahr 1933. Hitler hatte in „Großdeutschland" die Macht „ergriffen", die Zukunftschancen für die Absolventin Mattern waren damit — vorerst in diesem Deutschland, bald auch in Österreich — auf Null gesunken: „Während meiner Seminarzeit schon hatte ich einige Angebote an Provinzbühnen bekommen, auch einen Antrag aus Berlin, für eine der Hauptrollen in einem Karl Lamac-Film. Als ich auch Lamac sagte, daß ich, eine Jüdin, für Deutschland

*) GröFaZ = Größter Führer aller Zeiten

nichts wäre, hat er nur geantwortet: ‚Na, dann werden wir halt warten'."

Warten.

Da es aber nun bald nicht um die Karriere auf der Bühne, sondern um die Karriere im Überlebenstheater ging, hatte man keine Zeit mehr, zu warten; es war Zeit, zu handeln:

Kitty Mattern, die Emigrantin in den USA: Als Schauspielerin da drüben mit offenen Armen empfangen werden? Solche Illusionen hatte sich nicht einmal die hübsche junge Dame gemacht. Sie war froh, einen Job als Kinder- und Dienstmädchen gefunden zu haben, beim verarmten Philosophen Ernst Bloch, für eine Gage von immerhin sieben Dollar — wöchentlich.

Tagsüber Dienstbotenarbeit, abends — Englisch stucken. Ein ganzes Jahr lang.

Andern geht es nicht viel anders: Viele der großen Deutschen sind jetzt in der Welt verstreut, und zu Hause ist Babylon.

Ein paar Wiener Schauspieler tun sich zusammen, arrangieren ein Programm, wie man es damals, vor ein, zwei Jahren in Wien, in der „Literatur am Naschmarkt" und im „ABC-Cabaret", gespielt hatte, mieten einen Saal, agieren, werden sogar gütig rezensiert: „Da wir alle jung und attraktiv waren, war unser Erfolg eher politischer Natur: ‚Solche netten jungen Leute also hatte man aus ihrer Heimat vertrieben!'"

Ehe man sich zu gemeinsamem Spiel zusammengetan hatte, war vereinbart worden: sollte der eine oder der andere innerhalb der ersten zwei Jahre ein Angebot „von außen" bekommen, hätte er es kategorisch abzulehnen; denn allzu leicht säßen die übrigen dann, eines wichtigen Mitstreiters beraubt, brotlos da. Eine Abmachung, die für die Mattern bald schmerzliche Folgen hatte: als nämlich Metro-Goldwyn-Mayer ihr und zwei Kollegen mit einem Sieben-Jahres-Vertrag winkte und sie dankend ablehnen mußte. Weil man es so versprochen hatte.

Und eines Tages war die Show-Time vorbei; wieder hieß es: warten. Das Glück aber kehrte wieder ein, weil sie „leicht lachen" hatte: im wahrsten Wortsinn. Für einen ihrer Auftritte, den sie im Rahmen des Wiener Kabarett-Programms geboten hatte, war sie von Kritikern mit großen Komikern Amerikas verglichen worden und dadurch einem Producer aufgefallen: mit ihrer Demonstration, auf vielfältige Weise — zu lachen. Ihr Lachen wurde in zwei Musicals „eingebaut": Täglich aber auf der Bühne nichts anderes als nur lachen dürfen, wochen-, monatelang: da kann sie einem schon vergehen, die Freud!

Die Lachnummer brachte sie aber auch zum erstenmal in's Fernsehen. Ein TV-Studio von 1940 ist nur vergleichbar mit einer mittelalterlichen Folterkammer: „Die Scheinwerfer brannten so fürchterlich heiß auf uns herunter, daß alle — bis auf die Schauspieler — in Tropenhelmen herumlaufen mußten. Und die Furniere am Klavier warfen schon nach einer halben Stunde in dieser Affenhitze Blasen."

Sich als Actress in den Staaten durchschlagen zu müssen, ist an sich schlimm und auch in tiefen Friedenszeiten nicht annähernd mit dem Los einer Schauspielerin im alten Europa zu vergleichen: mangels Repertoiretheater, vor allem. Viel schlimmer aber ergeht es einer jungen Bühnenkünstlerin, die des Englischen noch nicht akzentfrei mächtig ist. Da ist man heilfroh, irgendwo in einem Nightclub unterzukommen, oder sich von „Borscht Circuit" vermarkten zu lassen: mit Auftritten in Sommerhotels, rund um New York. Nein, Schande ist das keine; von hier aus hatte auch ein Danny Kaye seinen Weg gemacht. Aber richtig Theater spielen, so wie man es bei Reinhardt in Wien gelernt hatte? Dazu kam es erst 1944, als Elia Kazan die Uraufführung von Franz Werfels „Jacobowsky und der Oberst" besetzte: „Da gab es ein sofortiges Ja, und da hatte ich das Glück, mit Oscar Karlweis (Jacobowsky) und Luis Calhern (Oberst) zu spielen. Es war ein enormer Erfolg, und wir spielten das en suite eineinhalb Jahre lang."

Zum künstlerischen Glück stellt sich auch das private ein: während einer Vorstellung des Wiener „Kabaretts der Komiker" in der Carnegie Hall, wo man Karl Farkas und Lilian Harvey wiedertraf, lernte man einen Herrn kennen, den man wenig später ehelichte: Siegfried Arno.

Von New York geht es westwärts, nach Hollywood. „Da verdiente ich mein Geld mit dem Verkauf von Kosmetika und von Ziegelsteinen.“ Denn auf eine Chance, theaterspielen zu dürfen, mußte man wieder warten. Dann und wann zwar Auftritte in der Civic Light Opera von Los Angeles in Musicals und Operetten. Sich aber darauf zu verlassen, einmal vom Theaterspielen auch leben zu können, nein: das war da nicht drin. Selbst dann nicht, wenn man — wie die Mattern im Jahre 1950 — den ersten Preis der Television NBC Hollywood als beste junge Schauspielerin gewinnt.

Sieht sie heute, aus der verwöhnten Theaterlandschaft Europa, ins damals zurück, merkt sie erst, wie gut sie es eigentlich hatte, im Vergleich zu anderen, „jetzt erst begreif ich's, wo ich längst weiß, wie hoffnungslos unser Beruf in den Staaten ist.“

Kontakt mit ebenfalls nach den USA ausgewanderten ehemaligen Lehrern und Schülern hatte sie kaum mehr. Einmal traf sie Max Reinhardt in einer New Yorker Straße, zur Zeit, als er eben seinen „Rosalinda“-Erfolg hatte: Rosalinda, die für Amerika adaptierte „Fledermaus“ des Johann Strauß. Einmal traf sie in Hollywood ihren ehemaligen Lehrer Otto Preminger; und auch die Mitschüler Kurt Kasznar, der sich als Schauspieler etablieren hatte können, und den Harry Horner, der seine Brötchen als Architekt verdient . . .

Als das Ehepaar Mattern-Arno während einer großen SüdamerikaTournee Furore macht, faßt es den Mut, wieder heimzukehren, es noch einmal dort zu versuchen, wo man in der Muttersprache agieren konnte.

In Hamburg stieg sie mit „Meine Nichte Susanne“ wieder in den Beruf ein; Wien, München, Berlin folgten. Schritt für Schritt, und nichts ging von heute auf morgen. Aber seither ist ihre Arbeit am Theater nicht mehr abgerissen.

Das lange Warten hat letztlich doch gelohnt.

Wo die Wegstrecke eines Menschen beginnt, wo sie sich fortsetzt, wie oft sie mit Ortsveränderungen verbunden ist und wo sie endet: All das ist „normalerweise“ im normalen Menschenleben weitgehend vorhersehbar. Es soll Leute geben, die niemals noch aus ihrem Wohnbezirk hinausgekommen sind. Entschließt man sich, die einem bemessene Wegstrecke als Theatermensch zu gehen – als Schauspieler, als Regisseur, als Bühnenbildner –, so hat man mit vielen Ortsveränderungen zu rechnen, ein ganzes Leben lang. Lehnt man das ab, so mag es besser sein, sogleich einen anderen Beruf zu ergreifen.

Der Zufall mag mitunter aber fügen, daß man, auf lange Wanderschaft vorbereitet, ein Leben lang einem einzigen Theater verbunden bleibt. So ging es Gustav Manker, der seit über vierzig Jahre lang dem Volkstheater verbunden ist.

Der Herr vom Weghuberpark

„Reinhardt war für uns Schüler furchtbar aufregend, weil er zu seinen Proben nie zur rechten Zeit kam“, erinnert sich Gustav Manker an seine Seminarzeit. „Den ganzen Tag haben wir mit einem der Regieschüler gearbeitet, so lange jedenfalls, bis wir hundsmüde waren. Aber ausruhen, nein, das gab es nicht. Am Abend sollte ja der Professor kommen. Aber er kam nicht. No, da haben wir halt weitergearbeitet, oder wir sind da gesessen und haben gewartet. Elf Uhr war's oder Mitternacht, da endlich tauchte er auf, in seinem weißen Horch, weiß behandschuht, umgeben von einem Stab von Assistenten. Und dann haben wir geprobt, bis in die frühen Morgenstunden.“

Diese Nachtarbeit unter Reinhardt ist allen Seminaristen von damals in lebendigster Erinnerung geblieben, und alle kommen sie immer wieder darauf zurück.

„Er konnte Menschen durchschauen, konnte ihnen mit zwei, drei Worten ihren Weg weisen.“

Wie wir aus vielen seiner Regiebücher wissen, hatte sich der Meister für jede seiner Inszenierungen — ob für Berlin, Paris oder „nur" für seine Schauspielschule — äußerst gründlich vorbereitet. „Es stand zwar alles", weiß Manker, „bis in das kleinste Detail, in seinem Regiebuch, nach dem seine Assistenten die Komödie mit uns einzustudieren hatten. Doch dann kam er selbst, und ihm hat das alles nicht mehr gefallen, wenn er es auf der Probebühne gesehen hat. Dann hat er etwas ganz anderes draus gemacht. ‚Ich kann es viel besser beurteilen, wenn ich es sehen kann', hat er immer gesagt."

Gustav Manker und das Theater waren einander in einer Zeit begegnet, da himmelschreiende Not den sozialen Alltag beherrschte. Der Großteil der Menschen hatte andere Sorgen, als sich an dieser schönsten Nebensächlichkeit der Welt, dem Komödiantenspiel, zu ergötzen oder sich gar an Tragödien der Weltliteratur zu erbauen. Man hatte sein eigenes bürgerliches Trauerspiel zu Hause; der Hunger, die Armut, die Arbeitslosigkeit spielten die Hauptrollen. Kaum ein Zuschauerraum, der damals nicht halbleer blieb. Jung-Gustavs Onkel, Verwaltungsdirektor der Österreichischen Bundestheater, traf also zwei Fliegen auf einen Streich, wenn er den Gymnasiasten mit Freikarten versorgte: Wenigstens einer mehr füllte die ansonsten gähnende Leere, und der Bub lernte dabei noch die bedeutendsten Dramen kennen. Das aber hatte der Herr Onkel nicht bedacht: daß der Junge sehr bald und wie viele, viele vor ihm seine Zukunft in einem Satz von vier Wörtern zusammenfaßte:

„Ich will zum Theater!"

„Ja, ja", man ist ja nicht so, aber „zuerst machst du ein ordentliches Studium, und dann . . .

Nun denn, ein Verlegenheitsstudium muß her. Jura. Drei, vier Vorlesungen besuchen, so machen, als ob . . . Hatte man das nicht schon bei Stanislawski irgendwo gelesen, dieses „als ob"? Und recht bald zur Erkenntnis gelangen: nichts im Leben kann man „zugleich", kann man „nebenbei" *und* ordentlich machen. Man entscheidet also, schafft die Aufnahmsprüfung an Reinhardts junge Schule und liquidiert die Rechte.

Belegte Hauptfächer: Regie und Bühnenbild. Es ist selbstverständlich, daß man auch das Handwerk der Schauspielerei erlernt. Wie sonst soll man später einmal anderen erklären, wie und warum . . .

Unter den Kollegen: Hortense Raky und Liesl Kienast, Eric Pohlmann und Stefan Skodler. Unten, in der Kommission: der Josefstadt eigentlicher Herr, Otto Preminger.

Zwei in der Retrospektive lustige Seminarjahre, Unterricht beim gescheiten Iwan Schmith, der nicht nur ein großartiger Regielehrer und Regisseur ist, sondern auch ein Gourmet von Graden. Allmorgendlich läßt er sich vom Dienstmädchen des Instituts aus einem anderen Stadtteil die frischen Semmeln holen, weil sie der — nur mit der Straßenbahn erreichbare — Bäcker halt viel rescher macht . . .

Die Uranfänge von Mankers Theaterweg: Für ein geplantes Stück hatten alle Regieschüler Bühnenbildmodelle zu bauen. Vor Ankunft Reinhardts wurden diese in einer Reihe aufgestellt, und der Professor wählte aus: er erkürte das des Schülers Manker.

Sommer in Salzburg: Tischgesellschaft im „Jedermann". Irgendeine kleine Rolle im „Faust" — Osterspaziergang, wahrscheinlich. Wichtig ist einem da, den großen Reinhardt bei der Arbeit zu beobachten, sich vielleicht von ihm etwas abzuschauen. „Er hat sich lange, lange mit den einzelnen Szenen auseinandergesetzt. Wochen zum Beispiel probierte er nur Auerbachs Keller, differenzierte diese vier Leute immer mehr. Und erfand ständig neu, was alles diese Saufbrüder Lustiges zu machen, wie sie verschieden betrunken zu sein hatten. . ."

1935. Systemzeit. Österreichs Bundeskanzler heißt Kurt Schuschnigg, das Parlament ist ausgeschaltet, kaum einer in diesem Land ist zufrieden, geschweige denn glücklich. Und kaum einer glaubt an die Lebensfähigkeit der Alpenrepublik. Draußen, im Reich, poltert der Diktator aus Braunau, und für Max Reinhardt gab es in seinem Berlin nichts mehr zu suchen.

Jetzt, gerade jetzt zum Theater gehen, wo täglich Ingenieure und junge Doktoren als kleine Keiler an die Tür klopfen und Schuhcremes oder Bodenbürsten verkaufen? Der Abschlußprüfung folgt ein arbeitsloser Sommer, ein Herbst ohne Illusionen. Die Realität. Hätte man damals nicht doch Jura —? Nein, nicht zweifeln am eigenen Dasein: es war richtig, was man damals gedacht, wie man damals entschieden hat.

Und endlich stellt sich auch einer ein, der einen mag: ein gewisser Ernst Löhner, der bei Piscator in Berlin gearbeitet und aus Hitler-Deutschland vertrieben worden war. Dieser Löhner gründete nun in der Wiener Praterstraße ein kleines Theater, an das er den Seminarabsolventen Manker holt. „Die Gage stand zwar auf dem Zettel, aber — es gab keine. Ich habe gespielt, habe die Bühnenbilder gemacht. Es war armselig: kaum jemand im Saal . . . " Und doch eine für einen Anfänger gar heilsame Situation. Im selbstgemachten Bett liegt sich's allemal besser.

Opfer bringen, gut und schön, das ist halt der Kaufpreis für eine gute Sache. Aber wenn die Opfer nur Opfer bleiben und sich nicht ein kleiner Lichtblick am Horizont zeigt, dann ist es zur Verzweiflung nicht mehr weit. Woher dann das Geld nehmen für das bissel Bett und Tisch, das man für sich beansprucht.

So jedenfalls konnte es nicht weitergehen! Manker setzt sich in den Zug, fährt nach München, klappert Intendant um Intendant ab, bittet, fordert, erklärt, spricht vor, zeigt, was er bisher gemacht hat — nichts, nichts, nichts. Und weil man schon in München ist (ist die Kuh hin, soll's Kalb auch gleich hin sein), geht es gleich weiter nach Berlin, man rennt, rennt, rennt. Ohne Erfolg.

Traurig kehrt er nach Wien zurück, deprimiert. Und da bringt der Postbote das ersehnte Telegramm. Nach Berlin? Nach München? Oder gar nur nach Heidelberg? Etwa gar nur nach Hof in Bayern?

„Ein ungeheures Engagement", sagt der junge Bühnenbildner, Schauspieler, Ausstattungsleiter von nun an und in Bielitz, „hundert Zloty hab' ich im Monat verdient, nach damaligem österreichischen Geld nicht einmal hundert Schilling. Das entsprach der Mindestrente, allerdings in einem keineswegs noch sozialisierten Staat.

März 1938. Adolf Hitler meldet vom Balkon der Wiener Hofburg aus der Vorsehung seine Heimkehr in die Ostmark und die Heimkehr dieser „ins Reich“. Manker sitzt in Bielitz: dort ist die Stimmung gespannt. Und keineswegs deutschfreundlich. Da ordnet ein selbstherrlicher Goldfasan, wie damals die Parteibonzen genannt wurden, in Ermangelung jeglicher Sensibilität und Realitätsbezogenheit an, diesen Ausbruch einer neuen Zeit auch im Bielitzer Provinztheater festlich begehen zu lassen. Er wird beim Direktor Löwe vorstellig (oder zitiert diesen in sein „Braunes Haus“) und verlangt eine Galavorstellung. Bedingung: kein Jude im Ensemble!

Löwe hat zu gehorchen, sonst wird er vom Wind der neuen Zeit weggeblasen. Mit Müh und Not wird eine „arische“ Besetzung zusammengestellt. Und pünktlich zum vereinbarten Termin geht das präzise nach Autor und Titel bestellte Stück ohne einen einzigen Juden in Szene. Das Drama „Zwölftausend“, verfaßt vom Juden Bruno Frank . . . Klar, daß die Rezensenten ihre ironischen Anmerkungen lieferten, klar auch, daß es ein goldbestücktes Braunhemd im Städtchen weniger gab. Auch Eulenspiegel war ein Widerständler.

Die Ostmark und Gustav Manker waren heimgekehrt, beide mangels Engagement. Und wieder rennen, rennen, rennen. Da vorsprechen, dort vertröstet werden, es wieder und wieder versuchen, und dann endlich vor dem Direktor Jahn stehen, dem Besitzer und Chef des Deutschen Volkstheaters. „Ich habe nicht viel Geld“, sagt der, „wir sind ein Privattheater. Ich nehme Sie nur, wenn Sie auch Assistent des Ausstatters sein wollen“.

„Ja“, Manker ist glücklich, „ja, selbstverständlich!“ Endlich ein Zuhause haben, die Möglichkeit, sich zu entwickeln. Noch dazu in der Heimatstadt Wien.

Und dann die kalte Dusche. Man kommt des Morgens in das Theater, und es gibt keinen Direktor Jahn mehr. Abgesetzt. War er Jude, war er Plutokrat? Beides, in den Augen der neuen Herrn. Nun ist man ab sofort KdF-Bühne, hat Kraft durch Freude zu verbreiten. Vorerst stellt man sich dem neuen Intendanten vor.

„Ich bin an die Verträge meines Vorgängers nicht gebunden.“ Noch eine kalte Dusche! Doch dann, nachdem die neue Situation geklärt ist, der Trost: „Zeigen Sie mir Ihre Bühnenbildentwürfe, möcht’ mal sehen, wie Sie arbeiten . . . “

Der neue Mann heißt Bruno Iltz und stellt sich als fabelhafter Chef heraus: ein Mann des Theaters, nicht ein Recke der Partei. Und einer, der junge Leute mag.

Chancenlos hatte die Saison für Manker begonnen, und als er im Juni zurückblickte, lag die Arbeit an sieben Inszenierungen hinter ihm. Mit Schillers „Räubern“ hatte die manker’sche Erfolgssträhne begonnen: einer Karriere als Bühnenbildner sollte nun nichts mehr im Wege stehen.

Die Karriere des Regisseurs Manker ließ allerdings noch auf sich warten, begann erst ein paar Monate vor der totalen Theatersperre, 1944. Im kleinen Haus des Volkstheaters in der Wiener Johannesgasse inszenierte er das Märchen „Der getreue Johannes“.

Frühling 1945, Burgtheater und Staatsoper sind zerstört, auch das Volkstheater hat seine Treffer abbekommen. Aber da war’s nicht so schlimm, es könnte schon gespielt werden . . .

Wenige Tage nach dem Waffenstillstand tauchen einige Sowjetsoldaten mit goldenen Schulterklappen im Hause auf: „Wo Artista! Soforrt Theatr spielen . . . “

Jahn, der von den Nationalsozialisten vertriebene Jahn, ist wieder da, sitzt in seinem Direktionszimmerchen. Es muß weitergehen! Draus wird aber nichts, armer Jahn! Es sitzt nämlich schon ein anderer in deinem Sessel: Günther Haenel . . .

„Das kommt nicht in Frage! Das ist mein Theater, da steckt mein Geld drinnen!“ Jahn ist verzweifelt, ist todunglücklich. Und als drunten, auf der Bühne, der neue Herr dem Ensemble vorgestellt wird, hat sich Jahn in sein Zimmer eingeschlossen: „Ich gehe hier nicht raus . . . “

Ein Kampf gegen Windmühlen. Jahn hat zu gehen, Haenel zu bleiben. Manker schafft seine Bühnenbilder wie bisher, ist ständiger Regisseur des Hauses, bleibt auch, wenn die Direktoren wechseln:

Paul Barnay, Leon Epp. Ein Weg, der am Volkstheater begann und geradlinig dort weitergegangen wurde. Selbstverständlich inszeniert er auch an großen Bühnen der deutschen Bundesrepublik, an Burg und Josefstadt ist er Gast. Wieder einmal, engagiert vom damaligen Josefstadtchef Rudolf Steinböck, sitzt Manker an seinem Regietischchen im abgedunkelten Zuschauerraum, beobachtet konzentriert die Vorgänge auf der Bühne. Und spürt plötzlich: hinter mir, da steht einer. Er wendet sich um, sagt: „Ja, Ernst Haeusserman, was machen Sie denn da?" — Drauf Haeusserman, gelassen: „Ich bin hier der Direktor . . . " Ablösen von Theaterdirektoren können in Wien sehr plötzlich vor sich gehen, und mitunter merkt's einer erst, wenn er bereits zum Vorgänger geworden ist.

Auf einer Autofahrt durchs Burgenland kommt es zu einem schweren Unfall: Direktor Epp ist schwer verletzt, stirbt wenige Tage später. Die Besitzer des Volkstheaters, der Gewerkschaftsbund, will keine Chance zu einem Intrigenspiel um den Stuhl des Direktors zulassen. Noch am Tag des Begräbnisses seines bisherigen Chefs wird Manker gefragt, ob er . . . Ja, er will.

Blickt Gustav Manker auf sein bisheriges Leben zurück, denkt er an die wesentlichen Begegnungen, die dieses Leben kreuzten, so fallen ihm ad hoc vier außerordentliche Persönlichkeiten ein, denen er sich künstlerisch tief verpflichtet fühlt:

— Max Reinhardt, dessen Faszination den Schülern heute noch, vierzig Jahre nach der letzten Begegnung, permanent präsent ist,

— Oskar Strnad und Alfred Roller, die seine Einstellung zum künstlerisch-gestalteten Bühnenbild geprägt und seinen Weg weitgehend und entscheidend mitbestimmten,

— und Albert Bassermann, der große Schauspieler: Unter Mankers Regie („wir gruppierten alles um ihn") spielte der Greis den Urkomödianten Striese im Publikumsknüller „Der Raub der Sabinerinnen". Es wurden dies die letzten Auftritte Bassermanns auf der Bühne und im Leben. Ihm macht Manker das größte Kompliment, das ein Regisseur einem Komödianten machen kann: „Er war köstlich: ein Kind!"

Als Eric Pohlmann im Jahre 1938 Wien verlassen mußte, hat er eben im Theater an der Wien gespielt. Jahrzehnte später war er erstmals wieder in seiner Heimatstadt engagiert. Sein Comeback geschah dort, wo er damals hatte aufhören müssen: auf der Bühne des Theaters an der Wien.

Die Wahrheit darstellen

Mit acht war der kleine Pohlmann im Wiener Raimundtheater aufgetreten. Nächste Station, knapp nach der Matura: Auftritte im Ottakringer Volksheim in Gogols „Revisor" und in Gerhart Hauptmanns „Biberpelz". Dem folgte eine echte Theatergründung: Gemeinsam mit Martin Lang, dem Sohn des Tanz-Idols Grete Wiesenthal, eröffnet er im Gebäude der Sezession eine fast professionelle Bühne. Und da sieht ihn der Doktor Geyer, Professor am Reinhardtseminar, fragt ihn nach der Vorstellung: „Wo lernen Sie? Oder — haben Sie schon gelernt?"

Nein, nicht,

„Dann kommen Sie ans Seminar".

„Das kann ich mir nicht leisten."

Eric Pohlmann erhält einen Freiplatz.

Eine Woche später ist er auch schon mitten im Seminarspielbetrieb: agiert in „Time is money" nach Labiche unter Kalbecks Regie. Gleichzeitig probiert er täglich mit Franz Böheim im Kabaret City, das der ehemalige Seminarist Stefan Wendt im neunten Wiener Gemeindebezirk aufgemacht hatte.

Sagt ihm eines Tages der Sekretär des Seminars, Dr. Niederführ: „Sie sind im nächsten Stück besetzt!"

„In welchem?"

‚Die deutschen Kleinstädter' . . . Der Professor kommt, um seine jährliche Produktion zu inszenieren!"

Pohlmann sieht seine Termine durch, schüttelt den Kopf, sagt: „Geht nicht! Wann soll ich das machen? Ich probiere hier in drei Stücken, und ich arbeite die ganze Nacht im Kabarett.“

Arbeitsverweigerung, aus, Ende einer Seminarkarriere nach ein paar Wochen, „die mir allerdings viel gegeben haben. Denn meine erste Stunde hatte ich bei Kalbeck gehabt. Ich habe ihm die Kapuzinerpredigt aus ‚Wallensteins Lager‘ vorgesprochen. ‚Gut‘, sagte er, ‚aber sag' mir einmal, der Kapuziner ist doch ein lustiger Herr, nicht? Der muß doch auch manchmal lachen‘“.

Pohlmann konnte nicht lachen: daran war ein Kabaretterlebnis schuld. In einer Carmen-Parodie war er als Escamillo aufgetreten und hatte, laut Libretto, in der Szene mit Carmen einen Dauerlachkrampf zu haben, der auch das anwesende Publikum anstecken sollte. Diese Lachparade hatte der Regisseur mit seinem Darsteller eine Woche lang, täglich viele Stunden, probiert: Lachen, lachen, bis zum Brechreiz lachen. Dabei hat er sich es abgewöhnt.

„Das werden wir schon hinkriegen“, sagt Kalbeck, und er hat wirklich die entsprechenden Übungen im Repertoire: „Er hat mein Lachen technisch wieder aufgebaut.“

Vom Seminargastspiel ging es schnurstracks ins erste Jahresengagement ans Raimundtheater, wo er als Pfisterer in „Straßenmusik“ debutierte. Der Clou: Höhepunkt seiner Rolle war eine zehn Minuten lange Lachszene: „Die hätte ich nie geschafft ohne Kalbeck“. Hat er also aus dem Seminar doch etwas fürs Leben mitgenommen . . .

Allabendlich steht er auf der Bühne, jeden Vormittag hat er Probe: und zu alledem ist er gar nicht berechtigt, weil er doch noch keine Abschlußprüfung hat. Also begibt er sich eines Tages zwischen Probe und Abendvorstellung gemeinsam mit Seminarkollegin Hortense Raky ins Theater in der Josefstadt, um dort seine Approbation zu holen. Er betritt die Bühne.

„Was können Sie“, fragt von unten Otto Preminger.

„Gar nichts“, meint Pohlmann „ich hatte keine Zeit, stehe jeden Tag auf der Bühne. Wann hätte ich mich vorbereiten sollen?“

„Was probieren Sie denn?“

„‚Insel entdeckt‘, im Raimundtheater“

„Machen’S halt irgendeine Szene . . . “

Er macht halt irgendeine Szene.

„Geeignet!“

Bestanden. Das Skurrile an der Situation: Mitglied der Prüfungskommission war auch Raimundtheater-Direktor Bock, „der mir eine - Woche vorher einen neuen Vertrag mit erhöhter Gage gegeben hatte: und der sollte nun feststellen, ob ich für den Bühnenberuf überhaupt geeignet bin.“

Zeugnis und Vertrag sind da, leider aber ist das Raimundtheater pleite. Also tingelt er zwischen Volkstheater und Josefstadt, spielt auch mal an der Komödie.

Und während einer erfolgreichen Serie im Theater an der Wien — er steht mit Lizzy Waldmüller und Oscar Karlweis auf der Bühne — hat hier alles sein Ende. Man schreibt März 1938, und da gibt es für einen Karlweis und auch für einen Pohlmann hierzulande keine Lebensberechtigung mehr. Er flüchtet in die Tschechoslowakei, nach Brünn, wohin ihn Direktor Zeisel engagiert hat. Aber auch dort kommt er nicht mehr zum Zug. Denn auch die Tschechoslowakei hatte, als Protektorat Böhmen und Mähren, „Heil“ zu sagen.

„Wir alle wußten nicht, wohin . . . “

Seine Frau, Schauspielerin aus Brünn, ermöglicht die Ausreise nach England. Die nackte Haut war zwar gerettet; aber was tut ein Englisch nur radebrechender Wiener in London? „Sorry“, sagt ein Theaterdirektor, „lernen Sie erst mal die Landessprache.“

Am Anfang kümmern sich um einen diverse Flüchtlingskomitees; das tägliche Brot ist gesichert. Doch das allein reicht Pohlmann nicht, er will aktiv sein, will arbeiten: wird in der Provinz Liftboy und Butler, erfolgreicher Suppenkoch (und schafft mit der Phantasie des Künstlers viele neue Creationen), landet sogar in der Position des Chefkochs . . .

1942 kehrt er nach London zurück, kann nunmehr Englisch beinahe wie ein Brite und findet, über viele weitere Jobs, zur BBC,

„wo sich das Kontinentale gesammelt hat“. Bis 1948 ist er, gemeinsam mit Richard Tuschinsky, für viele deutschsprachige Sendungen verantwortlich.

Viele Kontakte mit dem englischen Theater während des Krieges waren daran gescheitert, daß man Pohlmann keine Arbeitserlaubnis erteilt hatte. Mit Hitlers Fall fällt auch dieses Gesetz: 1946 erhält er eine kleine Rolle im berühmten Old Vic, ist einer der Kadetten in Rostands „Cyrano“. Größere Aufgaben am Theater folgen, die Karriere des britischen Jungstaatsbürgers ist nicht mehr aufzuhalten.

Man ist dem Retterland aus mancher Not dankbar, doch die Sehnsucht, einmal wieder in der eigenen Muttersprache auftreten zu dürfen, ist groß. Anfangs der sechziger Jahre besucht er seine Seminarkollegin und Jugendfreundin Nora Minor in München und lernt bei ihr einen deutschen Regisseur kennen: „Falls es sich ergibt: wollen Sie wieder in Deutschland arbeiten?“

Der assimilierte Engländer freut sich, zumal man ihm auf den Inseln zwar große Rollen gegeben hatte, aber immer Personen mit einem fremdländischen Akzent. Und als nun drei Monate später ein Angebot aus der Bundesrepublik ins Haus flattert, sieht er sich an einem Ziel langgehegter Wünsche. Er fliegt nach Deutschland, findet sich im Kreis der Kollegen ein, Barbara Rütting, Karl Heinz Schroth, und da kommt auch der Regisseur, fragt: „Sagen Sie, Herr Pohlmann, könnten Sie Ihre Rolle nicht mit einem englischen Akzent sprechen?“. Schicksal.

In seine Heimatstadt Wien holt ihn Michael Kehlmann zurück; und über's Fernsehen (zum Beispiel in „Hiob“ nach Joseph Roth) findet er an jenes Haus, an dem er dreißig Jahre vorher zum letzten Mal mit Oscar Karlweis aufgetreten war: in's Theater an der Wien, und spielt hier immer wieder große Rollen. Ernst Haeusserman holt ihn als Dicken Vetter in den Salzburger „Jedermann“.

„Kehlmann ist bisher am intensivsten auf mich eingegangen. Vielleicht hat er etwas in mir erkannt, was andere nicht erkannt haben. Jedenfalls hat er Rollen für mich gefunden, die mir unendlich liegen.“

Kehlmann sucht inszenierend zur Wahrheit zu finden. Und Pohlmann liebt diese Wahrheit.

Freundschaften, die in Schulen geschlossen werden, gehen oft auseinander, wenn es nach der Schulzeit keine beruflich-erzwungenen Wiederbegegnungen gibt. Mitunter war es in der Seminaratmosphäre jedoch möglich, solche Bindungen zu schaffen. Bei Marianne Schönauer zum Beispiel zu Martha Schärf-Kyrle, zu Feodor Weingart, zu Erwin Chudek, der später Antiquar wurde. . .

Hundertzwanzigmal die Sissy

Die Viola aus Shakespeares „Was ihr wollt", Gretchens Gebet „Ach neige, du Schmerzenreiche", die Minna von Barnhelm und die Heilige Johanna Schillers: Das war das Rüstzeug, mit dem Marianne Schönauer zur Aufnahmsprüfung angetreten war:

„Das Seminar war für mich Liebe auf den ersten Blick. Und meine Lehrer für mich Botschafter jener Welt, in die ich mich hineingesehnt hatte": Ernst Lothar und Hans Thimig, Frieda Richard und Paul Kalbeck, vor allem Alfred Neugebauer: „Einen halben Tag nach seinem Unterricht waren unsere Buben eigentlich Herren." Weniger gemocht haben die Studenten, zumindest anfangs, den Doktor Geyer, denn statt daß der die Anfänger an die Iphigenie oder an die Jungfrau von Orleans herangelassen hätte, mußten sie erst „Über allen Gipfeln ist Ruh", Goethes schönes Gedicht, richtig aufsagen können . . . „Das hat uns wahnsinnig gemacht, bis wir endlich daraufgekommen sind, daß man daran die Sprache formt."

Die Sprache formen, das tat vor allem der unvergeßliche Professor Kestranek.

Im zweiten Semester schon darf Marianne an der Josefstadt eine kleine Rolle spielen, im Sommer darauf ist sie bei der Tischgesellschaft im Salzburger „Jedermann“, sogar ein Bürgermädchen in Reinhardts Faust-Stadt:

„Reinhardt hat mit mir so gearbeitet, daß man geglaubt hat, ich spiele das Gretchen. Und dabei hatte ich nur einen einzigen Satz: ‚Mir zeigte sie ihn im Kristall, — soldatenhaft, mit mehreren Verwegnen: — ich seh mich um, ich such ihn überall, — allein mir will er nicht begegnen‘.“ Als Reinhardt ihr dazu die ersten Erklärungen gab, rauschte es vor Aufregung so sehr in ihren Ohren, daß sie kein Wort mitbekam; ihr war im wahrsten Wortsinn Hören und Sehen vergangen. „Wieso können Sie mir den Satz nicht nachsprechen“, rügt Reinhardt, „ich hab es Ihnen ja vorgesagt. Sind Sie nicht musikalisch?“ Natürlich wußte auch der Meister, wie aufregend für eine junge Anfängerin diese Situation war.

In der letzten Festspielwoche gab Reinhardt in seinem Schloß Leopoldskron für alle an seinen Inszenierungen Beteiligten eine Jause: „Bevor wir da eingeladen waren, haben wir, jungen Leute alle, sehr geblödelt. Doch als wir dann in Leopoldskron waren, hat keiner mehr den Mund aufgebracht. Ich war so aufgeregt, daß ich nicht einmal die Zuckerzange habe halten können. Reinhardt hat den Bann gelöst, indem er mit den Fingern in die Zuckerdose gegriffen hat.“

Wir Seminaristen waren damals fast alle sehr arm, und ab und zu konnten wir uns nicht einmal das Butterbrot bei der Frau Kratochwill leisten.“ Die Kollegen von damals: Ilse Werner, bald UFA-Star; O. W. Fischer: „Der ist dem Ernst Lothar sofort aufgefallen. Und seinetwegen gab es sogar eine kleine Palastrevolution, weil er schon im ersten Jahrgang den Theodor in Schnitzlers ‚Liebelei‘ hat spielen dürfen.“ Hauptrollen wie diese stehen laut „Reglement“ erst den Fast-schon-Fertigen zu.

Erste Station nach dem Seminar: Mährisch-Ostrau; das, was man damals „ die gute Provinz“ genannt hat, wo man die Chance hatte, sich freizuspielen. Und herrliche Kollegen dort: Ernst Waldbrunn und Walter Müller, Robert Lindner und Gretl Schörg. Innerhalb einer einzigen Saison, vom September bis April, spielt die blutjunge Schönauer vierzehn Rollen, die Emilia Galotti zum Beispiel, und die Tina Dorff in Ibsen „Stützen der Gesellschaft".

„Man war so eingespannt, daß man gar nicht mehr zum Nachdenken kam. Probe am Vormittag, Probe am Nachmittag, Aufführung am Abend, Text lernen in der Nacht.

Mit Elan hatte der Weg begonnen, und genau nach einem Jahr war er, vorerst, auch wieder zu Ende: „Im Krieg habe ich nicht gespielt, weil ich dem Hitler nicht genehm war. Da habe ich Kondenswasserableiter eingepackt." Sieben verlorene Jahre, Dutzende verlorene Rollen, die man nie wieder wird spielen können: Romeo's Julia, das Gretchen . . .

Das nächste Mal steht sie erst wieder auf einer Bühne, als der braune Spuk vorbei ist, 1945, in der allerersten Premiere des wiedereröffneten Wiener Volkstheaters.

Und nun holt sie die verlorenen Jahre nach: Mit Theaterspielen, mit vielen Filmen: „Die Welt dreht sich verkehrt" mit Alfred Gerasch, Otto Wögerer und Hans Moser war der erste: „Da war ich eine Kurtisane." Volkstheater: Die Königin in Schillers „Don Carlos", in Ibsens „Baumeister Solness" die Hilde Wangel: „Als Partnerin Albert Bassermanns, worauf ich sehr stolz bin." Und wieder Filme: „Unsterbliches Antlitz" mit O. W. Fischer, „An klingenden Ufern" mit Karl Skraup und Otto Tressler. „Hochzeit in Amerika . . . "

„Mit Hans Jaray habe ich am Raimundtheater hundertzwanzigmal die Sissy gespielt. Da hat man gesehen, daß die Herren viel länger jung bleiben. Denn Jaray hat mit der Wessely die Uraufführung gemacht, 1933; und 1950, siebzehn Jahre später, hat er mit mir wieder gespielt: Ein ewiger Jüngling."

Viel Theater, viele Filme, viel Fernsehen: Marianne Schönauer hatte einen guten Weg, trotz der doppelt zählenden verlorenen Jahre: „Müßte ich heute noch einmal von vorne anfangen, ich würde alles genauso noch einmal erleben wollen."

Über die Zeiten hinweg bewahrt hat sie ein Bild mit persönlicher Widmung, das ihr überaus wertvoll geblieben ist: „Alles Gute von der an Sie glaubenden Helene Thimig."

„Frau Becker kam unbekümmert und natürlich ins Zimmer, und so saß sie mir auch gegenüber, zwanglos, aufmerksam; sie fand stets die treffende Wendung. Ihre Altstimme ließ ein reiches Register sprachlicher Ausdrucksfähigkeit ahnen. . ." (Arthur Joseph, „Theater unter vier Augen", 1969).

„Ein Abbild des Menschlichen schlechthin . . . "

Dieses Wort schrieb der bedeutende deutsche Theatermann Siegfried Melchinger einmal über eine Elementarerscheinung im Bereich des Theaters: über Maria Becker. Sie spielte am Züricher Schauspielhaus und am Wiener Burgtheater, in Berlin, Hamburg und München, gastierte an allen bedeutenden Theatern des Sprachraums, an vielen des Auslandes und blieb stets und mit allem, was sie machte, eine Außerordentliche. Sie gehört in die Reihe jener großen Schauspielerinnen, von denen sicherlich noch in hundert Jahren in Theatergeschichte-Büchern berichtet werden wird. Sie, „die" Iphigenie, „die" Lady Macbeth; Maria Becker war Elisabeth in „Don Carlos" und Lavinia in O'Neills „Trauer muß Elektra tragen", war Ibsens „Frau vom Meer". Sie überzeugt durch Intensität, technisches Können, persönliche Ausstrahlung, durch Persönlichkeit. Heute ist sie oft mit ihrem eigenen Ensemble unterwegs, ist auf Tournee in

Europa und Amerika, und für jedes Theater, an dem sie spielt, ist es ein Glücksfall, daß „die" Becker am Programmzettel steht. Das Reinhardtseminar darf rechtens darauf stolz sein, daß sie ihre ersten Bühnenschritte in Schönbrunn getan hat.

Maria Becker kommt aus einer Theaterfamilie: ihre Mutter war die berühmte Reinhardtschauspielerin Maria Fein. Aber vom Beruf wurde zu Hause nicht gesprochen. Im Gegenteil, die Mutter hätte gerne gesehen, wenn aus der Tochter einmal eine kluge Juristin geworden wäre, oder vielleicht eine Journalistin . . .

Mit zehn war sie zum erstenmal im Theater, sah Kästners „Pünktchen und Anton". Später, im Internat in Martin Luserkes „Schule am Meer", spielte sie ihre erste Rolle in einem Stück, das ihr Musiklehrer Eduard Zuckmayer, ein Bruder des Dichters, verfaßt und inszeniert hatte.

„ . . . Was lernt man auf der Schauspielschule?" fragte sie sich einmal in einem Gespräch mit Arthur Joseph („Theater unter vier Augen"), und sie beantwortet sich die Frage selbst: „vieles, mit dem man später nichts anzufangen weiß. Im allgemeinen ist die Ausbildung an deutschen Theaterschulen nicht so, wie sie sein müßte. Es wird viel zu wenig wert darauf gelegt, wie man sich zu bewegen hat, wie man Bewegung und Wort koordiniert, wie man frei wird, sich zu einer eigenen Persönlichkeit findet. Wenn junge Schauspieler zu mir kommen und vorsprechen, dann erschrecke ich immer über das, was sie nicht können. Die darstellende Kunst kann man kaum auf der Schulbank lernen . . . "

Maria Becker verließ das Reinhardtseminar im Jahre 1938, emigrierte in die Schweiz, wurde an das Schauspielhaus Zürich engagiert und spielte dort — mit neunzehn schon — Goethes: „Iphigenie", „Viel zu früh", meinte sie später einmal.

Nach dem Zweiten Weltkrieg hat sie am Burgtheater in Claudels „Der seidene Schuh" die Rolle der Donna Proeza gespielt — ihre Partner waren Werner Krauß, Ewald Balser, Albin Skoda, Raoul Aslan, Alfred Neugebauer, Maria Eis, Heinz Moog, Else Wohlgemuth und Hedwig Bleibtreu . . .

Man sah sie auf der Bühne des Schloßparktheaters Berlin und des Deutschen Schauspielhauses Hamburg, sie spielte bei den Salzburger Festspielen und bei den Münchner Festwochen, und seit 1960 führt sie, gemeinsam mit Robert Freytag, das Tourneeunternehmen „Die Schauspieltruppe".

Wird heute über Maria Becker geschrieben, so fällt sehr bald das Wort von der „großen Tragödin": unzweifelhaft ist sie das auch, selbst wenn sie sich, mit ihren Augen gesehen sogar zurecht, gegen diesen Begriff wehrt: „Im Grunde bin ich mir nicht klar darüber, was ich eigentlich bin, und ich würde eben sagen, ich bin eine Charakterschauspielerin. Ich kann alles spielen, auch komische Rollen. Ich habe als junges Mädchen nur gezwungenermaßen tragische Rollen gespielt, obwohl sie mich damals kaum gelockt haben." (Arthur Joseph)

Die vielfältigen und grundverschiedenen Rollen, die sie bisher gespielt hat, unterstreichen diese Aussage: Ihr Bogen reicht von der antiken Tragödie — Kassandra, Klytämnestra — über die deutsche Klassik (Iphigenie, Jungfrau von Orleans, Elisabeth in „Don Carlos") über Hebbel und Strindberg bis in die Gegenwartsliteratur zu Dürrenmatts „Frank V.", wo sie in der komischen Rolle der Frieda Fürst köstlich war. Berühmt geworden ist ihr Experiment, alle drei Johanna-Rollen zu spielen: im Schiller-Drama, in Shaws „Die heilige Johanna" und in Honeggers „Johanna auf dem Scheiterhaufen".

Unvergessen ist ihre Martha in Albees „Virginia Woolfe" — in einer Inszenierung Barlogs am Berliner Schillertheater. Siegfried Melchinger, der deutsche Theatermann, reflektierte damals: „Maria Becker und Erich Schellow spielten das sich zerfleischende, aneinandergekettete Paar mit jener Genauigkeit, von der ich sagte, daß sie einen Teil des Talents ausmache. Ich wage den Satz, daß nur zwei Schauspieler, die den Umgang mit großen klassischen Rollen gewöhnt sind, in die Tiefen niedertauchen konnten, die Albee unter der Oberfläche der Party-Existenz aufreißt. Nur wer die Dimension der Höhen erkundet hat, vermag sich mit der gleichen Unbedingtheit in die Dimension der Tiefen zu stürzen . . . Die Genauigkeit jedoch, mit der Maria Becker und Erich Schellow den Text erkundeten, um ihn auszuloten und in die Visionen ihrer Darstellung zu übertragen, entstand aus der Fähigkeit, Worte und Zeichen seismographisch aufzunehmen und das Material — Körper, Sinne, Nerven, Empfindungen, Denkfähigkeit, Einbildungskraft — den durch sie übermittelten Impulsen gefügig zu machen wie eine Membrane . . . "

Maria Becker hat eine Reihe grundsätzlicher Gedanken formuliert, die kommentarlos wiedergegeben werden sollen, weil sie Gültigkeit haben: „Das Theaterspiel bleibt immer, ich möchte sagen: ein Unternehmen mit unsicherem Ausgang . . . Die Darstellungskunst ist eine Lebensaufgabe. Mann kann niemals sagen: Das beherrsche ich jetzt, da kann mir niemand mehr hineinreden. Das gibt es nicht in dieser Kunst. Wer das sagt, stagniert . . . ": ein Wort war das sozusagen an die Arrivierten. Und an die Jungen könnte jenes gerichtet sein: „Wenn man Talent hat und fleißig ist, kommt das andere von selbst. Wenn man einen Sänger fragt, was braucht man zum Singen, antwortet er: Stimme. Und ich meine, um Schauspielerin zu werden, braucht man nichts anderes als Talent. Dann wird man die Stimme von selbst kultivieren, an sich arbeiten, aber das ganze Arbeiten nutzt nichts, wenn man kein Talent hat." Und ein Wort an alle: „Verstand ist nie ein Fehler. Seele ist nie ein Fehler. Wer Theaterspielen will, muß sprechen können, sich zu bewegen verstehen und das Handwerk beherrschen. Man muß immer an sich arbeiten. Man lernt immer nur so viel, wie man lernen will. Man muß jeden Tag von unten beginnen" (Joseph).

LEHRER, PLÄNE UND PROGRAMME

Das Seminarstudium

Ziel ist die Erziehung und Ausbildung von Schauspielern und Regisseuren bis zur Bühnenreife. In einem vierjährigen Studiengang wird das von Max Reinhardt bereits 1929 geforderte Programm einer möglichst umfassenden theoretischen, körperlichen, sprachlichen und musikalischen Schulung neben der zentralen Arbeit an Stück und Rolle verwirklicht.

Das 1. Studienjahr gilt der Einführung in die Probleme des Theaters und der Rollengestaltung mit und ohne Text. Der größte Teil des Unterrichts, der der Elementarausbildung dient, wird für Studierende des Schauspiels und der Regie gemeinsam geführt. Die Trennung der Gruppen erfolgt im 2. Jahr auf Grund der besonderen Aufgabenstellung.

Studierende des Schauspiels erhalten im 2. Jahr Gelegenheit, sich möglichst vielseitig an Rollenaufgaben aller Art zu erproben und im Unterricht „Ensemblearbeit“ ein ganzes Stück für eine interne Studioaufführung zu erarbeiten. Im 3. Jahr werden vorwiegend Rollen einstudiert, die der Persönlichkeit des Studierenden entsprechen. Öffentliche Aufführungen im hauseigenen Studio bzw. dem hochschuleigenen Schönbrunner Schloßtheater sollen die praktische Bühnenerfahrung fördern.

In Zusammenarbeit mit der Abteilung für Film und Fernsehen sowie im hauseigenen Hörspielstudio werden die Studierenden mit den Arbeitsbedingungen der technischen Medien vertraut gemacht. Sonderkurse sorgen für eine Erweiterung des Lehrprogramms.

Hörer der Regie studieren im 1. und 2. Jahr die theoretischen und bühnentechnischen Voraussetzungen bei Erarbeitung eines Inszenierungskonzepts. Hinzu kommen praktische Regieübungen mit den

Studierenden des Schauspiels, die die Voraussetzungen für spätere selbständige Einstudierung vermitteln. Im 3. und 4. Jahrgang wird die Inszenierung eines einaktigen, bzw. abendfüllenden Stückes öffentlich vorgeführt. Theoretische und praktische Informationen gelten Oper, Film und Fernsehen und werden durch Regieassistenz bei entsprechenden Produktionen fallweise gefördert.

Sprachgestaltung
1. o. Prof. Dr. Horst Coblenzer L
Prof. Emanuel Schmid L
a. Prof. Dr. Martha Weichselbaum-Dangl L

Rollengestaltung
1. o. Prof. Bruno Dallansky L
a. Prof. Susanne Haeusserman-Nicoletti L
LB Judith Dallansky-Holzmeister
LB Cornelia Oberkogler L
LB tit. a. Prof. Otto Schenk
LB Klaus Behrendt
LB Erna Reincke-Mangold
LB Otto Tausig

Ensemblearbeit
1. o. Prof. Hermann Kutscher L

Körperliche Gestaltung
1. o. Prof. Samy Molcho L

Bewegungsgestaltung
1. a. Prof. Karla Denk-Kuna L

Regie*)
1. o. Prof. Dr. Hermann Kutscher L

Dramaturgie
1. o. Prof. Dr. Helmut Schwarz L

Szenische Gestaltung
1. LB tit. a. Prof. Walter Hoesslin L

*) umfaßt Theorie und Praktikum

Ergänzende Lehrveranstaltungen:

Bücherkunde	Prof. Dr. Max Leyrer
Bühnenfechten	o. Prof. Ellen Müller-Preis
Bühnenkunde	Prof. Wolfgang Müller-Karbach
Dramenkunde	Prof. Dr. Max Leyrer
Einführung in die Bühnentechnik	LB tit. a. Prof. Walter Hoesslin
Gegenwartsgeschichte des Theaters	o. Prof. Dr. Helmut Schwarz
Gesang	LB Prof. Joseph Maschkan
Gymnastische Körperschulung	LB Maria Lehr
Hörspiel	o. Prof. Dr. Helmut Schwarz
Improvisationsübungen für Schauspieler	Prof. Emanuel Schmid
Körperliche Gestaltung	o. Prof. Samy Molcho
Kostümkunde	LB Prof. Lucie Hampel
Musikalisches Rollenstudium	Prof. Kurt Werner
Musikkunde	Prof. Kurt Werner
Operndramaturgisches Seminar	o. Prof. Dr. Marcel Prawy
Rollengestaltung	o. Prof. Bruno Dallansky
Solokorrepetition	LB Günther Kastner
Sprachgestaltung	o. Prof. Dr. Horst Coblenzer Prof. Emanuel Schmid a. Prof. Dr. Martha Weichselbaum-Dangl
Steptanz (Freifach)	a. Prof. Karla Denk-Kuna
Szenische Praxis	Prof. Wolfgang Müller-Karbach
Theater- und Literaturgeschichte	Hofrat Prof. Dr. Friedrich Langer
Theaterrecht	LB Prof. Dr. Ferdinand Maultaschl
Theatertanz	a. Prof. Karla Denk-Kuna
Tontechnik	LB Otto Hertel
Waffenkunde	o. Prof. Ellen Müller-Preis

L = Klassenleiter LB = Lehrbeauftragter

Die besten Lehrer fand Reinhardt für sein Schönbrunner Seminar gerade gut genug. Ihnen allen war eines gemeinsam: Sie waren Praktiker. Kaum einer von ihnen hätte auf ein Lehramt seine Existenz aufbauen wollen. Dramatischen Unterricht gaben Erste Schauspieler, als Bühnenbildlehrer waren die führenden Meister ihres Faches bestellt worden: Persönlichkeiten insgesamt, die diese Mehrarbeit aus purem Idealismus auf sich nahmen. Die wenigen hier ausführlich beschriebenen Lehrer mögen hier stellvertretend für alle nur knapp erwähnten oder nicht genannten stehen.

Elena Polewitzkaja war eine wichtige Schauspielerin am Moskauer Künstlertheater unter Konstantin S. Stanislawski gewesen, ehe sie sich, gemeinsam mit ihrem Mann Iwan Schmith, dem Team Reinhardts anschloß. Sie brachte die Methode des großen russischen Praktikers und Theoretikers authentisch an ihre Studenten heran. Ihr Hauptinteresse galt „stummen Szenen", also von Schülern erfundenen dramatischen Vorgängen, die, ohne das Wort oder ein Requisit einzusetzen, dargestellt werden mußten. Eine Übung, die Konzentration erfordert und die Phantasie entwickelt. Elena Polewitzkaja wurde von den jungen Leuten sehr verehrt. Wir stellen sie hier, gespiegelt in zwei Schülermeinungen, dem Leser vor:

Nach der Methode Stanislawskis

Elena Polewitzkaja war Schülerin des großen Moskauer Schauspiellehrers und Begründers des Künstlertheaters, K. S. Stanislawski. Sie starb vor einigen Jahren in ihrer russischen Heimat. Über ein Jahrzehnt lang hat sie Studenten des Reinhardtseminars in die Methode und den Geist des großen Russen eingeführt. Helmut Matiasek erinnert sich: „Sie hat uns in einer sehr praktischen Weise mit dem Gedankengut Stanislawskis vertraut gemacht, so daß wir es nicht aus schlechten Übersetzungen beziehen haben müssen. Sie hat uns den ehrlichen Ansatz gelehrt, hat uns beigebracht, aufrichtig zu sein, den Formalismus abzulegen. Ich möchte behaupten, daß alle, die jemals bei ihr waren, das Theater ein wenig anders auffassen, als alle übrigen. . . Sie vermittelte uns das Gefühl für das Echtsein, für das Nicht-Mogeln, das Nicht-Flunkern; ‚komisch über die Bühne zu gehen', war da in der Komödie unerlaubt. Vieles hat sie in uns zu erwecken versucht, und manches ist ihr sicher gelungen. Wir haben sehr oft an sie gedacht, später noch. Sie war für viele von uns entscheidend. Sie hatte Humor und konnte auch unerbittlich sein, und sie hatte ein feines Ohr für echte und falsche Töne. Natürlich hat sie unsere Liebe zu den russischen Dramatikern geweckt, zu Tschechow, zu Gorki und Gogol. Und sie hat uns so lebendig über das Moskauer Künstlertheater erzählt, daß ich, als ich das erstemal dort war, praktisch unvorbereitet die einzelnen Bilder und die darauf Dargestellten erklären konnte."

Auch Hilde Mikulicz, Schülerin der Polewitzkaja im letzten Jahr des Zweiten Weltkrieges, erinnert sich ihrer Lehrerin voller Dankbarkeit. Als sie anläßlich des fünfzigjährigen Seminarjubiläums Erinnerungen über einen ihrer Lehrer schreiben sollte, wählte sie die Polewitzkaja: „Ihre Augen blieben unergründlich und die Jahre konnten ihnen nichts anhaben. Ihre Hände, von der Arbeit schwer geworden, zeigten nur manchmal, daß sie eine große Schauspielerin war, sie kannten alle Gesten, aber sie wollten sie für sich nicht mehr verwenden. Wenn diese Frau, Elena Polewitzkaja, die um der Liebe Willen sich zwischen Völkergrenzen hin- und hergeworfen fand, auf alles verzichtete, was ihr, nach außen hin, Ruhm und Ehren eingebracht hätte, dann begab sie sich damit in eine Lage, die ihr eine große Unbeschütztheit zuwies. Uns junge Menschen damals erstaunte und rührte diese Situation vom ersten Augenblick an, einfach, weil sie uns ohne Schranken gegenübertrat.

Was sie aus ihrer Schauspieleraktivität, aus Stanislawskis Schule, deren Weiterentwicklung, aus Lebenserfahrung heraus zu sagen hatte, war so umfassend und schwierig, daß wir viele Nüsse zu knacken hatten. Sie konnte sehr streng sein, von unerbittlicher und unbestechlicher Konsequenz, sie stellte Fangfragen, was Stück, Rolle und Umfeld anging, und gab keine Ruhe, ehe diese nicht geklärt waren, bis hin zum Fragezeichen, wenn dies ein Fragezeichen bleiben sollte. Wenn sie dann nach langer Arbeit den Ruhepunkt der Aussprache fand und sie einem Schüler ihre Anerkennung aussprach, dann wußten wir, auf diese Beurteilung war Verlaß. Er kam selten vor, dieser Schritt voran, aber sie vermochte in solchen Augenblicken eine derart ansteckende Freude zu vermitteln, daß die Zeit stehen zu bleiben schien auch in dieser Lebensqualität, die sie in sich verwahrte.

Ich frage mich oft, was sie bewogen haben mag, sich so außerordentlich für junge Menschen einzusetzen in all den Jahren, die für sie selbst keine Ruhe gaben und immer wieder Abschiede vorschrieben. Sie wußte genau, wie unberechenbar die Antwort auf Herzensgesten sein kann, und dennoch gab sie sie immer.

Ihr Bild als Lehrerin, als Mutter, bleibt nach so vielen Jahren, die nun vergangen sind, man mag daran rütteln, wie man will, seltsam unverrückbar bestehen. Vielleicht verstand sie es, die nicht zu erwartenden zwischenmenschlichen Probleme aufzufangen, vielleicht begriff sie das Suchen der jungen Menschen, ihre Hilflosigkeit, ihre Überkräfte, ihre Anfänge, den schwierigen ersten Schritt einer Rolle, sonst hätte man sich ihr in diesem Stadium nicht ausgeliefert. Sie war der Niemand und der Allesseher zugleich, so schien es, und konnte das Fangseil halten, damit niemand vom Trapez in die Tiefe fiel.

Die Tatsache, sich anlehnen zu können, so unbedingt, sich wie ein Kind noch einmal auf eine Bezugsperson verlassen zu können, oder überhaupt zum ersten Mal einen solchen Halt zu spüren, bevor der Einstieg in den Beruf erfolgt, bedeutet natürlich eine ungeheure Möglichkeit, Eigeninitiative und Kreativität zu entwickeln, oder Ballast abzuwerfen, es zumindest zu versuchen.

Ich weiß nicht, was sie über ihren letzten Bühnenauftritt in Wien, den ich gesehen habe, wirklich dachte. Die ihr auf einmal wieder fremde Sprache in dem großen Raum umgab sie wie ein exotischer Mantel. Sie gab nichts preis von ihrem Wissen und Können. Im Gegenteil, sie benutzte jetzt diese Sprachbarriere bewußt wie eine

Mauer. Keine ihrer großen und berühmten Rollen wurde ins Gedächtnis gezogen, keine Erfahrung genutzt, wieder verzichtete sie auf alles, keine Tür wurde aufgestoßen. Sie wollte für sich, für einen Namen nur, nichts mehr erreichen, ihr Weg verlief auf einer anderen inneren Achse zu dieser Zeit.

Die Kraft ihrer Persönlichkeit, in den Wiener Jahren so intensiv an die Jugend gerichtet, hat nichts von ihrer Stärke eingebüßt, sonst würde eine Schauspielerin sich nicht noch nach so langer Zeit mit dieser Auswirkung auseinandersetzen. Der gleiche Beruf, wenn auch zu unterschiedlichen Zeiten, mag eine Bindung sein. Der immense Einsatz, abgelöst von der Begriffswelt unserer Tageswerte, ohne sie zu vergessen, mag im künstlerischen Bereich doch ungewöhnlich gewesen sein. Sie konnte wie eine Ärztin handeln, die ihre Diagnose sehr deutlich formulierte, aber nach diesem Unterbau ihr Hauptaugenmerk den Folgeerscheinungen zuwandte. Sie hatte aber auch die Großmut, ohne eine ausgesprochene Diagnose zu arbeiten, wenn sie merkte, daß diese für einen Menschen nicht zuträglich war. Wenn sie hier innerhalb einer Lehrergeneration des Reinhardtseminars gewählt wurde, so vielleicht, weil sie trotz ihrer eigenen Legende in dem Zeitgeschehen um die Kriegswende die Hoffnung verkörperte, den immer wiederkehrenden Traum für uns alle . . . "

Schauspiel heißt in erster Linie Bewegung. Um sich auf der Bühne richtig und glaubhaft bewegen zu können, bedarf es einer gediegenen Ausbildung. Im Seminar wurde dieser Forderung vom Anfang an entsprochen und zu ihrer Realisierung wurden die entsprechenden Möglichkeiten geschaffen. Zum Fechten und Tanzen kamen später Judo, „allgemeine Körperschulung" und Pantomime. . .

Die Kunst des Bühnenfechtens zu beherrschen, ist für den Schauspielschüler nicht nur deshalb wichtig, weil es in vielen Stücken von ihm gefordert werden wird; es ist im Rahmen der Bewegungserziehung unabdingbar notwendig, es ist ein für die Erziehung der Körper- und

Geisteshaltung unentbehrliches Fach. Daher wurde Fechten seit Gründung des Seminars gelehrt, erst – ermöglicht durch ein Abkommen mit den Unterrichtsbehörden – im Rahmen der Universitätsturnanstalt, seit 1937 konsequent im Haus. Lehrer waren Josef Losert, Ernst Groh und Michael Zaeckel. Seit 1950 unterrichtet dieses Fach die österreichische Olympiasiegerin Ellen Müller-Preis, die, vom Fechtunterricht ausgehend, ein Konzept für Körperschulung entwickelte, das sie im übrigen auch mit den Schauspielern des Wiener Burgtheaters „exerziert".

Im Totaleinsatz für das Cumberland

Im Herbst 1949 war Helene Thimig an die Olympiasiegerin Ellen Müller-Preis herangetreten und hatte sie gebeten, Fechtunterricht am Seminar zu erteilen. Ellen Müller-Preis: „Ich bin gerne gekommen, weil es mir stets schon großes Vergnügen bereitet hat, mit jungen Leuten zu arbeiten."

Die als Praktikerin erfolgreiche Perfektionistin erwies sich auch in der Theorie als sattelfest: sie verfaßte ein Exposé über das Fach Bühnenfechten und schlug ein System vor, wie es bis dahin noch nie praktiziert worden war. Aufbau und Inhalt des Lehrstoffes waren in dieser Konzeption einmalig auf dem Kontinent: Erst müssen die Seminaristen mit dem Florett umgehen können — das ist zwar eine Fertigkeit, die sie während ihres Bühnenlebens selten werden anwenden, die aber zu Haltung und Präzision führt. In der Folge wird ihnen vermittelt, auf welche Weise sie in allen nur erdenklichen Möglichkeiten des Bühnenkampfes zu agieren haben, sie üben Kämpfe mit Dolch und Messer, Schwert und Beil, Stange, Lanze und Hellebarde; und sie haben selbstverständlich ihre regelmäßigen

Lektionen im Säbel- und Degenfechten weiter zu besuchen. Waffenkundliche Vorlesungen für Regiehörer ergänzen den Unterricht.

Ihr Wissen hat Ellen Müller-Preis — neben ihrem Können als Fechtmeisterin — auf Studienreisen durch die ganze Welt zusammengetragen: sie studierte die kultischen Bewegungslehren Japans und Indiens, und aus diesem und dem europäischen Wissen fand sie zu einer eigenen Bewegungslehre.

Als Doktor Hans Niederführ im Jahre 1959 die Leitung des Seminars zurücklegte, stellte sich bald heraus, daß das Palais Cumberland baufällig und nicht mehr benützbar war. Das anderthalb Jahre lang in einer Leitungskrise stehende Institut — der als Nachfolger Niederführs gewählte Hans Thimig sowie auch dessen Nachfolger, Hans Jaray, stellten jeweils ihr Amt nach relativ kurzer Zeit zur Verfügung — brauchte Kontinuität. Und die gab es in Person der Stellvertreterin des Leiters, in Ellen Müller-Preis. Mit unerhörtem Einsatz kämpfte sie nun für die Erhaltung des von der Schließung bedrohten Gebäudes. Sie war die erste, die die bestehenden Verträge mit den Besitzern *wirklich* durchlas, und sie reagierte. Vor allem veranlaßte sie, daß das Palais vom Bundesdenkmalamt unter Schutz gestellt und damit eventuelle Abrißpläne vereitelt würden. Das schwer gefährdete Gebäude verlassen durfte man keinesfalls, das wäre einer freiwilligen Räumung gleichgekommen. Es pölzen? Das war rechtlich nicht gedeckt, zumal die Republik Österreich das Haus nur gemietet hatte und es dazu der Erlaubnis des Besitzers, einer österreichischen Großbank, bedurft hätte. Zum Glück war diese Katastrophe während der Ferien entstanden, und man konnte, ohne viel Aufsehen zu machen, Aktionen setzen: Der damalige Finanzminister, Doktor Reinhard Kamitz, der großes Verständnis für kulturelle Aufgaben hatte, machte in kürzester Zeit und auf unbürokratische Weise das für die Sanierung notwendige Kapital frei. Eine Zeitlang zwar mußten Lehrer und Schüler Verständnis dafür haben, nicht in der Schule, sondern im Schloßtheater zu arbeiten; vom Cumberland war nur das Foyer benützbar.

Ellen Müller-Preis setzte sich mit der Disziplin und der Energie, die sie einst zur Spitzensportlerin gemacht hatten, für den Weiterbestand des Seminars im Palais Cumberland ein: und sie hat sich durchgesetzt. Dafür müßten ihr Generationen von Schülern dankbar sein.

Der Fechtunterricht ist zwar ein zentrales Anliegen des Bewegungsunterrichtes, für eine vom modernen Theater geforderte Bewegungsausbildung aber reicht er nicht. Daher wurden die Unterrichtsgegenstände Gymnastik, Tanz und Körperschulung geschaffen. In den ersten Jahren unterrichteten Doktor Karl Gaulhofer und Gertrude Bodenwieser diese Fächer, ihnen folgte der Seminarabsolvent und ehemalige Laban-Schüler Fritz Klingenbeck (1934 – 1939). Während des Zweiten Weltkrieges waren dafür Renate Keppler und Ilka Peter verantwortlich. Daß Ellen Müller-Preis ihr Körperschulungsprogramm im Seminar mit großem Erfolg exerzierte, wissen wir bereits. Auch Klaus Löwitsch, ehemaliger Seminarist und ausgebildeter Tänzer der Wiener Volksoper, lehrte ein Jahr lang tänzerische Bewegungsgestaltung. Zwischen 1942 und 1961 war dafür Erna Cieplik-Komora verantwortlich. Und seit 1959 verwaltet dieses Fach mit Umsicht und großem Einsatz Karla Denk-Kuna:

Hundertprozentig . . .

Das Kind Karla Denk setzte mit viel Energie durch, daß es, trotz nicht gerade rosiger Lage im Elternhaus, tänzerisch vorbildlich ausgebildet wurde, Karla erhielt einen Freiplatz, lernte bei Toni

Birkmeyer, Grete Wiesenthal und Mary Wigman; und hat dabei soviel profitiert, daß sie sehr bald ins Volksopernballett engagiert wurde — mit Soloverpflichtung; später wird die Achtzehnjährige in diesem Haus ihre erste eigenständige Choreographie machen; „Margarethe" von Charles Gounod.

Engagements als Tänzerin, als Sängerin (auch als solche wurde sie ausgebildet) und als Ballettmeisterin an Wiener und anderen österreichischen Bühnen folgen, bis sie eines Tages, nach einer übertauchten Erkältung, vom Arzt erfährt, daß sie sich einen Herzklappenfehler eingehandelt hat und nie wieder wird berufsmäßig tanzen dürfen: 1950 war das.

„Ein einziges Mal versuch' ich es noch", nimmt sie sich vor, meldet sich zu einem bedeutenden Wettbewerb an, macht mit und erringt den Ersten Preis. Dann aber war die aktive Zeit der Tänzerin Karla Denk vorbei.

Gottlob hat sie an der Akademie auch Tanzpädagogik studiert; das kommt ihr jetzt zugute. Sie arbeitet in der Folge in der Operettenklasse unter Leitung von Hubert Marischka, übernimmt bald das Fach Theatertanz und tritt 1961 als Professor für Körperbildung, Bewegungsschulung und Bewegungsgestaltung auch in die Abteilung Reinhardtseminar ein.

Ihr Unterrichtssystem entstand aus jahrelanger Praxis und zielt darauf ab, den jungen Schauspielschülern die Möglichkeit zu geben, allen praktischen Erfordernissen der Bewegungsgestaltung gerecht zu werden. Im Rahmen der Körperbildung gilt es, das Körperbewußtsein zu entwickeln, Spannungen zu lösen, schlaffe Muskulatur zu kräftigen, den Bewegungsumfang zu erweitern. Empfinden für Raum und Rhythmus durch dynamisch-rhythmisch und räumlich betonte und variierte Bewegung sind ebenso integrierender Teil der Bewegungsschulung, wie die Erlernung der Grundschritte verschiedener Tanzformen in klassischer, freier und Jazztanztechnik (als Freifach für begabte Seminaristen lehrt sie auch Steptanz).

Von der Bewegungsschulung führt der Weg zur Bewegungsgestaltung: Hier werden Bewegungsetüden ausgeführt, in freier oder strenger Form, absolut oder programmatisch. Individuell geht Karla Denk-Kuna darauf ein, wenn Couplets, Chansons und Musicals erarbeitet werden, sie auch bewegungsmäßig richtig zu gestalten. Ziel der Ausbildung ist die Beherrschung des Körpers als ausdrucksstarkes Instrument.

Neben ihrer Arbeit am Seminar machte Karla Denk-Kuna Choreographien am Burgtheater zu Raimunds „Der Bauer als Millionär" und zu Shakespeare's „Macbeth", im Volkstheater zu Paul Burckhards „Feuerwerk".

Die Wiener Journalistin Pia Maria Plechl schrieb einmal: „,Wie sie arbeiten', hieß das Motto, unter dem im Schönbrunner Gardetrakt, dem Heim der Tanzabteilung, das Gespräch mit Karla Denk-Kuna begann. Eine kurze und fast banale Antwort auf diese Frage könnte lauten: ‚Hundertprozentig'."

Pantomime ist zwar ein eigenes künstlerisches Fach, doch grundlegende Kenntnisse davon sollte auch ein Schauspieler haben. Daher wurde dafür der bekannte Samy Molcho gewonnen. Später wurde sein Fach zu „körperliche Gestaltung" umgewandelt; ihm zur Seite steht heute Maria Lehr:

Die Suche nach dem Gleichgewicht

Samy Molcho war, als er im Jahre 1961 erstmals Kontakt mit dem Wiener Seminar hatte, bereits ein bekannter und weltgereister Pantomime. In Wien gab er wiederholt Soloabende, und hier ruhte er sich auch zwischen seinen vielen Tourneen bei Freunden aus. Deshalb sagte er auch sofort zu, als ihn der damalige Seminarleiter, Helmut

Schwarz, anbot, für Seminaristen einen Sonderkursus in der Disziplin Pantomime abzuhalten. Aus diesem einen Kurs wurde, in der nächsten Tourneepause, ein zweiter, ein dritter . . . Daß inzwischen eine fixe Anstellung und ein neues Fach daraus wurden, hat seine Ursache in Molchos künstlerischer Arbeit:

An sich selbst entdeckt hatte er nämlich die Verbindung zwischen Atmung und Gefühl, und wie die bewußt zu steuern ist. Denn bei jeder neuen Emotion ändert sich auch der Atem; ein Rückkoppelungseffekt tritt ein. Die Zusammenhänge zwischen Atmung und Seelenzustand untersuchte er in der Folge gemeinsam mit dem Psychiater Prof. Hans Hoff, erzielte befriedigende Resultate und sah künftighin seine Aufgabe als Lehrer vor allem darin, Schülern mit Schwierigkeiten, ein bestimmtes Gefühl auszudrücken, durch Atemmodulation zu helfen: „Und sie haben dadurch die Szenen hundertprozentig gefunden."

Sie vermochten also, dem Zuschauer eine Figur glaubhaft vorzustellen. Der Nachteil: die Darstellung war nicht von der inneren Einstellung gedeckt, auch wenn die Studenten selbst darüber erstaunt waren, wie sehr ihre Szene an Wirkung gewonnen hatte. Es handelt sich ja um einen natürlichen Prozeß.

Dennoch mußte er bald erkennen, daß die Methode *so* für die Schüler mangels deren innerer Reife nicht anwendbar war. Es mußte also nicht nur die Atemtätigkeit, es mußte gleichermaßen auch die Emotion erzogen werden.

Diese Arbeit gedieh zu solcher Wichtigkeit, daß er in seinem Unterricht von nun an gezieltes Sensibility training einsetzte, für das Theater adaptiertes Autogenes Training; damit machte er den Schülern psychosomatische Vorgänge bewußt: Konzentrationsübungen, darauf abzielend, inneres Erleben adäquat auf Bewegung zu übertragen.

„Das allein genügte auch nicht; der Körperapparat war noch benachteiligt, weil die Schüler leider nicht mit einem normal trainierten Körper hier ankommen. Sie sind, trotz allem Sport an den Schulen, unterentwickelt".

Am Anfang also steht die Korrektur für Körperhaltung. Und so wird langsam aus manchem „jungen Füllen mit acht Beinen“ ein balancierter Mensch, der mit seiner äußeren seine innere Ruhe findet, und auch die Wechselbeziehung innerhalb der Gruppe.

Eine Übung: Die Seminaristen haben beispielsweise, während sie einen Purzelbaum oder ein Rad schlagen, normal weiterzusprechen, und niemand darf merken, daß sie sich physisch anstrengen. Oder: bei zehnminütigem Springen muß die Stimme halten, selbst beim Singen.

Dem Israeli Molcho taugt das Klima am Wiener Seminar, neben allen künstlerischen Beweggründen, schon aus dem einen Grund, weil hier nicht politisiert, weil hier nicht Weltanschauung präsentiert wird: hier wird sachlich Handwerk gelehrt. Schön wäre es, meint er jedoch, wenn mehrere Lehrer gemeinsam mit den Schülern eine Sache erarbeiteten. Sicherlich mag es da auch zu Auseinandersetzungen kommen, doch: „Auseinandersetzung zwischen Künstlern bringt mehr Weisheit“, heißt es in einem jüdischen Sprichwort. Und Gruppenarbeit hält er schon deshalb für notwendig, weil man am Theater ja auch nicht einzeln auftritt, sondern im Ensemble. Die Regieschüler sollten, meinte er, nicht mit Schauspielschülern, sondern mit ausgereiften Profis arbeiten können: „Die Auseinandersetzung mit einem Schauspieler, der sein Handwerk bereits beherrscht, ist eben anders.“

Der dramatische Unterricht ist das zentrale Anliegen jeder Schauspielschule. Für diesen Bereich kongeniale Lehrer zu finden, macht schon deshalb Schwierigkeiten, weil vom Anfang an darauf Wert gelegt wurde, dafür ausschließlich an großen Theatern wirkende Schauspieler mit entsprechender pädagogischer Eignung einzusetzen. Glücklicherweise empfand es doch immer wieder eine Reihe vielbeschäftigter Bühnenkünstler als Aufgabe, ihr lebenslang erworbenes Wissen an Schüler weiterzugeben und sich quasi aus Idealismus der guten Sache zu stellen.

Unter Reinhardt wirkten in diesem Fach zwei seiner engsten Mitarbeiter: Doktor Emil Geyer und Paul Kalbeck; sie sind uns in diesem Buch bereits wiederholt begegnet. Im Jahre 1935 wurde der Bonvivant Alfred Neugebauer, damals an Reinhardts Josefstadt ein Erster Schauspieler, dafür gewonnen, mit den Schülern vor allem Konversationsstücke einzustudieren. Er tat dies mit großem Enthusiasmus und wesentlichem Erfolg rund zwanzig Jahre lang. In den beiden Jahren vor dem Anschluß Österreichs an das Großdeutsche Reich holte man Frieda Richard (die in Salzburg Jedermanns Mutter spielte), Carla Meinhardt und Josef Gielen (nach dem Zweiten Weltkrieg Direktor des Wiener Burgtheaters) an die Schule.

Die Zäsur 1938 riß eine fast nicht zu schließende Lücke in den Lehrkörper: Praktisch über Nacht mußten zwölf der Verdientesten den Hut nehmen. In seiner Not bat der neue Leiter der Schule, Doktor Hans Niederführ, den erfolgreich am Burgtheater wirkenden Seminarabsolventen von 1931, Fred Liewehr, als Sprechtechnikprofessor einzuspringen; Liewehr sagte zu und übernahm schon ein Jahr später die Funktion eines dramatischen Lehrers, die er fast ein Vierteljahrhundert lang ausübte. Erni Hrubesch (während des Krieges) sowie Elisabeth Markus und Günther Haenel (nach dem Krieg) waren einige Jahre lang ebenso für das Fach zuständig wie später Kitty Jungbauer-Stengl (1949 – 1952 und 1959 – 1966) Josef Glücksmann, Georg Lhotsky, Eva Zilcher und Annemarie Düringer.

Sechzehn Jahre lang war für die schauspielerische Ausbildung auch der Seminarleiter, Doktor Niederführ, mitverantwortlich. Hans Jaray (1954 – 1964) und Vilma Degischer (1954 – 1956) unterrichteten ebenfalls eine Schülergeneration.

Gegenwärtig wirken im Fach Rollengestaltung sieben Lehrer: Bruno Dallansky, der kurzfristig auch Leiter des Instituts war und künftighin, neben dieser Tätigkeit, die Münchner Falckenberg-Schule führen wird. Judith Holzmeister hat immer nur sehr wenige Schüler; mit ihnen arbeitet sie aber äußerst intensiv, verantwortungsbewußt und mit besten künstlerischen Resultaten. Obwohl sie oft an ihren pädagogischen

Fähigkeiten zweifelt, müßte sie der von ihr erreichte Erfolg von der besonderen Qualität ihrer Lektionen überzeugen.

Von großer Wichtigkeit für das Seminar ist das Dasein der Cornelia Oberkogler, die als sensible Schauspielerin wichtige Aufgaben an einer Reihe von Wiener Theatern löste und die nun immer mehr in ihrem Seminardasein aufgeht. Sie führt die Studenten dazu, daß sie in sich hineinzuhorchen vermögen. Was sie lehrt, fällt ganz offensichtlich auf fruchtbaren Boden. Das bemerkt man als Kollege sofort, weiß man doch, wie die Schüler reagiert haben, bevor sie von Cornelia Oberkoglers Hand geformt wurden, und was aus ihnen geworden ist.

Otto Schenk widmet einen Teil seiner Kraft, trotz der ihn physisch und psychisch fordernden internationalen Karriere, immer noch dem Seminar. Erni Mangold, der wir begegnen werden, Klaus Behrendt und Otto Tausig, vielbeschäftigte Burgschauspieler, erfüllen ihren Lehrauftrag mit Einsatz und Können.

Und seit 1956 lehrt am Seminar auch Susi Nicoletti.

Unterrichtend Freude machen

Hans Jaray hat zu einem Zeitpunkt mit dem Seminar Freundschaft geschlossen, als man ihn bereits — als Schauspieler und Regisseur — weit über die Grenzen seiner Heimat hinaus kannte. Er selbst hat nicht am Seminar, er hat an der Staatsakademie studiert, und er kann auf Lehrer wie Beer und Raoul Aslan verweisen.

Ein Jahrzehnt lang war er dem Schönbrunner Institut eng verbunden gewesen — als Regisseur, als Lehrer für dramatischen Unterricht; wenn auch der Vielbeschäftigte damals durch Annahme des Angebots seine Terminnöte nur verschlimmerte. Doch da hielt er sich an Max Reinhardt: er probte mit den Seminaristen wie dieser nach den Vorstellungen in der Josefstadt, und das hat oft bis lange nach Mitternacht gedauert.

Inszenierend lernten ihn die Studiosi im Jahre 1954 kennen. Damals erarbeitete er mit Elisabeth Berzebohaty (Katharina), Klaus Löwitsch (Tranio) und dem heute an der Wiener Volksoper singenden Kurt Huemer als Petrucchio Shakespeares „Der Widerspenstigen Zähmung". Ein paar Tage vor der Premiere: man hatte bisher fleißig gearbeitet, an Enthusiasmus hatte es keinem gefehlt, und nun saßen sie alle traurig herum. Es hatte sich nämlich herausgestellt, daß im Budget kein Groschen mehr für Kostüme da war. Der Grandseigneur Jaray war mit ihnen unglücklich — nicht lange doch; da fiel ihm ein: in Wien wird eben ein großer Ausstattungsfilm gedreht, „Don Giovanni", und die Kostüme liefert Lambert-Hofer. Also packt er „seine Kinder" zusammen, man setzte sich in die Straßenbahn, und eine Stunde später probierte ein ganzes Shakespeare-Ensemble Wämse, Hosen. All diese Herrlichkeit kostete das Seminar keinen Groschen . . .

Hier ist eine Randbemerkung fällig: Viele Seminarvorstellungen sind überhaupt erst möglich geworden, weil Lambert-Hofer in rührender Weise Kostüme zur Verfügung gestellt hat. Mehr noch, er ließ beispielsweise die Entwürfe der Studentin Gaby Frey (die heute eine der Ersten Kostümbildnerinnen Deutschlands ist) in seinen Werkstätten nähen: Er ist ein Mäzen, ohne je ein Wort über sein Mäzenatentum zu verlieren. Man muß ihm dafür „Danke" sagen.

In einer Jaray-Inszenierung von Bruno Franks „Zwölftausend" spielten Klaus Höring und Dietlind Haugk, in „Die andere Seite" von R. C. Sherif Thomas Rauchenwald, Klaus Knuth und Peter Eschberg(er); Regieassistent war damals Hans Hollmann, heute einer der wenigen „internationalen" Regisseure des deutschsprachigen Theaters.

1959 hatte der Leiter des Seminars, Hans Niederfür, auf seine Wiederwahl verzichtet; ein Semester lang stand nun das Institut unter Führung Hans Thimigs, aber auch dieser resignierte — aus Überlastungsgründen. Einstimmig erkürten die Kollegen nun Hans Jaray zum neuen Chef. Er nahm unter der Bedingung an, daß ihm zu seiner Entlastung ein Assistent oder ein administrativer Leiter zur

Seite gestellt würde. Es wurde verhandelt und geredet und telefoniert und versprochen, bis Jaray nach knapp einem Monat die Geduld riß und er sein Amt zur Verfügung stellte. Ironie der Seminargeschichte: die Position des Assistenten wurde geschaffen, recht präzise 18 Jahre nach Jarays Abgang . . .

„Die paar Jahre, die ich unterrichtete, haben mir Riesenfreude bereitet. Denn ich arbeite mit jungen Leuten besonders gern, und es macht mir viel Vergnügen, ihnen alle jene Schwierigkeiten, über die man selber einmal gestolpert ist, aus dem Weg zu räumen. Man empfindet sich als Arzt, der alle Krankheiten selber gehabt hat."

Der Praktiker Jaray hat beim Unterricht bewußt auf jedwedes Theoretisieren verzichtet: „Ich habe nichts anderes gemacht als das, was ich in jedem Theater auch gemacht hätte — Regie geführt. Und dabei habe ich versucht, den Kindern die Grundbegriffe unseres Berufes klar zu machen, ihnen die Arbeit zu erleichtern und sie an die Praxis heranzuführen. Natürlich habe ich die Ursache vieler ihrer Schwierigkeiten erkannt und offengelegt. Allerdings habe ich ihnen nie gesagt, was man *nicht* machen soll — ich habe ihnen immer nur gesagt, *was* man machen sollte."

Von allem Anfang an hat er die Fragwürdigkeit, das Fach Regie zu unterrichten, erkannt und vorgeschlagen, daß „jeder einzelne der Regiestudenten während seiner Ausbildung als Zweiter Assistent eine Inszenierung an einem Wiener Theater mitmachen soll."

Hans Jaray hat schon lange nicht mehr am Seminar unterrichtet. Aber „ich freue mich jedes Mal, wenn ich bei meiner Arbeit in Deutschland oder in Österreich ehemalige Schüler treffe und mich mit ihnen an ihren Erfolgen freuen kann." Freude teilen und Freude bereiten: das war schon damals sein Grundsatz gewesen, als er, zwischen 1954 und 1964, am Seminar wirkte: unterrichtend Freude bereiten.

Vorgegebene Improvisationen . . .

Allzugern wäre die Pflichtschulabgängerin Erni Mangold Seminaristin geworden: doch sie schaffte die Aufnahmsprüfung nicht. Ihren nächsten Kontakt mit dem Schönbrunner Institut hatte sie erst, als sie längst arrivierte Schauspielerin war. Einst, während des Krieges, hatte man das Kind keineswegs fair behandelt, damals, als man ihm sagte, an das Seminar würden nur Leute aufgenommen, die gewisse menschliche Aspekte vorzuzeigen hätten; und diese würden sich „bei dem jungen Fräulein noch allzu verwaschen darstellen." Mag sein, daß der Vorsitzende der Kommission aus ihrem allerersten Auftritt einen falschen Schluß gezogen hat. Als er nämlich fragte: „Ist noch jemand draußen?", erhielt er von der Kandidatin Mangold eine höchst kecke Antwort: „Nein, denn ich bin die letzte und die beste."

Die knapp Sechzehnjährige hatte sich nun anderswo umzusehen; sie marschierte geradewegs in die Schule des Burgschauspielers Helmuth Krauß, und sie schaffte später ihren Weg — trotz „gewisser fehlender menschlicher Aspekte".

Als sie drei Jahrzehnte später gebeten wurde, am Seminar dramatischen Unterricht zu erteilen, war sie innerlich unsicher; sie sagte zwar zögernd zu, wollte vorerst nur für den einen oder anderen erkrankten Lehrer einspringen; und fing unterrichtend Feuer. Mittels gruppentherapeutischer Methoden aktiviert sie ihre Schüler, versucht, sie über „vorgegebene Improvisationen" zu ihrer persönlichen Stimme finden zu lassen. Das geschieht so: Sie läßt improvisierte Szenen auf Tonband aufzeichnen und danach — präzise, wie sie da aufgezeichnet sind — abschreiben. Diesen Text haben die Seminaristen wie Rollen auswendig zu lernen und zu probieren, mit allen verlegenen „Ja's" und „Hm's". Da stellen sich plötzlich die großen Schwierigkeiten ein, kommen an's Licht. So finden die jungen Leute zu ihrer eigenen Stimme. Erst nachher fängt Erni Mangold mit dem an, was man gemeinhin unter „dramatischem Unterricht" versteht: der minutiösen Erarbeitung von Szenen und Monologen.

Sie war anfänglich aus ihrem sensibel-funktionierendem künstlerischem Gewissen heraus unsicher, ob sie unterrichten solle oder nicht. Sie kann beruhigt sein: Sie ist eine hervorragende Lehrerin geworden, und die Schüler lieben sie.

Funktionierende Sprech-, Stimm- und Atemorgane sind Grundvoraussetzungen für den Schauspielerberuf. Ohne eine gründliche Ausbildung dieser Werkzeuge ist ein längeres Verweilen im Beruf aussichtslos. Auch in diesem Bereich hatte das Reinhardtseminar bei der Besetzung von Lehrstühlen im Verlaufe der vergangenen fünfzig Jahre eine glückliche Hand. Vierundzwanzig Jahre lang, von 1930 – 1938 und von 1945 – 1962, wirkte Zdenko Kestranek als Stimmbildner: Seine Intentionen brauchen hier schon aus dem Grunde nicht näher erläutert zu werden, weil sich seiner viele der in diesem Buch erwähnten Schauspieler in großer Dankbarkeit entsinnen und wiederholt betonen, man habe ihm die Karriere zu verdanken.

Bis zum Abgang Reinhardts wirkten am Seminar auch die Sprechlehrer Alexander Jaray, Gertrud Lasch, Leopold Hubermann und Ernst Possony. Während des Zweiten Weltkrieges machte man seine Sprechübungen mit Professor Herbert Kuchenbuch (1942 – 1946). Der wichtigen Vera Balser-Eberle, die von 1941 – 1966 Sprechtechnik unterrichtete und zu diesem Bereich ein wertvolles Buch verfaßt hat, haben Generationen junger Schauspieler dankbar zu sein.

Unmittelbar nach Kriegsende unterrichtete auch Karl Blühm Rhetorik, später Margaret Langen, Maria Ott-Gollubits und Otto Löwe. Gegenwärtig sind drei Professoren für das Fach Sprachgestaltung verantwortlich: Horst Coblenzer, Emanuel Schmid, der selbst Absolvent des Reinhardtseminars ist, und Martha Dangl, die auch am Wiener Burgtheater wirkte. Für die musikalische Ausbildung war zu Reinhardts Zeiten Arthur Kleiner verantwortlich. Später erfüllten diese Aufgabe

Paula Müller-Hentko, Karl Hudetz und Johanna Wöber. Heute sind für die musikalische Ausbildung der Seminaristen der Sänger Josef Maschkan, Kurt Werner (musikalisches Rollenstudium, Musikkunde) und Marcel Prawy (operndramaturgisches Seminar) zuständig.

Atmen, das heißt — leben

Horst Coblenzer sieht seine Aufgabe so: die Seminarstudenten — mittels eines wohlüberlegten und klaren Systems der Atemtechnik — zu richtig sprechenden, locker und unverkrampft spielenden, sich auch psychisch wohlfühlenden Schauspielern zu erziehen. Seine Methode hat ihn weit über den deutschen Sprachraum hinaus bekannt gemacht. Obwohl er sie in seinem Buch in allen theoretischen Aspekten dargelegt hat, ist Coblenzer Praktiker par excellence geblieben, einer, der sein Handwerk von der Pike auf gelernt hat.

Seinen Weg begann er als Schauspieler, als Regie- und Dramaturgie-Assistent. Daß Heinz Hilpert den jungen Mann nach Konstanz engagierte und später nach Göttingen mitnahm, daß er ihn da und dort entsprechend einsetzte — als Mortimer in Schillers „Maria Stuart" beispielsweise —, diesen Glücksfällen hat Coblenzer es zu danken, als Theatermann an Profil zu gewinnen. Hilpert hat ihm den Weg gewiesen, auch Dr. Saladin Schmitt, der Bochumer Intendant, und Bernhard Vollmer, der im Jahre 1904 dem Kainz'schen Hamlet ein guter Laertes war. Wunderte sich Vollmer damals: „Wie kommt dieser Kerl noch während seiner kraftraubenden Ausbrüche zu Atem?" Ihn danach fragen! Vollmer versucht es, und er hat Glück: Josef Kainz nimmt sich des jungen Kollegen an, vermittelt ihm sein eigenes Wissen und seine Erfahrung um die ‚Atemsprache'. Und dieser wieder gab sie an Coblenzer weiter: „Das wurde die Basis meiner ganzen Arbeit."

Nach Vollmers Tod wird Coblenzer Sprachmeister des Deutschen Theaters in Göttingen und übernimmt als solcher die sprechtechnische Betreuung des Ensembles.

Ehe ihm diese Aufgabe zugewachsen war, hatte er sich längst nicht nur mit in die gesamte verfügbare Literatur eingelesen, der reife Mann hatte sich noch einmal in eine Hörsaalbank der Universität gedrückt und seinen Doktor phil. gemacht. Parallel dazu liefen seine atemphysiologischen Untersuchungen, erst gemeinsam mit Professor Schäfer von der Göttinger Universität, später, in Wien, mit den Professoren Trojan und Muhar: Röntgenfilme wurden angefertigt und ausgewertet, und Zwerchfellchymogramme.

Im Klartext: es galt beispielsweise, die Frage zu beantworten, wie man mit der Stimme umzugehen habe, um nicht heiser zu werden. Oder: Was führt zum Phänomen, daß einen das Publikum als „ansprechend" empfindet . . . „Der suggestive Schauspieler erzielt absolute Ruhe im Zuschauerraum nicht durch die Substanz des Dargestellten", schrieb einst Heinz Hilpert in seinem Buch „Liebe zum Theater", „sondern durch die einfache Tatsache, daß es ihm gelingt, die Zuschauer in den Rhythmus seines Atems hineinzuzwingen."

Um Grund und Ursache zu finden, warum das *so* ist, wurden vielfach auch Experimente „am lebenden Objekt" durchgeführt: „Wir haben beispielsweise einen Kontaktmeßplatz gebaut, haben jemandem Oberflächenelektroden angelegt und ihn in verschiedene Theater- und Konzertsäle geschickt. Dabei wurde genau registriert: Wie atmet er jetzt, wie ist seine Herztätigkeit? Und wir sind zu erstaunlichen Ergebnissen gekommen, die die Aussagen alter Theaterleute als sehr wahrscheinlich erscheinen lassen." Siehe obzitierte Aussage Hilperts.

Ähnliche Experimente haben seither verschiedene theaterwissenschaftliche Institute durchgeführt, das in Wien und jenes in München beispielsweise.

All das ist deshalb interessant, „weil es im Erlebnisfeld Bühne-Publikum doch irgend etwas geben muß, woran ‚man drehen kann'. Etwas, das Stanislawski die ‚Ausstrahlung' und die ‚Einstrahlung' genannt hat, etwas, was wir als Atmosphäre, als Fluidum, als Aura, als Persönlichkeit bezeichnen. Diesem ‚Geheimnis' auf die Spur zu kommen, ist nach wie vor unser Anliegen."

Kam da eines Tages das verlockende Angebot, von Göttingen an das Wiener Reinhardtseminar zu übersiedeln: „Das reizte mich sehr, weil ich hier auch die Gelegenheit sah, das, was man wissenschaftlich erarbeitet hatte, in Zusammenhang mit den Disziplinen der Atemphysiologie und der Hals-Nasen-Ohren-Medizin untersuchen zu können. Und das hat sich in glücklichster Weise bestätigt."

Lehrziel, im Sinne Coblenzers: die Einheit von Denken, Fühlen und sprachlichem Ausdruck herzustellen durch richtigen Einsatz des Atmungsapparats. Die Schüler sollen mit optimalem Energieeinsatz sprechen *und* gestalten lernen, denn „jeder Kontakt muß abreißen, wenn der Schauspieler bei einer szenischen Mehrbelastung laut und schnell werden muß und dabei plötzlich ‚auseinanderfällt'. Die Anzeichen: roter Kopf, hervortretende Augäpfel, schwellende Venen. Die Folge: der ‚Filmriß', den jeder Theatermann kennt: man findet seinen Text nicht mehr." — Und das muß hintangehalten werden, in diese Verlegenheit sollte ein Coblenzer-Studiosus nie kommen.

Die Theorie entspricht stets der Praxis: „Ich gehe schon im zweiten Semester mit den Anfängern hinüber, in das Schloßtheater, und probiere dort, im großen Theaterraum, all das aus, was wir hier, im kleinen Lehrsaal, angelegt haben . . . "

Sprechen *und* darstellen . . . „Ich glaube, daß man beides gar nicht trennen kann. Der Sprecherzieher ist nicht Zubringer für den dramatischen Lehrer, kann man grundsätzlich doch nur aus dem situativen Bezug sprechen lernen. Wer spricht, will gehört werden: da haben wir schon die Situation! Ohne Einbeziehung des situativen Hintergrundes lernt niemand sprechen." Daher gibt es in seinem Unterricht vom Anfang an Partnerorientierung, Umweltbezug.

Die Grenzen zwischen dem, was man gemeinhin als „Handwerk" bezeichnet, und dem, was als „darstellende Kunst" verstanden wird, sind fließend, sagt Coblenzer.

Allergrößten Wert hat Max Reinhardt auf die geisteswissenschaftliche Ausbildung der jungen Schauspieler gelegt. Er hat dafür einen Lehrstuhl für Doktor Joseph Gregor geschaffen, den berühmten Theaterhistoriker und Richard Strauß-Librettisten. Später war für das Fach Theatergeschichte der Dramatiker und Romancier Friedrich Schreyvogl verantwortlich, dem wieder Friedrich Langer folgte:

Das Land der Künste mit der Seele suchen

Den geisteswissenschaftlich-orientierten, theaterenthusiasmierten Lehrertypus hat es am Seminar seit Reinhardts Zeiten permanent gegeben. Da war Joseph Gregor: Polyhistor, Theaterwissenschaftler im Range eines Ordinarius, Richard-Strauss-Librettist und Seminarprofessor; dann: Hofrat Friedrich „Friedl" Schreyvogl: Dichter, Romancier, Chefdramaturg, Direktor am Burgtheater und erfolgreich aufgeführter Dramatiker.

„So sind bisher rund vierhundert Schüler auch durch meine Hände gegangen". Läßt er sie Gedanken revue passieren, die Absolventen der letzten Jahre, so muß er allerdings leise resignierend feststellen: „Es waren nicht immer die besten in meinem Fach, die heute zu großen Schauspielern geworden sind." Verständlich.

Dennoch interessierten sich für das, was er zu erzählen hatte, viele, zumal der Doktor Langer es sich nie so einfach machte, über die griechischen Tragiker, die Literatur der Renaissance oder der Gegenwart nur zu referieren; er bietet lebende Bilder aus der Kulturhistorie.

Einmal jährlich fuhr man mit den Studiosi fort, um Kultur an Ort und Stelle in Augenschein zu nehmen, handgreiflich zu genießen.

Florenz, Venedig, Bayern, Finnland und die Türkei standen auf dem Programmzettel.

Von jeder dieser Reisen kamen Lehrer und Schüler nicht nur einen Deut gescheiter zurück, sondern auch innerlich weiter. Venedig, 1967:

„Da hab ich zufällig im Corriere de la Sera gelesen: ‚Der große englische Schauspieler Sir Lawrence Olivier hat am Grab der von ihm hochverehrten Eleonora Duse einen Strauß weißer Rosen niedergelegt.' Diese Notiz haben wir natürlich zum Anlaß genommen, auf dem Rückweg — von Venedig nach Wien — ein bißchen abzuschweifen, hinauf in die Dolomiten, um an den Fuß des Monte Capri zu pilgern."

Selbstverständlich ließ man sich ankündigen. „Als wir in Asolo ankamen, erwartete uns bereits der Bürgermeister mit dem gesamten Senat am Ortseingang. Wir wurden in das Rathaus geleitet: große Ansprache. Nachdem ich mich vergewissert hatte, daß keiner der Herren dieses altösterreichischen Städtchens ein Wort deutsch sprach, übersetzte ich den Schülern, was alles da um uns an bombastischen Dingen erzählt wurde."

Man wäre nicht Reinhardtseminarist gewesen, hätte man nicht bei der nun folgenden Komödie mitspielen können. Denn anstatt präzise zu dolmetschen, gab Langer vor allem Regieanweisungen:

„Jetzt müßt ihr Rührung zeigen . . . " Fünfundzwanzig mal zwei umflorte Augen. „Nun jubeln!" — Romanische Fröhlichkeit kehrt ein. „jetzt weinen!" Man tränt begabt. Der Herr Professor ist mit dem Studienerfolg — im Fach der Kollegen vom dramatischen Unterricht — zufrieden.

„Sie haben das ganz phantastisch gespielt," erinnert er sich, „es war hohe Klasse."

Zu Fuß wallt man die Straße hinauf, zum Bergfriedhof, steht unter Zypressen vor dem einfachen Grab der größten Tragödin Italiens, steht da und ist wirklich gerührt.

„Da fällt mir ein: Wir haben keine weißen Rosen mit!"

Zwei leise Worte zum Amtsdiener des Magistrats: der saust ab (man hält inzwischen pathetische Reden), ist bald wieder zurück, unterm Arm einen Riesenbuschen weißer Rosen. Woher er die so schnell hatte? „Aus dem Garten des Signore Bürgermeister!" verrät er grinsend.

Niederlegung des Rosenstraußes, echte Tränen. Televisione Italiana filmt, der Hörfunk schneidet mit; ein Interview mit Zeitungsreportern. Fragen, Antworten, Stenogramme.

Werden die Reinhardtschüler wirklich als solch großartige Kulturbotschafter der Alpenrepublik gesehen? In diesem Falle waren die Musen vielleicht doch sekundär; es war etwas anderes: der Südtirolkonflikt gloste, und die weißen Rosen gediehen quasi zur außenpolitischen Aktivität. Blumen als Expression austriakischer Benevolentia. (P. S. Das österreichische Außenamt sprach der Seminarleitung für diese — völlig unbeabsichtigte — Mission Dank und Anerkennung aus).

Laudationes auf die Duse, gut und schön; aber inzwischen war es früher Nachmittag geworden, keiner hatte was im Magen. Und man mußte an diesem Tag noch in Wien zurücksein.

„Gibt es hier“, fragt Hofrat Langer ohne Hintergedanken den Bürgermeister, „gibt es hier irgendwo eine Osteria, wo man billig speisen kann?“

„Uno momento, Signore!“

Eine friedhöflich-improvisierte Stadtsenatsitzung wird einberufen. Man nuschelt. Fazit: die Seminaristen sind Gäste der Stadt Ascoli. Man geleitet sie in ein unerhört feudales Restaurant:

„Ein Großteil unserer Schüler hatte noch nie so schön, so herrlich, so phantastisch gegessen. Und wir haben uns eigentlich nur mit jeweils der ersten Strophe einiger Lieder bedanken können; die weiteren Strophen konnten wir nicht.“

Es wurde ein wunderbarer Nachmittag.

Ein andermal ist man gemeinsam in Mantua, besichtigt die Gonzaga-Palazzi, sieht nach dem alten Theater, verweilt kurz an jener Stelle, an der Andreas Hofer im Jahre 1805 erschossen wurde. Dem Gastwirt von Passeier die Reverenz zu erweisen, das mußte damals als unerhörte österreichische Provokation empfunden werden. Vor allem, als die Seminaristen alle drei Strophen des Andreas Hofer-Lieds sangen: „Zu Mantua in Banden . . . “ Rundum italienische Carabinieri, bereit, im Augenblick ihr Vaterland zu verteidigen. Sich da verständlich zu machen, dazu bedurfte es einer längeren Erklärung. Diesmal: keine Belobigung durch das Außenamt, kein Dank des Vaterlandes, dafür: der Dank eines Bundeslandes — in Form (diesmal) eines tollen Abendessens für die Seminaristen bei Bürgermeister Lugger in Innsbruck, und großartige „Kritiken" in Tirol.

Den Unterricht begleitende Reisen nach Finnland, wo man mit einem Abend für Österreich und seine Kultur wirbt; nach England, wo man an Universitäten liest; nach Straßburg, nach Rom — jeweils an den Österreichischen Kulturinstituten. Dann nach Polen (Warschau und Krakau): „Österreichische Gegenwartsgeschichte im Spiegel des Dramas": Szenen aus „Die letzten Tage der Menschheit" von Karl Kraus, aus Franz Theodor Csokors „3. November 1918". Szenen von Ferdinand Bruckner, Lyda Winiewicz und Helmut Qualtingers „Herr Karl".

Fazit: „Man sollte viel mehr ‚around-the-theatre' gehen, quasi als Animatione. Wenn der Staat sich das leisten könnte, müßte man das jedem jungen Künstler — egal, ob Schauspieler, Maler oder Schriftsteller — ermöglichen: ‚Goethes Reise nach Italien'. Die ist für jeden noch bestimmend."

Ist ein Traum, kann nicht wirklich sein: „Wenn es gelingt, einmal in Venedig einen Palazzo zu erwerben, sollte er als kleines Hotel geführt werden, wo man Künstler unterbringen kann. Das wünsche ich vor allem jenen, die unsere Schauspielklassen besuchen: um all das in sich aufzunehmen, was die Menschheit an Schönem geleistet hat."

Und noch ein persönlicher Wunsch Langers: „Mehr Unterricht in meinem Fach!" Welcher Lehrer will das nicht?

Vor allem für Regiehörer gedacht waren die Unterrichtsgegenstände Dramaturgie (gelesen von Erhard Buschbeck, Oscar Deleglise und Emil Lind), das Fach Bühnenbildgestaltung, für das die weltberühmten Bühnenbildner Alfred Roller und Oskar Strnad zeichneten, später Otto

Niedermoser und Wolfgang Müller-Karbach. Bühnenarchitektur lehrte vor dem Zweiten Weltkrieg Ludwig Haas, für das Fach Bühnentechnik ist seit 1932 und bis zum heutigen Tag Walter Hoesslin verantwortlich: Er ist der letzte von Reinhardt bestellte, auch heute noch am Seminar wirkende Lehrer.

Helmut Schwarz, heute Rektor der Akademie, leitete siebzehn Jahre lang das Reinhardtseminar und lehrte Dramaturgie:

Sein Auftrag: Gerechtigkeit

Er hat keine einzige Minute seines Lebens am Seminar studiert. Er kennt es nur in- und auswendig, kennt seine Sorgen, Freuden und Schwierigkeiten. Immerhin war er anderthalb Jahrzehnte lang sein Leiter: Dr. Helmut Schwarz, heute Rektor der Hochschule für Musik und Darstellende Kunst, in deren Gefüge das Seminar eine Abteilung bildet.

Wien, 1948, Der Student der Germanistik und der Theaterwissenschaft an der Wiener Universität, Helmut Schwarz, war sehr unbefriedigt von diesen Disziplinen. Eine Frustration, die der blutjunge Inskribent mit manchem Kommilitonen teilte: mit den stud. phil. Erich Neuberg und Herbert Fux zum Beispiel, den Kollegen Wolfgang Glück und Peter Fürdauer. Ihnen allen war die pure Auseinandersetzung mit grauer Theorie zu muffig. Man wollte endlich hinein, in's sogenannte volle Menschenleben.

Da hält im Konservatorium der Stadt Wien Professor Walter Firner, einst der Josefstadt in Wien verbundener Autor von „Jonny Belinda“, einen praxisbezogenen Theaterspielkursus. Dort trifft man einander wieder, ohne daß einer seine Absicht mit dem anderen abgesprochen hätte. Wenn man von dem, was man dort erfuhr, auch nicht allzu viel mitnehmen konnte, so doch wenigstens die Bekanntschaft mit Schauspielerprofis. Einer, der sich dort ebenfalls umtat, war ein gewisser Schwabenitzky, ein Wiener aus Floridsdorf, später nicht unumstrittener Burgtheater- und Schauspielhaus-Zürich-Direktor mit dem Künstlernamen Gerhard Klingenberg.

Hie theoretisch ausgebildete Praxisliebhaber, da ausgebildete Praktiker ohne direkten Theoriebezug: man tut sich zusammen, ist ein Ensemble, das eine erste Heimat in Volksbildungshäusern findet; man spielt das eben an der Josefstadt aufgeführte Hans Weigel-Stück „Barrabas“: „Schlaf, Jüngling, schlaf, sei nie ein schwarzes Schaf . . . “

Sechs wirkten an dieser Studentenaufführung mit, und ihre Namen sind auch uns Heutigen recht geläufig. „Da war ein gewisser Stejskal, der jetzt als Karl Renar an den Münchner Kammerspielen wirkt; der Hans Sachsl, ehemaliger Seminarist, ist ORF-Sprecher geworden, später sogar Sänger an der Wiener Staatsoper — als Hans Christian; Rudolf Stoiber — heute New-York- und UNO-Berichterstatter des ORF; Hans Peter Link leitet die Unterhaltungsabteilung des Senders Dornbirn; Erich Neuberg war bei diesen ersten Aufführungen zwar nur für die Geräusche zuständig, avancierte aber bald zum Oberspielleiter des Österreichischen Fernsehens. Seine frühen TVInszenierungen, gedreht mit einfachsten Mitteln, ohne großes Elektroniktamtam, gelten heute als geradezu klassische Musterbeispiele einfallsreicher Arbeiten.

Die „Wahl“ des „Barrabas“ war — vom künstlerischen Standpunkt aus gesehen — richtig gewesen. Aber auch vom strategischen: man war dem Autor im Laufe der Probenarbeit menschlich näher gekommen, hatte gelernt, auf ihn zu hören.

Hans Weigel: Das war damals der große Talenteentdecker, dazu einer, der österreichischer Literatentraditon gemäß ein Kaffeehaus zum Parnaß gemacht hatte. Im Café Raimund, gegenüber dem Volkstheater, hatte sich um ihn eine Reihe junger, völlig unbekannter Schriftsteller geschart: Ingeborg Bachmann zum Beispiel und Ilse Aichinger, Herbert Eisenreich, Milo Dor und Reinhard Federmann (sie waren stets wie Zwillinge, keiner kam je allein), und der Betrand A. Egger (liest sich wie eine neuere Literaturgeschichte, nicht?).

„Versucht doch, eure Programme selber zu schreiben“, regt Weigel an.

Selber schreiben ist allemal noch billiger, als von Theaterverlagen langwierig Rechte zu erwerben. Abgesehen von den Kosten. Man schrieb, und man schrieb sich alles da drinnen in der Brust Angesammelte von der Seele: Freude und Wut, Verzweiflung und Weltschmerz. Die Helmut-Schwarz’sche „Zeitrevue“ wurde unter dem Titel „Das sind wir“ uraufgeführt: vom Ensemble „Szene 48“, der Initiative einer kulturhungrigen Nachkriegsjugend.

Spielorte: Volksbildungshäuser. Spielplan: selbstverfaßtes Eigenes, aber auch hierzulande noch Unbekanntes, Importiertes: man brachte das Wiener Publikum erstmals wieder mit Stücken des im KZ umgekommenen Jura Soyfer („Vineta“) zusammen, nahm Kontakt mit jungen Autoren — vor allem aus dem Weigel-Kreis — auf, zum Beispiel mit Milo Dor, damals Mitarbeiter des französischen Informationsdienstes. Und Dor, stellte sich bald heraus, hatte die Möglichkeit, an französische Stücke heranzukommen, an Pièces, die man im Wien der vierziger und frühen fünfziger Jahre noch nicht kannte . . .

Dor-Federmanns „Der vergessene Bahnhof“: ein Widerstandskämpfer-Stück, das im Totenreich spielt und an Sartres „Hinter verschlossenen Türen“ gemahnt. Sitzt während einer dieser Aufführungen im Zuschauerraum einmal ein Herr, der sich dem Ensemble als Anthroposoph vorstellt: „Sollten Sie einmal ein eigenes Theater gründen, ich würde gern als Mäzen auftreten!“

Man gründet. Im Cafe Dobner stand ein Saal frei, den Kammerschauspieler Philipp Zeska für Kabarett-Vorstellungen genutzt hatte und der vor dem Zweiten Weltkrieg Schauplatz der berühmten „Literatur am Naschmarkt“ gewesen war.

49 Stühle darf man aufstellen, ohne über eine Konzession zu verfügen. 49 reichen. Und bisweilen sind es sogar um 42 zu viel.

Man spielt die anouilh’sche „Medea“ in einer Inszenierung von Kurt Julius Schwarz, nachdem man das eigene Haus mit Federmanns „Weg zum Frieden“ eröffnet hatte.

Einmal wurde, gemeinsam mit dem PEN-Club, eine Lesung aus Werken des österreichischen Dichters Franz Theodor Csokor veranstaltet. Im Saal der Dichter, rundum sensible Literaturjünger; auf der Bühne lesen Eva Zilcher und Helmut Janatsch Csokor-Poesie. Dazwischen, quasi im Niemandsland, schlendert seelenruhig die Aufräumefrau, Selbstgespräche führend, in der Hand Eimer und Ausreibetuch.

Eimer und Ausreibetuch: alles in Ordnung, sogar wenn sie gemeinsam mit Dichtung serviert werden; wäre doch nur genügend Publikum da! Aber „manchmal hatten wir das Gefühl, wir müßten Leute mit dem Lasso fangen . . . "

Die Situation besserte sich langsam, und am Ende der Saison — man spielte die Helmut-Schwarz-Revue „Ein Mann fällt aus den Wolken" — war das Haus zum Bersten voll: tagtäglich 49 Mann hoch! Und das gerade zu jenem Zeitpunkt, als das Kaffeehaus mitsamt Theaterkeller verkauft wird.

Es gibt ein unterstandsloses Ensemble . . . Die Dobner-Zeit dieser Gemeinschaft war passé, das Straßentheater von ihnen noch nicht wiedererfunden. Was tun? Unabhängig von den Dobnerischen hatte sich in der Wiener Kolingasse ein „Studio der Hochschulen" etabliert; die Organisatoren: Friedrich Langer und Michael „Mischa" Kehlmann. Dobner und Studio: wir geben unsere Verlobung bekannt.

Man fusioniert, „und wir haben dort etwas länger als ein Jahr gemeinsam Theater gemacht. Herbert Wochinz inszenierte, und auch der Erich Neuberg."

Der Enthusiasmus ist da, wiederum fehlt Publikum. Neuberg, meditierend: „Heutzutage ist Werbung das wichtigste. Wir spielen eine Woche lang gratis." Die Idee schlägt ein, das „Haus" ist voll. Doch der Wiener Magistrat meldet sich in Gestalt eines Beamten: der mißt von Wand zu Wand, vom Boden zur Decke, verweist auf ein Gesetz: bei Gratisveranstaltungen zu Werbezwecken hat man Luftsteuer zu zahlen.

Langsam stellt sich beim Publikum Neugierde ein, und die Zahl vieler Neugieriger schafft für gewöhnlich einen Theatererfolg.

Man spielte Günther Weißenborns „Die Illegalen". Das Prinzip der Identifikation wirkte: Die NS-Illegalen kamen, meinten sie doch, wenigstens im Rahmen einer Kleinbühne ersehnte Genugtuung von Entnazifizierungs- und anderer Unbill zu erfahren. Und werden enttäuscht: handelte es sich doch bei Weißenborn um jene Illegalen, die sich im Widerstand *gegen* die Nazis engagiert hatten. Um das zahlende Publikum wenigstens einigermaßen in Stimmung zu halten, spielte man in den Pausen den Badenweiler Marsch, Preußens Gloria . . . Dazwischen läßt man zu Liszts „Les Preludes" Sondermeldungen verlesen, wie einst: „Das Führerhauptquartier gibt bekannt . . . "

„Da fühlten sich etliche sehr heimelig an den Krieg und an Hitler erinnert." Das Theater war voll, ohne daß man sich selbst verraten hätte.

Es wiederholt sich auch der Umstand, daß man gerade zu jenem Zeitpunkt, als man volle Häuser machte, wieder zusperren mußte: „Es hat uns damals der Hafer gejuckt, und wir dachten, erfolgreich genug zu sein, ein zweites Ensemble auf Tournee schicken zu können." Man plante, und man schickte. Alles wäre in Ordnung gewesen, leider ging ein Tourneeorganisator mit dem Geldbeutel durch. Worauf sich die Hochschülerschaft, als die ersten Klagen eintrafen, zurückzog.

Für Helmut Schwarz kam diese Situation gar nicht so unzeitgerecht: er machte im ihm verbliebenen Semester dieses Studienjahres seinen Doktor der Philosophie.

1950. Die Situation nicht nur der Theater, die Situation ist ganz allgemein ohne viel Hoffnung. Ein bißchen weiterstudieren, Richtung Lehramt, eher lustlos. Bis man auf einen Textilkaufmann stößt, der ein Österreichisches Studentenhilfswerk gegründet hat und dem man erzählt, was alles man bisher getan hatte. Textilkaufmann Wondruschka erklärte sich bereit, die Tradition „Studio der Hochschulen" im Rahmen seiner Organisation fortzuführen. Man setzt sich also mit den Freunden zusammen, mit Peter Fürdauer und Herbert Fux, überlegt, plant, schwelgt in neubelebtem Optimismus. Schwelgt selbst noch, als sich herausstellt, daß dieses Österreichische Studentenhilfswerk und sein Chef nicht im Traum daran gedacht hatten, für dieses Theaterunternehmen auch noch Geld herzugeben.

„Tja, das müßt ihr selber auftreiben!"

Wiederum: Herbergsuche: „Wer klopfet an?" — „Oh, drei gar arme Leut'!" Ging man da einmal durch die Wiener Weihburggasse, erinnerte sich einer: „Unter dem Café Parkring gibt es den Schönbrunner Saal."

„Ansehen!"

Gesagt, getan. Man kam, sah, verhandelte und bezog, nachdem man sich vergewissert hatte, daß der Cafetièr in absehbarer Zeit nicht verkaufen wollte.

Schwierigkeiten diesmal von außen, seitens der Bühnengewerkschaft. So lange brauche Wien kein neues Theater, meinte die, so lange die bereits bestehenden schlecht besucht wären: es war die Zeit der großen Theaterkrise.

„Die waren nicht glücklich darüber, daß man für Gotteslohn spielen wollte, ein Status, der gegen die gewerkschaftlichen Errungenschaften ging".

Man einigte sich schließlich, daß die Gewerkschaft das neue Unternehmen zwar nicht billige, aber dagegen auch nicht Einspruch erhebe."

Auf dem Programm: Büchners „Woyzzeck" — mit Otto Schenk in der Titelrolle (1951): Presse und Publikum sind seltsam einig und zufrieden.

Der große Berthold Viertel besucht einmal eine Vorstellung, nimmt nachher den jungen Doktor zur Seite, meint:

„Wir suchen am Burgtheater einen jungen Lektor, einen, der den Doktor Glücksmann entlasten soll. Wollen Sie das machen?"

Man will. Lektor dort, Regisseur da. Irgendwie wird sich das schon vereinbaren lassen. Doch allzu bald sollte sich das Sitzen auf zwei Sesseln als allzu strapaziös herausstellen. Also, sich entscheiden: für das Burgtheater.

Das Parkringtheater geht deshalb nicht unter, seine Inszenierungen sind beispielhaft, werden legendär: Becketts „Warten auf Godot" mit Otto Schenk und Kurt Sowinetz . . . Stefan Andres' „Gottes Utopia" überdauert hundert ausverkaufte Vorstellungen. Ein Kellertheater mit Großstadtniveau. Mitunter meint man heute: Großstadttheater unserer Tage müßten ab und zu froh sein, Kellerniveau von damals zu erreichen.

Dr. Schwarz, Burg-Dramaturg, nebenher Autor: Sein „Arbeiterpriester" erhält bei einem Dramenwettbewerb des Landes Oberösterreich den zweiten Preis, wird an in- und ausländischen Bühnen nachgespielt, in fremde Sprachen übersetzt und an der Wiener „Tribüne" uraufgeführt.

Der Regisseur Schwarz inszeniert an der Burg: beispielsweise Csokors „Caesar's Witwe". Titelrolle: Alma Seidler; im Ensemble: Felix Steinboeck, Helmut Janatsch und Otto Schmöle.

„Da war eine Rolle, nicht sehr groß, aber sehr prägnant. Meinte Csokor: „Das wäre doch was für Ulrich Bettac".

„Ich habe also gewagt, den Bettac darauf anzusprechen. Der war furchtbar böse, nachdem er es gelesen hatte, weil es nicht die Hauptrolle war. Was denn dem jungen Mann da einfiele, das einem Bettac anzubieten. Ich: ‚Das ist doch eine Rolle, die einen ersten Schauspieler braucht.' — Darauf Bettac: ‚In diesem Haus gibt es nur Erste Schauspieler.'"

Im Jahr 1960 wurde für das Landestheater Linz die Position eines Intendanten ausgeschrieben. Obwohl Schwarz, damals 32, wenig Aussichten hatte, diesen Job auch zu erhalten, bewarb er sich — und wurde nicht genommen. Ernst Haeusserman, der „Burg"-Direktor, hatte von dieser Bewerbung gehört und schlug Schwarz für die Stellung des Reinhardtseminar-Leiters vor . . .

Das Seminar steckte zu jener Zeit in einer tiefen Krise: die Leitung hatte in bunter Folge gewechselt, zudem glich das baufällig gewordene Cumberland einer riesigen Schutthalde. Das Professorenkollegium entscheidet für Schwarz: „Wir haben sofort mit der Arbeit begonnen . . . "

Eine Arbeit, bei der ihn außerordentliche Mitarbeiter unterstützten, vor allem Ellen Müller-Preis (Fechtlehrerin am Seminar, früher Olympiasiegerin), die sich für den Umbau mit ihrer ganzen, eminenten Kraft einsetzte und das Wunder vollbrachte, daß wenige Monate später normale Zustände eintraten.

Schwarz inszeniert am Seminar, zieht jüngere Regisseure heran, Lhotzky und Kautek, Fritz Zecha und Hermann Kutscher, Wolfgang Glück und Walter Davy. Er baut das Tonstudio aus und schreibt die Geschichte des Hauses, auf die näher einzugehen sich die Autoren dieses Buches daher mit dankbarem Seitenblick ersparen können.

„Man lernt stets dazu, auch wenn man schon einige hundert junger Leute gesehen hat und meint, sich bereits ein Urteil bilden zu dürfen. Und dann schickt man immer wieder einen weg, von dem sich später herausstellt, daß es ein Besonderer ist . . . "

Zu seinen schönsten Erlebnissen gehören die Tourneen des Instituts. Unter seiner Ägide fahren die Seminaristen nach Paris und in die Pyrenäen, nach England, Jugoslawien und in die Türkei, nach Schweden und Holland, an die Essener Folkwangschule und nach Rom. Zu diesen Tourneen war es gekommen, weil Dr. Wolfgang Kraus, Leiter der Österreichischen Gesellschaft für Literatur, für das Österreichische Kulturinstitut in London ein Programm zusammengestellt hatte, das nun vor allem an den germanistischen Instituten der Universitäten gelesen werden sollte. Die Zwischentexte hatte „Moos auf den Steinen"-Autor Gerhard Fritsch geschrieben; das war der Präzedenzfall gewesen.

Man reiste mit dem Bus, und jeder mußte alles können, von der Beleuchtertätigkeit über die Arbeiten eines Inspizienten und eines Bühnenmeisters. Da mußte selbst einmal der Herr Direktor als Beleuchter einspringen.

Im Januar 1977 folgt Schwarz dem Ruf, Rektor der Hochschule zu werden. Das Nachfolgekarussel am Seminar drehte sich einmal wieder.

Räume erfinden

Wolfgang Müller-Karbach ist technischer Direktor des Theaters in der Josefstadt, und am Reinhardtseminar lehrt er seit vielen Jahren „Szenische Praxis“ und „Bühnenkunde“. Die erste Begegnung mit dem Theater hatte der Sohn eines Malers und Schriftstellers als Gymnasiast, als er für ein Stück seines Vaters Bühnenbilder zu schaffen hatte. Das war 1945, als die Familie im Salzburgischen evakuiert war.

Seine Lehrer an der Stella Matutina in Vorarlberg hatten das Talent des Schülers sehr rasch erkannt und setzten es ein: Wolfgang hat Schulaufführungen auszustatten: „Das war meine Kaschierphase“, meint er heute und spielt darauf an, daß er damals — extra deshalb — nach Wien gefahren war — um es sich am Wiener Burgtheater zeigen zu lassen, wie das geschehen muß. Der Siebzehnjährige wurde bereits von einem professionellen Theater geholt: für das Theater in Vorarlberg (Leitung: Fritz Klingenbeck) machte Müller-Karbach die Bühnenbilder für Raimunds „Verschwender“, für Goethes „Egmont“ und Schillers „Don Carlos“.

Noch aber hatte er sich nicht endgültig für einen Beruf entschieden. Zwar spielte er des öfteren mit dem Gedanken, Schauspieler zu werden; doch als er nach seiner Matura „Theater für Vorarlberg“ — Klingenbeck wiedersieht, kann er „seinem“ ehemaligen Direktor die Frage, was er denn nun vorhabe, nicht schlüssig beantworten. Das entscheidet Klingenbeck für ihn: „Sie melden sich zum Salzburger Sommerseminar von Emil Pirchan an.“ Pirchan war einer der großen Bühnenbildner des deutschen Sprachraumes. Schon beim ersten Vortrag des Professors wird Müller-Karbach klar, wohin sein Weg führen wird: Er inskribiert an der Wiener Akademie, studiert Bühnenbildnerei und macht bald seine ersten Ausstattungen: für Schönherrs „Kindertragödie“ im Theater am Parkring; für die Courage den „Dritten Jedermann“, und meistens schafft er parallel an vier Theatern . . .

Im Jahre 1956 verbreiterte er seine Basis; er arbeitet in Südtirol, in Italien, ist im Team von Di Laurentiis, tingelt mit einem Goldoni-Stück zwischen Brescia und Triest: eine glückliche Zeit, diese vier Jahre, die zu Ende ist, als sein Vater stirbt. 1960 kehrt er nach Wien zurück und hat da neu zu beginnen: was für ihn hieß — achzig Wochenstunden Arbeit, und oft noch mehr. Er weiß heute nicht mehr die Titel aller jener Stücke, die er ausgestattet hat, wohl aber, wieviele Verwandlungen in jedem zu bewältigen waren. Dreißig Stücke allein bei Stella Kadmon innerhalb von fünf Jahren; daneben Arbeit für das Theater der Jugend, die Kammerspiele, schließlich das Theater in der Josefstadt.

Schon nach seiner Rückkehr aus Italien hatte ihn Helmut Schwarz eingeladen, den Regiehörern des Reinhardtseminars vier Stunden wöchentlich Vorlesungen über Bühnenbild zu halten: Da ließ er die Schüler einen Raum erfinden, und Situationen: „England, eine arme Familie, neunzehntes Jahrhundert" — wie spielte sich das ab? Neben seiner — jetzt sehr ausgewachsenen — Lehrtätigkeit und seiner Position als technischer Direktor gestaltet er jährlich drei Bühnenbilder für die Josefstadt.

Der Regieunterricht am Reinhardtseminar vollzog sich meist so, daß jeweils ein Hörer ein Stück selbständig zu inszenieren hatte, wobei einer der Lehrer quasi die Oberaufsicht führte. Ferner waren immer markante Regisseure eingeladen, Gastinszenierungen durchzuführen. Auch als Assistent von diesen Arrivierten läßt sich einiges erlernen. Doch ein eigenes Konzept erarbeitete erst Hermann Kutscher:

Auf einige alles setzen

Ernst Haeusserman inszenierte mit Seminaristen im Schönbrunner Schloßtheater Hugo von Hofmannsthals „Der Schwierige". Das war im Frühjahr 1958, gerade zur Zeit, als er die Direktion des Burgtheaters übernommen hatte. Es war selbstverständlich, daß er sich dennoch an getroffene Vereinbarungen hielt; ebenso klar war, daß er nun Tag und Nacht an der Reorganisation jenes Hauses arbeitete, für das er die Gesamtverantwortung übernommen hatte. Also bat er Hermann Kutscher, Regisseur im Theater in der Josefstadt, um Hilfe: er möge die Inszenierung gemeinsam mit ihm zu Ende führen: Hans Hollman war Hans Karl Bühl, Elisabeth Orth die Helene, Dagmar Thomas die Antoinette Hechingen, Heiki Eis der Stani, Lore Fischer die Agathe, Nikolaus Paryla der Vinzenz und Eva Bernhofer die Crescence: eine Besetzung, die man heute kaum mehr unter einen Hut bringen könnte.

Drei Jahre später, ab 1961, ist Hermann Kutscher für den Regieunterricht zuständig. „Man kann Schüler herrlich mit Theorie füttern. Wenn sie aber nicht von Anstößen aus der Praxis ausgeht, ist dieses Füttern sinnlos." Jeder künstlerische Unterricht hat sich in Theorie und Praxis zu teilen. Das erste, was er geändert hat, war die Reihenfolge der Begriffe: Bei ihm heißt es nun: Praxis und Theorie.

Kutscher konnte auf eigene Erfahrung aufbauen: jahrelang war er Regieprofessor an der Filmklasse der Akademie gewesen — Oberleitung Leopold Lindtberg. Dieser hatte Kutscher einmal sein Leid geklagt: „Ich habe jetzt zwei Jahre lang aus meiner reichen Erfahrung heraus unterrichtet. Da hat mich einmal der Teufel geritten, ich habe geprüft und dabei festgestellt, daß nichts hängengeblieben ist." Kutscher macht die Probe aufs Exempel und die gleiche Erfahrung. Fazit: er reduziert, was er bisher geboten hat, auf ein Zehntel; die Psychologie, die Soziologie, die Philosophie, die Ästhetik und die Geschichte. „Heute versuche ich nicht mehr, alle Geleise zu erklären, die es auf der Welt gibt; ich erkläre nur mehr die

Weichen.“ Im Prinzip soll es darauf hinauslaufen, daß einer in der Praxis weiß, wo er hingreifen muß. Einen Diderot, einen Lessing, einen Brecht zu interpretieren, miteinander theoretisches Wissen zu überlegen, das kann bald zu den berühmten „bejahenden toten Blicken“ unter den Studenten führen: es interessiert sie nicht.

„In unserer Berufsausbildung ist es das Dilemma, daß man für diesen Beruf erst etwas lernen kann, wenn man diesen Beruf bereits kann.“ Das hat der Lehrer zu wissen. Kutscher erklärt seinen Schülern zuerst, wie viele Möglichkeiten es gibt, „die Welt anzuschauen“; Weltanschauung im direktesten, vordergründigsten Sinn: Anschauung der Welt, des Menschen, der Kunst. Das hat mit dem Theater scheinbar gar nichts zu tun; aber die Leute werden dadurch persönlich angesprochen, weil es sie höchstpersönlich betrifft. Zugleich gilt es, alte „Schulgefühle“ in den Studenten abzubauen. Und ihnen beizubringen, daß sie nun nicht mehr auf Befehl, sondern daß sie selbstverantwortlich zu arbeiten haben. Die Regiehörer erfahren, daß sich die Arbeit des Schauspielers zu über drei Viertel zu Hause abspielt, und daß es in ihrer eigenen Hand liegt, ob sie gut sind oder schlecht, ob sie sich durchsetzen können oder nicht; sie müssen selber finden, was sie wollen, und was nicht. „Auf der Probe gibt es für einen, der erkannt hat, worum es geht, weit mehr Ergebnisse als Arbeitsvorgänge.“

Regieunterricht, das war einst nicht mehr als ein Vortragszyklus über Bühnenbild und Theatergeschichte; die Praxis sah so aus, daß der Student — unter Oberleitung eines Professors für dramatischen Unterricht — ein Stück inszenierte.

Erst als die Schüler vehement bekanntgaben, daß ihnen das nicht reiche, wurde tiefer in die Substanz des Regieführens eingedrungen. So kam es zum Ensembleunterricht: eine Szene wurde jeweils lange und in allen Facetten probiert, wurde exemplarisch durchgenommen.

„Offensichtlich kommen viele Regiebewerber dann (Ausnahmen gibt es immer), wenn sie im Reifezeugnis des Gymnasiums in Deutsch ein sehr gut haben.“ Doch während des ersten Jahrgangs findet der große Bruch statt: wenn sie nämlich merken, wie schwer es ist, einen einzigen Sessel richtig auf die Bühne zu stellen; dann erst begreifen sie, daß sie in einer neuen Welt leben. Und sie merken sehr bald, wie viel man bereits können muß, nur um einen Schauspieler richtig von der linken auf die rechte Bühnenseite gehen zu lassen.

Hermann Kutscher macht sich Gedanken über die grundsätzliche Organisation des Schauspielstudiums: „So altmodisch das klingen mag: ich wäre für die Wiedereinführung von ‚Meisterklassen'. Darunter verstehe ich, daß man als Lehrer für ‚seine Schüler' von der Aufnahmsprüfung weg bis zum Meisterdiplom voll verantwortlich ist; daß man sagt: ich setze auf den und auf den, und daher bin ich mit denen, auf die ich setze, ständig in Kontakt, bin ganz für sie da, zu jeder Tageszeit, wann immer es notwendig ist." Da spielt der Ordensgedanke Max Reinhardts herein.

Wie an vielen anderen Schulen ist auch am Seminar der Unterrichtsstoff zu umfangreich, zu breit. „Es bleibt dem Schüler zu wenig Zeit zur Selbstbesinnung, zum Reflektieren. Doch jede Überbelastung schadet der Selbstfindung."

„Es ist wenig sinnvoll, einem Schwimmanfänger, der sowieso zu viele Tempi macht, weitere Tempi aufzuzwingen . . . !" Anstoß zur Überlegung: möglicherweise muß man den Aufnahmsprüfungsmodus neu überdenken, dahingehend, daß nach einer ersten Siebung mit den noch Verbliebenen eine Woche intensiv gearbeitet wird, bis man sieht, wie ihre Reaktionen sind, und erst dann über Aufnahme und Ablehnung entscheidet.

Das Reinhardtseminar hat stets versucht, seine Schüler für die Medien Hörspiel, Film und, in den letzten Jahrzehnten, auf das Fernsehen vorzubereiten. Hans Nüchtern, Otto Ambros und Axel Corti lehrten Hörspiel. Den Schülern von heute steht ein eigenes kleines Rundfunkstudio und ein TV-Videogerät zur Verfügung.

Über Theaterrecht referierten Doktor Ernst Bachrach (1934 - 1935), Doktor Wilhelm Peter (1954 - 1965) und seit 1960 Doktor Ferdinand Maultaschl.

Als Besonderheit des Wiener Seminars muß auch gelten, daß hier (1948 - 1964) das Fach „Christliche Ethik“ gelehrt wurde: von Dominikanerpater DDr. Diego H. Goetz.

Der österreichische Dichter Felix Braun, ein Freund Hugo von Hofmannsthals, war dem Seminar seit 1951 verbunden: „Jede Stunde dort ist mir eine Freude. . . Vollends, wenn es Künstler sind, die einem gegenübersitzen, denen man etwas von dem eigenen Erworbenen mitteilen kann, in denen man die eigenen Anfänge wiedererkennt. . .“ Wie Felix Braun, las auch Doktor Heinrich Kraus das Fach „Literaturgeschichte“ (1949 - 1952):

Ein Platz für Johann Nestroy

„Lieber Freund“, sagte Burgtheaterdirektor Raoul Aslan zu dem jungen Volontär Heinrich Kraus, „du kannst entweder deinen Doktor machen — oder am Burgtheater bleiben. Beides ist nicht möglich.“

Mit diesem Gedanken lebte der cand.phil. bis zum Tag der Promotion. Und als damals alle festlich beisammen saßen, die Familie und die Freunde, und man sich eben, bei der ersten gebratenen Gans nach dem Zweiten Weltkrieg, darüber Gedanken machte, wie der Weg des jungen Theaterwissenschaftlers weitergehen sollte, schrillte das Telephon. Am Apparat war Helene Thimig: Sie habe soeben die Direktion des Reinhardtseminars übernommen und aus dem Burgtheater nur Positives über den Herrn Doktor gehört. Ob sie ihm etwas vorschlagen dürfe . . . Der Vorschlag lautete: „Wollen Sie mein stellvertretender Direktor werden und zugleich einen Lehrauftrag übernehmen?“ Kraus wollte, obwohl die Gage winzig war.

Zu jenem Zeitpunkt war die Schule nicht eben in der günstigsten psychologischen Verfassung gewesen. Von der heimgekehrten Helene Thimig versprach man sich viel, sie würde den Geist Reinhardts mitbringen. Und es stimmte. Die beiden folgenden Jahre waren vielleicht die fruchtbarsten in der Geschichte des Seminars: da waren Schüler wie Otto Schenk und Johanna Matz, Helmut Matiasek und Herbert Wochinz, Lotte Ledl, Heinrich Schweiger und Walter Breuer . . .

Heinrich Kraus über Helene Thimig: „Es war die Arbeitsfreude, die von der Thimig kam, die Euphorie, das Künstlertum: das war die eine Seite. Und am Seminar: ein Instrumentarium, das kümmerlich war." Doch das Seminar hatte auch nach außen hin durch die Anwesenheit Helene Thimigs sehr gewonnen. Die Aufführung von Shakespeares „Sommernachtstraum" wurde durch die Anwesenheit des Bundespräsidenten Karl Renner geehrt, und als man diese Produktion im sommerlichen Strobl (Salzkammergut) in freier Natur zeigte, war Thomas Mann der Ehrengast.

Sein Vater, damals Leiter des Kulturamtes der Stadt Wien, fragte den am Seminar wirkenden Sohn einmal, wohin man ein in einem Hinterhof deponiertes Nestroy-Denkmal stellen könne? Es wäre schade darum, wenn es verludere. Dem Sohn fiel ein bessser Platz ein: „Der große Komödiant und Dichter gehört vor's Reinhardtseminar": Und dort steht er, seit damals.

Heinrich Kraus ist Realist. Was ihn im Cumberland von der ersten Minute an gestört hatte, war: daß es dort keine einzige Dusche gab, nirgends warmes Wasser. Mit Hilfe eines dem Institut wohlgesonnenen Sektionschefs konnte er eine Sondersubvention flüssig machen, und seither fließt am Seminar das Wasser.

„Alles wiederholt sich nur im Leben", sagt der Dichter. Als Doktor Kraus, dreißig Jahre später, als Vizedirektor des Theaters in der Josefstadt seine Tätigkeit aufnahm, hatte er sich auch dort erst einmal um die nichtvorhandenen Duschen zu sorgen.

DIE SCHAUSPIELSCHULE DES BURGTHEATERS

März 1938: Der Name Reinhardt kam in seinem Seminar (zumindest offiziell) nicht mehr vor. Auch organisatorisch änderte sich einiges im nunmehrigen „Schauspiel- und Regieseminar Schönbrunn". Das Seminar und die Meisterklassen der Akademie wurden vereinigt und in die Staatsakademie eingegliedert. Entscheidend war der 1. Mai 1940: an diesem Tag wurde der Schule neben dem Schönbrunner Schloßtheater das nahe Palais Cumberland zu Verfügung gestellt: ein im achtzehnten Jahrhundert errichteter Adelspalast, der in den siebziger Jahren des vorigen Jahrhunderts von König Georg V. von Hannover erworben worden war.

Initiator des Planes, das Cumberland als Seminardomizil zu etablieren, war der ehemalige Schüler und spätere Lehrer für Tanzunterricht gewesen: Fritz Klingenbeck. Anderthalb Jahre nach dem Umzug, mit einer Reihe von Festvorstellungen feierlich begangen, wurde die Akademie in den Status einer Hochschule erhoben; zugleich erhielt das Seminar den Ehrentitel „Schauspielschule des Burgtheaters:"

Was einem Betrachter von heute beim Durchblättern der Seminarakten sofort in's Auge fällt: die große Zahl an Schüleraufführungen, die bisweilen hundert (!) im Jahr betrug: das sind fast Repertoiretheater-Bedingungen. Am Programm standen Werke von Gerhart Hauptmann, Nestroy und Karl Schönherr, von Hermann Bahr, Hebbel und Grillparzer: Anläßlich des Umzuges in das Palais war im Schloßtheater Kleists „Robert Guiskard" in einer Inszenierung Bernhard Wickis und Lessings „Philotas" gezeigt worden. Anläßlich der Mozart-Woche des Deutschen Reiches gab man den „Schauspieldirektor" – mit Robert Freytag. Es spielte das Orchester der Wiener Symphoniker.

In Nestroys „Zerrissenem" war Gunther Philipp der Herr von Lips. Die letzte Seminarpremiere fand immerhin noch einige Monate nach Erklärung des Totalen Kriegs, der allgemeinen Theatersperre statt: Max Mells „Apostelspiel" wurde am 14. Dezember 1944 im Schloß Neuwaldegg gespielt . . .

Der Andrang an das Seminar war selbst in den letzten Kriegsjahren unverhältnismäßig stark: allein für die Aufnahmsprüfung im Jahre 1944 waren in Schönbrunn rund 1500 Anfragen aus allen Teilen Deutschlands eingelangt.

An neuen Lehrern waren zu Beginn der Direktion Niederführ Fred Liewehr (erst Sprech- dann dramatischer Unterricht), Ernst Groh (Fechten), Camillo Wiethe (Stimmhygiene), Michael Zaeckel (Fechten), Eduard Volters (dramatischer Unterricht) und Josef Gielen verpflichtet worden. Gielen jedoch kehrte von einem Amerika-Gastspiel erst wieder nach 1945 in die Heimat zurück . . .

Mit zunehmender Kriegsdauer war der Männermangel am Seminar akut geworden; das Verhältnis zwischen den aufgenommenen Mädchen und Burschen betrug beispielsweise im Jahre 1944 5 : 1! Es versteht sich, daß das Burgtheater und sein Direktor, der durch kriegsdienstverpflichtete Burgschauspieler den Mangel an Darstellern zu spüren bekam, die Hand auf diesen Nachwuchs und „seine" Schauspielschule des Burgtheaters legen wollte: vergebens! Die Eigenständigkeit wurde in der Realität bewahrt. Man empfand sich quasi als „Schauspielschule des Burgtheaters honoris causa".

Die widrigen Zeitumstände schienen dem Institut relativ wenig auszumachen: der Unterricht wurde auch dann noch weitergeführt, als das Cumberland zur „Obdachlosensammelstelle Nummer 392" erklärt wurde; selbst an die totale Theatersperre hielt man sich de facto nicht: da wurde ein „Gemeinschaftseinsatz" mit einer „Firma Tiroler Hauskunst" erfunden (dieses Unternehmen erzeugte natürlich keineswegs Kunst, sondern Bombenzünder), und als „für den Totalen Krieg notwendig" konnte man weiterarbeiten – als Schauspielschüler . . . Erst als auch das Seminar von amerikanischen Fliegerbomben getroffen wurde – im März des Jahres 1945 – fand das Spiel ein vorläufiges Ende. Das von Max Reinhardt sechzehn Jahre vorher in's Leben gerufene Seminar ließ sich aber nicht unterkriegen: Acht Wochen nach der kriegsbedingten Sperre ging die Arbeit weiter. Damals allerdings war die Ostmark wieder zu Österreich geworden, Wien war sowjetisch besetzt, und das Adelspalais von einst glich einem großen Misthaufen.

Die Kriegszeit machte sich am Seminar vor allem dadurch bemerkbar, daß Männer Mangelware wurden. Das Angebot an talentierten Anfängern war aber damals nicht besser oder schlechter als in den Jahren davor oder danach.

Steil ging der Weg Susi Peters nach oben: Als „Mädchen in Uniform" bezauberte sie Prag, mit ihrem Film „Liebe ist zollfrei" erspielte sie sich – als Partnerin Hans Mosers – einen Riesenerfolg in ganz Deutschland. Nach dem Krieg und bis zu ihrem frühen Tod war Susi Peter Mitglied des Volkstheater-Ensembles.

Luise Cleve und Herbert Fleischmann waren gemeinsam am Seminar; beide spielen sie als freie Schauspieler an deutschen Theatern.

Film, Fernsehen und Theater: Gunther Philipp ist überall zu Hause. Er hat unzählige größere und kleinere Rollen gespielt, und sein hintergründiges Blödeln kommt beim Publikum unerhört an. Er selber hat seine Freude dran, andere zum Lachen zu bringen, denn als gelernter Arzt weiß er ja, wie sehr Lachen gesund sein kann. Er ist sicherlich auch einer, für den „Filmkrise" ein Fremdwort geblieben ist. Und zwischendurch spielt er immer wieder Theater, in Frankfurt, in Köln, in Berlin – und leider selten in Wien.

Elisabeth Höbarth war lange Zeit Mitglied des Wiener Burgtheaters. Als sie Willy Boskowsky, den Konzertmeister der Wiener Philharmoniker und Dirigenten der Neujahrskonzerte, geheiratet hat, zog sie sich in das Privatleben zurück. Und heute ist bereits ihr Sohn Seminarist.

Eine sehr liebenswürdige und persönliche Schauspielerin war Edith Mill, die nach ihrer Burgtheaterzeit, als sie mit Werner Richard Heymann verheiratet war, viel Kabarett und Film gemacht hat.

Kurt Wilhelm ist in erster Linie begeisterter Bayer, in zweiter ein Richard-Strauss-Kenner von Graden. Daß er auch als Regisseur des Bayrischen Fernsehens große Meriten hat, ist im Kapitel „Regisseure" nachzulesen.

Karl Heinz Böhm war nicht nur Kaiser Franz Josef in allen Sissy-Filmen: Er gehörte lange dem Ensemble des Wiener Burgtheaters an

– bis ihn der Film total beanspruchte. In den letzten Jahren hat er wiederholt auch inszeniert – Opern. Zur Zeit spielt er den Hofreiter in Schnitzlers „Das weite Land".

Fünfundachtzig Filme hat Rudolf Prack im Laufe seines Lebens gedreht und sich damit in vielen Frauenherzen eingenistet: „Zyankali", „Fregola", und zahllose Heimatfilme. Um 1950 galt er als der beliebteste Star des deutschen Filmes. Gesehen davon hat er selbst, wie er einem Journalisten gestand, höchstens ein Dutzend.

In den fünfziger Jahren machte auch Inge Egger einen kurzen, aber steilen Weg im deutschen Film. Und als der große Boom vorbei war, nahm sie eine Stellung als Krankenschwester an.

Walter Gnilka spielt in München Theater.

Die herbe, nuancenreiche Grete Zimmer gehört seit vielen Jahren zum fixen Stamm der Josefstadt: Sie kann herrlich grob, herrlich ordinär und herrlich lustig sein.

Otto Bolesch war lange in Salzburg engagiert. Während der Festspiele sprang er einmal für den erkrankten Leopold Rudolf ein und wurde unmittelbar darauf nach München engagiert.

„. . . ohne Sensatiönchen“

Am Anfang stand für sie das Ballett: Die zehnjährige Inge Konradi besuchte die Tanzschule, „und da bin ich ab und zu ausgeliehen worden“ — als Kinderdarstellerin an die Volksoper, ans Volkstheater, an die Staatsoper. Sie ist nicht die erste, die auf diese Weise Blut geleckt hat. Mit vierzehn macht sie die Aufnahmsprüfung an das Seminar zugleich mit Robert Freytag, Wolf Neuber und Rudolf Prack und hat im Jahr darauf ihren ersten Bühnendienstvertrag in der Tasche: am Wiener Volkstheater hat der Teenager vorerst Kinderrollen zu spielen. Bald jedoch durfte Inge die Franziska in Lessings „Minna von Barnhelm“ sein; in der Titelrolle: Judith Holzmeister. Mit Judith Holzmeister stand sie auch zu Gerhard Hauptmanns achzigstem Geburtstag auf der Bühne: in der Festvorstellung „Die Jungfern vom Bischofsberg“. Berühmt ist ihre Jugend in „Der Bauer als Millionär“. Und knapp drei Jahre, nachdem sie auf der Bühne des Schloßtheaters ihre Aufnahmsprüfung bestanden hatte, stand sie das erste Mal vor der Kamera, drehte unter Erich Engels Regie — mit Winnie Markus, O. W. Fischer und Siegfried Breuer — „Sommerliebe“.

Als sie mit ihrer Darstellung der Heiligen Johanna Bernhard Shaws am Volkstheater sensationell erfolgreich ist, war der Sprung an das Burgtheater fällig. Sie stellt sich als Eve in Kleists „Der zerbrochene Krug“ vor: Dorfrichter Adam war Oscar Homolka, als Marthe agierte die große Therese Giehse. Inge Konradi, die Braut in Garcia Lorcas „Bluthochzeit“ die Piperkarcka in Hauptmanns „Ratten“ . . . Die Burgtheateraufgaben wuchsen: Sie wurde zur großartigen Rosl in Raimunds „Verschwender“, war eine innige Christine in Schnitzlers „Liebelei“, war Gretchen in Goethes „Urfaust“ und eine bezaubernde „Kluge Verliebte“ sowie Christopherl in „Einen Jux will er sich machen“ (mit Meinrad).

Denkt sie an ihr wichtigen Regisseure zurück, so fallen ihr ad hoc Berthold Viertel ein und Ernst Lothar: „Der hat uns richtig besetzt und uns in eine Umgebung hineingestellt, die uns lieb und gut war." Wichtig auch: Leonhard Steckel und Leopold Lindtberg.

„Es ging alles ganz organisch, ohne Sensatiönchen", beurteilt sie ihren geraden Weg.

In ihrer kurzen Seminarzeit war sie in einem einzigen Stück auf der Bühne des Schloßtheaters gestanden: als Risa in Hermann Bahrs „Wienerinnen". Damals hatte Raoul Aslan einmal das Institut besucht und sich ein paar Proben und ein paar Unterrichtsstunden angesehen. Dann hatte er gemeint: „Ich kann hier nicht unterrichten: ich finde alles so schlecht. Aber das ist der österreichische Ton . . . "

Das Reinhardtseminar war während des Zweiten Weltkrieges gleichsam eine Insel, auf der Politik nicht stattfand. In jener Zeit wurde Wolf Neuber an die „Schauspielschule des Burgtheaters" aufgenommen.

Für den Rundfunk ungeeignet

Als sich Wolf Neuber unmittelbar nach dem Zweiten Weltkrieg in der damals sowjetisch kontrollierten RAVAG um eine Beschäftigung bewarb, wurde er mit der Begründung abgelehnt: „Ihre Stimme ist leider für den Rundfunk völlig ungeeignet". Die Zahl aller Sendungen, die er in den dreißig Jahren seither gesprochen hat, kann er heute beim besten Willen nicht mehr feststellen.

„Etwas Anständiges sollst lernen, etwas, das du einmal wirklich brauchen kannst", hatte der gestrenge Herr Papa mit seinem vierzehnjährigen Sohn geschimpft, als dieser auf seine Theaterleidenschaft hinwies, und dann hatte ihn der Herr Papa in die Handelsakademie gesteckt: Kaufmann, ja, das ist was! meinte er. Das war ein paar Tage, ehe der Zweite Weltkrieg ausbrach.

Einfache und doppelte Buchführung, Kostenrechnung und Kalkulation, all das paßte zwar nicht in seine Träume, doch Wolf ist folgsam, ganze zwei Jahre lang, bis er plötzlich erkennt: im Krieg sterben Zehntausende, und die sind oft nur um zwei, drei Jahre älter als man selber; und in zwei, drei Jahren ist man vielleicht selber dran. Warum also vorher nicht noch das tun, was man wirklich tun will!

„Da habe ich, ohne Wissen meiner Eltern, Kontakt mit dem Seminar aufgenommen." Die Kommission hört sich an, was der Sechzehnjährige, der da vom Handelsstand gekommen war, aufzusagen hat, hält dessen Leon („Weh dem, der lügt") und dessen Christopherl („Einen Jux will er sich machen") für begabt. Doch als der Kandidat auch noch den Hamlet spricht, kann es sich einer der ehrenwerten Herren im dunklen Zuschauerraum nicht verkneifen, zu sagen: „Den Christopherl werden Sie später wahrscheinlich eher spielen."

Bald kommt die Sache heraus, zu Hause; der Vater sieht sich im Sohn nicht verwirklicht; es folgt ein Bilderbuchauszug des verlorenen Sohns, die Übersiedlung zur Großmutter. Soll schauen, wie er weiterkommt! Doch der streckt sich nach der Decke, erlernt in unterrichtsfreien Stunden im Schnellsiedeverfahren die Fertigkeit eines Puppenführers (was selbst zu damaligen Zeiten kein politisches Amt war) und bringt sich damit, fingerfertig, wie er ist, recht gut weiter. Dem kriegsbedingten Männermangel hat es der Student des zweiten Jahrgangs wohl auch zu danken, daß ihn Heinz Hilpert in seiner Josefstadt Chargen spielen läßt.

Daneben frönt er einer weiteren, jedoch streng geheimgehaltenen Verdienstmöglichkeit: der berühmte Leicht, Prinzipal eines oft zitierten Stegreiftheaters im Wiener Prater, hatte es verstanden, mittels guter Gagen auch gute Künstler zu locken. Als Schauspielschüler Neuber die Möglichkeit hat, dort aufzutreten, nimmt er natürlich sofort an. Nur im Seminar, da durfte man davon nichts erfahren; wegen schauspielerischen Fremdgehens hatte da mancher schon fliegen gelernt.

Als er wieder einmal im Prater in seiner Künstlergarderobe saß, sich abschminkte, hörte er, wie der alte Leicht draußen ankündigte: „Und nun, meine Herrschaften, rezitiert ein bekannter Bühnen- und Filmliebling heitere Geschichten von Roda-Roda. Es handelt sich um . . . “ Im gleichen Augenblick betritt der große Bonvivant der Josefstadt und beliebte Seminarlehrer Alfred Neugebauer den Garderobenraum. Schüler und Lehrer sehen einander sekundenlang erschrocken an, wie Monostratos und Papageno. War es dem einen unangenehm, weil er ohne Erlaubnis gespielt hatte, so war es dem anderen peinlich, weil auch ein Herr Professor beim ‚Leicht' auftrat.

Neugebauer liquidiert die Sache mit einem Satz: „Wir haben einander nicht gesehen.“

Daß Neuber im letzten Seminarjahr im Kabarett „Wiener Werkel“ spielte, tat er mit Wissen und Billigung der Seminarleitung. Und so war es auch dazu gekommen, daß er zwischen Generalprobe und Vorstellung, in Kostüm und Maske, mit einem Taxi nach Schönbrunn flitzte, um dort im Schloßtheater seine Abschlußprüfung abzulegen.

Wenn man nur ein vielbeschäftigter Bühnenstar wäre, da könnte man sich vielleicht das Militär ersparen! Also schreibt der Jung-Absolvent ein rundes Dutzend deutscher Theater an und hält nach ein paar Tagen (und das ist heute unvorstellbar) ein rundes Dutzend Antworten in Händen. Alle des Inhalts, der Stellenwerber möge doch zum Vorsprechen erscheinen; Bahnfahrt 2. Klasse und Tagesdiäten würden in jedem Fall ersetzt. Der Handelsakademiker i. R. hatte in der Rechenstunde gut aufgepaßt, und er nützt die Situation. Statt von Wien nach Breslau und zurück, nach Halle und zurück usw. zu fahren, stellt er sich eine kleine Rundreise zusammen, kassiert jedoch von jedem einzelnen Theaterdirektor die vollen Reisespesen und steigt letztlich mit einem kleinen Gewinn aus und mit einem unterschriebenen Bühnendienstvertrag. „Ich bin an einem faszinierenden Theater gelandet, in Bochum, das damals unter Leitung von Saladin Schmitt stand.“

Er debutiert in „Robinson soll nicht sterben“, und er probiert schon seine erste große Rolle, den Leon. Doch zur Aufführung von

Grillparzers „Weh dem, der lügt" kommt es nicht mehr: die Reichstheaterkammer erhob, offensichtlich nach genauer Lektüre des Klassikers, vehement Einspruch: ein verblödeter Germane wie der Galomir habe auf einer deutschen Bühne nichts zu suchen.

Leon oder nicht Leon, das war nicht mehr die Frage. Das Oberkommando der Wehrmacht gab ihm bekannt, daß er nicht Heimatdienst, daß er Kriegsdienst zu leisten habe! Also doch. Er fährt nach Wien, sucht seinen Seminarlehrer Eduard Volters auf, der sich für ihn wie für gar manchen vorher einsetzt — nichts zu machen: „Was auch immer man versuchte, die Reichsverteidigungs GmbH. konnte auf mich nicht verzichten." In des Führers Rock ging es frontwärts; und bald, verwundet, in die Heimat zurück.

Ein paar Wochen später marschierten sowjetische Truppen in Wien ein. Und wenige Tage danach stand Neuber schon wieder auf einer Bühne, wirkte an der allerersten theatralischen Aktivität nach Kriegsende mit: Auf einem Podium im Restaurant „Servus" in der Wiener Mariahilferstraße tummelten sich damals Schauspieler, Hundedresseure und Nackttänzerinnen. Das war zwar ganz lustig, aber so durfte es nicht weitergehen . . .

Langsam wird das Theater-Wien wieder lebendig. Fritz Eckhardt holt ihn an seine neueröffnete Kleinkunstbühne: In diesem Augenblick wird aus dem Neuber, den wir der Einfachheit halber bisher immer Neuber genannt haben, erst wirklich ein Neuber: „Was, Newerkla heißt Du? So darf man beim Theater nicht heißen. Ab sofort bis Du der Neuber!"

Franz Stoß reaktiviert das Wiener Bürgertheater, und auch dort steht Neuber oft auf der Bühne: mit O. W. Fischer und Erik Frey, mit Annie Rosar und Guido Wieland. Er wird zwischendurch auch mal beim Film eingesetzt: das Leben geht weiter. Von der Hand in den Mund zwar, aber immerhin. Man hat wieder Mut, so viel Mut sogar, daß man eine Familie gründet: Wolf Neuber und die ehemalige Seminaristin, die zauberhafte Susi Peter, die später ein wichtiges Mitglied des Wiener Volkstheaters war, heiraten.

Ende der vierziger Jahre wälzt sich die große Theaterkrise über das Land. Hunderte Schauspieler sind arbeitslos, ausgesteuert, verzweifelt; versuchen, sich eine neue Existenz aufzubauen. Auch den Neubers geht es dreckig. Schon spielen sie mit dem Gedanken, auszuwandern, umzusatteln . . . Doch mitunter stimmt es, dieses: wo die Not am größten . . . Durch Glück und Zufall findet man zum amerikanischverwalteten Sender Rot-Weiß-Rot, ist von der ersten Stunde an mit im „Watschenmann"-Team, arbeitet mit Peter Weiser und Jörg Mauthe. Er spielt an der Josefstadt, wird Mitglied des Volkstheaters.

Die Arbeit reißt nicht mehr ab: seit nunmehr zwanzig Jahren schreibt und interpretiert er für den Hörfunk „Wiener Frühstück mit Musik", Sonntag für Sonntag. Für das Fernsehen gestaltete er die „Welt des Buches", „Blick zurück in Liebe", und er führte die Sendereihen „Sing mit" und „Spiel mit" zu großer Publikumswirksamkeit.

Wolf Neuber ist heute Oberspielleiter des Hörspiels im ORF. Und er ist es mit Leidenschaft. Was ihm aber mindestens genau so viel Spaß macht: Kochen!; Da hat er es bereits zur Profiwürden gebracht. In Holland gewann er bei einem internationalen Preiskochen den 1. Preis, und seine „K. u. K"-Kochbücher sind nicht nur bibliophile Schmankerl, sie sind auch in die Praxis übersetzbar.

Verdunkelung von Wohnungen, Nächte in muffigen Luftschutzkellern, Kuckucksrufe im Radio und die ersten Bomben über Wien; das war die Zeit, in der Hilde Mikulicz das Seminar besuchte.

„Ich geh in's Seminar" — wörtlich genommen

Hilde Mikulicz war in jener Zeit der Burgtheatergeschichte, die von vielen unserer Zeitgenossen als die schönste bezeichnet wird (als nämlich das durch Bombentreffer heimatlos gewordene Burg-

Ensemble im ehemaligen Varieté Ronacher Unterschlupf fand), Fausts Gretchen und Peer Gynts Solveig, war die Erny in Grillparzers „Ein treuer Diener seines Herrn“ und des Hamlet Albin Skoda Ophelia.

Wenige Jahre, nachdem Burgschauspieler und angestammtes Haus wieder zusammenfanden, löste sie sich von Wien, spielte seither an großen Bühnen Deutschlands: am Schillertheater in Berlin und im Staatstheater Stuttgart, im Hamburger Thaliatheater und im Düsseldorfer Schauspielhaus, in Bremen, Frankfurt und Köln; spielte und spielt bei den Festspielen in Salzburg, Bregenz, Recklinghausen, Hersfeld. . . Stroux und Piscator, Waelterlin und Düggelin, Meisel und Hollmann, Maximilian Schell und Michael Kehlmann waren einige ihrer Regisseure.

Begonnen hat dieser Weg mitten im Krieg, gemeinsam mit Ernst Meister und Inge Egger, Gunther Philipp, Kurt Wilhelm und Karl Heinz Böhm, am Reinhardtseminar. Dort war sie Hero in „Des Meeres und der Liebe Wellen“ gewesen und Rosaura in Goldonis „Die kluge Witwe“; und sie wurde nicht nur als Schauspielerin, sie wurde auch als „Seminarorchester“ eingesetzt; in einer Märchenvorstellung von „Schneeweißchen und Rosenrot“ — mit Herbert Fleischmann als Prinz und Gandolf Buschbeck als Karfunkel — hatte sie am Klavier für die musikalische Untermalung zu sorgen.

Der Weg der Hilde Mikulicz hat im Jahre 1945 vom Seminar geradewegs an die Burg geführt. Sie war über ein Jahrzehnt lang in diesem Ensemble eine wichtige Farbe — und ist als diese unersetzlich geblieben. . . Eine Erste Schauspielerin am Düsseldorfer Schauspielhaus von heute erinnert sich ihrer Wiener Anfänge von damals: „Ich geh in’s Seminar — das konnte man auch wörtlich nehmen in der letzten Zeit des Krieges. Wie oft mußte ich zu Fuß gehen vom ersten Bezirk bis nach Schönbrunn, wenn die Straßenbahnen durch den Schutt nicht mehr fahren konnten. Vom Ring ging es über die Doppeltrottoirs aus abgetretenem Granit in der Mariahilferstraße bis hin zum Haus in der Penzingerstraße, das immer noch das Seminar geblieben war.

Der Weg war lang und konnte sehr bitter sein, zum Frühstück gab es dann graue Semmeln mit Senf von gegenüber, zu Mittag Kochsalat und den obligaten Pudding in verschiedenen Farben, im kleinen Gasthaus weiter stadtauswärts, und am Abend manchesmal Geschenke aus Kollegenhand oder auch gar nichts. Durch die Umstände und Schwierigkeiten der Jahre waren wir eine große Familie geworden.

Sie nahm ihre Arbeit für den künftigen Beruf sehr ernst. Es bestand ein fester Arbeitsplan mit vielen Fächern, auch Unterricht in freier Wahl und außerhalb. Da keiner wußte, was der nächste Tag bringen würde, mußte der Plan oft improvisiert werden. So saßen wir in dem großen verwilderten Park oder auf der breiter Terrasse und lernten Rollen, Texte, übten Situationen, lasen, diskutierten, stritten und schwiegen oder trauerten, wenn jemand nie mehr wiederkam, nie mehr. Das Leben schlug zu und schob einzelne hinauf, die mitten im Lehrplan zum Film oder Theater geholt wurden. Wir halfen uns, wo wir konnten, und waren doch bald eine Familie mit gar vielen Verletzungen.

Daß in dieser Zeit noch Szenenabende, Stückvorstellungen im Schönbrunner Schloßtheater stattfanden, damit wir das Bühnenhandwerk auch dort praktisch lernten, läßt sich heute kaum vorstellen. Der Zuschauerraum war voll und der Vorhang ging hoch, welcher Ritt über den Bodensee diese Abende auch technisch waren, mit den minimalen Mitteln, die zur Verfügung standen, wußten unsere Lehrer wohl besser als wir. Ich sehe sie immer noch zwischen Bühne und Zuschauerraum hin und her eilen, während wir nur daran dachten, jetzt sind wir endlich Schauspieler.

Doch am nächsten Morgen saßen wir wieder auf unseren Holzstühlen in der Penzingerstraße, so klein wie eh und je, die geliehenen Kostüme waren längst weg, und die Abschminktücher bei der Wäsche. Wir lernten Kritik, auch noch Wochen danach, die Arbeit ging weiter. Es gab keinen Stillstand. Eine solche Vorstellung war aber dann doch entscheidend für mich, sie ergab später den Grund für das Engagement an das Burgtheater. Zu ahnen war das nicht, und noch dazu hatte ich gar kein Zeugnis, das in den Wirren der letzten Kriegstage verloren gegangen war.

Ich denke, diese Zeit damals war sicher eine Prüfung für sich. Das Reinhardtseminar als Gründungsgedanke blieb in der Struktur bestätigt, seine Lehrkräfte gaben uns alles, was sie vermitteln konnten für unseren Beruf und in Lebensfragen. Es war möglich, sich vorzubereiten im Aufgabenbereich mit dem wenigen Material, das wir hatten. Der wissentliche Rückzug auf das innere Bewußtsein, der Wegfall von Äußerlichkeiten, die es ja auch gar nicht gab, führte nahtlos in die Nachkriegsspielzeit der Theater.

Ich bin mir nicht sicher, ob es möglich ist, Studienjahre, also auch diese, objektiv innerhalb der eigenen Jugend zu beurteilen. Es sind so wichtige Jahre, für jede Generation auf besondere und ganz bestimmte Art, daß es sicher sehr verschiedene Möglichkeiten gibt, innerhalb der Formen der Kunstentwicklung einen Weg zum Stück, zur Rolle, zur Zeit, zu den Mitmenschen auch im Zuschauerraum, zum Beruf zu finden.

Die Zeit im Reinhardtseminar, die ich miterlebt habe, mag sich insofern von anderen Jahren unterscheiden, wie auch die folgenden Jahre am Burgtheater, als es innerhalb der Stadt einen außergewöhnlichen Kontakt zwischen Schauspieler und Publikum gab, vielleicht entstanden aus einer gemeinsamen Vergangenheits- und Gegenwartsbewältigung heraus. Es kann nicht nur der Nachholbedarf an Stücken gewesen sein, die gemeinsamen vielen Fragenkomplexe des täglichen Lebens allein, die diese Kommunikation stattfinden ließen. Unvorbereitet hätte ich diese Phase meines Lebens sicher nicht so genau und bewußt erlebt.

Insofern ist das Reinhardtseminar für mich mehr gewesen, als nur eine Ausbildung für den Beruf, der Name Reinhardt stand für eine Lebenshaltung, obwohl dieser Name aus dem öffentlichen Vokabular gestrichen war, oder gerade, weil er dies war. Für junge Menschen heute, mit völlig anderen und neuen Problemen, mag der Realitätsbezug zu einer ihr fremden Zeit wenig effektiv erscheinen, jemand hat eine Geschichte erzählt. Eines läßt sich konkret vielleicht doch sagen, es ist sehr wichtig, heute mehr denn je, in einer so hoch technisierten Zeit, das Bühnenhandwerk voll zu erlernen, es ist aber genau so wichtig zu wissen, daß andere Lebensbereiche und Berufsbedingungen die gleiche Intensität erwarten und unwichtig, was man letztendlich dann tut. Ein Name, den es eine Zeitlang nicht gab, mit seinem dahinter geschriebenen Schicksal und Willen, ist imstande gewesen, aus seiner Einsamkeit noch Kraft und Mut zu transportieren über den Schauspielerberuf hinaus. Zu vergessen ist das nicht.

Ich geh' ins Seminar, heute wahrscheinlich, ich fahr' ins Seminar — und der Park wird gepflegt sein, dafür umklammert von großen Ausfahrtstraßen mit ihrem Lärm. Die Zeichen der Zeit sind wieder sehr nah an das Haus gezogen. Welche Gedanken mögen wohl heute zu seinem Gründer führen, dessen Namen es wieder trägt?

Während des Zweiten Weltkrieges wurde in den Räumen des Palais Cumberland die Ausstellung „Wiener Schauspielschule" gezeigt. Im Führer durch diese Exposition kam, wie zu erwarten stand, der Name Reinhardt nicht vor.

Es schien alles so einfach zu sein . . .

„Lehrerin", sagte der Vater, „Lehrerin solltest du werden. Das ist doch ein wunderschöner Beruf!"

„Ich will aber Tänzerin werden", sagte die Tochter.

Kompromiß: Aglaja Schmidt wurde Schauspielerin. Nicht auf den ersten Anhieb, denn da hatte die hohe Kommission der „Schauspielschule des Burgtheaters" etliches dagegen. Die knapp Fünfzehnjährige fiel (mit Bomben und Granaten, das paßt nicht in jene Zeit, als diese wirklich fielen) — plumps — durch.

„Dabei hatte ich gedacht, die werden auf dem Bauch liegen, wenn ich erscheine.“ Also dachte eine, die nie vorher im Theater gewesen geschweige denn auf einer Bühne gestanden war: „Ich hatte so gar keine Ahnung.“ Stand dem Kind auch zu.

Das Gretchen, das im Alter des Gretchens stand, war eben noch kein Gretchen. Später, um manches später, sollte man sie dafür lieben, als sie es in Salzburg spielte.

Mit der Mutter sucht sie die Schauspielschule Otto auf: mal sehen, ob das Kind wirklich nicht begabt ist! Die Kleine wird sofort genommen, als begabt eingestuft.

Adieu, Gymnasium.

Und als sie beim nächsten Termin wieder im Schloßtheater erscheint, abermals vorspricht, ist man ganz anderer Meinung als ein Jahr vorher . . .

Aglajas wichtigster Lehrer zu jener Zeit: Elena Polewitzkaja: „Die war enorm!“ Eine Dankbarkeit, die bis heute angehalten hat. „Sie hat mich wesentlich geprägt.“ Von ihr hat sie Disziplin gelernt, ohne die man in diesem Beruf nicht einmal Komparse werden kann.

Ein Beispiel: Bombenangriff im Jahr des totalen Kriegs. Schwerverletzte auch im Seminarbereich. Schreie, Schreie, die man lange noch im Ohr hat.

Am nächsten Tag Arbeit auf der Probebühne des Schloßtheaters, als wäre nichts gewesen. Die Fünfzehnjährige ist total durcheinander.

„Was hast du denn?“ fragt die Polewitzkaja.

„Der Bombenangriff, gestern . . . so aufregend . . . “

„Ist dir was passiert?“

„Nein.“

„Ist jemand von deinen Angehörigen verletzt?“

„Nein.“

„Also, dann los, an die Arbeit!“

War man zwei Jahre lang Seminarist, nur um mit dem Abschlußzeugnis in der Hand zum Arbeitsdienst zu gehen?

Schade um den Vertrag, den man schon in der Tasche hatte. In Linz — da hätte man sein müssen.

Der Krieg ist überstanden. Aglaja Schmidt besucht in der Josefstadt ihren Lehrer Alfred Neugebauer, sitzt in seiner Garderobe.

„Ich stelle dich dem Direktor vor!“

Der Direktor des Hauses heißt Rudolf Steinböck, und er sucht gerade (Zufall, aber man ahnt es nicht) für „Die Convays und ihre Zeit“ ein junges Mädchen, für die Rolle der Carol.

„Kommen Sie morgen vorsprechen“, sagt der bärtige Herr nasal.

Aglaja kommt, trifft einen Herrn auf dem Gang, sagt: „Bitte, ich möchte zum Direktor.“

Darauf er: „Ich selber bin’s!“

„Nein!“ Die Vorsprecherin bestreitet das, sagt: „Ich kenne ihn doch, er hat einen Bart.“

„Ich habe ihn gestern abrasieren lassen!“

Vorsprechen. Befreiend und zugleich aufregend: „Ich werde es mit Ihnen probieren.“

Der erste Auftritt in der Josefstadt wird zum ersten Durchbruch. Künstlerische Folgen, und private: Rudolf Steinböck und Aglaja Schmidt sagen auch privat ja.

Sie spielt in Weigels „Barrabas“, in Wilders „Kleiner Stadt“, in „Asmodèe“ als Partnerin der Wessely: „Da hat man was gelernt!“ Emphase. „Und so ging es weiter.“

Eine Elevin, deren Protagonistenfunktion überhaupt nicht in Frage gestellt wird.

Ihr Mann ist ihr (liebster) Regisseur: „Egal, ob du einen Erfolg hast oder nicht“, sagt er, „wichtig ist, daß du es richtig machst.“

Oscar Fritz Schuh holt das Ehepaar nach Berlin: Hofmannsthals „Der Schwierige“ reißt ein Weltstadtpublikum zu Begeisterungsorkanen hin. Aglaja ist als Raimund’sche Phantasie gefesselt, lernt in der „Schule der Frauen“ ebenso wie in der „Schule der Väter“: das Klassenzimmer war das Schloßparktheater Berlin, unter Lindtbergs („Lindis“) Regie.

„Das kann ich nicht“, urteilt die Selbstkritische, als sie unter Sellner die Königin im Carlos sein soll: „Ich habe noch nie einen Klassiker auf einer großen Bühne gespielt.“

„Du wirst das spielen!“

Die vielgeliebte Ehrenberlinerin kehrt heim nach Wien; der Ruf ihres Königin-Erfolgs war ihr vorausgeeilt. In dieser Rolle steigt sie in die Stapfen der einstigen Seminarkollegin und eben zur Deutschland-Emigrantin gewordenen Hilde Mikulicz. „Ende gut, alles gut“, „Maß für Maß“, unter Lindtberg: „Das war für mich ein Erlebnis.“

Salzburger Festspiele, „Faust“. Gretchen ist Aglaja Schmidt. „Während der Probenarbeit hat er bei ‚Meine Ruh’ ist hin’ alle ’rausgeschmissen. Eines Tages wurde, nach der Hauptprobe, der Zuschauerraum hell, und da sassen, in einer Reihe aufgefädelt, zehn im deutschen Sprachraum bekannte Gretchen.

Nicht nur die Rezensenten, auch die Bühnenarbeiter hatten an diesem Mädchenschicksal ihre Freude, sie aßen auf der Hinterbühne ihre Wurstsemmel, während sie draußen ihr ergreifendes Gebet „Ach neige, du Schmerzenreiche“ betete. „Gnädige Frau, heute waren Sie gut; es ist sich wieder einmal ausgegangen.“

Von der Josefstadt führte der Weg über Hamburg, München, Köln, Berlin, retour nach Wien, an die Burg, von wo aus sie ihre Abstecher an die Josefstadt macht: als Genia beispielsweise in Schnitzlers „Das weite Land“. Von der „lieben, blonden Edlen“ wandelte sie sich zur Charakterdarstellerin. Und bewies im Laufe dieser Wandlung Charakter: So lehnte sie mit dreißig ihr zu jugendlich erscheinende große Rollen ab.

Aus der unvergeßlichen Helene in Hofmannsthals „Der Schwierige“ ist eine Crescence geworden.

„Vielfache Forderungen sind an den Schauspieler gestellt, und er ist von Voraussetzungen abhängig, die mannigfach variieren können. Er wird aber zum Meister seiner Kunst, wenn er die einen wie die anderen vergessen läßt. Fülle des Lebens muß in ihm sein, und sie muß nach künstlerischen Gesetzen ihren Ausdruck gefunden haben, um als Erfüllung empfunden zu werden.“ (Erhard Buschbeck)

Burg und Pawlatschen

Burgkennern mittlerer und älterer Semester fällt zum Namen Buschbeck zunächst der Vorname Erhard ein: Professor Erhard Buschbeck war jahrzehntelang Chefdramaturg und Vizedirektor des Wiener Burgtheaters, er war, jenseits von Titel und Funktionen, in entscheidenden Augenblicken recht eigentlich „das" Burgtheater. Einer, der dieses Haus in guten und bösen Stunden innen und außen kannte; einer, der immer „da" war.

Kam da zum Vater einmal der Sohn, gerade ein vierzehnjähriges Bürschchen, tief beeindruckt von seinen ersten Theaterbesuchen, und tat seinen Willen kund: Gandolf wollte zum Theater! Vater Buschbeck mag damals alles gewesen sein, einverstanden mit den söhnlichen Wünschen war er nicht. Die Theaterbegeisterung des Filius stieg im selben Maße, in dem seine gymnasialen Erfolge zu wünschen übrigließen: und so kam es doch, daß der Fünfzehneinhalbjährige sich mittels Altersdispens in's Cumberland hievte. Es war im Studienjahr 1942/43. Leiter des Instituts war Dr. Hans Niederführ, einst Reinhardts Schönbrunner Sekretär. Die Lehrer: Fred Liewehr und Eduard Volters, Alfred Neugebauer und Vera Balser-Eberle, Herbert Kuchenbuch (der später das Wiener Nachkriegstheater der „Stefansspieler" leitete) und — Heinz Hilpert als Gastregisseur.

Während der späten Kriegszeit — Deutschland verbrauchte Männer! — kamen die Seminaristen bald nach Studienbeginn zum Spielen; sie betreuten Frontsoldaten auf Heimaturlaub; so mag mancher kriegsergraute Landser statt (vielleicht erwarteter) leichtgeschürzter, beineschwingender Ballettratten den blutigen Anfänger Gandolf Buschbeck als Hartmann von der Aue in Gerhart Hauptmanns „Der arme Heinrich" gesehen haben. Und kulturbetreute Kinder lernten ihn ‚märchenspielend' als bösen Zwerg kennen: Kraft durch Freude?

Maskuliner Massenabsenz hatte es Buschbeck auch zu danken, daß er schon nach dem ersten Seminarjahr von Heinz Hilpert, dem

Oben: Max Reinhardt und Harry Horner (rechts), Salzburg, 1932.
Unten: V. l. n. r.: Dr. Ernst Robitschek-Rohner, Fritz Klingenbeck, Hedwig Pistorius, Paul Kalbeck, Fred Liewehr, Vilma Degischer, Karl Burgstaller und Arthur Kleiner.

Oben: Walter von Hoesslin (mit Hut) und Seminaristen sammeln in Wiener Theatern Dekorationen für den Seminarfundus.
Unten links: Fred Liewehr als Karl Moor in Schillers „Die Räuber" (1931).
Unten rechts: Shakespeares „Wie es euch gefällt": Schloßtheater 1932.

Oben links: Maria Becker als Wassilissa in Gorkis „Nachtasyl“ (1937).
Oben rechts: Robert Freytag als Dorfrichter Adam (1941).
Unten links: Gunter Philipp in Hebbels „Trauerspiel in Sizilien“ (1942).
Unten rechts: Gustav Manker als Polizist in Holbergs „Der Elfte Juni“.

Oben links: Annemarie Düringer (1949).
Oben rechts: Inge Konradi in Anzengrubers „Doppelselbstmord".
Unten: Peter Alexander in Voillers „Der Prozeß Mary Dugan" (1948).

Oben links: Ilse Werner (1939).
Oben rechts: Aglaja Schmidt mit 17.
Unten links: Romuald Pekny (1947).
Unten rechts: Hilde Mikulicz, die 1945 vom Seminar ans Burgtheater kam.

Oben links: Lotte Ledl und Bruno Dallansky in „Begegnung" (1951).
Oben rechts: Otto Schenk als Zettel in „Sommernachtstraum" (1951).
Unten: „Dr. Faust": Walter Schmidinger (Hans Wurst), Kurt Huemer (Titelrolle) und Sieghart Rupp (Mephisto) 1954.

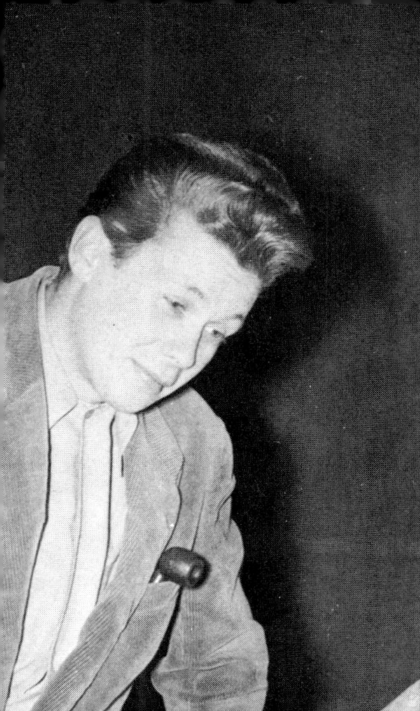

Oben links: Peter Weck in Thornton Wilders „Eine kleine Stadt“ (1953).
Oben rechts: Maria Emo und Grete Putz in „Lied der Taube“ (1954).
Unten links: Francis Tilden-Martin und Klaus Löwitsch (1954).
Unten rechts: „Kiss me Kate“, (1954): Heidelinde Weis und Silvia Fenz.

Oben links: Emil Geyer, 1938.
Oben rechts: Helene Thimig-Reinhardt.
Unten: Zdenko-Kestranek beim Sprechtechnik-Unterricht.

Direktor des Theaters in der Josefstadt, engagiert wurde. In „Sieben gegen Theben“ von Max Mell trat er in der Charge des „Waffenbruders“ erstmals auf die traditionsreichen Bretter.

Neben Josefstädter Gehversuchen ging selbstverständlich die Seminarausbildung weiter — bis in den Sommer ’44 hinein, bis der große Vorhang fiel.

„Wollt ihr den totalen Krieg?“ fragte Goebbels, hörte das geile Ja der Massen und sandte auch den Gandolf aus Wien nach dem Westen. Knapp vor Torschluß — wie Seminarkollegen Ernst Meister — erwischt es auch ihn am Bein. Wird man so, als bleibend Lädierter, je wieder theaterspielen dürfen?

Der Josefstadt neuer Chef, Rudolf Steinböck, nimmt den Heimgekehrten sofort auf, setzt ihn als Schauspieler ein — als Hansl im „Hofrat Geiger“, und gibt ihm die Chance, sich in den folgenden Jahren zu profilieren. Manche mögen sich beispielsweise noch seines George in Thornton Wilders „Eine kleine Stadt“ entsinnen.

Kleine Aufgaben, größere: Bis eines Tages ein „lächerlicher Zufall“ sein Schicksal wendet und ihn aus dem achten in den ersten Wiener Bezirk führt: ein Wechsel, der ihm — auf Grund der klaren Haltung des Vaters, der Protektionismus grundsätzlich vermied — kaum möglich gewesen wäre. Urheber des Glücks war Oskar Werner: Dieser war eines Tages zum Burg-Professor gekommen und hatte ihn in aller Form darauf aufmerksam gemacht, daß er gerne die Proben weiterhin besuchen werde, die Komödie aber keineswegs auch zu spielen gedenke: ein Angebot des Karl Hartl, der soeben den Ernst-Lothar-Stoff „Der Engel mit der Posaune“ verfilme, erschiene ihm wesentlich attraktiver, weshalb er kontraktbrüchig zu werden gedenke . . .

Realist Buschbeck senior, in begreiflicher Sorge um die unmittelbar bevorstehende Premiere, fragt seinen Josefstädter, wen wohl er von seinen Seminiarkollegen für geeignet hielte, diesen Part ad hoc zu übernehmen. Gandolf rät zu diesem und zu jenem und zu etlichen anderen — doch weder dieser noch jene entsprachen den väterlichen Vorstellungen.

„Aus Spaß habe ich dann zum Papa gesagt: jetzt kann ich mich nur mehr selber anbieten . . . "

Der Vater lächelt über diesen komischen Einfall, beschäftigt sich aber damit keine weitere Sekunde und geht zur Tagesordnung über. Bis ihn drüben, in der Burg, Ulrich Bettac fragt:

„Hast du einen gefunden? Wen hat denn der Gandi vorgeschlagen?"

„Nachdem wir alle abgelehnt haben, weiß er keinen mehr. Im Spaß hat er allerdings gemeint, er könnte sich jetzt nur mehr selber anbieten."

Ulrich Bettac: „Das ist doch die beste Idee!"

Vater Buschbeck ist vehement dagegen, Regisseur Max Paulsen sehr dafür. Man einigt sich, und: „Gandolf Buschbeck als Gast," steht vierzehn Tage später auf dem Premierenzettel.

„Aber, Papa" war der beziehungsvolle Titel des Stücks.

Josefstadtchef Rudolf Steinböck gewährt großzügig Urlaub. Stück und Schauspieler sind erfolgreich, Buschbeck verbleibt an der Burg die nächsten achtzehn Jahre.

Nach Josefstädter Konversationsstücksjahren darf er sich in Klassikern erproben! Als Schüler in Goethes „Faust" zu allererst: „Ich bin allhier erst kurze Zeit . . . " erzählt er dem Mephisto.

Dem Leiter der Österreichischen Länderbühne, eines Tourneetheaters, das seit vielen Jahren in Marktgemeinden und Städten des Landes gastiert, diesem Theaterleiter und Alt-Seminaristen Otto Ander war ein Regisseur für eine „Sommernachtstraum"-Inszenierung ausgefallen. Buschbeck übernimmt, hat Erfolg. Und da er mit Ander auch menschlich gut kann, wird aus dieser Arbeit eine längere Bindung: Mit Ander gründet er später die Wiener „Tribüne", mit Friedrich Kallina das „Kleine Theater im Konzerthaus". Selbstverständlich war er nach wie vor der Burg verbunden. Bis ein langer Karenzurlaub in einer Vertragslösung mündete: Vorbei nun die Zeit, da er unter Hilpert und Steinböck, unter Viertel und Gielen Rollen erarbeitet hatte. Vorbei die Zeit, da er — eine Festwochenattraktion — das „Pawlatschentheater" in's Leben gerufen hatte. Zum Abschied von der „Burg" war es so gekommen:

Damals las er zufällig, daß die Position eines Intendanten des Salzburger Landestheaters öffentlich ausgeschrieben war. In diesem Augenblick wußte er: da bewerbe ich mich! Eine Minute vorher wäre er überhaupt nicht auf diese Idee zu bringen gewesen.

Buschbeck wird Intendant. Und er engagiert an sein Haus eine ganze Reihe von begabten Seminaristen: die Gaby Jacoby zum Beispiel, und den Wolfram Besch („mit dem ich große Freude hatte"), Silvia Manas: „In Horvaths ‚G'schichten aus dem Wienerwald' hatte sie — mit einer winzigen Rolle — jeden Abend Abgangsapplaus!"

Nach sieben erfolgreichen Salzach-Jahren holte ihn Bundestheater-Generalsekretär Jungbluth zurück, nach Wien. Heute ist Buschbeck Vizedirektor der Wiener Volksoper.

„Deutschland hatte so lange gekämpft, wie es konnte, so wie Hitler es gewollt hatte. Es hatte dann sich bedingungslos ergeben, wie die Alliierten es gewollt hatten. Beide Seiten hatten ihren Willen." (Golo Mann).

Seminarist zwischen Welten

Gleichaltrige Freunde brachten zuwege, was sein Deutschlehrer nicht vermocht hat: „Sie rüttelten meine Liebe zur Literatur wach". Ernst Meister, dessen Volkstheaterweg Tausende, dessen Stimme aber Millionen kennen, war damals knapp vierzehn, als ihn diese Freunde in das Schloßtheater führten, zu einer Aufführung von Goethes „Urfaust"; Titelrolle: Bernhard Wicki.

„Da begann es langsam aufzukeimen in mir . . ."

Die Zeit war aber so angelegt, daß man sich kaum noch Illusionen machen durfte, vielleicht noch Ideale. Während Stalingrad unterging, saß der Ernst im Burgtheater, sah Gusti Huber und Fred Liewehr als Julia und Romeo, sah Shakespeares Komödie „Was ihr wollt" mit Alma Seidler als Lach-Marie, Aslan als Malvolio und Liewehr als Orsino. Sah Balser und Ponto, die Hatheyer und Paul Bildt.

Der Wunsch, Schauspieler zu werden, wird artikuliert, die Aufnahmsprüfung gewagt, und er ist, mit aller Liebe, deren er nur fähig ist, ein Jünger seiner Kunst und ihrer Lehrer: Wichtig sind ihm die „Stummen Szenen", die Iwan Schmith-Witwe Elena Polewitzkaja lehrt: Da entwickelt er eifrig eigene Sujets, und „so bin ich ein Liebling von ihr geworden". Diese Beziehung hat ihm außerordentlich gut getan, denn „ich war ein verunsicherter Bub, hatte überhaupt noch nichts erlebt, war irrsinnig verkrampft und steif und voll von Zweifeln, aber mit einer unerhörten Sehnsucht nach diesem Beruf. Diese Frau hat mir innere Sicherheit vermittelt, hat es verstanden, diesen Beruf von Stanislawski her mit einem besonderen Mäntelchen zu umhängen."

Meister hat dieses Berufsideal in der Praxis stets gesucht, doch nie verwirklicht gefunden. Die Wirklichkeit „war viel robuster, viel unsensibler, viel handwerklicher".

Während der Ferien 1944 hatte Meister das Glück, ein „richtiges", beinahe professionelles Angebot zu erhalten. Der Schauspieler Anton Pointner organisierte eine Tournee mit Hermann Bahrs „Konzert". Pointner, der einzige Berufsschauspieler der Gruppe, hatte sich als Heink besetzt, für alle anderen Rollen waren — kriegsbedingter Männermangel! — Seminaristen eingeteilt. Probiert wurde in der Bar des Hotel Krantz in der Wiener Kärntnerstraße.

„Ich war ausersehen, den Doktor Jura zu spielen. Doch dazu kam es nicht." Im Krantz wohnte ein Schauspieler namens Heinz Himmel. „Der sagte immer: ‚Ach, es interessiert mich so, darf ich ein bißchen zuschauen? Ich habe den Jura nämlich auch mal gespielt.' — ‚Ja, selbstverständlich. . .'"

Und eines markanten Tages, es war der 20. Juli 1944, erreichte Meister der Einberufungsbefehl: „Sie haben sich am. . . in Olmütz einzufinden". Sechzehnjähriger, mach' dich zum Sterben für Führer, Volk und Vaterland fertig . . .

Zuschauer Himmel ist der neue Doktor Jura.

Zuerst geht es in das Protektorat, und dann an die Westfront: Ardennenoffensive des Generals Rundstedt; zuletzt an die Ostfront, die damals an der Oder lag, in Frankfurt. Knapp vor dem Ende mit Schrecken: Berlin! Wenige Stunden nur vor der Eroberung der Reichshauptstadt durch die Sowjets wird er von einem Granatsplitter am Bein verwundet.

„Wir schicken dich nichts in's Lazarett," sagte der Oberleutnant, „sonst hat dich der Iwan".

Man hat bereits überlegt: „Wir gehen zu den Amis"! Von denen hat man sich mehr Menschlichkeit versprochen. Ein aus Kärnten stammender Sanitätsoffizier mit italienischem Namen verarztet ihn. Und „als ich so da lag, in der Katzbachstraße, in der Nähe von Tempelhof, und den ersten Verband bekam, stand eine junge Frau da und schlug vor, man möge mich doch in ihren Laden hineintragen, in ein Ledermöbelgeschäft".

Señora war Spanierin, hatte während des Bürgerkrieges, 1936, einen Condor-Legionär lieben gelernt und war mit ihm nach Berlin gezogen. Der Ehegespons war eben, patriotischen Pflichten nachkommend, „gegen Engeland" unterwegs.

„Ihr könnt hierbleiben", schlägt sie vor.

Ein, zwei Tage später, unmittelbar nach dem Waffenstillstand: „Nichts wie raus aus der Stadt!"

Die rührige Spanierin hatte vorgesorgt, hatte Brot organisiert und für die Männer Zivilkleidung — und eine wichtige Information erhalten: Die während der letzten Jahre nach Deutschland deportierten Fremdarbeiter sammelten sich zu einem Treck, und gemeinsam wollten sie den Amerikanern entgegenwandern. „Wir beide und die Dame beschlossen also, uns als Franzosen zu deklarieren und uns dem Haufen anzuschließen. Einige Taschentücher wurden mit

Lippenstift und Liderblau zu Trikoloren umfunktioniert, diese um den Arm gebunden: und auf ging es. Wir wären von den Franzosen sicherlich gelyncht worden," hätten die jahrelang vom Feind Geschundenen bemerkt, daß sich da Allemandes eingeschlichen hatten. Gottlob war die perfekt französisch sprechende spanische Freundin stets dann als rettender Engel eingesprungen, wenn Not am Mann war.

Nach vielen überstandenen Abenteuern im vorläufig von den US-Truppen besetzten Gebiet angekommen, werden sie sofort gefangen genommen, türmen, laufen jedoch wenig später einem G.I. in die Hände, werden auf einen Lastwagen verfrachtet und in ein „Freilager" gebracht: Unter freiem Himmel, auf schlammigem Lehmboden, ungeschützt von Regen und Wind, lagerten da über hunderttausend Menschen. Wochenlang.

Verfrachtung nach Darmstadt, Entlausung und Arbeit als Straßenkehrer, Fensterputzer, Bodenschrubber und — Jauchenfahrer: „Das war zwar ein übelriechender, sonst aber recht guter Posten, weil man da einmal täglich amerikanisches Essen bekam". So lange, bis er eines Tages nicht mehr kann, umfällt und der Arzt feststellt: wolhynisches Fieber, rasch ins Bett! Sechs Wochen lang war er aktionsunfähig. Endlich, endlich: heimfahren dürfen, und, nach vielen Fährnissen und Überwindung vieler grüner Grenzen, Heimkehr im Oktober '45.

Der erste Weg führt ihn nach Hause, und schon der zweite in das Palais Cumberland. Damals, vor einem Jahr, ja, da hatte das Seminar unerhörten Zauber gehabt. Vorbei. Als Kind war man ausgezogen, als kriegsversehrter Mann in eine veränderte Welt heimgekehrt: „Da habe ich nur mehr versucht, es so schnell wie möglich hinter mich zu bringen . . .

Neuer Leiter des Seminars war Oscar Deleglise. Der ließ den Studenten Meister einmal in seine Kanzlei rufen:

„Der Sender Rot-Weiß-Rot sucht einen Sprecher für die Wiener Lokalnachrichten und den Sport. Sie machen das!"

Meister, vorsichtig: „Nein! Ich kann das gar nicht. Ich will Schauspieler werden, nicht Nachrichtensprecher."

„Das eine hat mit dem anderen nichts zu tun."

„Sie sind zwar mein Direktor, zugegeben! Aber selbst als solcher können Sie mir nicht befehlen, was ich zu tun habe. . ."

„Gehen Sie einmal hin. Wer weiß, ob Sie überhaupt genommen werden."

Wenn man etwas überhaupt nicht will, gelingt es meistens. Schon wenige Tage später macht Meister, nach und zwischen den Unterrichtsstunden, seinen Sprecherdienst, bis zum Sommer; da hat er in Salzburg bei der Tischgesellschaft im „Jedermann" zu sein.

„Nach Salzburg gehen Sie?" fragt der Direktor des Senders, der amerikanische Kulturoffizier Ernst Haeusserman. „Melden Sie sich bei unserem Sender, vielleicht ergibt sich was . . ." Zwischen Sommer, Abschlußexamen und Salzburg liegt ein wesentliches Ereignis: sein erster Auftritt am Wiener Volkstheater. Wenige Tage vorher hatte er, in einer Aufführung des Seminars im Schönbrunner Schloßtheater, den Nuchem Goldsohn in Anton Wildgans' Trauerspiel „Armut" gespielt

Von Salzburg (wo er nicht nur viel Funk machte, sondern wo man ihn an das Landestheater einlud, was er ablehnen mußte, hatte er doch schon einen Vertrag unterschrieben) ging es geradewegs nach Linz. Der Linzer Intendant, Victor Pruscha: „Man wirft mir vor, ich spiele mit lauter Anfängern. Stimmt. In Salzburg jedoch spielen's mit lauter Aufhörern." Daß es Meister seither nach Salzburg zieht, hat weniger mit dem Theaterspielen als mit der Stadt selbst zu tun: in die hatte er sich damals Hals über Kopf verliebt.

Ein Jahr Linzer Provinz, danach retour, nach Wien; am Renaissancetheater, an der „Insel" Leon Epps spielen, und nachdem dort das Geld ausgegangen ist: in der „Courage", im Konzerthauskeller, bei Trude Pöschl. Leben kann er nicht davon: Da muß er schon recht viel beim Synchron und im Radio dazuverdienen.

1952 holt ihn das Volkstheater, für 1250 Schilling im Monat war da ein Meister zu haben: „Immerhin hat diese Gage mir den Mut gegeben, zu heiraten. Beides hält noch an: die Ehe und das Volkstheater.“

Wesentliche Begegnungen: mit den Schauspielern Ernst Deutsch, mit Rudolf Forster.

„Ein Regisseur hat mich sehr aktiviert, Karl Paryla. Das war die größte Schinderei, die ich überhaupt je erlebt habe, damals, 1972, in Hamburg, im Jungen Theater (heute: Ernst Deutsch-Theater), aber ich konnte diesen Arbeitsrhythmus mitmachen, die Proben täglich, von zehn bis siebzehn Uhr, und ab zwanzig Uhr wieder, bis Mitternacht; selbst die ständigen Textänderungen. ‚Abälard und Heloise': Diese Arbeit hat mich fasziniert. Paryla hat eine überaus wuchernde Phantasie — so stelle ich mir die Vegetation in den Tropen vor. Es war ungeheuer und großartig.“

DAS THIMIG-ZEITALTER

Walter von Hoesslin, Heinz Schulbaur und der Wiener Schauspieler Herbert Kuchenbuch – das waren die Männer der ersten Stunde. Um sie sammelten sich die Seminaristen unmittelbar nach den letzten Kampfhandlungen und der Besetzung Österreichs durch sowjetische Truppen. Knapp drei Wochen nach dem Waffenstillstand, am 22. Mai 1945, wurde die Arbeit am Reinhardtseminar wiederaufgenommen: Arbeit, das hieß erst Aufräumungstätigkeit im devastierten Palais Cumberland. Fünfunddreißig junge Menschen waren im September 1944 aufgenommen worden, dazu kamen rund dreißig „neue", ausgewählt aus 103 Kandidaten. In der Kommission dieser ersten Nachkriegs-Aufnahmsprüfung saßen: Dr. Heinz Schulbaur, der vor dem Krieg Leiter einer Meisterklasse der Akademie gewesen war; Raoul Aslan vom Burgtheater und Hans und Hermann Thimig; zur Beurteilung der Regie-Kandidaten waren die Bühnenbildner Walter Hoesslin und Otto Niedermoser anwesend.

„Unter Wahrung strengster Disziplin wäre es mein Bestreben, das Seminar von dem Begriff ‚Schule' im akademischen Sinn abzurücken und eine Gemeinschaft musischer Menschen entstehen zu lassen, deren Individualitäten nicht durch althergebrachte Doktrinen geknebelt werden, sondern die durch Auflockerungen von Hemmungen zu befreien und dabei menschlich und künstlerisch sorgsam zu betreuen wären . . . ", sprach Hans Thimig in seiner Eröffnungsrede am 27. Oktober 1945. Zu Thimigs Entlastung, der ja auch ein vielbeschäftiger Schauspieler war, wurde ihm der kommissarische Direktor des Stadttheaters Baden bei Wien, Oscar Deleglise, beigegeben. Und dieser übernahm im Herbst 1946 die alleinige Seminarleitung.

Nach seinem ersten Direktionsjahr konnte Deleglise folgenden Rechenschaftsbericht geben:

Seit Beginn des Studienjahres 1945/46 führt das Schauspiel- und Regieseminar Schönbrunn wieder den Titel Max-Reinhardt-Seminar.

Der Wiederaufnahme des Unterrichtes standen große Schwierigkeiten entgegen, die ihre Ursache in der allgemeinen Lage hatten.

Im Zuge der Errichtung des Hauptquartiers der Britischen Militärregierung im Schloß Schönbrunn im Juli, war die Beschlagnahme des Schönbrunner Schloßtheaters unvermeidbar geworden. Dieser folgte am 27. September die Beschlagnahme des ersten Stockes des Palais Cumberland. Beide Verfügungen stellten den Schultheaterbetrieb und den Unterricht des Seminars in Frage. Überdies mußten die Unterrichtsräume des Seminars im Palais Cumberland infolge der Kriegsereignisse instandgesetzt und sämtliche Einrichtungen des Schultheaterbetriebes wieder hergestellt werden.

Am 15. Oktober wurde das Reinhardtseminar wieder eröffnet. Am 10. Dezember konnte Direktor Deleglise, dank des Entgegenkommens der Britischen Militärregierung, mit Welfare Service ein Abkommen über die gemeinsame Benützung des Schönbrunner Schloßtheaters unterfertigen.

Im Studienjahr 1945/46 waren im Reinhardt-Seminar zunächst in einem Jahrgang insgesamt 75 Studierende inskribiert, davon 68 als ordentliche und 7 als außerordentliche Hörer.

Im Laufe des Studienjahres schieden durch Kontrollprüfungen 44 Studierende aus. Die Reifeprüfung legten 12 Absolventen ab.

Folgende Engagements wurden abgeschlossen:

Heliane Bei	*Volkstheater Wien*
Lydia Czerwenka	*Neues Schauspielhaus Wien*
Ilse Ehmke	*Theater „Die Insel" in der Komödie*
Walter Gnilka	*Theater in der Josefstadt – Schauspielhaus Zürich*
Herbert Hauk	*Theater „Die Insel" in der Komödie*
Ilse Hlavka	*Volkstheater Wien*
Ernst Meister	*Landestheater Linz*
Monika Peters	*Volkstheater Wien*

Herbert v. Rischanek	*Wiener Bürgertheater*
Elfriede Sklusal	*Vorarlberger Landesbühne Bregenz*
Rudolf Wessely	*Wiener Künstlertheater*
Margarete Welzl	*Die kleine Akademie Wien*

Im Jahr 1947 wurde das Palais Cumberland von der britischen Besatzungstruppe geräumt: „Auch im Studienjahre 1946/47 war die Beheizung des Schönbrunner Schloßtheaters während der Wintermonate noch nicht möglich. Nichtsdestoweniger konnte in diesem Studienjahre eine erhebliche Steigerung der öffentlichen Aufführungen des Reinhardtseminars . . . erzielt werden," hieß es im Jahresbericht.

Im Januar 1948 demissionierte Deleglise; ihm folgte kurzfristig Otto Schulbaur, so lange, bis Reinhardts Witwe, Helene Thimig, in ihre alte Heimat zurückkehrte und die legitime Nachfolge Reinhardts antrat (März 1948) Vorher noch hatte sie überlegt, eine internationale Theaterschule in Schloß Leopoldskron in Salzburg zu eröffnen.

„Laßt sie gut spielen, laßt sie schlecht spielen, ihre Begeisterung, die Kritik der Kollegen wird sie selbst reifen lassen", schrieb sie damals an den Akademiepräsidenten Hans Sittner über die Seminaristen.

Drei Jahre später wurde zur Entlastung Helene Thimigs im administrativen Bereich Hans Niederführ an das Seminar geholt, und als die Thimig (1954) die Altersgrenze erreicht hatte, übernahm Niederführ abermals die Gesamtleitung. „Ihr Erfolg als Pädagogin", schrieb Helmut Schwarz, „beruhte auf der Ausstrahlung einer beispielgebenden Persönlichkeit, einer fraulichen Sorge um die ihr anvertrauten Individualitäten, die sie jede für sich als Kostbarkeit empfand, und jener kultivierten Behutsamkeit, die als Flair einer vergangenen Welt auch die von Brutalisierung nicht verschont gebliebene Jugend des Nachkriegs merkbar ansprach. Mit ihr ging, unwiederholbar, eine große Epoche des Theaters zu Ende: die Reinhardt-Zeit."

Die ersten Jahre nach dem Zweiten Weltkrieg waren mit Talenten gesegnet: mit Pekny und Otto Schenk, mit Johanna Matz, Heinrich Schweiger, Ernst Stankovski . . . Und mit vielen, vielen anderen. Es ist nicht möglich, sie alle hier zu beschreiben. Manche jedoch müssen wenigstens erwähnt sein:

Gerhard Riedmann hat einen guten Weg beim Film gemacht; heute spielt er im Ensemble des Fritz Remond-Theaters in Frankfurt.

Wolfgang Weiser ist vielbeschäftigter Darsteller in deutschen Fernsehfilmen.

Peter Alexander ist sicherlich einer der besten Entertainer, die der deutsche Sprachraum jemals hatte. Er beherrscht sein Handwerk wie kaum ein anderer.

Herta Konrad ist freie Schauspielerin in München, Jenny Lattermann spielt am Düsseldorfer Schauspielhaus. Friedrich Grieb, Hannes Siegel, Curth A. Tichy und Heinz Winter sind Burgschauspieler.

Franz Meßner war eine große Hoffnung. Er ist allzu früh von uns gegangen.

Hedy Reichel ist Sprecherin bei Radio Vorarlberg, Hilde Rom sieht man mitunter im Fernsehen: Sie gehört seit vielen Jahren der Löwingerbühne an: Ihr Partner dort ist oft Altseminarist Erich Padalewsky.

Eine wichtige Schauspielerin ist Annemarie Düringer, der der Sprung vom Reinhardtseminar an das Burgtheater durch rasches Einspringen für die erkrankte Erika Pelikowsky in Gorkis „Jegor Bulitschow und die anderen" gelang. Sie war eine beeindruckende Marie in Anton Wildgans' „Armut" (Heinrich Schweiger war ihr Bruder Gottfried), sie beeindruckte als Inken Peters in Hauptmanns „Vor Sonnenuntergang", war Elisabeth in Schillers „Maria Stuart" und hatte mit ihrer Eileen Carmody in O'Neills „Strohhalm" großen persönlichen Erfolg. Einen ihrer letzten Erfolge hatte sie in „Goethe und die Frau von Stein".

Lorenz Stucki hat umgesattelt – wurde ein bekannter Journalist.

Walter Langer spielt am Wiener Volkstheater.

Ob er den Herrn von Ledig in Nestroys „Unverhofft" spielt oder eine Rolle in Turrinis „Alpensaga": Otto Tausig sagte einmal einem Wiener

Journalisten: „Ich bin ein Wiener Wurstel und hab' meine Freud, wenn ich die Leut' zum Lachen bring'. Das schon, aber wenn ich ihnen dabei was mit nach Hause geben kann, ist es mir noch lieber. . ." Und daß Theater für alle da sein soll, vor allem für alle Steuerzahler, hat er schon damals dokumentiert, als er sich vehement für die Bundesländertournee des Wiener Burgtheaters einsetzte. Seit Jahren erteilt er am Seminar dramatischen Unterricht. Jahrelang war er nach dem Krieg an der Scala auf der Wieden engagiert, unter dem Direktor Wolfgang Heinz, und war mit ihm in die DDR gegangen. Er spielt und inszeniert seit langem am Wiener Burgtheater.

Eva Kerbler spielte am Theater in der Josefstadt, im Burgtheater und in Zürich; und eine Zeitlang war sie auch – als Schauspielerin – nach Israel engagiert. Diese interessante und persönliche Schauspielerin war – bei den Salzburger Festspielen 1965 – die Buhlschaft des Jedermann Walter Reyer. Eva Kerbler hat auch eine besondere Begabung, Fremdsprachen zu erlernen: innerhalb nur eines einzigen Jahres erlernte sie so perfekt hebräisch, daß sie in dieser Sprache in der „Habima" die Hauptrolle in „Dibuk" spielen konnte. Eva Kerbler ist künftig wieder an der Josefstadt.

Kurt Jaggberg spielte lange an Wiener Kellertheatern, ehe er nach Deutschlang ging. Seither ist er oft im Fernsehen und im Kino zu sehen. Er wohnt in München, spielt bei den Götz-von-Berlichingen-Festspielen in Jagsthausen und hat ein eigenes Tourneetheater.

Hilde Nerber hat jahrelang und gutes Kabarett gemacht.

Lucie Neudecker kam sehr bald vom Seminar an die Josefstadt und war im Kolorit der Wiener Theaterszene immer schon eine eigene und besondere Farbe.

Maria Urban ist am Volkstheater und mit dem bekannten Kritiker Paul Blaha verheiratet, der soeben – März 1979 – Direktor des Wiener Volkstheaters geworden ist.

Bruno Dallansky ist ein sehr vielseitiger Schauspieler; er spielte viel in Wien, hat sich in letzter Zeit zunehmend nach München orientiert; dort gehört er dem Ensemble der Kammerspiele an. Dallansky leitete kurzfristig das Reinhardtseminar und ist künftig Leiter der Münchner

Falckenbergschule. Er war ein besonders eindrucksvoller Woyzzeck bei Schuh in Köln; gerne erinnern wir uns auch seines Russischen Besatzungssoldaten in Eckhardts „Rendezvous in Wien“ (Josefstadt). Und immer wieder spielt er fabelhafte Fernsehrollen.

Traute Wassler kam vom Seminar an das Volkstheater und entwickelte sich dort von der Liebhaberin zur Charakterschauspielerin.

Ingrid Burgkhard kam in den letzten Jahren in Österreich zu einiger Popularität: Sie ist in der Fernsehserie „Ein echter Wiener geht nicht unter“ Mundls Ehefrau.

Chariklia Baxevanos bezauberte das Publikum der Josefstadt, bis sie Österreich verließ: Seither spielt sie in der Berliner Komödie, in der Frankfurter Komödie, in der Komödie Hamburg und in München an der Kleinen Komödie: Eine richtige Komödiantin ist sie ja immer schon gewesen.

Otto David ist ein Erster Schauspieler in Graz, will sich aber nicht verändern und ist deshalb – leider – nur so selten an der Josefstadt zu sehen.

Hans Borsody ist in Bonn, Hamburg und Frankfurt zu Hause, Brigitte Antonius in Graz.

Günther Bauer, früher an Josefstadt und Burgtheater, lehrt am Salzburger Mozarteum, das er einmal auch leitete, Schauspiel.

Sieghard Rupp spielt im Josefstädter Ensemble und bei einem Berliner Tourneetheater: Er hat eine Reihe von Filmen und Fernsehfilmen gedreht, zum Beispiel den „Inspektor Kressin“. Er ist ein ungeheuer verwandlungsfähiger Schauspieler.

Paul Späni ist, wie sein Seminarkollege Kurt Huemer, dem Sprechtheater untreu geworden: Späni singt in Zürich, Huemer an der Wiener Volksoper.

Rudolf Buczolich ist ein Zerrissener zwischen Burgtheater, Züricher Schauspielhaus und Festspielen: Und alles, was er macht, das macht er gut.

Klaus Löwitsch hat in der erfolgreichen „Kiss me Kate“ in der Volksoper den Lucentio gespielt, ehe er zum Seminar und zum Schauspiel fand: Von der Josefstadt, wo er anfänglich gelegentlich auftrat, über Konstanz, Stuttgart und München, Hamburg (Thaliatheater) und Zürich spielte er sich quer durch das deutschsprachige Gebiet, und war in über fünfzig Fernsehspielen beschäftigt.

Eugen Stark spielt im Volkstheater und an der Josefstadt.

Frank Dietrich spielt oft im Theater der Jugend, im Wiener Volkstheater und an der Josefstadt.

Christl Erber hatte nach dem Seminar beachtlichen Filmerfolg: Sie lebt heute als freie Schauspielerin in München.

Zu einem wichtigen Schauspieler wurde im Laufe der letzten Jahre Walter Schmidinger; er war lange in Bonn und ist jetzt Mitglied des Residenztheaters München. Im Salzburger „Jedermann" war er (1978) ein köstlicher Dünner Vetter. Es wäre uns zu wünschen, daß dieser gebürtige Österreicher endlich auch in Wien zu sehen ist!

Ebenfalls am Residenztheater ist der hochbegabte Nikolaus Paryla, der, was Talent betrifft, eine ganze Menge von seinen Eltern geerbt hat.

Nikolaus Haenel hat – über Stuttgart – seine Karriere gemacht: er spielt jetzt in Berlin und fängt auch zu inszenieren an.

Österreichs Bundeskanzler Leopold Figl am 24. Dezember 1945: „Ich kann euch zu Weihnachten nichts geben. Ich kann euch für den Christbaum, wenn ihr überhaupt einen habt, keine Kerzen geben, kein Stück Brot, keine Kohle zum Heizen, kein Glas zum Einschneiden. Wir haben nichts. Ich kann euch nur bitten: glaubt an dieses Österreich".

Die schönsten (neun) Jahre seines Lebens

Seine Schulergebnisse am Gymnasium ließen zu wünschen übrig: Er dichtete viel und lernte wenig. Literatur und Theater, ja wenn nur das die Gegenstände gewesen wären! Die großen Franzosen, Racine und Moliere, die hatten es ihm angetan, und André Gide, dem der Junge in Lausanne begegnet ist, an dessen Seite er bei einer Vorstellung der „Verliese des Vatikans" sitzen durfte.

Wenn Oscar Deleglise in den Ferien aus dem fashionablen Schweizer Internat nach Hause kam, ins väterliche Schloß in der Wachau, da lebte er in gescheiter Heiterkeit: ein Haus voll von logierenden Künstlern, von Schriftstellern, Malern, Tänzern, Bildhauern: Fritz Wotruba und Clemens Holzmeister, die Tänzer Eleonor Tordis und Sascha Leontiew . . . Georg Wassermann, Sohn des großen Jakob, verbrachte hier seine Sommer harmoniumspielend. Mitunter mischte sich auch Kardinal Innitzer in die Szene, und stets da war Annie Rosar: ihr vertraute sich Schüler Oscar an: Theaterspielen, das wär es wohl, was er sich wünschte. Sie hörte sich an, was der junge Mann am Herzen hatte, und verwies ihn ans Schönbrunner Seminar.

Ein paar Privatstunden hat er vorsichtshalber schon genommen, bei Paul Kalbeck. Und noch heute hat er im Ohr, was er damals gelernt hat: Goethes „Zauberlehrling".

„Ich weiß nicht, was mit Ihnen ist", sagt Kalbeck, „doch das Auge gefällt mir. Da wird vielleicht was. Aber was Sie gezeigt haben, das war noch nichts!"

Ab 1936 ist Deleglise Seminarist und fühlt bald selber, daß all das, was er zu bieten hat, noch nicht entsprechen kann: Weder den Forderungen anderer, noch den eigenen Forderungen an sich selbst. Vielleicht steht dem gebürtigen Kanadier und daher französisch erzogenen Jungen die Sprachbarriere im Wege? Jedenfalls brauchte er unverhältnismäßig lange, ehe er sich mit sich zurechtfindet.

Zwei Jahre Lehrzeit, praktisch ohne erkennbaren Fortschritt, dann eine einjährige Pause und ein Comeback mit aufgegangenem Knopf. Nun steht er oft auf der Schloßtheaterbühne, probiert, spielt. Und bringt es innerhalb der folgenden Jahre auf über fünfzig Auftritte. Aus dem blutigen Anfänger von 1936 war der Seminarexperte von 1942 geworden, der zur Abschlußprüfung die Bühne betritt, um seine Rollen zu präsentieren, und dazu gar nicht kommt: „Den kennen wir schon", ist die einhellige Meinung der Kommission.

In Schönbrunn war er Max Reinhardt nie begegnet, jedoch im sommerlichen Salzburg: Man ist bei der Tischgesellschaft im Jedermann, ist Zuschauer bei den Faust-Proben.

Erinnerungen an Mitschüler: „Eines der große Erlebnisse war der Start der Maria Becker. Sie war einen Tag vor der Generalprobe als Orsina in Lessings ‚Emilia Galotti' für eine erkrankte Kollegin eingesprungen, und sie hat genauso gespielt, wie man heute die Becker kennt: Sie war reif, sie war fertig. Das war damals eine Sensation!" Dieses sechzehnjährige, mollige Mädchen hatte mit ihrer komödiantischen Ausstrahlung alle so fasziniert, daß eigentlich klar war: die macht ihren Weg.

Überzeugt war man auch, daß der fesche Mitschüler Hubschmid Karriere macht: Seinen ersten Film drehte er schon ein Jahr nach seiner Abschlußprüfung.

Auch ein Mitstreiter von damals: der Schneidermeister Franz Ibaschitz, der das Wissen, das er von der Reinhardt-Schule mit nach Hause genommen hat, sein Leben lang an eine Laienspielgruppe weitervermittelte.

30. März 1938: Seit vierzehn Tagen ist die „Ostmark" heimgekehrt ins Reich. In diesen letzten Märztagen ergibt sich im Schloßtheater

Außerordentliches. Unter Kalbecks Regie hatte William Shakespeares „Sommernachtstraum" Premiere, mit der Musik des nun verbotenen jüdischen Komponisten Felix Mendelssohn-Bartholdy. Eine Aufführung übrigens, die auch schauspielerisch hohe Qualität gehabt haben muß, sieht man heute den Programmzettel durch: Judith Holzmeister war Hyppolita, Paul Hubschmid der Lysander, Otto Freytag der Demetrius, Winnie Markus eine Elfe und Helli Servi — Senfsamen . . .

Nach ausgiebigen sechs Seminarjahren (niemand war dort länger Schüler) übersiedelt Deleglise südwärts: Er ist Dramaturg, Regisseur und Schauspieler an der Gaubühne Baden bei Wien. Innerhalb der drei folgenden Jahre tritt er da in zwanzig Hauptrollen auf, stellt Matinéen zusammen, managt Gastspiele des Reinhardtseminars und des Wiener Burgtheaters in die Kurstadt.

August '44: Totaler Krieg, allgemeine Theatersperre.

Im Frühjahr 1945 marschieren sowjetische Besatzungstruppen in das Land. Deleglise wird zum provisorischen Direktor des Badener Theaters ernannt; und im Herbst desselben Jahres übersiedelt der Neunundzwanzigjährige in das Palais Cumberland, übernimmt die Leitung des Reinhardtseminars.

„Erst galt es, das Chaos zu bewältigen, die ärgsten Kriegsschäden zumindest notdürftig zu beseitigen. Und es galt auch, die Behörden von der Notwendigkeit der Weiterexistenz dieses Unternehmens zu überzeugen." Denn: „Was ich vorgefunden habe, spottete jeder Beschreibung, es hat an allem gemangelt."

„Erst lud ich, um die Tradition aufrecht zu erhalten, die Lehrer von damals ein: Kalbeck, der damals im Stadttheater Bern arbeitete: Er besuchte uns auch einmal, lehnte aber ab: Er wollte nicht noch einmal von vorne anfangen. Auch die Sprechlehrerin Margit von Tolnay winkte ab. Neugebauer kam wieder, Fred Liewehr und Zdenko Kestranek, Joseph Gregor und der Rundfunkpionier Hans Nüchtern.

Hans Thimig, interimistischer Leiter in den ersten Waffenstillstandsmonaten, zieht sich zurück, Deleglise übernimmt die Alleinverantwortung. Er organisiert den Kartenverkauf, führt neue Unterrichtsgegenstände ein, beispielsweise einen Schminkkurs, und lädt berühmte Zeitgenossen zu Gastvorlesungen, etwa Carl Zuckmayer. Manche Pläne kann er verwirklichen, viele gehen nicht auf: etwa die Schaffung eines eigenen Hörfunkstudios, die Schaffung einer Filmabteilung gemeinsam mit Geza von Cziffra; und auch nicht seine Vorstellung, das Badener Theater als professionelle Übungsbühne des Seminars zu etablieren.

Drei Jahre lang leitete Deleglise das Institut.

Arbeiten bei Funk und Film folgten; heute ist er, seit über einem viertel Jahrhundert, Chef der Rundfunk- und Fernsehabteilung der US-Botschaft in Wien.

„Die Verhältnisse waren wirklich alles andere als normal. Der tägliche Kaloriensatz in den Städten hielt im Frühsommer 1946 bei etwa 1500. Die Lebensmittelpreise auf dem Schwarzen Markt waren auf das Fünfundsiebzigfache der offiziellen Preise gestiegen. Die österreichische Landwirtschaft lieferte nur noch 40 % ihrer Getreideproduktion von 1938. . ." (Hellmuth Andics)

Als Kaiser im Museum

Unmittelbar nach Ende des Zweiten Weltkriegs saß jener Mann, den wir heute als Erwin Strahl kennen, im Kommissariat Hietzing: als Kriminalbeamter hat er damals sogar einen dreifachen Mörder verhaftet. Doch dieses halbjährige Polizistendasein war von vornherein nur als Intermezzo gedacht gewesen. Zu eben jener Zeit hatte Strahl nämlich auch schon als Schauspieler, wenn auch fragwürdigen, Filmruhm: unter Alfred Lehner war er Hauptdarsteller in einem sexualpädagogischen Film gewesen.

Als er der Seminarkommission den Melchthal aus Schillers „Wilhelm Tell“ vorsprach, meldete sich aus dem Zuschauerraum Hermann Thimig:

„Sind Sie Oberösterreicher?“

„Nein, Wiener . . . “

„Ich habe mir nur zu fragen erlaubt, weil Sie so wunderbaren Dialekt sprechen.“

Der zweite Versuch, ein halbes Jahr später, gelang, wenn auch mit der Auflage, der Kandidat habe sich ein halbes Jahr später einer Kontrollprüfung zu unterziehen: ein Umstand, der Erwin Strahls Fleiß geradezu unheimlich beflügelte.

Das erste Engagement führte den Seminarabsolventen nach Klagenfurt, wo er, gemeinsam mit Kollegen Rudolf Rösner in einem ehemaligen Bordell ein winziges Zimmer bezog: „Es war eiskalt, der Raum war während des ganzen Winters ungeheizt. Mit Pelzfäustlingen und in einem Mantel mit aufgestelltem Kragen marschierten wir dort auf und ab, memorierten laut unserer Rollen. Er studierte den Zanga, ich den Kaiser Joseph . . . “ Doch man vertrug sich, und Strahl akzeptierte sogar, das Rösners Braut ebenfalls in das Zimmerchen einzog: nicht ganz uneigennützig, erhielt sie doch oft recht ausgewachsene CARE-Pakete; da ließ sich's schon miteinander leben.

Strahl war Orlofsky in der Fledermaus, er war Kaiser Josef: und weil er als solcher über eine Treppe aufzutreten hatte, das majestätische Schreiten jedoch in der Klagenfurter Theaterenge nicht einüben konnte, begab er sich an einem spielfreien Tag nach Wien, war eines frühen Morgens der erste Gast des Kunsthistorischen Museums, und schritt dort, volksverbunden nach links und rechts winkend, die Marmortreppe herab. Zwei-, dreimal herabschreiten, sich allein wähnen, und plötzlich einem kopfschüttelnden Portier gegenüberstehen.

Probe am Vormittag, Probe am Nachmittag, Vorstellung am Abend, Text studieren in der Nacht: „Es war eine der entbehrungsreichsten, härtesten, aber auch schönsten Zeiten meines Lebens.“

Vom Nachkriegs-Klagenfurt ging es in das Friedens-Luzern, in ein echtes Paradies: „Die Leute haben uns verwöhnt, wir haben gelebt wie die Götter.“ Er lebte nicht nur privat, er lebte auch auf der Bühne. Endlich konnte er sich in Klassikern austoben, war Romeo und Fiesco, spielte, mit Ernst Ginsberg als Marquis Posa, den Don Carlos, war Ferdinand in Schillers „Kabale und Liebe“.

Als er einmal jene ältere, völlig theaterunerfahrene Dame, bei der er damals logierte, in eine Vorstellung der „Braut von Messina“ einlud, in der er Don Cesar war, übte Madame auf schwyzerdütsch böse Kritik: „Lose' Sie einmal, wenn ich gewußt hätte, daß Sie so ein Böser sind, hätte ich Sie bei mir nicht einziehe' lasse' . . . “

Im Schauspielhaus Zürich arbeitet er unter Steckel mit Maria Becker, Walter Richter, Robert Freytag: Hanns Henny Jahnns „Armut, Reichtum, Mensch und Tier“ steht auf dem Theaterzettel.

Zurück nach Wien, an die Renaissancebühne, damals unter Leitung Leon Epps: in Hermann Bahrs Komödie „Krampus“ spielt er mit Ursula Schult. „Epp hat mir beim Vorsprechen einen Stückvertrag gegeben, bei der Hauptprobe einen Jahresvertrag, und bei der Premiere einen Dreijahresvertrag.“

Das aber war direktorialer Optimismus gewesen, denn bald fehlte das zum Theaterspielen nun einmal notwendige Geld . . .

Paul Barnay holt Strahl an das Wiener Volkstheater, als Don Carlos:

„Herr Direktor, wer spielt den Philipp?“ fragt Strahl

„Schauen Sie, ist ja niemand da . . . Nur ich und der Werner Krauß . . . “

„Ich wußte gar nicht, daß Sie auch Schauspieler sind!“

„No freilich! Ich habe viel gespielt, so vor zwanzig, dreißig Jahren“, meint der Direktor.

„Was war denn so ihr Fach?“

„Komiker“.

Eine Don-Carlos-Probe. Der spanische Grande Oskar Willner steht neben Egon von Jordan. Willner soll das auf einem Kissen liegende

Malteserkreuz übergeben. Doch die Szene gelingt und gelingt nicht, wird mehrmals wiederholt.

Willner: „Das blöde Kissen! Jetzt habe ich schon genug davon!"

Da wendet sich hoheitsvoll der Herr von Jordan um und fragt: „Sagen Sie, Herr Willner, waren Sie denn nie bei Hof?"

Erwin Strahl hat viel Theater gespielt, und er hat viele Filme gemacht. „So sechzig, siebzig werden es schon gewesen sein", meint er. „Südliche Nächte" war der erste, dann „Mein Herz ist meine Heimat", „Dein roter Mund verspricht mir Liebe". Und zwischendurch immer wieder Theater: Stuttgart, München, Wien . . . Besonders schöne Erinnerungen: die Münchner Inszenierung des „Doppeladler" unter der Regie Wolfgang Glücks und persönlicher Oberleitung von Jean Cocteau; und der Film „Für drei Groschen Zärtlichkeit".

In den letzten Jahren arbeitet Strahl — neben vielen Tourneen, gemeinsam mit seiner Frau Waltraud Haas — zunehmend als Regisseur. Er inszeniert in Deutschland und Österreich Boulevard-Komödien, aber auch Stücke wie Georg Kreislers „Playboy". Während dieses Kapitel geschrieben wird, setzt er in den Wiener Kammerspielen den „Hofrat Geiger" in Szene. Und wenn er dazu Zeit hat, träumt er von künftigen Aktivitäten: davon, Serien für das Fernsehen zu schreiben, und vielleicht auch einmal ein Buch . . .

„Es kann auch eine sehr starke Hand keine Schutzmauer aufbauen für ewige Zeiten um ihre anbefohlenen Schützlinge. Aber ich hoffe, solange ich hier die Aufsicht über das Ganze in Händen behalte, wird demgemäß alles in schönster Ordnung sein!" (Theodor in „Der Unbestechliche" von Hugo von Hofmannsthal)

Kortners legitimer Richard

Seit über zwei Jahrzehnten gehört er den Münchner Kammerspielen an; seit dreizehn Jahren spielt er am Wiener Burgtheater; er war ein unvergeßlicher „Unbestechlicher“ bei den Salzburger Festspielen: Romuald Pekny ist sicherlich einer, der Superlative nicht ausstehen kann, und ist zugleich einer der wenigen, der sie wahrhaft verdient.

Sein Theaterweg war durch nichts vorgegeben. Er hat sich nicht einmal selbst dazu entschlossen: Als er nach sechs Kriegsjahren und aus der Gefangenschaft knapp vor Weihnachten 1945 in seine Heimatstadt Wien zurückgekommen war — nur, um nach seiner Mutter zu sehen; gleich weiter wollte, nach Innsbruck, um sich dort irgendeine Existenz aufzubauen —, da geschah es: zwei, drei Tage hatte er nur dableiben wollen, doch da traf er eine Jugendfreundin von 1939 wieder: Große Freude.

„Morgen geht es weiter, nach Tirol“, sagt er; „nach Tirol“, das verhieß damals so etwas wie eine Weltreise.

„Nein“, sagt sie darauf und folgt einer weiblich-genialen Idee, „denn hier in der Nähe, in der Strudlhofgasse, wohnt ein Mann, der dich im Burgtheater immer tief beeindruckt hat. . .“ Ja, damals, lang war es her; fünfmal die Woche auf dem Stehplatz, hingerissen, voll Bewunderung für Künstler wie Aslan, die Maria Eis. Lange, lange war das her. Der Krieg war dazwischen gewesen, und das große Welttheater, wo Freunde neben einem gestorben waren. „Was soll ich in der Strudlhofgasse?“

„Du gehst dorthin!“ Es war beinahe ein suggestiv wirkender Befehl. „Dort wohnt Raoul Aslan.“

Was soll das, denkt er. Ja, ich bin gerne in das Theater gegangen, aber ich habe doch niemals daran gedacht, selber dort oben zu stehen.

„Du bist heil nach Hause gekommen; jetzt mache endlich das, was du tun willst! Geh’ zum Theater!“

„Lächerlich, so sieht man nicht aus, wenn man Schauspieler werden will. Ein Brillenträger mit roten Haaren. . .“

„Du *tust* das jetzt.“

Wenige Minuten später macht man sich gemeinsam auf den Weg. Dann steht der Heimkehrer, der morgen nach Innsbruck will, vor einer grüngestrichenen Türe, läutet, wird von einer böhmischen Aufräumefrau eingelassen, bittet, mit dem Herrn Kammerschauspieler sprechen zu dürfen . . . Ja, der Herr Aslan wär' gerade nicht da, sagt die; aber morgen, um sieben in der Früh, da wär' das schon zu machen. Also gut, auf morgen.

Nein, meint am nächsten Tag der Sekretär des eben im Bett seinen Nathan lernenden Aslan, eine Vorsprache wäre nicht möglich, wäre mangels pädagogischer Fähigkeiten des Herrn Kammerschauspielers auch gar nicht ratsam. Aber unweit von da, in der Sandrartgasse, da wohne der Herr Thimig, der Hans Thimig. Der wäre für solche Sorgen sicherlich der rechte Mann. Spaziergang also dorthin: ist nicht zu Hause, der Herr Thimig, erfährt man. Gut so, denkt er, ist ein Gottesurteil, soll also nicht sein: und in drei Stunden geht mein Zug.

Jetzt nur noch beim Roten Kreuz im Stadtzentrum eine Suchmeldung abgeben, weil einem die Mutter darum gebeten hat, und ab die Post. Da kommt er — weiß der Himmel, warum er diesen Umweg machte — durch die Johannesgasse, bleibt vor dem Gebäude des Konservatoriums der Stadt Wien stehen, sieht dort die Ankündigung „Schule für Sprech- und Vortragskunst. Leitung: Maria Eis“, denkt: aller guten Dinge sind drei und begibt sich in das Büro. Zwei Sekretärinnen sitzen da. Er wendet sich an die ältere: „Ich möchte Frau Eis sprechen.“ Nein, leider, denn erstens wären Weihnachtsferien, und zweitens könne man das nicht so einfach. Erledigt. Aus. Die Sache ist gelaufen. In zwei Stunden geht der Zug. . .

„Hallo, du“, eine Mädchenstimme hinter ihm, der eben den Raum verläßt, „Romuald. . .“

Er wendet sich irritiert um: „Ja, ich weiß nicht. . .“

„Kannst' dich nicht erinnern. . .?“

„Ja, doch.“ Keine Ahnung.

Dann, langsam dämmert es ihm wieder: Stimmt, man war einmal, während eines Fronturlaubes, gemeinsam im „Rosenkavalier“ gewesen, hatte miteinander gegessen. . .

„Ich schreib es dir auf: Kantgasse 3, dort wohnt die Eis.“ Und wieder dieser Mädchen-Auftrag: „Dort gehst du jetzt hin“.

Papageiengekreisch und Hundegebell im Vorzimmer. Dann wird er in ein riesiges Schlafzimmer geschoben. Die Fenster sind mit Pappe abgedichtet, Musikfetzen dringen vom Eislaufplatz in den Raum, ‚Donauwellen‘. Es ist bitter kalt. Dann geht die Türe auf, und es erscheint „diese Frau mit dem strähnigen roten Haar, in flaschengrünem Pullover und grünen Hosen, um die Schultern ein Pelzcape und am Auge ein Monokel.“

„Bitte?“ Unnachahmlich, dieses „Bitte“.

Er trägt sein Anliegen vor.

„Sprechen Sie mir vor!“

„Ich kann keine Rolle.“

„Irgend etwas werden Sie doch haben!“

Da zieht Romuald Pekny aus seiner Westentasche ein Stenographieheft heraus, in das er Gedichte eingeschrieben hat, Weinheber, Hölderlins „Friedensfeier“, Rilkes „Die Weise von Liebe und Tod des Cornetts Christoph Rilke“, liest vor. Die Eis hört aufmerksam zu, verschwindet, als er zu Ende ist, hinter einer Türe, kommt wieder, in der Hand ein Päckchen „Camel“-Zigaretten, steckt ihm eine in den Mund.

„Haben Sie schon irgendwo gelernt?“

„Nein.“

Er steigt von einem Fuß auf den anderen, hat es jetzt schon sehr eilig: In einer halben Stunde fährt der Innsbrucker Zug! Nimmt allen seinen Mut zusammen, sagt, er muß zum Bahnhof, weil. . .

„Nein, Sie bleiben hier.“

Schon wieder einer dieser Befehle eines weiblichen Wesens.

„Aber — ich habe kein Geld.“

„Macht nichts. Bringen Sie mir hin und wieder ein Päckchen Camel.“

Diese liebe, liebe weltfremde Frau: Zigaretten, das war damals am Schwarzmarkt ein auch um viel Geld nicht zu erstehendes Gut. Da ging es um Schmalz gegen Uhren, und Uhren gegen Mehl, und Mehl gegen Zigaretten. . .

„Sie hätte ebenso Gold von mir verlangen können."

Und sogleich beginnt sie, mit ihm zu arbeiten. Atemübungen. Die Atemsäule prüfen. Sprechübungen.

Von früh bis spät verbringt Pekny seine Tage in der Kantgasse. Er führt Maria Eis in das Ronacher, wo sie Grillparzers „Sappho" zu spielen hat, in den Redoutensaal, wo sie mit Hermann Thimig in Molieres „Der eingebildete Kranke" auftritt. Viele Leute sind da, es ist oft lustig und schön: Doch man will etwas arbeiten, muß an das Geldverdienen denken, kann nicht viel Zeit versäumen, ist ja schon 25! Als er nach den Weihnachtsferien seine erste Konservatoriumsstunde absolviert, weiß er: das ist es nicht, das kann es nicht sein! Er sagt es Maria Eis.

„Ich habe gewußt, daß das nichts für Sie ist. Sie müssen an das Seminar!" Und sie setzt sich hin, schreibt einen Brief an Hans Thimig. Pekny trifft ihn im Konversationszimmer des Volkstheaters.

„Ja, stimmt, ich unterrichte am Seminar. Aber ich werde dort nicht bleiben, weil ich es nicht mit meinem Gewissen vereinbaren kann; da sind rund siebzig wunderbare junge Leute. ‚Wunderbar', das bezieht sich nicht auf ihr Talent, das kennen wir noch gar nicht. Aber diese Leute haben wunderbare Arbeit geleistet, haben sich bei den Aufräumungsarbeiten abgeschuftet. Und jetzt müssen fünfunddreißig von denen raus, weil man einen Jahrgang mit siebzig Leuten nicht führen kann. Und da soll ich einen Neuen nehmen, einen, der gar nicht dabei war?" Wer denn sein Vorbild sei? Pekny hat eben beeindruckt das Buch der Helene Richter gelesen, sagt: Kainz.

„Ich mache das für die Frau Eis. Wenn aber nichts daraus wird, müssen Sie das auch begreifen."

Das Examen findet in einem Lehrsaal des Palais Cumberland statt.

„Was wollen Sie vorsprechen?"

„Den Leicester." Für einen jungen Menschen ein praktisch unspielbarer Monolog: „Ich lebe noch, ich trag' es, noch zu leben. . ."

Zwei, drei Sätze.

„Danke", und „Was haben Sie noch?"

„Den Fritz aus ‚Liebelei' von Arthur Schnitzler. . ."

„Machen Sie."

„Ich habe meine eigene Christine mitgebracht, darf ich sie hereinholen?"

„Wir haben zwar ein Dutzend Christinen, aber bitte, wenn Sie wollen. . ." Christine läuft ihm entgegen, er sagt Guten Abend: Es ist plötzlich ein Abend im Herbst, irgendwo in der Josefstadt. . .

„Danke!"

Er darf gehen, soll in drei Tagen nachfragen, ob man ihn aufgenommen habe. Er glaubt gar nicht mehr daran, will auch gar nicht nachfragen, im Cumberland. Und dann kommt die vereinbarte Stunde, da schmeißt er, einem plötzlichen Entschluß folgend, alles weg, was er eben in Händen gehabt hat, geht, läuft, rennt, steht dem Seminarleiter gegenüber, Oscar Deleglise:

„Der hat mich angelächelt, und ich habe dieses Lächeln übernommen."

„Ja, Sie haben Grund zu lächeln, sie sind der einzige, den wir außertourlich aufgenommen haben."

Von diesem Tag an bis zu jenem, als für ihn im Schloßtheater der letzte Vorhang fiel, als er dieses barocke Theater verließ, als das Schloßtor noch halb offenstand: unvergessen. Die ganze Zeit über hat er es gewußt: Das ist die schönste Zeit in meinem Leben. . ." Vielleicht, um sich das zu bewahren, hat er nie mehr den Mut gefunden, hinzugehen. . .

Die Lehrer: Fred Liewehr und Alfred Neugebauer, Vera Balser-Eberle und Joseph Gregor, Walter von Hoesslin und Otto Schulbaur: „Der war sehr verkannt und viel belächelt, aber er hat uns wunderbare Sachen gelehrt, was das Handwerk betrifft." Eine für Pekny unvergeßliche Sekunde: als ihn Schulbaur einmal zur Seite nahm und, sich umblickend, seiner Brusttasche ein vergilbtes Bild entnahm: Schulbaur in k. u. k. Uniform, neben einem Pferd stehend, irgendwo am Isonzo. „Es war, als wäre ich geadelt worden."

Er spielte in „Armut" von Anton Wildgans den Amtsvorstand; im Publikum — Paula Wessely und Richard Eybner. Spielte unter Neugebauers Leitung den Heink in Hermann Bahrs „Konzert"; den Malvolio in Shakespeares „Was ihr wollt": Die Kostüme, die man damals tragen durfte, waren aus dem Fundus des Burgtheaters. Auch der Garderober war ein altes Möbel dieses Hauses: „Das hat der Aslan getragen", sagte er, „und das der Bernhard Baumeister". Ob man ein winziges Stückchen herausschneiden dürfe? Man durfte, steckte es liebevoll auf eine Sicherheitsnadel, bewahrte es wie eine Reliquie im Schminkkasten auf. . .

Gemeinsam besuchten die Seminaristen Generalproben großer Wiener Bühnen, sahen Bassermann und Krauß, die Eis und die Wessely, „und wir wankten im Taumel des Erlebten zurück nach Schönbrunn. Nie, nie hat da einer auch nur eine abfällige Bemerkung gemacht".

Sommer 1946: erstmals nach dem Zweiten Weltkrieg Salzburger Festspiele. Ein Fest! Ein größeres noch stand zu erwarten: die Rückkehr der Helene Thimig. Vier Seminaristen wurden ausgewählt und nach Salzburg geschickt, um Reinhardts Witwe im Namen des Instituts zu begrüßen: Ernst Meister, Peter Janisch, Gerhard Riedmann und Romuald Pekny. „Wir haben damals nicht einmal zu atmen gewagt." Die vier durften auch bei der Tischgesellschaft im „Jedermann" mitwirken. Heinz Hilpert rekonstruierte das Spiel vom Sterben eines reichen Mannes nach Reinhardts Regiebuch. Nur etwas klappte nicht: im Augenblick, da der Tod die Szene betrat, war zu Reinhardts Zeiten die ganze Gesellschaft im Schatten gesessen. Nun schien die Sonne nicht mehr mitspielen zu wollen. Das erzählte man Helene Thimig. „Ist euch das nicht klar", sagt sie, „ihr habt ja hier die Sommerzeit eingeführt. . . Ihr braucht bloß den Spielbeginn um eine Stunde zu verlegen. . ."

1947 ging für Pekny — nach anderthalb Studienjahren — die Seminarzeit zu Ende. Wie sollte es weitergehen? Draußen war eben große Theaterkrise. Wohin mit uns? Da hört man: In Braunau am Inn gäbe es vielleicht eine Möglichkeit. Also machen sich der Toni Duschek und der Romuald Pekny auf den Weg: eine anderthalb-Tage-Reise.

Am frühen Morgen kamen sie in Braunau an, mieteten sich in einem Hotel ein. Sich waschen und kämmen, dann wollte man den Intendanten aufsuchen, vorsprechen, am Abend die Premiere von Max Halbes „Jugend" ansehen: Das war das Programm.

Pekny irrt sich in der Türe, steht vor einem jungen Mann, der mit angezogenen Beinen auf seinem Bett kauert und seine Rolle memoriert: Ein Kollege aus dem Seminar, Jahrgang vorher. Der blickt auf, sagt freudig-selbstverständlich: „Du kommst zu meiner Premiere?" Illusionen. Armer Kerl, nein. Drei Tage hat er nur probiert, und muß heute auf die Bühne.

Das Vorsprechen ging glatt, man würde die beiden jungen Herren nehmen.

„Wir dürfen noch keinen Vertrag unterschreiben, müssen erst im Seminar rückfragen."

„Kinder", sagt ein paar Tage später Alfred Neugebauer, „ihr dürft nicht nach Braunau. Ich war einmal in Olmütz engagiert, und selbst dort hätte ich mich aus Verzweiflung am liebsten am Häusel aufgehängt".

Das erste Engagement Peknys führte ihn also noch nicht nach Oberösterreich, es führte ihn in die Wiener Dingelstedtgasse, jenseits des Gürtels, in ein Kalasantinerkloster. Dort hatte der ehemalige Seminarlehrer Kuchenbuch ein Theater gegründet, das zu jener Zeit unter Leitung Karl Schwetters stand: die „Stephansspieler".

Ein ganzes Jahr lang verbringt er da, spielte Naderer, Claudel. . . So lange, bis in einer Generalprobe Ignatz Brandtner saß, Chef des Linzer Landestheaters; der sah sich nach einem jugendlichen Helden um. Daraus wurde ein Vertrag mit Pekny: „Die Steigbügel halte ich Ihnen", sagte er, „hineinsteigen müssen'S selber". Und dann:

„Mitbringen müssen'S: einen Smoking, einen Frack, einen Reitanzug, einen Trachtenanzug, einen weißen Anzug. . ." So ging das weiter.

Adieu, Linz, denkt Pekny, denn das kann ich mir nicht leisten.

Wenn der Augenblick kritisch wird, wir wissen es jetzt schon, dann tauchen stets in Peknys Leben die richtigen Mädchen auf; so auch in diesem: „Ich gehe mit dir zum amerikanischen Standortgeistlichen", schlägt sie vor, „zu Father Newer. . ." Der hört sich die Sorgen der jungen Leute an, greift in eine Schreibtischlade, zieht achzig Dollar heraus: „Take it, my son". Achzig Dollar, das hieß, in Kleidung ausgedrückt: ein Frack und ein Smoking und alles, alles, was er brauchte. . .

Linz dauert nur ein halbes Jahr lang: Dann erkrankt Pekny schwer und muß in ein Sanatorium. Dennoch hat er in dieser kurzen Zeit jenes Mädchen kennen- und lieben gelernt, das ihm künftig alle bis dahin wichtigen gütigen Feen ersetzte: seine Kollegin Eva Petrus, „die ich als Heilige Johanna, als Luise in ‚Kabale und Liebe', als Eliza in Shaws ‚Pygmalion', als Katharina Knie in Zuckmayers gleichnamigem Stück bewunderte, um die ich mich bewarb, und die schließlich meine Frau wurde (und bis heute blieb!) — und die Mutter unseres einzigen Sohnes." Für Vater Romuald und Sohn Thomas gibt es übrigens im Herbst 1979 ein kleines Fest: für jene Nathan-Inszenierung im Theater in der Josefstadt, in der Pekny senior als Lessings weiser Nathan agiert, schafft der Junior Bühnenbild und Kostümentwürfe.

Gesundet, agiert er ein paar Monate lang in Basel, wird bald schon nach Köln geholt; spielt dort alles, was sich ein Schauspieler nur wünschen und träumen und erhoffen kann, inklusive Hamlet. Von der ersten Stunde an ist er ein erster Schauspieler. Und er ist der erste „Unbestechliche" nach Hofmannsthals Tod, wenn ihn mit jener „Fast-Uraufführung" auch nicht nur angenehme Erinnerungen verbinden: „Wir waren unserer Sache gar nicht sicher gewesen. Doch vor der Pause war für uns alle spürbar geworden: das wird ein Triumph! In der Pause kamen alle, der Generalintendant, der Regisseur, Raimund von Hofmannsthal, der Sohn des Dichters. Alles war in

Bombenstimmung, und die reichten mir ein Glas Sekt. Ich habe es hinuntergegossen, es war das köstlichste Glas Sekt, das ich in meinem Leben getrunken habe. Dann kam die Szene, in der Melanie auf Jaromir wartet, und — über das Dach — der Theodor kommt. Ich kroch also hinein, erhielt mein Stichwort — Aus —. Keine Silbe. Ich war weit hinten, die Souffleuse ganz vorne. Ich hörte sie laut sprechen, wußte, daß das ganze Haus sie hört. Nur ich konnte sie nicht übersetzen. Ein kurzer Handel mit dem lieben Gott: Er könne doch, bitte, bitte, ein Wunder geschehen lassen! Nichts! Dann ging ich ganz vor, bis zum Souffleurkasten, ganz im Bewußtsein, daß da unten Päpste saßen, wichtige und wichtigste Leute, und habe weitergespielt." Dieser Hänger hat Pekny keinerlei Sympathien gekostet, im Gegenteil: Der Abend *wurde* zum Triumph.

Eines Tages sitzt der junge Everding, damals noch Mitarbeiter Schweikarts, im Theater. Er holt Pekny nach München: Pekny spielt Hamlet und Jago im „Othello", Pekny als Timon von Athen und — als Richard III.: Da hat das Stichwort Kortner zu fallen. Mehr noch, „Kortner und das Christkind".

„Wenn man zum Beispiel an einem Weihnachtsabend zur Stunde, da das Christkindl schon da ist, gemütlich mit der Familie beisammensitzt, und da läutet es plötzlich an der Wohnungstüre, dann ist man zumindest erstaunt, wenn nicht verärgert. Ein Bote gibt ein Päckchen ab. Ein allerspätestes, ein sehr flüchtiges Weihnachtsgeschenk, denkt man. Man macht es auf, sieht: Es ist ein Buch, ‚Mein Vater Renoir'! Schlägt es auf, und da steht, in Kortners Handschrift: ‚Meinem selbstgewählten, legitimen Richard-Nachfolger in weihnachtlichem Gedenken an Timon von Athen, an Jago. . .' — usw. Ich konnte an diesem Abend nichts mehr tun, nichts am nächsten Morgen. . ."

Seine Ruhe ist hin, er ruft Schweikart an, Everding, hört: Ja, Kortner inszeniert Shakespeares „Richard III." — Nein, nicht er, der berühmteste aller Richard-Darsteller spiele diese Rolle; Kortner selbst habe Pekny gewünscht. . .

Unendliches Glücksgefühl, und unendliche Angst.

Kortner hat mit Pekny so oft gearbeitet wie kein anderer deutschsprachiger Schauspieler, und es gab oft auch Auseinandersetzungen: stets um der Sache willen, und daher war es immer möglich gewesen, wieder zusammenzufinden.

Richard-Proben. Kortner arbeitet mit dem Ensemble schon seit Wochen. Präsidenten gehen, Päpste sterben, Richard-Proben; Regieassistenten kriegen Kinder, Kollegen heiraten, lassen sich wieder scheiden, Richard-Proben. Lange, lange Zeiten, wo man einander kennenlernt, einander auf die Nerven geht, Strecken, wo man verzweifelt ist, all die Umwege bedauert. Endlich ist der heiße Julitag da, der Tag der Premiere. Gestern, vorgestern schon hat man das ganze Stück durchlaufen lassen. Und Kortner setzt am Tag der Premiere die Generalprobe an. „Ich hielt das nicht für notwendig, nach monatelanger Arbeit, und ich kam nicht. Da ich aber nicht ein so großer Kämpfer bin, habe ich mich in den Englischen Garten gesetzt und am Kleinhesselloher See — Enten gefüttert." Peter Pasetti kommt vorbei, erschrickt maßlos. Pekny: „Ich habe es nicht für notwendig erachtet. . ."

Am Abend — Premiere. „Kortner saß an meinem Schminktisch, und ich wollte ihm schon sagen, daß. . ., aber er hat nur seine Hand auf meinen Mund gelegt, diese Patriarchenhand, blieb, bis ich meinen Höcker am Rücken hatte, führte mich bis zur Bühne. . ."

Romuald Pekny hat mit vielen großen Regisseuren zusammengearbeitet. Kortner aber ist für ihn der größte geblieben. In seinem Haus hängt ein Bild Kortners mit der Widmung: „Es gibt nichts, liebster Pekny, von Shakespeare, das Sie nicht spielen müßten. . . Und ein paarmal möchte ich noch dabei sein."

Liliput . . .

Nach dem fiktiven Land in J. Swifts „Gullivers (sämtl.) Reisen". Bestimmungswort von Zusammensetzungen mit der Bedeutung winzig, klein, Zwerg. . . (Das Große Duden-Lexikon).

Liliputaner, nackt, am Nachttopf

Das schauspielerische Talent war den „Janisch-Buam“ (Seminarjargon) von der Frau Mama vererbt worden. Bevor sie sich in einen feschen Leutnant verliebt und diesem zwei stramme Jungen geboren, hatte sie in Reichenberg und in Gablonz Erstes Fach gespielt. Weniger gleichmäßig als das Talent teilte sie die Theaterleidenschaft unter ihren Söhnen auf. Peter, der um zweieinhalb Jahre ältere, fraß schon als Frühteenager Stöße von Dramen, und ungefragt sagte er jedem, was er vor sich hatte: natürlich Schauspieler zu werden. Als er achtzehn war, steckt man ihn aber alsogleich in Uniform und schickte ihn an die Front.

Bruder Michael dachte nicht im Traum daran, Peters Träume für sich zu adaptieren: er wollte einmal Photograph sein! Der Grund: während der Ausbildungszeit an der Graphischen Lehr- und Versuchsanstalt, so war ihm von Schulkollegen mitgeteilt worden, würden ihn alljährlich drei Ferienmonate beschert sein. Wo gibt es das denn noch?

Die Mutter: „Willst nicht Schauspieler werden?

Gehen wir doch einmal zum Professor Kestranek; der wird beurteilen, ob du begabt bist.“

Michael, 16, steht vor dem berühmten Sprecherzieher, sagt zwei, drei Szenen auf.

„Talent hast du offensichtlich schon.“ Der Professor wirkt überzeugend.

„Aber“, sucht Michael eine Ausflucht, „ich hab’ mich doch noch nie damit befaßt.“

„Probier’s einmal, wenigstens bis der Krieg aus ist.“ Und, quasi als Nachsatz: „Denk an die langen Ferien am Seminar: Juli, August, September . . . “

Das war für ihn entscheidend.

Aufnahmeprüfung 1943: „Ich habe zwei Szenen vorgesprochen und bin durchgekommen.“

„Das Seminar war eine kleine Insel inmitten des Krieges", erinnert er sich an die Anfänge. „Doch keiner von uns wußte, ob er je diesen Beruf — in Anbetracht der Zeitumstände — würde ausüben können." Und wirklich, zu Beginn des zweiten Seminarjahres sah es fast so aus, als würde über die theatralische Zukunft des Siebzehnjährigen der Vorhang 'runtergehen: Einberufung zur Wehrmacht. Wenn sich da Professor Eduard Volters nicht eingesetzt, den Jungen rausgeboxt und ihm einen Job an einem Fronttheater vermittelt hätte . . . Theaterspielen vor Publikum und fast ohne Praxis: was zählen schon ein paar Kindermärchen, in denen man aufgetreten war, oder die „Armut" von Wildgans auf der Probebühne, der eine Abstecher nach Baden: würde das genug sein?

Ob es „im Beruf" helfen würde, daß man im April 1944, gemeinsam mit Annette Schleiermacher, die Jugendkunstmedaille der Stadt Wien als bester Nachwuchsschauspieler erhalten hatte, von Baldur von Schirach, dem Reichsstatthalter, persönlich überreicht? Am Wert dieses Preises zweifelte man schon damals.

Es ist genug: Mit Hermann Bahr „Konzert" zieht man durch die Lande, mit der Christl Thimig, mit Maria Kestranek; ist ein halt sehr, sehr jugendlicher Pollinger. Drei Monate lang kaum eine Chance, den Heldentod für Führer, Volk und Vaterland zu sterben. Doch dann müssen auch Kinder totalen Krieg spielen, die Rolle des einfachen Landsers, en suite. Und Michael ist froh, als er im Frühjahr '46 — Rolle: ein Heimkehrer und „Normalverbraucher" — dorthin zurückkehren darf, wohin man ihn zwei Jahre vorher nur mit Mühe und Überredung gebracht hatte: an das Seminar. Manche Kollegen von damals waren bereits im Engagement, andere lebten nicht mehr, einige waren neu da: zum Beispiel Michaels Bruder Peter, der nebenher sein bereits begonnenes Medizinstudium fortsetzte.

Peter hat, während seines Innsbrucker Schauspieler-Engagements, sein Medizinstudium zu einem guten Ende geführt, und er ist heute ein wirklich doppelt Berufener: als Arzt ist er Konsulent eines pharmazeutischen Konzerns, als Künstler — Leiter der Melker Sommerspiele und Direktor des Wiener Ateliertheaters.

Im Spätherbst 1946 kam wichtiger Besuch in das Seminar: der berühmte Walter Felsenstein, der eben im Burgtheaterexil Ronacher auf der Seilerstätte Schillers Jugendgeniestreich „Die Räuber" inszenierte. Das Corps der „kleinen" Räuber, also der Rollen mit nur ein paar Sätzen Text, soll mit begabten Seminaristen besetzt werden. Er suchte, und er fand: Heinrich Schweiger, Michael und Peter Janisch . . .

Drei Monate lang intensive Proben, und im Januar '47 Premiere; zehn, zwanzig Reprisen, da erkrankt der Darsteller des Schweizer, Curd Jürgens! „Janisch", sagt der Direktor, „Sie werden heute abend statt dem Jürgens spielen." Kritiken gibt es keine, denn wer von den Damen und Herren dieses Gewerbes kommt schon zu einer zwanzigsten Vorstellung? Janisch erhält jedoch das schönste Kompliment, das der nur für dieses eine Stück engagierte Seminarist an der Burg überhaupt bekommen kann: Direktor Raoul Aslan: „Ich engagiere Sie." — Schade, nein, nicht möglich, muß man da antworten, denn man hat bereits einen Vertrag unterschrieben.

Unter den Intendanten Bernau und van Hamme spielt Michael Janisch eine Saison in Salzburg; in gar nicht schlechter Gesellschaft, mit Beatrix von Degenschild und Kurt Heintel, mit Franz Muxeneder und Hugo Lindinger . . .

Sein Debut an der Salzach: der Oberon in Shakespeares „Sommernachtstraum"; darauf — Valentin in „Faust": in den Landestheatern haben Schauspieler keine Zeit zum Spazierengehen, da ist man in jedem Stück drin, man spielt sich frei, lernt das Instrumentarium, das man vom lieben Gott mitbekommen hat, und das am Seminar gestimmt worden war, jederzeit und stets vertretbar einzusetzen.

Selbstverständlich leistet man im August auf dem Domplatz dem Herrn Jedermann Gesellschaft, trifft in der Musikmetropole zufällig Felsenstein und freut sich, von ihm zu hören: „Ich mache im Winter ‚Macbeth' an der Burg. Ich brauche Sie für die Rolle des . . . "

Man muß nur einiges in Ordnung bringen, vorher; zum Beispiel dem Salzburger Intendanten kündigen. Schade, sagt der, aber wenn das Burgtheater ruft . . .

Es rief, man kam und meldete sich bei Burg-Seele Buschbeck: „Ach, ja", sagt der, „da gibt es nur eine kleine Schwierigkeit: der Felsenstein kommt nicht."

Um Gottes Willen, jetzt, mitten in der Saison, was soll ich tun? Das wird nicht ausgesprochen, aber Erhard Buschbeck liest es einem von den Augen ab, und er spricht schon weiter: „Was machen wir denn mit dir? Was hast denn g'spielt, draußen in Salzburg?"

Buschbeck, gebürtiger Salzburger, lauscht:

„Den Oberon, den Valentin, den . . . "

„Valentin? Da werd' ich einmal mit dem Balser reden . . . "

Programmzettel der Faust-Inszenierung im Burgexil Ronacher: Faust — Ewald Balser. Gretchen — Hilde Mikulicz. Marthe Schwerdtlein — Maria Eis. Valentin — Michael Janisch.

Burg-Mitglied Michael Janisch bewährt sich vorerst als Feuerwehr, als Einspringer für erkrankte Kollegen: als Bolingbroke in Shakespeares „Richard II." innerhalb von acht Stunden. Zweieinhalb Jahre ließ die erste „wirklich schöne Rolle" auf sich warten: doch — sie kommt; unter Viertels Anleitung und mit Johanna Matz als Partnerin spielt er den jungen Neger in Carson McCullers Komödie „Frankie und die Hochzeit". „Da räumte ich ab." Endlich.

Geschenkt wird keinem was in den Anfangsjahren. (Und später schon gar nicht). „Vormittags war Probe, oft bis zwei, drei am Nachmittag. Am Abend, beispielsweise, in der Burg ‚Jean von der Tonne', während der Vorstellung rascher Umzug, schnell hinüber, in das Akademietheater, zu Anouilhs ‚Lerche' . . . , runter von der Bühne, Umzug, zurück in's Burgtheater, ‚Jean von der Tonne' zu Ende spielen. Da hat es Zeiten gegeben, da hab' ich innerhalb von zehn Monaten über dreihundertmal gespielt."

Reminiszenz. Hermann Bahrs „Kinder", mit Inge Konradi und Werner Krauß. Janisch ist Herr Beierlein. Als dieser hat er Krauß ein Photoportrait zu zeigen, dabei zu sagen: „Natürlich waren Sie's, nur hatten Sie damals keinen Bart . . ." Damit es nicht fad wird, zeigt der Beierlein dem großen Krauß bei jeder Vorstellung eine andere Photographie, stets die Hoffnung hegend, ihn endlich zum Lachen, diesen Magier aus dem Konzept zu bringen. Es gelang und gelang nicht. Ein Zulukaffer: Krauß ist versteinert. Ein Eskimo, Speiseeis lutschend: Krauß ist den Tränen nahe. Ein nacktes Mädchen, als Winnetou hauptgeschmückt: Krauß deutet ein Kopfschütteln an. Der Requisiteur sieht sich Janischs Bemühungen eine Zeitlang an, kommt eines Tages in die Garderobe, gibt ihm ein Bildnis, meint: „Vielleicht funktioniert's mit dem?" Janisch steckt es in sein Kostüm, informiert sicherheitshalber noch Kollegin Konradi, tritt auf, sagt: „Natürlich waren Sie's", zückt das Bild und hält es Krauß vor die Nase: zu sehen war ein mit überlangen Stiefeln bekleideter, nackter Liliputaner, auf einem Nachttopf sitzend, einen Zylinder auf dem Haupt . . . Aus, aus war's: Endlich! Werner Krauß erstickt beinahe in seinem Lachkrampf. Janisch läßt sich anstecken, will abgehen, Flucht nach hinten, doch — die Türe ist verschlossen, Inge Konradi hat sie von außen verriegelt. Krauß zu Janisch: „Du mußt an die Rampe, mußt es dem Publikum zeigen!" Was sonst wäre ihm übrig geblieben? „Meine Damen und Herren", Janisch kann sich kaum beherrschen, „ich habe einen blöden Witz gemacht." Und zeigt den nachttopfbesetzenden Liliputaner dem hörbar erfreuten Publikum. Sonderapplaus. Es dauert Minuten, bis das Stück, wie programmiert, weitergespielt werden kann.

Erfolge an der Burg, Erfolge beim Film. „Gangsterpremiere," „Lockende Tiefe", „Flucht in die Tropen." Man mag ihn im Zelluloidmilieu; auch er mag es, doch wichtiger ist ihm die Burg: sie gewinnt immer, wenn es darum geht, dies *oder* jenes zu machen.

Seine Jugendleidenschaft, das Photographieren, betreibt er heute noch mit Vergnügen. Daß eines seiner Bilder zum Cover einer FotoIllustrierten wurde, freut ihn mindestens ebenso wie eine erfolgreiche Premiere.

Michael Janisch hat sich in den letzten Jahrzehnten gut in jenem Beruf zurechtgefunden und mit jenem Beruf abgefunden, den sich seine Mutter einst für ihn wünschte. Sein Leben zusammenfassend, sagt er: „Es ist ein schöner Beruf. Wir bleiben dabei."

„Ausdrücken wollen ist etwas anderes als Wirkenwollen – Dichtung darstellen etwas anderes, als sie nach dahin oder dorthin auszudeuten – Dinge in's Licht heben etwas anderes, als Stimmung schaffen wollen. Die dramaturgische Arbeit des Regisseurs bricht nicht ab, ist immanent vom ersten Lesen bis zum Premierentag." (Heinz Hilpert)

Der Medienjongleur

Eben noch Theater-Regisseur, steigt er ein paar Tage später in einen Fernsehkrimi um, inszeniert parallel zwei, drei Hörspiele und agiert zwischendurch in der einen oder anderen Rolle: Walter Davy ist ein großartiger Umsteiger, ein Medienjongleur, einer, der mit beiden Beinen im Leben und in der Kunst steht. Mit beiden Beinen, obwohl er nur eines hat. Das zweite wurde dem Fast-noch-Jungen in den letzten Kriegstagen weggeschossen.

Walter Davy, der Reinhardtseminarist von 1942/43.

Sein Theaterweg hat weit früher begonnen. Damals, als der Knirps fünf war: selber die Frucht einer Staatsopernchor-Ehe und in viel Musik hineingeboren, spielt er mit einem gleichaltrigen Freund heimgewerkte Szenen: „Das haben wir zwölf Jahre lang getan", erinnert er sich heute, „und zwar auf Kosten unserer Ausbildung. Auf Deutsch: „wir haben einen Dreck gelernt. Aber es hat die Phantasie sehr angeregt . . . "

Walters um fünf Jahre älterer Bruder bringt einmal einen Kameraden mit nach Hause, den Kapusta Ernstl. Und der Ernstl wirft sich protzig in's Zeug: „Ich bin Schüler von Burgschauspieler Hans Siebert!"

Es dauert nicht lange, schon marschiert man gemeinsam dorthin, begibt sich damit in die direkte Enkelschaft des Josef Kainz, frönt einer Kunst, die um die Jahrhundertwende zwar revolutionär, in den vierzigern aber höchst unzeitgemäß war. Sei's drum, man roch wenigstens in den Beruf hinein, so lange, bis Aktivist Kapusta vorschlug: „Versuchen wir gemeinsam die Aufnahmsprüfung an das Seminar!"

Das Seminar? Nein, an die in den Verband der Reichshochschule für Musik und darstellende Kunst eingegliederte Schauspielschule des Burgtheaters.

Der Versuch gelingt: Siebert wurde mit Liewehr und Neugebauer, mit Volters und der Balser-Eberle vertauscht.

„Die Prüfung war sehr komisch, weil ich ja nur lauter kurze Gstanzeln gelernt hatte. Den Flottwell aus dem ‚Verschwender', die Kapuzinerpredigt aus ‚Wallensteins Lager'. Die von der Kommission haben mich auch immer nur kurz sprechen lassen, weil's gesehen haben — das kann der ja in Wirklichkeit nie spielen."

Aber er hatte auch eine Szene aus „Robert und Bertram" im Tornister. Und als er diese sprach, unterbrachen sie ihn nicht mehr. Die Szene ist aus, und unten bleibt es ruhig. Man wartet. Pause. Davy weiß nicht, was er tun soll. Doch keiner erlöst ihn mit: „Danke, genug". — Zwei Minuten werden da sehr lange.

„Hab' ich halt zum Dichten angefangen, und endlich hat einer da unten plötzlich laut zu lachen angefangen: Alfred Neugebauer!"

Hatte auch leicht lachen, der routinierte Bonvivant: ist auch klar, wenn einer wie er die Rolle des Bankiers eben erfolgreich an der Josefstadt gespielt und jeden Buchstaben aus dem ff konnte.

„Wollen mal sehen, wie sich der rauswindet", mag der Gentleman gedacht haben.

Davy zittert zwar reichlich, als er da Dichtung und Wahrheit offeriert; doch, der Wahrheit die Ehre: „es hat mir auch großen Spaß gemacht. Schon deshalb, weil ich dachte, man wird hier ja nicht aufgenommen, weil man so gut auswendig lernen kann . . . "

Dank dir, du liebe, rettende Muse Thalia!

Der Walter und der Ernstl wurden aufgenommen, und beide warfen sich voller Begeisterung in das Studium. Das war im Oktober 1942. Zehn Wochen Unterricht, dann — ab, marsch, marsch, an die Front: „Dulce et decorum est, pro patria mori!"

Drei Monate Grundausbildung, sechs Monate Spezialausbildung, und, auf nach Gallien, ins Invasionsgebiet.

Braucht einen keiner daran zu erinnern daß man, auf Urlaub in Wien, ins Seminar hinauspilgert, Kollegen aufsucht: Freund Kapusta, der bald Opfer eines heimtückischen Mordes sein würde, und den Gandi Buschbeck, die Gretl Zimmer und die Agi Schmidt, den Gunter Placheta, der sich auf den Programmzetteln schon Gunther Philipp nannte, und den begeisterten Bayern Kurt Wilhelm. Mitunter war auch der Helmut Janatsch da, wenn er — salutiere, Herr Oberleutnant! — in Wien war.

1946: Viele der Kollegen, die mit einem am Seminar gewesen waren, sind irgendwo engagiert. Walter Davy, der schwerkriegsbeschädigte Heimkehrer, meldet sich als Schüler zurück. Drei Semester lang studiert er nun Regie, inszeniert im Schloßtheater „Was ihr wollt“: Mit einem gewissen Ernst Seelig als Junker Tobias, einem begabten Studiosus von damals, der später die Bühne mit der Kanzel tauschte: Seelig ist Ordenspater in einem oberösterreichischen Kloster.

Jahrgangskollege in Nachkriegshungerzeiten auch: Lorenz Stucki — in unseren Tagen prominenter Journalist in der Schweiz, damals, 1946, für manchen ein lebendiger Engel: „Er war der reiche Onkel aus Amerika, weil er Pakete aus seiner schweizer Heimat bekommen und deren Inhalt minutiös unter uns Seminaristen verteilt hat. Mit einer Gründlichkeit, die mich heute noch jedem Schweizer gegenüber fröhlich stimmt.“

Das Leben in dieser rundum grauen und armen Zeit war also — dennoch — weitergegangen. In diesen Seminartagen hatte Davy beinahe schon vergessen, daß er ein Jahr zuvor noch, sechsundvierzig Kilo schwer, in einem Lazarettzimmer gelegen war, in das man nur Sterbende zu bringen pflegte. „Die Amputationsgeschichte war ja relativ einfach“ — unterspielen, das lernt man nicht in der Schauspielschule, das lehrt einen das Leben — „ich wußte, daß ich nie wieder Schauspieler sein kann, wußte, daß ich, wenn ich überhaupt in diesen Beruf zurückkönnte, Regie machen müsse.“

Und fügt ein wenig wehmütig hinzu: „Wär sehr gern Schauspieler geblieben."

Er ist — wieder dennoch — einer geblieben; einer der auszog, um Optimismus auf fast allen Linien durch die Kunst des Vorlebens zu lehren.

„Das Seminar hatte in den Nachkriegsjahren doppelten Reiz. Es war nicht nur der Beruf, in dem wir uns nun ausbilden durften, es war jener sehr glückliche Zustand des Neubeginnens auf allen Ebenen: politisch, menschlich, philosophisch. Und dieses Gefühl hat nicht getrogen, dieses: Man darf wieder! Es ist erlaubt! Es ist möglich!"

Hoesslin wird als Lehrer geliebt; wichtig ist ihm auch Otto Niedermoser, der so ungeheuer praktisch, so wirklichkeitsbezogen unterrichtet. Von ihm erfährt man, ganz nebenbei, daß an einer Fenstermauer kein Ofen stehen kann, weil es dort keinen Kamin gibt; oder daß eine Türe nicht neben einem Fenster liegen kann . . . Gewiß, Binsenweisheiten, aber Binsenweisheiten werden erst zu solchen, wenn man durch sie klüger geworden ist.

Anno 47 inszeniert Davy im Schloßtheater Heinrich von Kleists „Amphitryon" unter der künstlerischen Oberleitung Fred Liewehrs: Einer seiner thebanischen Offiziere von damals ist heute einer der bedeutenden Architekten Österreichs: Harry Glück („Alt-Erlaa")

Dann hinaus, ins Leben (als hätte man damit nicht schon genugsam Bekanntschaft geschlossen). Erst an das „Studio der Hochschulen." Künstlerische Gesamtleitung: Dr. Friedrich „Friedl" Langer, heute hoher Beamter des Wissenschaftsministeriums und Lehrer am Seminar.

„Dibuk" war Davys erste Inszenierung „in freier Wildbahn": „Ein viel zu großer Erfolg für einen Beginner", urteilt er heute, aber verdient, denn „ich hab' dieses Stück mit aller Hingabe gemacht, mit der man es nur machen konnte."

Die Hauptrolle spielte Gerda Falk, vorher Seminarkollegin, später, wenn die sozialen Probleme überschaubar geworden sind, Davys Ehefrau. Mitgewirkt haben damals einige Schauspieler, die inzwischen ihren Weg gemacht haben: Michael Kehlmann, der bedeutende

Theater- und Fernsehregisseur („Hiob"); Herbert Fux (der inzwischen als Salzburger Gemeinderat auch in die Politik eingestiegen ist); Walter Ladengast.

„Und dann kam der Qualtinger, dünn wie ein Strich und blutjung . . . "

Qualtinger, Regisseur und Schauspieler im Studio, wurde von allen als „wesentlich" eingestuft: „Orson Welles, der Qualtinger Amerikas", sagte man bald.

Eine schöne Zeit, „doch von dem, was man da verdiente, ein Leben fristen, das war wirklich nicht möglich." Nicht als Solist, und schon gar nicht im Familien-Ensemble.

Marschierte man zu Seminarkollegen Gandolf Buschbeck; bittet ihn, beim Herrn Papa, dem Herrn Professor, ein gutes Wort für einen einzulegen: „Ich möchte Regieassistent an der Burg werden!" Vier Tage später ruft Professor Erhard Buschbeck an: „Ihre erste Assistenz machen Sie bei Müller-Einingens ‚Eugenie' . . . "

„Ich hab' nie mehr so viel gelernt wie bei dieser einen Inszenierung, im Positiven wie im Negativen."

Acht Assistenzen innerhalb einer einzigen Saison — zur Mindestgage von 260 Schilling monatlich. Ein Glücksfall: Buschbeck senior bietet Davy die Position des „Leiters der Regiekanzlei" an. Gage: 560 Schilling! Mehr als das doppelte des bisherigen Gehalts. Da mußte man einfach zugreifen! Wenn auch nur Beamter, nicht Künstler . . . egal! Endlich seine Gerda heiraten können! Das konnte man nun.

Drei Jahre lang tat er diesen Dienst, war selbstverständlich nebenher weiterhin Regieassistent, meist bei Berthold Viertel. Lernte, inszenierte: beispielsweise in Trude Pöschls und Michael Kehlmanns „Kleinem Theater im Konzerthaus", machte Syberbergs „Jossip und Joana", das es immerhin zu einer sensationellen Anzahl von 25 Aufführungen brachte . . . Damals entstand die Legende von „Davy, dem Krückenwerfer". Einer der Mitwirkenden sollte nämlich laut Regieanweisung von der Türe wegspringen, und zwar plötzlich. Man probierte, probierte — der Mann schaffte es nicht, das plötzliche Weghüpfen.

„Da nahm ich wohl eine meiner Krücken, warf sie — und der Mann war von der Türe weg.“ Und zwar plötzlich. Seither sprang er bei jeder Vorstellung, ohne daß ihm eine Krücke nachgeworfen werden mußte.

Der Rundfunksender der amerikanischen Besatzungsmacht, Rot-Weiß-Rot, holt den jungen Mann. Und vertraut ihm Sendungen an, die uns heute an gute, alte Rundfunkzeiten erinnern: die „Radiofamilie“ beispielsweise, der gemeinsam mit Peter Weiser und Jörg Mauthe produzierte „Watschenmann“ . . .

Das Burgtheater entdeckt im ehemaligen Assistenten auch den Regisseur: mit Anton Wildgans’ „Armut“ im Akademietheater begann es, im Oktober ’51: Alfred Neugebauer und Lily Stepanek, Otto Tressler und Annemarie Düringer, Viktor Braun und Wilhelm Heim, der blutjunge Heinrich Schweiger, Absolvent des Seminars, als Gottfried — das war sein Ensemble. Auch dabei gab es eine Menge zu lernen, zum Beispiel, wie großartig Schauspieler sich einem jungen Anfänger gegenüber verhalten können:

Alfred Neugebauer, Darsteller des alten Spuller, meinte einmal dem ehemaligen Schüler und nunmehrigen Regisseur gegenüber: „Ich weiß genau, was Sie wollen. Doch — ich kann das nicht, weil ich mein Leben lang anderes Theater gespielt habe. Ich will das aber probieren . . . “ — Neugebauer hat es probiert — und natürlich auch gekonnt.

„Es war faszinierend, wie jemand aufgrund einer Einstellung, eines Entschlusses, sich zu etwas bekennt, es versucht und es auch schafft, und zwar absolut!“

Zahlreiche Inszenierungen folgen. Bis 1954 ist Walter Davy eine Seele des Senders Rot-Weiß-Rot, und wendet sich dann — parallel zu seiner Theaterarbeit — in vermehrtem Ausmaß dem neuen Medium Fernsehen zu: dort bringt er es bis zum Oberregisseur; viele Seminaristen haben ihm zu danken, weil er ihnen erstmals interessante Aufgaben anvertraute.

Was er sich aber vor dreißig Jahren nicht hatte träumen lassen, ist dann doch noch eingetroffen: Walter Davy, der Komödiant. Unter

Peter Patzaks Regie spielte er in der „Kottan"-Krimi-Serie des ORF einen Kriminalbeamten. Und bewies, daß er auch als Schauspieler all das bieten kann, was wir von ihm als Regisseur schon wie selbstverständlich erwarten.

Viele Jahre hat Ernst Stankovski die Fernsehsendung „Erkennen Sie die Melodie" moderiert: Der Erfolg hatte auch seine Schattenseiten; man hat versucht, Stankovski „abzustempeln". Er mußte nun erneut beweisen, daß er auch ein Bühnenschauspieler ist . . .

Für Eindrücke immer offen sein . . .

März, 1979: Allabendlich kommt Ernst Stankovski im Theater an der Wien als einer der Hauptdarsteller im Musical „Chicago" beim Publikum blendend an. Er fühlt sich sichtlich wohl, nach langer Zeit wieder in jener Stadt zu arbeiten, in der sein Weg begonnen hat.

Man kennt ihn im deutschen Sprachraum vor allem vom Bildschirm her, man weiß, daß er klug und charmant zu plaudern versteht. Jeder kannte ihn auch, wenn er fragte: „Erkennen Sie die Melodie?" Daß er aber ein gesuchter, gekonnt singender, tanzender, schauspielender Musical-Darsteller ist, das wußten bisher nicht alle seiner Landsleute. Begonnen hat sein Weg in unmittelbarer Nähe des Palais Cumberland — im elterlichen Laden, den er, hätte er sich den väterlichen Vorstellungen gefügt, heute längst besitzen würde: Ernst, der Friseurlehrling von 1944, besäße den Barbierschuppen.

In der Straßenbahn oder beim Mittagessen im Gasthaus hatte er die ersten Begegnungen mit Seminaristen, par distance allerdings, und war sehr verliebt in manches dieser hübschen Mädchen.

Erste Eindrücke des Halbwüchsigen auch im Schloßtheater: Goldonis „Die kluge Witwe" — mit Hilde Mikulicz, Gunther Philipp, Heliane Bei und Heinz Schimmelpfennig. Er war Publikum, so oft dieses Stück aufgeführt wurde. Da wuchs seine Theaterbegeisterung, die er in sich als Mitglied der Jugendspielgruppe der Hernalser Pfarre entdeckt hatte. Daß er selbst ein paar Monate später Seminarist wurde, hat er einem Zufall zu verdanken, nämlich jenem, daß er unmittelbar nach Kriegsende einem seiner Hernalser Schauspielerfreunde in die Arme lief.

„Was machst du immer?" fragt Stankovski.

„Übermorgen zum Beispiel meine Aufnahmsprüfung an eine Schauspielschule . . . "

Man macht sie gemeinsam, irgendwo, in einer Privatwohnung, sprach Auswendiggelerntes vor. Vier Kandidaten waren angetreten, nur zwei wurden genommen: Inge Brücklmayer und Ernst Stankovski. Der theaterbesessene Freund wurde nach Hause geschickt. Nun gut, man mußte den Entschluß nur noch dem Vater beizubringen versuchen . . . Der Penzinger Figaro hatte in seiner Jugendzeit ein Schlüsselerlebnis an einem Tingeltangeltheater gehabt, hatte dort die Schauspieler frisiert und Eindrücke für das Leben mitgenommen. Wenn schon nicht Friseur, hieß es jetzt, so sollte der Junge wenigstens etwas anderes „Anständiges" lernen. Doch als Ernst eines geeigneten Abends dem Vater von seinem Vorhaben berichtet, entscheidet dieser kopfschüttelnd salomonisch: „Na ja, du kannst ja Theater spielen, am Abend; bei Tag wird gearbeitet!" Vorgreifend muß man jetzt sagen, daß Stankovski Senior ein paar Jahre später, als sich Ernsts Karriere recht gut angelassen hatte, zum großen Propagandisten seines Sohnes wurde. Jeder Kunde erfuhr da, während er wehrlos im Sessel saß und geschoren wurde, daß „der Bua" wieder einmal umjubelt worden wäre . . . Was dem „Buam" gar nicht recht war.

Frühjahr 1945, unmittelbar nach Kriegsende: Die Räume des Cumberland sehen verheerend aus, Berge von Unrat liegen überall, alles ist dreckverschmiert. Achtundsiebzig Schüler haben sich eingefunden: „Wir haben geschaufelt, wir haben gereinigt, drei Monate lang waren wir ein Räumkommando . . . "

Langsam normalisieren sich die Zustände, und als Oscar Deleglise die Leitung des Instituts übernimmt, werden die Aufnahmsprüfungen wiederholt. Nur dreißig Schüler dürfen bleiben. Darunter der rührige Gerhard Riedmann, Otto Fritz Glaser, heute ein wichtiger Mann bei BBC London; Inge Brücklmayer, von allen geliebter Seminarstar und bald am Burgtheater; und Romuald Pekny, „der war damals schon von einer unwahrscheinlichen Fertigkeit".

Als 1946 die meisten Wiener Theater aufmachten, waren von uns Seminaristen die ersten, die davon profitiert haben, Gerhard Riedmann und ich. Wir sind für kleine Rollen an die Josefstadt engagiert worden, für eine Monatsgage von hundertfünfzig Schilling."

Erfolge lassen auf sich warten. „Ich habe eine sehr schwere Anlaufzeit gehabt." Ob ihm jene Sätze zum Trost wurden, die Vera Balser-Eberle einmal, nach einer Probe im Schloßtheater, gesagt hatte? „Bevor ihr in die Theaterwirklichkeit hinausgeht, möchte ich euch einige Hinweise geben: Zunächst: nehmt die Zeit zwischen zwanzig und dreißig nicht wichtig — diese Zeit ist nur die Eintrittskarte in den Beruf. Wichtig ist, daß ihr euch in dieser Zeit haltet! Zwischen dreißig und vierzig aber entscheidet sich, ob ihr in irgendeiner Form wesentlich werdet; dann kann man, wenn man Glück hat, auch wirklich wesentlich werden. Und merkt euch noch eines: am Theater gibt es weniger Intrigen, als man glaubt. Vieles, was Intrige genannt wird, ist Mißverständnis, Schlamperei, Vergeßlichkeit oder Zufall . . . "

Vielleicht hat Stankovski damals auch den Rat der „dramatischen" Lehrerin Elisabeth Markus zu beherzigen gelernt: „Wenn ihr einmal Schwierigkeiten auf der Bühne habt, wenn ihr unsicher werdet, oder wenn ihr glaubt, ihr könnt euch nicht mehr konzentrieren, für all diese Fälle gebe ich euch jetzt einen Tip: Arschbacken zusammenkneifen, und sofort kommt ihr wieder rein . . . "

Fünf Jahre lang war Stankovski an der Josefstadt: „Es ist schon sehr wichtig gewesen, in dieser enormen Umgebung die ersten Schritte zu machen, die Wessely aus unmittelbarer Nähe zu erleben, den Edthofer, den Leopold Rudolf."

Von Wien weg holt ihn Leonhard Steckel an das Residenztheater München: „Dort lernte ich, was eine falsche und was eine echte Pause beim Sprechen ist." Weiter ging es, an das Düsseldorfer Schauspielhaus, zu Stroux; dann München, Kammerspiele; es folgt Oscar Fritz Schuh, Berlin: mit Ernst Deutsch, Helene Thimig und Lucie Mannheim spielt er „Ein Licht scheint in der Finsternis" von Tolstoi, und er spielt in Schnitzlers „Liebelei" den Fritz.

Stankovski, der gefragte Schauspieler, beginnt an dem, was er tut, zu zweifeln, stellt sich und seine Existenz als Schauspieler in Frage, und er entschließt sich im Jahre 1956, „umzusatteln", seine Zukunft im Musical zu sehen. Schon nach den ersten Schritten spürt er, was er im — und was an ihm das — Seminar verabsäumt hat: „Ich meine, daß wir damals nicht ganz richtig auf den Beruf vorbereitet wurden: man hat einfach das weitergemacht, was man vor dem Krieg begonnen hatte. Doch damals waren die Zeiten anders. Man hat viel zu wenig für das Instrument Körper getan. Ich kann nicht genug betonen: am allerwichtigsten, noch vor dem Talent, vor der geistigen Durchdringung des Theaters, steht für einen Schauspieler die Beherrschung des Körpers. Die Körperrhythmik ist das, was sich zu allererst auf das Publikum überträgt."

Der bekannte Schauspieler Stankovski wird wieder zum Schüler: die Hälfte seiner Einnahmen gibt er für Ausbildung aus, lernt Akrobatik und Steppen, nimmt Gesangsunterricht und trainiert am Trapez. „Nun erst begann ich, meinen Körper in die Hand zu kriegen. Das war für mich die Rettung. Wenn ich das damals nicht gemacht hätte, wäre ich sicherlich von der Bühne abgegangen."

Stankovski ist glücklich in's Musical umgestiegen. Und er hat richtig entschieden: es gab und es gibt viel zu wenige begabte Schauspieler, die auch das Handwerk des Singens und des Tanzens gelernt haben. Es wundert also niemanden, daß sich über Stankovski ein Regen von Angeboten ergoß.

Er agierte seither in über hundert Fernsehspielen und in zahlreichen Shows; er wurde zum erfolgreichen Moderator vieler Sendereihen, „Erkennen Sie die Melodie“ — ein Erfolg, der ihn fast überwucherte: „Am Ende hatten die Leute fast vergessen, daß ich eigentlich Schauspieler bin.“ Darum steht er jetzt wieder auf der Bühne.

„Ich glaube, ein Schauspieler hat wie selten ein anderer Mensch die Möglichkeit und die Verpflichtung, sich mit dem auseinanderzusetzen, was rund um ihn geschieht. Und nichts ist schlimmer für ihn, als wenn er bequem wird, sich abschließt, wenn er nur mehr an Vergangenes denkt.“ Sich alles ansehen, anhören, auf alles aufpassen, alles beobachten, in sich sammeln. So wie ihm einst, zu Seminarzeiten, Kollege Romuald Pekny gesagt hat: „Weißt du, ich habe hier einen kleinen Sack hängen. In diesem sammle ich alle Eindrücke. Und irgendwann einmal hole ich sie wieder heraus aus dem Sack.“

„Glück, sächlich. Die Herkunft des seit dem zwölften Jahrhundert bezeugten Wortes, das sich vom Nordwesten her allmählich im deutschen Sprachgebiet ausgebreitet hat, ist dunkel. . .“ (Duden, Etymologie)

Der Glück und der Zufall

Er brachte es auf eine Seminarlehrzeit von präzise fünf Tagen. Nicht, daß ihn seine Lehrer danach zum bühnenreifen Schauspieler, geschweige denn zum fertigen Regisseur erklärt hätten. Anderseits ist er zum vielbeschäftigten Inszenator in allen dafür in Frage kommenden Medien geworden, obwohl (weil?) ihm das passiert ist. Der schon mit dreizehn, vierzehn von seinem späteren Theaterweg Überzeugte hatte — nach seiner Matura, 1947 — drei winzige Szenen auswendig gelernt, diese der hohen Seminarkommission aufgesagt, wurde sonst nicht weiter gefragt und an das Seminar aufgenommen. Daß es Wolfgang Glück daselbst nicht lange hielt, lag an zwei Begebnissen:

Begebnis Nummer eins: der von dem (von prosa'schem Sendungsbewußtsein) Erfüllten als schockierend empfundene Dialog mit seiner Lehrerin am allerersten Tag:

„Welche Rolle wollen Sie lernen, Glück?"

„Den Leonce aus Büchners ‚Leonce und Lena'!"

„Den Leonce? Nein, mein Lieber, den werden Sie doch nie spielen. Sie sind bestenfalls ein Brackenburg . . ."

Im Klartext wurde das so verstanden: „Sie sind doch ein Kümmerer, niemals ein Liebhaber"!

Begebnis Nummer zwei: An besagtem fünften Tag wurde Wolfgang Glück an das Wiener Burgtheater engagiert: für kleine Rollen zwar, als Page in Shakespeares „Widerspenstiger" und so — immerhin . . . Wermutstropfen: Auf dem Programmzettel durfte der Nachwuchsmime nicht aufscheinen, fehlte ihm doch das verbriefte Künstlertum. Also Digest-Ausbildung im Sauseschritt bei Vera Balser-Eberle, der Burgkollegin und Seminar-Rhetorikerin; und wenig später der Gewerkschaftskommission ein paar Monologe und Szenen rezitieren, dafür den Stempel kriegen: Schauspieler.

Tennessee Williams „Glasmenagerie": ein Stück mit für damalige Zeiten völlig neuartiger Thematik; eine Piece auch, die im Januar 1949 in einer unerhört subtilen Inszenierung über die Bretter des Akademietheaters ging: Amanda war Helene Thimig, Käthe Gold gab der Laura alle Zerbrechlichkeit dieser Welt; Jim und Tom, ja: das waren Josef Meinrad und Curd Jürgens. Altmeister Viertel war Regisseur gewesen. Der junge Mann im Zuschauerraum ist über Viertels Arbeit beglückt: „Zu dem will ich gehen!"

Glück hatte sich entschieden. Nur das Objekt dieser Entscheidung wußte noch nichts von seinem Glück . . .

Wie diese kleine Hürde überwinden? Den Grand old Man einfach beim Bühnentor ansprechen: „Schon immer wollte ich . . ."? Nein. Trivial wollte man wirklich nicht sein.

Der Zufall spielt Feuerwehr: Glück erfährt, daß Bisher-Viertel-Assistent und Einst-Seminarist Walter Davy in die Regiekanzlei der Burg übersiedeln soll. Und mit aller Naivität des Anfängers schließt er messerscharf: Da wird doch eine Position vakant! Die von Viertels Assistenten! — Heute abend, denkt er weiter, ist Burg-Premiere, und morgen beginnen die Proben zu Strindbergs „Kronbraut", Regie: Viertel. „Da muß ich schon dabei sein"!

Der Amateurkriminalist eruiert: Heute abend, nach der Premiere, setzt sich das Nestroy-Burg-Ensemble zu einem Umtrunk in die Gösser-Bierklinik in der Wiener Elisabethstraße zusammen. Also, rasch gehandelt!

Nicht die Premiere, die Klinik ist sein Ziel. Punkt halb neun betritt er den noch kaum besetzten Gastraum, lugt nach dem größten Tisch, läßt sich dort einsam nieder und bestellt, weil es zu mehr nicht reicht, einen Teller Suppe. Löffelt langsam (nur lange auskommen damit!), wartet.

„Wollen der Herr nicht an einem Tischchen Platz nehmen?", fragt der Kellner, als sich das Lokal in vorgerückter Stunde zunehmend füllt.

„Nein! Danke."

Endlich, sechzig Minuten vor Mitternacht, treffen die Burgtheaterleute ein, sehen sich suchend nach einem Tisch um, wenden sich endlich an den jungen Mann an der Riesentafel:

„Ist hier noch frei?"

„Ja, selbstverständlich . . ."

Geschafft, der Hürde erster Teil, die elegante Konfrontation. Die haben ja etwas von mir gewollt, nicht ich von ihnen!

Man lernt einander kennen, spricht über dies und das, eröffnet sich endlich, geht auf's Ganze, auf die Viertel'sche „Kronbraut".

„Aussichtslos", muß er da hören. „Da sind schon mindestens fünfzig angestellt, die das auch machen wollen".

Pünktlich zu Probenbeginn findet Glück sich am nächsten Vormittag im Theater ein, meldet sich bei Reinhardtseminar-Absolventin Inge Leddhin, Viertels erster Assistentin in diesem Stück, und wird akzeptiert. Er ist in Viertels nächster Inszenierung, Shakespeares „Richard II." bereits dessen erster Assistent.

Wochen echten Lernens. Erfahren, wie sich einem die Augen öffnen. Viertel arbeitet sehr konzentriert mit seinem Schauspielerteam: Albin Skoda ist Richard, Max Paulsen York, Fred Liewehr Bolingbroke; als Isabelle brilliert Judith Holzmeister; die alte Herzogin von Gloster ist mit Burg-Allmutter Hedwig Bleibtreu besetzt, die Herzogin von York mit Maria Eis.

Die Premiere ist erfolgreich. Viertel reist ab, inszeniert an einem anderen Theater einer anderen Stadt, und Assistent Glück bleibt zurück, ist dafür verantwortlich, daß die Vorstellungsserie Premierenniveau hält.

Vierzehn Tage später begibt es sich, daß der Darsteller des Gaunt, Rudolf Forster, einer verlockenden Filmversuchung erliegt und Stück und Burg verläßt. Nein, der Zwanzigjährige soll nicht für den großen Forster einspringen, das tat schon der Raoul Aslan. Was Burg-Direktor Josef Gielen von dem jungen Anfänger aber verlangte, war auch nicht ohne: „Sie studieren diese Szene mit Herrn Aslan und Frau Bleibtreu ein!"

Wer auch nur ahnen kann, wie groß die Distance zwischen einem fast noch unbeschriebenen Blatt, einem blutigen Anfänger also, wie damals Wolfgang Glück, und den berühmten, auch von eigenen Ensemblemitgliedern verehrten Sternen Raoul Aslan und Hedwig Bleibtreu war, wird verstehen, daß da dem Beauftragten die ganze Courage in's Wackeln kam.

Wolfgang Glück zu Gielen, kleinlaut: „Das kann ich doch nicht, Herr Direktor!"

Gielen, der weiß, was er will: „Mit den Aufgaben wachsen die Kräfte. Du wirst das machen."

Verzweifelt, weil an sich zweifelnd, schleicht man zur Umbesetzungsprobe, will sich entschuldigen, daß man es wagt . . . „Du wirst das schon machen." Hat leicht reden, der Chef! Man beginnt zu arbeiten, dennoch! Und darf erkennen, daß „die beiden ganz reizend waren. Wie überhaupt große Leute immer Verständnis für die Jungen haben."

Fünf Jahre lang, bis zum Tod Viertels, bleibt er dessen Adlatus. Lehrzeit. Dann erst wendet er sich eigenständigen Inszenierungen zu, macht im Theater am Parkring „Arsenik und Spitzenhäubchen", arbeitet am Salzburger Landestheater, kehrt hoffnungsvoll nach Wien zurück, doch nichts, nichts, nichts. Nichts findet sich. Verhexte Welt, das! Fort von da, hinaus, nach Deutschland, nach München, es dort versuchen: Vielleicht ist dort das Glück dem Glück holder? „Aber draußen, da hab ich wirklich gehungert". So lange, bis er die einst von Viertel eingeleitete Bekanntschaft mit Fritz Kortner wieder aufnimmt. Endlich wieder arbeiten dürfen, als Assistent bei der „Warten auf Godot"-Inszenierung an den Münchner Kammerspielen. Mit großen Schauspielern arbeiten, mit Heinz Rühmann und Rudolf Vogel, mit Friedrich Domin und Ernst Schröder. Ein paar schöne, hoffnungsfrohe Wochen, aber dann — abermals nichts. Illusionen . . . Wie, wie nur soll es weitergehen? Zurück nach Wien, alle Möglichkeiten durchdenken, es hier und da versuchen, anklopfen, fragen, meinen, glauben, vermuten, es für möglich halten, alle nur möglichen Theater abklappern. Ergebnis: plus minus Null.

Und dann geht man eines Tages nichtsahnend auf der Straße, der Verzweiflung nahe, die Hoffnung irgendwo hinter sich vergessend, trifft seinen eigenen Vorgänger bei Viertel wieder, Walter Davy, den nunmehr vielbeschäftigten Regisseur am Sender Rot-Weiß-Rot.

„Ja, sagen Sie einmal, wie geht es Ihnen denn?"

Man schaut den Teiletablierten an: meint er es ehrlich, nicht ehrlich? Ehrlich! Dann sagt man auch selber die Wahrheit: „Schlecht", und schon das Aussprechen dieses Wortes ist befreiend, „schlecht, elendig, beschissen, dreckig"!

„Aha", sagt Davy, und man spricht nicht mehr davon.

Drei Tage später ist der unglückliche Wolfgang ein Hans im Glück: Funkregie hetzt Funkregie. Arbeit hetzt Arbeit. „Damit hat es begonnen, und ist gottlob bis heute nicht abgerissen."

Glück fährt täglich mit dem Bus in den Dienst, hinauf in die Seidengasse, zu Rot-Weiß-Rot. Schon die längste Zeit ist ihm aufgefallen: „Da, vis-a-vis von mir! Da sitzt doch immer der gleiche Herr." Das Glück und der Zufall: Eines Tages grüßt man einander, fängt ein paar Tage später ein Gespräch an.

„Glück", stellt sich der eine vor, „Wolfgang Glück".

„Rieger", sagt da der andere, „August Rieger".

Rieger, hab ich doch schon mal gehört! August Rieger, der Produktionschef der Schönbrunn-Film!

Funkregisseur sein ist schön, Riegers Assistent sein beim Film aber auch. Hier arbeiten und da. Aussichten sind das für den Fünfundzwanzigjährigen! Noch ahnt er nicht, daß er zwei Jahre später auf seine eigene Vergangenheit als Spielfilmregisseur zurückblicken wird: „Der Pfarrer von Sankt Michael" . . . Immerhin.

„Das Nachtlokal zum Silbermond" heißt seine zweite Zelluloidarbeit. „Ich brauche für die Hauptrolle ein junges, unverbrauchtes Gesicht!" Man läßt sich eine Reihe junger Schauspielerinnen vorstellen. „Da wurde mir eine Absolventin des Reinhardtseminars gezeigt, die Marlies Moitzi. Die habe ich auch genommen." Moitzi, nein, das verkauft sich beim Filmgeschäft nicht. Hat sie Wolfgang Glück halt umbenannt, in Marisa Mell.

Inzwischen hatte er Christiane Hörbiger geheiratet, eine Ehe, die nach einigen Jahren in aller Freundschaft auseinanderging.

Filmregie folgt auf Filmregie. Theaterinszenierungen zwischendurch. Mal ein Fernsehen.

Arbeit mit Seminaristen draußen im Leben, das macht Spaß. Und dann stößt man auf eine Alt-Cumberländerin, die man vom Fernsehen her kannte, auch von ihren Erfolgen an den Münchner Kammerspielen, auf Claudia Sorbas.

„Treulich geführt . . ." Frau Glück hat ihr Glück nicht nur mit dem Glück gefunden: sie fand es auch in der Sozialarbeit. Und ist glücklich damit, und mit Wolfgang.

Der Theater- und Filmregisseur Edwin Zbonek leitet seit einigen Jahren auch die Viennale: Filmfestspiele, made in Austria.

Anregungen und Aufregungen

„Da ich mich während des Krieges nicht für Herrn Hitler und seinen Krieg interessieren konnte“, erzählt der Regisseur Erwin Zbonek, „habe ich damals, für mich, das Theater erfunden.“ Mit zwölf hat er erstmals eine Vorstellung gesehen, „und seither bin ich aus dem Theater nicht mehr hinausgegangen“.

Der erste Akt dieser Geschichte spielt in Linz: Dort sitzt Edwin, der Junge, in einer Ecke der elterlichen Wohnung und frißt haufenweise Dramen in sich hinein, „so, wie andere Schundhefte gelesen haben“. Wild durcheinander, Gutes, weniger Gutes: „Hauptsache, es war in Dialogform geschrieben. Alles andere interessierte mich nicht.“

Lange brauchte er damals nicht nachzudenken, was er einmal werden wolle. Und er sagt es zu Hause: Schauspieler! Die Resonanz ist weder positiv noch negativ; vielleicht hat man damals auch andere Sorgen gehabt, als auf Bubenträume zu achten. Man quittiert es mit einem Achselzucken: „Na ja, ist ja dein Leben“, oder so . . .

Den vierzehnjährigen Zbonek kennt im Landestheater jedermann: Er ist immer da, macht sogar sowas wie ‚zweite Regieassistenz'.

Ein Jahr später wird er zum Luftwaffenhelferdienst eingezogen, und da schlägt er seinen Vorgesetzten einen „verrückten“ Tausch vor; er verzichtet nämlich auf seinen wöchentlichen Urlaubstag dafür, daß er dreimal die Woche, abends, das Landestheater besuchen darf.

Der zweite Akt, ebenfalls in Linz lokalisiert, spielt einige Monate später, im Frühjahr 1946. Die Stadt ist zweigeteilt, hüben die Sowjets, drüben die Amerikaner. Als im russischen Sektor, in einem alten Turnsaal, das neue „Volkstheater Urfahr“ aufgemacht wird, ist

Zbonek selbstverständlich ein Mann der ersten Stunde, herbeigeholt vom ersten Schauspieler der Truppe, Wolf von Hebenstreit: „Du kannst bei uns inszenieren!“

Und er inszeniert: Priestleys „Ein Inspektor kommt“, Arnolt Bronnens „Michael Kolhaas“. Wenn auch Hebenstreit als Regisseur am Programmzettel stand, die Theaterleute wußten, wer da Regie geführt hatte; zum Beispiel die Kollegen vom Landestheater, auf der anderen Donauseite: „Das kannst ja auch bei uns machen . . .“

„Ich kann nicht“, hat Zbonek überlegt, „ich muß es erst lernen“.

Er will zwar in das Regiefach, doch die Aufnahmsprüfung an das Seminar muß er auch für das Fach Schauspiel machen: „Da haben Sie mich vielleicht milder beurteilt als die andern, die später nur spielen wollten“. Zugleich legt er der Kommission ein ausgearbeitetes Regiebuch von Shakespeares „Was ihr wollt“ vor, „mit einer Unzahl von Einfällen. Damit könnte man heute zwei Saisonen füllen. Es ist eine Erkenntnis, zu der man leider erst später kommt: daß man als Regisseur zunächst lernen sollte, Einfälle zu verschweigen.“

Nach einem halben Seminarjahr übt er Selbsterkenntnis, weiß, daß er bisher keine Ahnung gehabt hatte, daß alles nur Zufall gewesen sein muß . . .

Jetzt erst lernt er es, beispielsweise an Pirandello's „Sechs Personen suchen einen Autor“, einer Inszenierung, die Leopold Rudolf begonnen hatte, der aber nur dreimal in Schönbrunn erschienen war, freundlich wunderbare bis großartige Ratschläge erteilte und dann nicht mehr gesehen ward. „Ich stand nun da, mit dem Stück, und inszenierte langsam vor mich hin, immer mit dem Anspruch auf möglichste Perfektion. Stets ging ich um eine Szene weiter, wenn die vorhergehende halbwegs so war, wie ich sie mir vorgestellt hatte. Ein halbes Jahr später, als wir in der Mitte des ersten Aktes waren, kam Kestranek und sagte: ‚Jetzt werde ich dir einmal zeigen, wie man ein Stück inszeniert.‘ Und vier Wochen später war Premiere . . .“ Damals hat er begriffen, daß der Faktor Zeit ein sehr wesentlicher am Theater ist. Und er hat gelernt, einen Plan zu machen und diesen Plan strikt einzuhalten.

Als er, im Jahr darauf, sein Regiebuch zum „Ersten Frühlingstag" vorbereitet, weiß er schon, wie es gemacht werden muß. Und probiert mit Lucy Neudecker und Otto Schenk, Johanna Matz und Lotte Ledl, Hans Christian und Beatrice Ferolli . . .

„Die Lehrer haben wir nur mehr als Kontrollinstanz eingesetzt, weil wir draufgekommen waren, daß sie in ihrer unerhörten Vielfalt eher verwirrend sind, daß man sie nur als Anreger nehmen soll. Wir hörten genau zu, was sie uns sagten, und nahmen das an, was wir auch umsetzen konnten. Das Wesentliche sagen die Schüler einander, weil sie einander viel besser und genauer kennen, als je ein Lehrer einen Schüler kennen kann. Sie pushen einander hinauf!"

Man war durch nichts abgelenkt in dieser armen Zeit, und man ließ sich durch nichts ablenken. Wichtig war einem nur, was man da gelernt und geübt und erarbeitet hat.

Das war gleichsam der dritte Akt im Leben Zboneks, jener, der den Umschwung vom Amateur zum Profi brachte. Der nächste, der vierte, leitete in die Wirklichkeit des Berufs über. „Da kam ich 'raus und wollte Filme machen, weil mich das am meisten interessiert hat . . ." Doch es hat kein Mensch, kein Produzent, gerade auf ihn gewartet. Und er ist froh, daß sich seiner der Rundfunk annimmt, und eine gute Fügung für ihn ist es auch, daß er Pfaudlers Assistent in dessen Kammerspiele-Inszenierung „Es bleibt in der Familie" sein darf. Drei Tage nach Probenbeginn erkrankt der Regisseur, und der Adlatus übernimmt seine Arbeit. Keine leichte Sache, mit g'standenen Josefstädtern zu arbeiten, als halber Junge, mit Dagny Servaes, Erik Frey und Grete Zimmer. Es wird draus kein Ritt über den Bodensee, die Schauspieler spielen mit.

Jahrelang ist Edwin Zbonek nun Hauptregisseur im Theater der Courage, bis ihn die Josefstadt zurückholt: für viele Jahre lang. „Ich habe zwei Ängste: die eine, daß ich das Publikum langweilen könnte, und die andere: daß ich mich selber langweilen könnte . . ." Als ihm droht, sich zu langweilen, weicht er Richtung Musiktheater aus, inszeniert an der Wiener Volksoper. „Es klappte nie etwas, worum ich mich bemüht habe. Die Dinge haben sich immer gleichsam aus dem Hinterhalt ergeben."

Und er kehrt auch an das Seminar zurück, erarbeitet mit Schülern Stücke, gibt Erfahrungen weiter, und glaubte doch nicht daran, daß man Schauspielschüler im üblichen Sinn unterrichten kann, „man kann nur Anregungen geben, Aufregungen schaffen; die Leute aus ihrer selbstzufriedenen ‚Ach-ich-bin-ja-so-begabt-Stimmung' reißen . ."

Im Seminar sieht man Zbonek heute nur mehr selten; mit Seminaristen aber arbeitet er oft und gerne, in seinem „Theater der Jugend", „weil es sich da um eine Gruppe handelt, mit der man etwas erreichen können muß".

„In meinem Leben waren die wichtig, die mir Vertrauen gegeben haben. Zum Beispiel Hans Nüchtern, dieser große Rundfunkmann, unter dem ich meine ersten Funkarbeiten gemacht habe. Ich bin als Assistent neben ihm gesessen, und da mir einiges nicht gefallen hat, habe ich es ihm auch gesagt. In seiner sehr knappen, etwas volkstümlichen Art hat er da gemeint: ‚Du Tepp, nächstes Jahr machst es du, und ich sitz neben dir und kritisier'! Und so war es auch."

Zbonek ist Theaterregisseur, er hat eine Reihe von Kino- und Fernsehfilmen gemacht, und all das spielt immer noch in „seinem" vierten Akt. Die weiteren mögen ihm noch allerhand Überraschungen bringen, freudige . . .

„Ich entziehe Ihnen den Schauspielerboden, auf dem Sie stehen, und gebe Ihnen den richtigen, lebensverbundenen Boden. Mit Hilfe der physischen Handlungen übertragen Sie das fremde Rollenleben in Ihr eigenes Leben, wo Sie Ihr eigener Herr sind. Sie erzählen nicht von Hamlet, den Sie nicht kennen, sondern von Ihrem Leben." (Stanislawski)

Spontanes, authentisches Theater machen

Intuitives Theater mit intuitiven Schauspielern machen und dabei nur *ein* Konzept haben: Klarheit schaffen, nichts zu verhüllen, zu verschleiern, zu verbergen: so umschreibt Herbert Wochinz seine theatralische Sendung.

In seiner Heimat Villach hat er Anfang der vierziger Jahre während der Gastspiele des Klagenfurter Landestheaters, die ersten Theatereindrücke. Er sprach darüber ebensowenig mit irgend jemandem, wie er auch niemandem informierte, als er ein paar Jahre später, nach Wien fuhr und ahnungslos die Aufnahmsprüfung an das Seminar versuchte. Nichts war es mit seinem Melchthal; blieb nur der Aha-Effekt: ‚Da hätte ich ja was einstudieren sollen'. Wenn's einem auch keiner sagt! Hast auch niemanden gefragt, lieber Herbert Wochinz.

Beim nächstmöglichen Termin klappt es. Daß man sich so sehr nach diesem desolaten Palais sehnen konnte, in dem noch viele Fensterscheiben fehlten und das durch Bombenschäden verwüstet war! Es war die Begegnung mit gleichgestimmten Faszinierten, die da wichtig wurde. Mit dem Peter Neumayer zum Beispiel, diesem begabten Jungen: nicht weil er so gut klavierspielen und dazu nett singen konnte, sondern weil einfach menschlich Verlaß auf ihn war, selbst dann noch, als er sich den Familiennamen Alexander zugelegt hatte.

„Vera Balser-Eberle hat mir das Bewußtsein für das normale Sprechen der eigenen Muttersprache mitgegeben: Ich bin heute noch ein großer Verehrer von ihr." Hat auch allen Anlaß dazu, der Kärntner, dafür dankbar zu sein; sein Weg war weit, „weil ich mit sehr vielen Fehlern ans Seminar gekommen war."

Fred Liewehr „war eines meiner wirklichen Vorbilder, weil er ein objektiver Lehrer war. Er strahlte stets Optimismus aus, man hat bei ihm viel gelernt." Gute Gedanken auch für Altmeister Schulbaur, damals bereits seit vielen Jahrzehnten Schauspiellehrer: „Da hat man einiges Exaktes gelernt: Wie man eine Türe aufmacht, sie wieder schließt." Damals haben viele darüber gelächelt, aber heute weiß ich, wenn es den Schulbaur noch gäbe, hundert Auftritte von Figuren, die falsch gehen, stehen, sitzen, Hunderte, denen eine Türe auf der Bühne immer noch ein Fremdkörper ist, sie würden's können."

Im Schloßtheater spielt er in Beaumarchais „Der tolle Tag" den Figaro: frühe Begegnung mit dem französischen Theater, das ihm bald bestimmend sein sollte.

„Wenn mich heute einer fragt, wovon ich damals gelebt habe, so muß ich sagen: ich weiß es nicht. Man schlug sich irgendwie durch diese harten Zeiten." Verhungert ist er jedenfalls nicht, denn „bei Fritz Wotruba war ich immer zum Mittagstisch, jahrelang." Der bedeutende Bildhauer hat manchem über schwere Zeiten geholfen, täglich waren zehn, zwölf weitgehend mittellose junge Leute bei ihm zu Gast. „Nach einiger Zeit, als die Verhältnisse besser wurden, haben sich alle verflüchtigt. Zurückgeblieben sind nur der Qualtinger und ich."

Im Sommer findet in Leopoldskron ein Treffen junger Schauspieler statt: „Dabei habe ich durch Zufall Marcel Marceau kennengelernt, und wir haben uns sofort angefreundet." Mit ihm und Pinkas Braun spielt er in der „Geschichte vom Soldaten", und mit Marceau zieht er im Herbst nach Paris, wird Schüler des Altmeisters der Pantomime Etienne Decru.

Wer über die Pantomime Bescheid weiß, weiß auch, was alles der Körper auszudrücken imstande ist; gute Pantomime ist wie die Lyrik in der Literatur: Man muß vom Körper und vom Geist her das, was man ausdrücken will, auf die einfachste Formel bringen. Das ist schwierig, und der schlimmste Fehler, der einem passieren kann: pantomimisch zu schwätzen, mit Händen und Füßen schwätzen, banal werden.

Auch bei anderen Meistern in die Schule gehen, Regieassistent sein bei Welturaufführungen von Stücken Ionescos, Becketts „Warten auf Godot"; ein Theater kennenlernen, das von der Struktur her klar ist, das nicht fehlgedeutet wird. Er ist Assistent bei Jean Vilar, bei Jean-Louis Barrault, er arbeitet mit Pierre Prevert, dem Bruder des großen Dichters Jacques, an der Laterna Magica; lernt das präabsurde Werk eines Feydeau kennen, eines Labiche . . . Und er begegnet in Paris Bert Brecht und dessen Ehefrau, der großen Helene Weigel.

Helene Weigel: „Sprechen Sie mir etwas vor."

Wochinz: „Ich habe nichts zum Vorsprechen".

Helene Weigel, provozierend: „Sie sind ein Lump!"

„Wie können Sie sagen, daß ich ein Lump bin . . . "

Ein Wort ergibt das andere, man erfindet eine theatralische Szene, spielt sie aus und hat letztlich der größten Mutter Courage gefallen.

„Das ist er, der Wochinz! Der hat was, ich weiß noch nicht, was er hat, aber er hat was," sagt sie zu Brecht.

Eine Zeitlang spielt Wochinz mit dem Gedanken, Schauspieler im Berliner Ensemble zu werden, weil dort jenseits aller Politik einfach großartiges Theater gemacht wird. Und entscheidet sich doch, „etwas Eigenes" zu gründen, eröffnet im Jahre 1957 in Wien sein ‚Theater am Fleischmarkt', spielt erstmals im deutschen Raum Genet und Ionesco, macht europäisches Theater der Zeit — und kommt nicht durch. Er ist um Jahre zu früh dran, bleibt unverstanden von den meisten. Geldmangel zwingt ihn, nach einem Jahr aufzugeben.

Er arbeitet als freier Regisseur, inszeniert in Düsseldorf, in Lübeck, in der Schweiz, weiß aber eigentlich nicht, wie es weitergehen soll. Bis er einmal in seiner Kärntner Heimat mit einem Freund, dem damals keineswegs noch arrivierten Dichter H. C. Artmann, beisammensitzt, man über romanische Klassiker spricht und Möglichkeiten, diese dem österreichischen Publikum nahezubringen. Da fällt erstmals das Wort vom Schloß Porcia.

Man fährt also gemeinsam nach Spittal, sucht das Schloß auf, spricht mit Verantwortlichen, plant, überlegt: doch kaum einer interessiert sich für das Projekt dieser unbekannten jungen Leute.

Aber er hat das seiner Arbeit entsprechende Ensemble zusammengefunden, intuitive Schauspieler: denn er mag jenen Typus des „modernen Darstellers" nicht, der fragt und fragt und zerredet, statt zu spielen: „Für mich ist ein Schauspieler ein intuitives Wesen; er hat den Text zu lesen wie eine Partitur, und dabei muß er schon anspringen. Wenn er auf die erste Probe kommt, muß er schon etwas anbieten. Der Regisseur hat dem Ganzen Struktur zu geben. Aber viele dieser Leute fragen: ‚Wieso macht der Harlekin das?' ‚Wer war der Vater von Harlekin?' ‚Wo hat er gewohnt?' ‚Welche Bettwäsche hat er?' ‚Und was hat er zu Hause gegessen?' Fragen, die unkünstlerisch sind: Der Schauspieler hat das zu spüren, er muß höher interpretieren können als ein Universitätsprofessor. Ich kenne Schauspieler, die im Leben einfache Menschen sind; wenn sie aber einen Text in die Hand kriegen, diesen Text interpretieren, sind sie andere Wesen, voll von Geist . . . "

Jahrelang leben die Comödienspieler in Porcia vom Idealismus der Mitwirkenden. Doch damals entwickelt sich auch der Manager Wochinz: Er sucht und er findet sein Publikum. Und als ihn auch die Wiener und die bundesdeutsche Kritik höchst positiv beurteilt, wird aus Porcia eine Institution.

Das Stadttheater Klagenfurt war damals künstlerisch wenig interessant. Im Jahre 1968 wird Wochinz auf den verwaisten Intendantenstuhl gesetzt, und es gelingt ihm innerhalb kürzester Zeit, daraus ein Schauspielhaus für das ganze Land zu machen. Neben seinen künstlerischen Aufgaben hat er sich, um eine Unzahl administrativer und organisatorischer zu kümmern, vom Dachboden bis zum Keller, von den Werkstätten bis zum Abonnementsystem. „Ich bin, wie ich das übernommen habe, hinausgefahren in die Dörfer und in die Städte und habe mir mein Publikum gesucht. Denn wenn ich ein Theater übernehme, garantiere ich, daß es auch voll ist, und zwar mit einem Publikum aus allen Schichten."

Zusammen mit Matthias Kralj, seinem Bühnen- und Kostümbildner, hat er seinen Grundsatz verwirklicht: „Jeder, der in dieses Theater kommt, muß alles sehen können, ohne daß sich das Theater auch nur für das geringste zu entschuldigen braucht."

„Diese Kunst ist eine gemeinschaftliche Kunst, eine Ensemblekunst, und nur im Ensemble, in dem einer für alle und alle für die Sache wirken, blüht das unverwelkliche Wunder des Theaters." (Max Reinhardt).

Vom Seminar zur Oper

Heute ist Hans Christian Mitglied der Wiener Staatsoper. Die Zeit, da er Schauspieler wurde, liegt rund dreißig Jahre zurück. Obwohl er Glück gehabt und im Beruf persönliche Befriedigung und materielle Sicherheit gefunden hat, ist ihm die soziale Gefahr, in die sich alle Anfänger begeben, aus täglichem Miterleben bewußt, und er versucht, aufzuklären, vor „Fehltritten in die Kunst" zu warnen. Denn „was damals überhaupt nicht gelehrt wurde, war: wie zu einem Engagement, wie zu einer Rolle überhaupt kommen? Wir wuchsen mit dem frommen Wunsch auf: zwischen 7 und 10 Uhr abends hört sich jede Protektion auf. Sie hört sich auch auf, aber daß man um 7 Uhr im richtigen Theater die richtigen Rollen spielen darf, dazu gehört leider oft mehr als nur Talent."

Als Hans Christian Ende der vierziger Jahre Schauspielschüler war, befleißigten sich Seminaristen oft eines gewissen Hochmuts. Sie kultivierten den Gedanken an ihre Auserwähltheit. Die ersten Frustrationen ergaben sich, wuchsen dann sehr schnell, als man nämlich feststellte, daß man von den Direktoren und den Regisseuren gar nicht so sehr, wie man geglaubt hatte, erwartet worden war. Christian war damals einer der wenigen gewesen, die „sofort" ein Engagement hatten: Er spielte am Wiener Volkstheater, ging von dort weiter nach Linz, nach Klagenfurt, nach Stuttgart und nach Bern; er war Externist an der Josefstadt und viele Jahre lang Sprecher und Präsentator im Österreichischen Fernsehen. Unter der Direktion Karajan schaffte er, der neben seinem Theaterweg ein Gesangsstudium abgeschlossen hatte, den Sprung zur Oper . . .

Für Heinrich Schweiger gibt es, seit er denken kann, nichts anderes als Theater. Er schloß von vornherein alles andere aus. Er hat sich seine Faszination über die Jahrzehnte erhalten und auch den künstlerischen Ernst, mit dem er an die Arbeit herangeht.

Nur Praxis, keine Theorie

Die Theaterleidenschaft fiel auf Heinrich Schweiger zugleich mit seiner Pubertät ein. Mit fünfzehn meldete er sich zur Aufnahmsprüfung an das Seminar, wurde aber vom damaligen Leiter, Oscar Deleglise, abgewiesen: „Was Sie da gemacht haben, ist wirklich nicht unbegabt, aber es ist alles noch sehr kindisch; da müssen Sie halt später einmal wiederkommen."

Ein Jahr lang sinnlos herumlaufen, warten, nicht recht wissen, was sonst man tun soll. Er findet zwar eine alte Schauspielerin, die ihn zu unterrichten bereit ist; er lernt ein paar Monate bei Fritz Hofbauer von der Wiener Scala, und er spielt bei der katholischen Pfarrjugend in Penzing (unweit des Seminars) Theater: Nestroys „Die schlimmen Buben in der Schule."

Mit sechzehn haben sie ihn dann im Seminar behalten, wenn er vorher auch zu einer besonderen Eignungsprüfung anzutreten hatte: denn noch immer war er (laut Vorschrift) um ein Jahr zu jung. Prüfungsvorsitzender Wilhelm Schmidt, damals Präsident der Bühnengewerkschaft, urteilte: „Sie sind wirklich begabt, und Sie sollen zum Theater gehen." Endlich!

Schweiger, heute: „Ich wollte nie etwas anderes, ich war manisch, und das, obwohl ich in einer total unmusischen Familie aufgewachsen bin." Ein einziges Mal war er erst im Theater gewesen, hatte sich von Grabbes „Hannibal" faszinieren lassen.

„Es war eine ungeheuer schöne Zeit", erinnert er sich an seine Seminarjahre zurück, „es war von diesem ganzen Beruf der Kuraufenthalt." Man war begeistert, hingerissen, und man hatte keine

Ahnung, was auf einen da zukommen würde. Man verehrte sogar den gestrengen Doktor Schulbaur, wenn man vor ihm auch ein wenig Angst hatte:

Stereotype Frage „Wer war Josef Kainz?"

„Ich weiß es nicht . . . "

„Das war der größte deutsche Schauspieler. Wenn Sie das nicht wissen, haben Sie kein Interesse an diesem Beruf und können gleich wieder nach Hause gehen."

Direkt vom Seminar wurde Schweiger an das Burgtheater geholt. Seine erste Aufgabe war nicht leicht, seine Partner waren Curd Jürgens und Käthe Dorsch. In der Felsenstein-Inszenierung der „Räuber" war er Schuftele, in „Die Frau des Bäckers" erspielte er sich den ersten Riesenerfolg. Er war in der Folge Georg in Goethes „Götz", Julien in Anouilhs „Colombe", Boris in Tolstois „Und das Licht scheinet in der Finsternis", Chevalier in der „Begnadeten Angst" von Bernanos und hinreißend in Zuckmayers „Der Hauptmann von Köpenik".

Da man ihm gegenüber Rollenzusagen nicht eingehalten hatte, verließ er nach einem Dezennium die Burg und Wien, spielte unter Noelte in München den Mortimer in Schillers „Maria Stuart", unter Ginsberg am Residenztheater "Troilus und Cressida" von Shakespeare; zog danach — für drei Jahre — zu Stroux nach Düsseldorf: „Da habe ich wirklich alles gespielt." Nebenher arbeitet er für Film und Fernsehen. Bis ihn Ernst Haeusserman nach Wien zurückholt: als Richard, als Danton, als Othello (in einer Kortner-Inszenierung). In diese Zeit fällt sein Debüt als Regisseur: mit Kleists „Amphytrion". In Berlin und Düsseldorf inszenierte er Nestroys „Das Mädel aus der Vorstadt", bei Gobert in Hamburg den „Schweijk".

Entscheidend für ihn war die Begegnung mit Berthold Viertel: „Der hat einen entwickelt, ohne daß er einen vergewaltigte; er hatte Demut, vor dem Stück und dem Wort." Stroux ist für ihn „eine Theater-Elementarerscheinung mit ungeheurer Kraft." Wichtig waren und sind ihm jene Leute am Theater, die aus der Praxis kommen und für die Praxis leben. Theorie habe am lebendigen Theater nichts verloren . . .

Luise Martini hatte als Kabarettistin in den fünfziger Jahren so großen Erfolg, daß sie, als die große Zeit der Wiener Bronner-Bühne vorbei war, kein Angebot von einem Wiener Theater erhielt: „Man hatte sie als Schauspielerin „vergessen", sie mußte als solche praktisch von vorne beginnen.

Für sieben Schilling — Volk spielen

Zwei Theatereindrücke waren für das Leben der Luise Martini bestimmend. Der erste: mit zwölf sah sie im Burgtheater Ferdinand Raimunds „Der Bauer als Millionär" mit Martha Rohs als Jugend, Paul Hörbiger als Wurzel und Otto Tressler als Hohes Alter in einer Inszenierung von Herbert Waniek. Der zweite Eindruck: als sie in einer Aufführung eben dieses Stückes an der Mittelschule erstmals selber auf der Bühne stand — als Fee. Vor der zweiten — öffentlichen — Vorstellung brach sich die Darstellerin des Lottchen ein Bein; und weil nur eine alle Rollen des Stückes auswendig konnte, sprang diese ein, die kleine, pummelige Luise.

In einer Spielgruppe des Theaters der Jugend lernt die sechzehnjährige den sich ebenfalls dort umtuenden Otto Schenk kennen. Man beschließt, die Aufnahmsprüfung an das Seminar gemeinsam zu wagen. Für Luise Martini war jedoch noch eine kleine Hürde zu nehmen: sie hatte fast darauf vergessen, daß sie die achte Gymnasialklasse zu besuchen hatte. Eine Zeitlang versucht sie, beide Schulen unter einen Hut zu bringen, was nicht lange gut geht. Etliche kleine Auseinandersetzungen am häuslichen Herd führten dann rasch zu einer Klärung: Luise bleibt am Seminar, und sie macht ihr Gymnasium als Privatistin fertig. Nachhilfestunden wie bisher kann sie nun nicht mehr erteilen: aber irgendwie mußte sie doch zu ihrem Unterhalt beitragen! Zumindest so lange, bis ihr Vater aus der Gefangenschaft heimkehrte. Sie versuchte, im Rundfunk unterzukommen, lief von Abteilung zu Abteilung, wurde aber überall abgewiesen. „Machen Sie erst einmal Ihre Abschlußprüfung“, wurde ihr bedeutet. Bis sie „die Lücke“ fand, durch die sie schlüpfen konnte. Der englische Schulfunk! Bald trägt der Äther Luise Martinis englischsprechende Stimme im Part der Mutter des „häßlichen Entleins“ zu sämtlichen österreichischen Radioapparaten. Für wenig Geld kommt sie oft dran. Und schön wird es erst, als Daniel Brier ihr hilft, frühe Schritte im Sender Rot-Weiß-Rot zu gehen: mit Aslan und Skoda spielt sie ein erstes Hörspiel, und als sie — unter Regie Ludwig Standls — eine Rolle im Hofrat Geiger spricht, muß sie darum bitten, um halb zwei gehen zu dürfen, „denn um zwei habe ich Deutschmatura.“

Landfunk, Kinderfunk, Frauenfunk: Luise Martini ist äußerst fleißig, was ihr vom Seminar nicht immer leicht gemacht wird: „Für jede einzelne Sendung mußte ich eine schriftliche Genehmigung der Seminarleitung einholen.“

Ihr Lehrer Fred Liewehr empfiehlt sie als Komparsin an die Volksoper. Für sieben Schilling dreißig pro Abend darf sie nun als „Volk“ im „Bettelstudent“ mit dabei sein, als der Fixstern Maria Cebotari zum letztenmal aufgegangen ist.

Man war im Komparserieschuppen zusammengepfercht, wurde elend behandelt. Eine der Statistenkolleginnen hatte vergebens versucht, in den Volksopernchor aufgenommen zu werden, hatte vorgesungen, war aber als nicht geeignet abgewiesen worden. Diese junge Dame verkündete nun eines Abend lauthals, so daß ja alle sie hören konnten: „Kinder, heute bin ich zum letztenmal da. Ich gehe nämlich in’s Engagement nach Innsbruck. Als Erste Hochdramatische.“ Keiner glaubt ihr, dieser — Leonie Rysanek. Viele Jahre später, als Luise Martini ihre große Kabarettzeit bereits hinter sich hatte und in der Bundesrepublik in großen Theatern erste Rollen spielte, traf sie die Primadonna bei einem Münchner Friseur zufällig wieder. Luise Martini meinte vorsichtig: „Wir kennen einander schon viel länger, als Sie glauben. Erinnern Sie sich noch an den ‚Bettelstudent‘ in der Wiener Volksoper?“ Darauf die Rysanek: „Um Gottes Willen, auch Sie waren Statistin?“

Vom Seminar weg geht Luise Martini an Trude Pöschls Wiener „Konzerthauskeller“, wo sie 1951 erstmals — mit Helmut Qualtinger und Lona Dubois — Kabarett spielt: „Blitzlichter“. Hier setzte der Weg ein, der sie sehr bald zu großem Erfolg führen sollte, im Team Gerhard Bronners, das Ende der fünfziger Jahre die Wiener Kabarettszene zu höchsten Höhen führte: „Blatt'l vor'm Mund“, „Glas'l vor'm Aug“, „Spiegel vor'm Gesicht“, „Marx und Moritz“. Gespielt wurde in der Wiener Liliengasse, dann, als man „heimatlos“ war, allmonatlich einmal einen Abend lang im Fernsehen, später im „Theater am Kärntnertor“.

Der Riesenerfolg der Kabarettistin Martini schien bald die ernsthafte Schauspielerin Martini zu erschlagen. Weil man sie hier abzustempeln versuchte, verließ sie Wien, spielte in München „Irma la Douce“ mit Hans Clarin, zweihundertmal en suite; nahm Fernseh-, Theater- und Musicalangebote an und überzeugte in großen Charakterrollen auf der Bühne. Bei den Salzburger Festspielen 1979 wirkt sie in Schnitzlers „Das weite Land“ mit.

Die sexbombenpersiflierende Luise Martini existiert nur mehr in unserer Erinnerung: wenn wir auch sehr gerne zurückdenken.

„Es ist für die Schauspieler wichtig, daß sie alljährlich einigemale an ein höheres Einstudieren gelangen und daß sie dabei geführt werden auf den Proben wie von einem Priester ihrer Kunst, der das poetische Heiligtum zu erklären versucht.“ (Heinrich Laube)

Ausdauer und Konsequenz

Es hätte schon allerhand schieflaufen müssen im Leben der Lotte Ledl, wäre sie nicht auf der Bühne gelandet: Kinderballett mit vier, Kindertheater. Die entscheidende Zäsur: das Erspüren der Bühnenluft mittels Geruchssinns, das Riechen jenes Gemischs aus Leim, Holz, Farbe, Staub und Schweiß: „Das machte mich heiß auf's Theater!"

Jahrelang steppen, Tanzausbildung; kokettieren mit der Sprechbühne: als Zuschauerin erst, als Suchende dann, begeistert, besessen sein, alles anbetend, was mit Theater zu tun hat, gläubig, voll heiliger Einfalt.

Im Büro der Akademie für Musik und darstellende Kunst holt man sich die Aufnahmeformulare, erfährt, man habe „drei voneinander unabhängige Szenen oder Monologe" zu studieren, wendet sich — unwissend, wie man ist — an diverse Bühnenverlage, um sich dort beraten zu lassen („Lernen'S halt die Maria Stuart . . . "), begibt sich mit ein paar billig erstandenen Reclam-Hefteln nach Hause, vertieft sich darin. Und weil man es wirklich nicht besser weiß, lernt man jeweils gleich die Stückanfänge, ob effektvoll oder nicht, daran zu denken, verliert man keine Sekunde.

Dann *der* Tag. Warten, zittern, vorsprechen,verzweifelt sein („. . . weil die mich immer wieder unterbrochen haben"), danach von anderen Kandidaten, draußen, getröstet werden („Ist ein gutes Zeichen, wenn die einen unterbrechen . . . "), endlich „Ja, sehr gut" hören und selig nach Hause schweben. „Ich hab's geschafft!" Warten. Worauf nur? Daß einer anruft, mitteilt: „Fräulein, Sie waren großartig, wir freuen uns, Sie aufnehmen zu können!" Nein, auch am zweiten, am dritten Tag keine Post. Man bezähmt die Ungeduld nicht mehr, setzt sich in die Stadtbahn, fährt hinaus nach Schönbrunn, in das Cumberland, wird bei Direktor Schulbaur vorstellig und muß hören: „Sie haben bei der ersten Prüfung einen recht guten Eindruck gemacht. Warum sind Sie denn nicht gestern zur zweiten gekommen?"

Herumstottern: „Hab nicht gewußt . . . niemand gesagt . . . "

„Alle andern aber haben es gewußt . . . "

Doch man ist ja in Österreich und daher zuweilen kompromißbereit: „Bringen Sie halt von einem andern Lehrer eine Bestätigung, daß Sie begabt sind . . . "

Dorothea Neff ist eine in Wien nicht nur bekannte Schauspielerin, sie ist auch eine gesuchte Schauspielpädagogin. Also, hin zu ihr, sie um ein paar Stunden bitten, mit ihr drei, vier Szenen einstudieren, nicht Stückanfänge, „richtige“ Szenen . . . Dann retour ans Seminar. Endlich, endlich die imaginäre Visitenkarte: Lotte Ledl, Reinhardt-seminaristin . . .

„Ich war damals voll ungeheurer innerer Spannung, war hin und her gerissen zwischen Glück und Unglück. Wollte immer vollkommen sein, und wenn mir das, meiner Vorstellung nach, nicht gelang, war ich völlig daneben . . . “

Lehrer und Schüler finden nicht immer zueinander, und das ist keine Frage der Qualität des einen oder des andern. Die Ledl tat sich mit der Polewitzkaja schwer: „Im ersten Jahr, da war sie fabelhaft, aber im zweiten, da hat sie mit uns Sprechszenen gemacht, und das war für mich schlimm, weil ich mit ihrer Mentalität nicht zurechtgekommen bin. Ich hatte das Gefühl: da werd’ ich vergewaltigt. Klar, daß ich mich verkrampft habe, und zurückgezogen vor ihrem Unterricht.“ Glück, das ihr verblieb: Helene Thimig, Alfred Neugebauer . . .

„Wir waren schon eine Horde, damals“, und sie denkt an sich und an ihre Mitstreiter aus den frühen fünfziger Jahren: an den Otti Schenk und die Johanna Matz, an Heinrich Schweiger und Helmut Matiasek, . . . Wenn Horden so ausschauen, kann man sich das schon gefallen lassen.

Aus dem geistigen Erinnerungsalbum: Gastspiele des Seminarensembles mit Shakespeares „Sommernachtstraum“ (Helena); man unternimmt eine glückliche Reise in das sommerliche Aussee mit Wilders „Glückliche Reise“. Bei der Tischgesellschaft im Salzburger „Jedermann“ sein dürfen: „Das empfanden wir als unerhörte Auszeichnung.“ Zwei schöne Jahre. Und dann?

„Dann sind wir halt in’s Leben entlassen worden“, stellt die Burgschauspielerin von heute lakonisch fest. „Kein Mensch hat sich um uns weiter gekümmert.“

Totalvakuum. Endlich: ein Stadttheater interessiert sich für einen. Die hochgewachsene junge Dame setzt sich in den Zug, fährt hin, betritt das Direktionszimmer, wird vom zuständigen Herren von oben bis unten gemessen und vernimmt: „*Sie* sind das?" Die Enttäuschung ist nicht zu überhören. „Ich kann Sie nicht brauchen, ich habe im Ensemble nur kleine Männer."

Da nichts, und dort nichts, nirgends etwas und überall nichts. Für Lotte Ledl nichts, und nichts für die meisten der Mitabsolventen.

„Aus Verzweiflung haben wir ein eigenes Theater aufgemacht: in einem Keller in der Weihburggasse": das Parkringtheater." Damit schrieben die jungen Leute von damals, gesehen vom heutigen Standpunkt, ein wichtiges Stück Wiener Theaterhistorie.

„Für uns ein Urtheater. Wir haben da einfach alles selber gemacht, angefangen vom Vorhangnähen bis zum Kartenverkauf. Die Gage? Zwei Straßenbahnfahrscheine, einen für das Hinfahren, und einen für retour . . . Aber wir haben *gelebt*. Und wenn ich heute daran zurückdenke, meine ich, wir haben damals alles viel richtiger, viel ehrlicher gemacht, als es einem dann später oft begegnet ist."

In das „Parkring" pilgerten bald nicht nur Wiener Theatergourmets, auch Intendanten, Regisseure, Agenten und Direktoren fanden dort einen fündigen Tummelplatz. Und als einmal Volkstheaterboß Leon Epp die Ledl in Molieres „Tartuffe" agieren sah, schien sie ihm für sein Ensemble nicht zu groß zu sein: er engagierte sie vom Fleck weg — als Elevin.

Eine Zerrissene sein: Parkringkeller (wenn Zeit blieb) da, das Haus am Weghuberpark dort. Eine kleine Rolle in Anzengrubers „Das vierte Gebot": „Ich habe mich dafür jedesmal eine Stunde lang angezogen und geschminkt — um dann einen einzigen Satz zu sagen . . . Aber ich hab mich mit einer solchen Freude während der ersten Proben in den Saal gesetzt, habe mir gedacht: ‚Na, jetzt wirst du endlich sehen, wie man wirklich Theater macht! Einen Schmarr'n! Es war so enttäuschend!"

Drei Sätze in der nächsten Inszenierung, in den meisten Stücken als „irgendwas" beschäftigt. Zwischendurch im Parkringkeller, „als Gast vom Volkstheater".

Im gleichen Jahr noch meldet sich der Hörfunk, bietet an, für Operettensängerinnen die Dialoge zu sprechen: Von „Wenn die kleinen Veilchen wieder blühen“ bis hin zum „Boccaccio“ reicht der Bogen von Lottes erstem Funkjahr.

Vom Parkring hatte sie der Weg an das Volkstheater geführt, vom Funk zum Film.

„Geben Sie uns einige Starfotos“, sagt der Aufnahmeleiter.

„Ich bin kein Star und habe keine Starfotos.“ Lottchen ist bamstig.

„Wie schauen Sie mit Gretelfrisur aus?“

„Damit hab’ ich schon gespielt, das müßt’ gehn . . . “

Die Ledl borgt sich also vom Theaterfriseur einen Zopf aus, zieht ein Dirndlkleid über und läßt sich so photographieren.

„Um Gottes Willen!“ Die Filmleute sind nach Besichtigung des Konterfeis eher verstört. „Wer hat Sie denn da geschminkt, wer hat Sie hergerichtet?“

Zaghaft: „Ich selber . . . “ Dennoch: man braucht diesen Typ.

Ein Sonntag im März. Probeaufnahmen im steirischen Fronleiten. Um fünf Uhr früh mit dem Jeep hinauf in’s Gebirge. Die Jungdarstellerin wird in den Schnee gestellt, die Kamera vor ihr aufgebaut: warten auf Sonne. Stunden um Stunden: „Ich war schon blau wie eine Zwetschke . . . “

Mittag wird’s, und abend. Nix mit der Sonne. Dienstag, Mittwoch, Donnerstag, Freitag. Freitag: für die Ledl die letzte Möglichkeit. Am Abend hat sie auf der Bühne des Volkstheaters zu stehen. Und als sie, immer noch vor Kälte zitternd, um sechs Uhr das Haus am Weghuberpark erreicht, hat sie sich zwar eine Grippe eingehandelt, die Kameraleute aber haben noch keine einzige Einstellung im Kasten.

Aber beim Film findet sich immer irgendeine Lösung (erst die komplizierte, dann die auf der Hand liegende), und so ergibt sich auch da eine: warum Probeaufnahmen im Gebirge, wo es doch im Atelier auch ginge?

„Hengst Maestoso Austria“ heißt einer ihrer ersten Filme; aus diesem kühlen Fronleitner Anfang war rasch eine hitzige Karriere geworden: sieben Rollen en suite.

Mit zunehmendem Kinoerfolg werden die Rollen am Theater größer. Shakespeares „Widerspenstige“, Lessings „Minna von Barnhelm" (Franziska), da und dort gute Kritiken. Das Burgtheater wird aufmerksam. Direktor Rott wünscht ein Gespräch. Man kommt, sitzt einander gegenüber.

„Was werde ich bei Ihnen spielen?"

„Man wird sehen."

Nein, nur nicht Nummer 146 sein! Man will ja was zeigen, will arbeiten.

Da war aber auch der Direktor Epp, dem man schon gekündigt hatte, immer noch an einem interessiert.

„No, wir gehen ja jetzt an's Burgtheater . . . " Leicht herausfordernd war das.

„Ja."

„Und wenn Sie bei mir diese und diese Rolle spielen?"

„Dann bleib ich . . . "

Sie blieb. Ein ganzes Jahr noch. Spielte großartige Rollen, und machte nebenher über ein Dutzend Filme. Das Geschäft lief, man war's zufrieden.

Wenn ihr auch einmal etwas passierte. Nach ihrer letzten Szene hatte sie, in Kostüm und Maske, auf den Schlußapplaus zu warten, was sie auch brav tat. Einige Minuten, bevor es so weit war, stand sie schon hinter der Bühne, plauderte leise mit einer Kollegin. Da, sie klatschen schon! Hinaus, verbeugen. Sie stolpert auf die Bühne, verbeugt sich — und merkt, daß sie mitten in's Spiel hineingeplatzt ist. Es war nicht der Schluß —, es war ein Szenenapplaus. Ein Alptraum für einen Schauspieler!

Über Deutschland machte man letztlich auch in Österreich seinen Weg im Fernsehen. Und schließlich selbst am Burgtheater.

„Eigentlich wunderbar", faßt die Ledl zusammen. Ja, wunderbar so lange, als die Direktoren diese persönliche Künstlerin entsprechend einsetzen. Denn ihre wichtigste Frage lautet auch heute noch: „Was werde ich spielen?"

„Menschenführung im Theater muß immer und jetzt mehr denn je darauf bedacht sein, in dem Künstler das Gefühl für ethische Vollendung und für religiös letzte Bindung wachzuhalten. Virtuosen sind unschöpferisch und unwichtig. Phantastische Darstellungsbeamte irreführend!" (Heinz Hilpert)

Zwangsläufig zum Theater

Mit fünfzehn debütierte der Pennäler Helmuth Matiasek zugleich als Regisseur und als Schauspieler. In seiner eigenen Inszenierung spielte Matiasek Helmuth die Rolle des Riccaut in Lessings „Minna von Barnhelm".

„Wir haben es ohne einen einzigen Strich gespielt. Vier Stunden lang hat es gedauert, und es muß schrecklich gewesen sein."

Zu diesem Debut war es gekommen, weil der Gymnasiast im Schönbrunner Schloßtheater von Leidenschaft erfaßt worden war. Shakespeare war daran schuld, dessen Lustspiel „Was ihr wollt", aber auch der eine oder andere Darsteller: der Romuald Pekny vielleicht, der Erwin Strahl, oder der Peter Weihs? Wer weiß schon . .

Riccaut wollte ab sofort anfangen, um später ein Hamlet zu werden. Dem Himmel sei Dank, daß man vernünftige Eltern hat, die nur „sanft" gegen den Wunsch des Kindes protestieren. Wichtig ist ihnen, daß ihr Sohn froh und glücklich ist, vor allem aber froh und glücklich bleibt. Man ist vorsichtig, sucht nach der Matura die Berufsberatung auf: die sollten es wissen, ist ja ihr Geschäft. "Theaterspielen als Beruf? Ausgeschlossen! Das darf man nicht tun!"

„Schön wäre es schon", sagt der Vater, „wenn du neben dem Reinhardtseminar etwas Richtiges studieren würdest". Helmuth ist ein braver Sohn, sagt ja, ist aber mit ganzem Herzen draußen, in Schönbrunn. Und den Rest schickt er auf die Uni, zur Theaterwissenschaft.

Matiasek, Student des ersten Jahrgangs: „Ich war ein Spätentwickler. Wir hatten kräftige, ziemlich heftige ‚Vorturner' im

Seminar; die waren gleich „da“, während ich lange mit der Bewältigung meiner Schwierigkeiten zugebracht habe.“ Aufarbeitung von Rückständen eines „Gymnasialgeschädigten“.

Mangel an Erfolgserlebnissen vorerst. Bis er sich — als Darsteller einiger Chargen bei Seminaraufführungen — vor Kollegen und Lehrern profiliert hat und anerkannt wird.

Für Helmut Matiasek ist das Understatement offensichtlich zur Lebensmaxime geworden: „Ich, dem man sicherlich nichts zugetraut hat, war also zu einer Rolle gekommen, weil einfach mehr Rollen da waren als Schüler. Und von da an ging's mir auch besser, draußen im Seminar. Es war so etwas wie ein kleines Erfolgserlebnis!“

Sein „Schluck, der Schneider“ in Shakespeares „Sommernachtstraum“ in einer Inszenierung Otto „Zettel“ Schenks: abermals ein Erfolgserlebnis.

Auch der künftige Regisseur erprobt sich im Seminar. Mit Horvaths „Der jüngste Tag“ und Noel Cowards „Begegnung“, vor allem aber mit Nestroys „Glück, Mißbrauch und Rückkehr“ — der unvergessene Franz Messner in der Hauptrolle. Seither setzt sich Matiasek mit Persönlichkeit und Werk Johann Nestroys auseinander, sammelt Material über diesen permanent unterbewerteten „Wienerischen Shakespeare“. Stolz ist er auf die alten Stiche, auf die Gesamtausgaben in seinem Privatbesitz, stolz auch darauf, an der neuesten Gesamtausgabe — als Mitherausgeber — mitzuwirken.

Als Regieschüler hat er reüssiert. Nun will er (und es steht ihm, wie er meint, nach intensivem Studium auch zu), nach absolviertem drittem Jahrgang die entsprechende Prüfung ablegen. Ätsch, ang'-schmiert! Regie muß man im Hauptfach, nicht nur im Nebenfach gelernt haben. Forget it!

Die Wirklichkeit setzt am Schauspieler Matiasek an. Mit einem Tourneetheater und mit Shakespeares „Sommernachtstraum“ zockelt man durch Österreichs Provinz. Altseminarist und später Kurzzeitseminardirektor Bruno Dallansky (ab September '79 Matiaseks Nachfolger als Leiter der Falckenbergschule in München) ist Zettel, Matiasek dem Zettel-Pyramus' eine schöne Thisbe.

Nein, noch war man nicht am Ziel aller Wünsche. Um zehn Uhr vormittags — erste Vorstellung; abends um elf fiel der letzte Vorhang. Täglich. „Natürlich waren wir nicht präzise, selbstverständlich haben wir auch allerhand Schabernack angestellt."

Wieder in Wien.

Landung im Keller, in Stella Kadmons „Courage". Mittlere Rollen spielen, aus wenigen Worten einen Charakter modellieren. Ein paar kleinere Rollen zwischendurch in „Filmen, die sich hoffentlich heute niemand anschaut von meinen Schülern, denen ich das Outrieren abgewöhnen will".

Schön und gut, man schwimmt, aber man weiß nicht, ob man nicht heute noch untergeht. Oder spätestens morgen.

Aktiver Protest! Wenn einem die anderen nichts bieten, schafft man es sich eben selbst. Gründet ein eigenes Theater, findet passende Räumlichkeiten im Haus der Wiener „Sezession" („Der Zeit ihre Kunst, der Kunst ihre Freiheit") und spielt. Ein Kaleidoskop. Das Kaleidoskop.

Matiasek inszeniert, das Ensemble agiert enthusiasmiert, ist selbst der Wiener Theaterkritik bald lieb und wert; man heimst sehr zustimmende Kritiken ein, fällt letztlich aber intersezessionistischen Auseinandersetzungen zum Opfer (ach, diese Künstlervereinigungen!) und sitzt auf der Straße. Vorbei die Zeiten, da die Produktion von Büchners „Leonce und Lena" bei den Berliner Festwochen umjubelt wurde, vorbei die Zeit, da man Otto Schenk mit dessen erster „offizieller" Inszenierung beauftragte.

Die alarmierte Öffentlichkeit (Was ist das schon?) tut nichts, kann in all ihrer Lethargie nichts tun.

Die Sezessierten übersiedeln dorthin, wo Tradition noch zu riechen ist: in das Café Dobner, an die übermauerte Wien, wo einst die „Literatur am Naschmarkt" zu Hause war. Die Gourmets, die Eingeweihten, die Leute mit dem für Junge offenen Herzen, die mögen sie, die vom Kaleidoskop. Zur „Weihe des Hauses" stellt sich von ihnen eine ganze Reihe ein: Hans Weigel und Dr. Rudolf Weiß, die vor dem Zweiten Weltkrieg für die da situierte

Kleinkunstbühne mutige Texte verfaßt hatten. Akteure, die von hier aus ihren Weg gemacht haben, geben den Nachfahren ein gutes Toi toi toi mit auf den Weg. Meinrad und Hugo Gottschlich, der Rudi Steinböck . . .

Sensibilisierung des Wiener Theaterspektrums, dieses mit ein wenig Morbidezza angehauchte Avantgardeunternehmen, das mit Cocteaus „Orfeus“ eröffnet wird.

Vier Jahre lang ist dieses Dobner'sche Kaleidoskop sowas wie eine Wiener Theatersensation . . .

Seit 1954 gibt es in Österreich das Fernsehen. Das Exkellerkind Erich Neuberg (Parkring) ist dort — in diesem Austriaco-Improvisorium — Oberspielleiter. Neuberg findet: für die professionelle TV-Unterhaltung braucht man sicherlich zwei Männer, und holt Freund Helmuth, den ambitionierten Kleinbühnendirektor, zum Bildschirmassistenten. Blitzkarriere: Vierzehn Tage nach dem ersten Arbeitstag darf der Herr Assistent bereits eigene Sendungen machen. Zeiten waren das . . .

Pionierzeitreminiszenzen: die vier-, fünftausend Seher merken es nicht, aber — so war es: zeigt einer aus einem Bilderbuch ein Foto, dann ein anderes; irgendeiner zupft auf einem Instrument, ein anderer liest Bildlegenden vor. Überblenden: Vor einem schwarzen Vorhang tanzt ein Mädchen, lamberthofer-kostümiert, Orientalisches. Titel der Sendung: „Märchenhaftes Indonesien.“

Aus dem Baby wurde ein Teen: „Man hat Räder an die Kameras montiert, hat Platten gelegt, hat vieles neu erfunden, was längst erfunden war. Alles war so klein und so herzig und hat funktioniert. Dann ist der Apparat gewachsen, all diese Abteilungsleiter kamen. Und es war lange nicht mehr so lustig.“

Adieu, TV, bon jour, Salzburg. Matiasek, der Regisseur am Landestheater im Solde des Intendanten Klingenbeck. Zwei Jahre lang. Bis man in einem Festspielsommer dem berühmten Oscar Fritz Schuh begegnet und ihm nach Köln folgt: „Da durfte ich in einem Regiestamm neben Steinböck, Lietzau und Kehlmann selbständig arbeiten.“ Perfektionsjahre.

Vorbereitungszeit für den künftigen Chef. Matiasek, Intendant in Salzburg, Intendant in Braunschweig. Genug an dem.

In dieser Zeit heiratete er die vom Kinderstar über das Teenageridol zur Ersten ausdrucksstarken Schauspielerin herangereifte Conny Froboess.

Man ist etabliert genug, um es sich leisten zu können, das Dasein als freier Regisseur. Bis ihm eine völlig neue, eine reizvolle Aufgabe gestellt wird; die Leitung der Münchner Falckenberg-Schule. „Das hat mich plötzlich interessiert, der ich mich nie mit Pädagogik beschäftigt habe. Und die haben seltsamerweise auch keinen Pädagogen, sondern einen Regisseur und Theaterpraktiker gesucht." Da verblieb er, bis ihn Wuppertal rief — zum neuen Intendanten.

Highlights in Matiaseks Entwicklung: die Elena Polewitzkaja, für ihn „*die* Lehrerin"; später dann wichtig: die Auseinandersetzung mit Nestroy; kurzzeitig wesentlich C. G. Jung, der berühmte Schweizer Psychoanalytiker: „Ich habe in seinen Arbeiten sehr viel Sinn für das Theater gesehen", erinnert sich Dr. phil Matiasek. „Ich habe Jung in der Schweiz besucht, ihm, der ein interessanter Mann war, fast auch ein Regisseur und Zauberer, gesagt, wie wichtig seine Arbeit für das Theater wäre. Da hat der alte Herr etwas gestaunt, hat den Kopf geschüttelt und sehr selbstbewußt gefragt: „Wieso sind dann diese modernen Stücke so uninteressant?"

„Der ernsthafte Regisseur wird immer nach einem Stück greifen, das über die bloße Theaterwirkung hinaus einen Teil Weltbild und einen Versuch zur Weltdeutung enthält. Das brauchen nun natürlich nicht nur schwere Problemstücke zu sein. Es gibt Possen und Lustspiele leichtesten und spritzigsten Genres, die viel mehr Pforten zum All öffnen, als manche gravitätisch einherstolzierenden Pseudoklassiker." (Heinz Hilpert)

Vom Dreinredner zum Regisseur oder: Der g'wöhnliche Faust

Das Seminar galt ihm „ung'schauter" als schöne Utopie. Dort, so hatte man gehört und so glaubte man auch, hätten nur die in der Sonne höchster Protektion Stehenden Zutritt. „Ich hab's daher — aus Angst — meiden wollen".

Achtzehn war er, hatte das Gymnasium und daselbst auch die ersten Fahrten auf dem Thespiskarren absolviert: schulische Auftritte in Hofmannsthals „Der Tor und der Tod", in Goethes „Die Laune des Verliebten". Der Deutschprofax inszeniert, und die Halbwüchsigen dürfen sich im Rahmen des offiziösen „Theaters der Schulen" vor Onkeln und Basen, Vettern und Tanten im angemieteten Theater „Die Insel" in der Wiener Johannesgasse produzieren.

Die Botschaft vom berühmten Seminar hatte der Oktavaner zwar gehört, allein ihm fehlte der Glaube an Treu und Redlichkeit des Ausleseverfahrens. Mädchen sind da couragierter. Otto Schenks theaterwütige Freundin Maria Urban (seine Zweifel kennend) hatte da kaum Hemmungen: „Ich versuch's einfach, was kann schon schiefgehen?" Das Leben wird's schon net kosten.

„Ich hab also auch ein paar Szenen g'lernt und bin hingangen. Hab's denen dann drei- oder viermal vorhupfen müssen. Das hab ich erst für schlecht g'halten, weil ich g'meint hab: Die sind sich bei mir noch net ganz sicher. Bis ich endlich draufkommen bin, daß die mich immer nur einem anderen Lehrer, einem, der grad net dag'wesen ist, vorg'führt haben. — Der letzte wird schon enttäuscht g'wesen sein, weil da hab' ich's nimmer so können . . ."

Mitunter kann man also mittels blendend abgelegter Aufnahmsprüfung Reinhardtseminarist werden. Und manchmal mag's gelingen, daß man gar keine macht. „Mitten im Semester", erinnert sich Renee Michaelis, Otto Schenks Ehefrau, „hab ich den Alfred Neugebauer einfach ang'sprochen". Neugebauer, jahrzehntelang Nobelherr der Josefstadt und der Burg, Professor am Seminar und bekannt dafür, einen „Riecher“ für Thaliens Nachwuchs zu haben, hörte der jungen Dame zu, hörte sie an und empfahl: „Kommen'S als Gasthörer, Verehrteste. Konveniert's, machen'S nachher die Prüfung . . .“

Es konvenierte. Renee war drei Monate lang Gast, und als sie sich zu Beginn des Herbstsemesters wieder im Cumberland einstellte, fragte sie kein Mensch mehr nach dem Aufnahmeexamen. Die Maschen austriakischer Organisation sind mitunter mit den Häkelnadeln Schlamperei gestrickt. Par distance mag sowas schon wie Protektion aussehen.

Hatte die spätere Frau Schenk die obligatorische Aufnahmsprüfung nolens volens umschifft, so fand sich drei Jahre später Kollege Otti in einem Abschlußexamens-Dilemma: Der Bereits-Absolvent der Schauspielschule und Noch-Hörer am Regieseminar war des Reinhardt-Förderungspreises für den besten Regieschüler des Jahrgangs von einer Jury einstimmig für würdig befunden worden.Der Erkürte hatte allerdings zu jenem Zeitpunkt noch kein Abschlußdiplom als Regisseur, weil er die dazu erforderlichen schriftlichen Arbeiten nicht vorgelegt hatte.

„Geben'S Ihre Regiebücher ab . . .“

„Ich hab' keine . . .“

Man will ja auch nicht so sein, kommt einander ein bißl entgegen:

„Da wollten sie eine Art Lorbeerkranzprüfung von mir . . .“

Suggestivfrage: „No, irgendein Regiebuch werden'S doch haben.“

„Nein, keins. Und ich werd' auch keins machen, denn ich find', man macht keine Regiebücher.“

Lange Lehrerkonferenz.

Der unisono erwählte und voreilig der Öffentlichkeit bekanntgegebene Reinhardt-Preisträger trägt sich weiterhin aufmüpfig:

„Na, krieg ich halt keinen Stempel Regisseur. Bin ich halt nur Schauspieler. Der Reinhardt hat ja auch keinen Stempel g'habt.“

Frage an den Österreich-Kundigen: „Hätte man einem Quasi-Durchgefallenen den Reinhardtpreis überreichen sollen? Klar, daß sich besagter Stempel unauffällig ins Regisseurzeugnis verirrte.

Mademoiselle keine Aufnahms-, Monsieur keine Abschlußexamination. Non vitae, sed scholae examinamur. Ein Omen? Doch man war einander damals nicht einmal sehr symphatisch. Nach gemeinsamen Lehrjahren — getrennte Wanderwege. Renee nimmt ein Engagement nach Klagenfurt an, den Otto trifft das Volkstheater. Man begegnet einander erst wieder, als sie am Intimen Theater in der Wiener Liliengasse in einem Stück auftritt, in das man ihn nicht nahm, weil der viel bekanntere Harry Fuß zugesagt hatte. „Aber der Otti ist oft zu Besuch gekommen, und wir haben unendlich viel miteinander gesprochen und uns damals erst richtig kennengelernt."

In ihrer ganzen verbrieften Unvollkommenheit (oder: unverbrieften Vollkommenheit) wuchsen sie zu einer Ehe zusammen, die nunmehr bereits ein halbes Leben lang hält.

Erinnerungen Schenks an die schenk'schen Uranfänge:

„Ich hab damals dem Schulbaur den Hamlet vorg'spielt . . ." Hofrat Professor Dr. Otto Schulbaur, Schauspiellehrer seit Jahrzehnten, Hörfunkspezialist, ist damals, Ende der vierziger Jahre, interimistisch nach Oscar Deleglise und vor Helene Thimig mit der Leitung des Seminars betraut. „Der Schulbaur hat von jedem den Hamlet verlangt. Von jedem. Auch von den Mädchen. Jeder mußte einmal ‚Sein oder nicht sein' gesprochen haben." Nun, auch Schenk stellte Sein oder Nichtsein in Frage und provozierte folgende Antwort: „Schauen Sie, Herr Schenk, man kann den Hamlet sitzend spielen, stehend, liegend; auf und ab gehend, im Garten; an ein Fenster gelehnt; man kann ihn im modernen Gewand spielen, im Renaissancekostüm, im Frack; man kann ihn als Selbstmordversuch spielen, philosophisch, gehetzt, konversationell. So wie *Sie* ihn gespielt haben, so kann man ihn jedenfalls nicht spielen."

Eine Geschichte, die allerdings für Schulbaur charakteristischer ist denn für Schenk. Auch ihn hat man zu den „Seminargenies" gerechnet, zu jenen von Lehrern und Schülern hochgejubelten Seminaristen, die nur allzu oft völlig versagen, wenn sie draußen im Leben wirklich gefordert werden. „Mit mir haben sie furchtbar viel vorgehabt. Ich bin fast zerbrochen dran. Im ersten Anlauf mag's ja gelungen sein. Nur auf die Dauer war das alles nicht zu leisten, was die von mir gefordert haben.“ Von diesem Druck kann sich der immer schon vom Geist, der stets verneint, eingenommene Schenk rasch lösen.

Situationen, Reflexionen . . .

Einmal gab ihm Lehrer Fred Liewehr den goethe’schen Faust zum Studium. „Da stürzt sich gleich der Curd Müller-Böck (Regiehörer des dritten Jahrgangs) auf mich: ‚Willst du den gewöhnlichen Faust spielen, oder den Urfaust?’“

„Der erste Monolog ist ja fast gleich“, antwortet Schenk.

„Hast du eine Ahnung!“ widerspricht Müller-Böck. „Der Urfaust, das ist ein Aufschrei! Wenn der Vorhang nur erst zehn Zentimeter über dem Boden ist, muß er schon brüllen . . .“

Schenk, lakonisch: „Dann probieren wir’s lieber mit dem gewöhnlichen Faust“.

Man arbeitet also gemeinsam: „Habe nun, ach, Philosophie . . .“ Müller-Böck arrangiert den Menschen und die Requisiten: von letzteren wird ein ganzes Arsenal aufgeboten.
Schenk spricht, arbeitet dabei mit Händen und Füßen.

„. . . Mit Gläsern, Büchsen rings umstellt!“- Gläser und Büchsen fliegen durch die Luft.

„. . . Mit Instrumenten vollgestopft . . .“ Faust zertrümmert eine Vase.

„Urväter Hausrat drein gestopft . . .“ Ein ganzes Regal kommt zu Fall. Schweißgebadet kämpft der schenk’sche Faust gegen einen ganzen mittelalterlichen Krämerladen.

Ende des Monologs. Stille im Saal. Endlich, endlich, Lehrer Fred Liewehr: „Mein Lieber Freund, das war kein Faust“. — Pause. „Das war ein alter, galizischer Jud’, der sich über sein Mobilar aufregt . . .“

„Es war ein drakonisches Regiment von Gnade und Ungnade der Helene Thimig.“

Helene Thimig, Reinhardts Witwe, damals die neue Leiterin des Instituts. „Eine sehr subjektive Dame mit manchen Sympathien und einigen Antipathien — und keiner Nase: Sie war wirklich keine Weltentdeckerin." Gemeint ist: daß es sicherlich keine Garantie für eine spätere Karriere war, von ihr als außerordentlich begabt bezeichnet worden zu sein.

Überhaupt: „Wir waren mit unseren Lehrern nur selten und sehr fallweise glücklich. Den Sinn jener Zeit für mich sehe ich darin, daß man sich drei Jahre lang in einem theaternahen Zustand befand. Der Sinn war auch, daß man sich den ganzen Tag keine anderen Sorgen gemacht hat als die um's Theater. Auch wenn wir alle miteinander unendlich lange faule Strecken mitgemacht haben. Strecken, wo man nicht einen Satz lernen konnte, vor allem im zweiten Jahr . . ."

Kritik: am Sprechunterricht.

„Grauenhaft, die sprachlichen Zustände. Die Sprechwerkzeuge hingen einem nach jeder Szene in blutigen Fetzen heraus. So konnte man nicht sprechen. Das hat man auch am Seminar nicht wirklich gelernt. Ja, man hat Ratschläge bekommen, die man erst viel später verstanden hat, erst dann in die Wirklichkeit umsetzen konnte. Für die Herstellung einer Natürlichkeit war das, was man dort an Sprechen gelernt hat, nicht verwendbar. Diese Weiche wurde erst viel später gestellt."

Kritik am Dramatischen Unterricht:

„Bei der praktischen Arbeit hat Alfred Neugebauer seine Palette phantastischer Töne vorgespielt, hat einem sehr viel Mut gemacht, einem gezeigt, wieviel in einem Text drinnenstecken kann. Dann ist man glücklich nach Hause gegangen. Und am nächsten Tag hat man den Text vor sich hin gespielt — und nichts von alledem war mehr da. Aus diesem Unterricht allein führte kein Weg zu einem Ergebnis, zumindest bei mir. Hat man dann aber irgendwo Anfänger gesehen, später, so waren die Seminaristen immer noch die besten."

Kritik allgemein:

„Das Unter-die-Räder-Kommen war zu unserer Zeit am Seminar sehr leicht. Der Möglichkeiten zu verkümmern gab es viele."

Und man hatte seine gewaltigen Idole. „Für mich war das Leopold Rudolf mit der Kunst seiner stillen Zeichnung und in seiner

Natürlichkeit; unerreichbar der Hans Moser, von dem man nie gewußt hat, wie er's macht; und Werner Krauß, der Monumentale: Da kannte man jedes Fuzerl. Das waren für uns so unbeschreibliche Leute. Es war eine Rauschzeit . . ."

„Es wurde bei uns immer nur Theater gespielt. Ist man da beispielsweise in einen Seminarraum hineingeraten, gab's grad einen Riesenwirbel. Acht Kollegen bemühten sich gemeinsam, einen einzigen Stuhl hinauszutragen. Sie haben halt gespielt, daß dieser Sessel unendlich schwer ist. Niemand hätte ihn aus eigener Kraft auch nur verrücken können . . ."

Oder man spielte das Speisewagenspiel: Zu gemeinsamen Straßenbahnfahrten hatte man ein Klapptischchen mitgenommen und es zwischen zwei einander gegenüberliegenden Bankreihen aufgestellt. Einer war der Speisewagenkellner, die anderen diverse Gäste: arme, reiche, dumme und kluge, laute und leise, mißmutige und joviale.

Man spielte in den Straßen Wiens Ausländer, die sich verirrt hatten, spielte, spielte, spielte . . .

Im Seminar auch erstmals die Fragen, die Bitten: „Otti, hilf mir, Otti, wie mach' ich das?" Schenk: „Dadurch hab ich erfahren, was Regie ist. Von meinen Mitschülern wurde ich zum Regisseur ernannt. Denn eigentlich hatte ich ja (nur) Schauspieler werden wollen. Aber dann hat man sich halt irgendwo getroffen, hat geholfen, geschaut, verändert . . ."

Lernte voneinander, lernte auch aus ersten Mißerfolgen. „Wir haben einmal zu dritt eine Clownszene entwickelt, geprobt und dann den Schottengymnasiasten vorgespielt. Und sind grauenhaft abgestunken. Diese Ablehnung haben wir damals überhaupt nicht verstanden. Im Seminar waren wir von solch einer Liebe getragen, einer Liebe, die es draußen offenbar nicht gab. Man hatte das Seminar mit der Welt verwechselt. Und nun hatten wir diese Welt kennengelernt, und sie war so rauh und rüde . . ."

Ja, am Seminar, da war er Hamlet gewesen und Faust (wenn auch nur „der gewöhnliche"), war Zettel in Shakespeares „Sommernachtstraum" und der Direktor in Pirandellos „Sechs Personen suchen einen

Autor“ (eine Rolle, die er dreißig Jahre später erfolgreich in der Josefstadt spielte), war der heilige Josef im „Oferuferer Weihnachtsspiel“ und der Galomir in Grillparzers „Weh dem der lügt“.

Aber das Seminar ist zu Ende, man tritt in jene Welt hinaus, die man bereits als rauh und rüde kennengelernt hatte. Und so gab sie sich auch.

„Für 424 Schilling Gage wurde ich an's Volkstheater engagiert. Und hatte dafür bis zu 52 Vorstellungen im Monat zu spielen.“ Chargendarsteller, drei, vier, acht Sätze . . . Eine Zeit nicht nur der harten Arbeit, sondern auch der psychischen Belastung: „Bis an die Grenzen des Selbstmords.“ Und: „Es war eine grauenhafte Zeit, fast in der Nähe des Hungers. Man hatte kein Geld. Deutschland war für uns junge Schauspieler noch nicht offen, man mußte hierzulande unterkommen. Dadurch wuchsen die kleinen Kellertheater, das Parkringtheater, das Kaleidoskop . . .“

Im Keller kommt auch der erste echte Erfolg. Im Parkring-Keller — „der Saal hatte die Akustik einer Geige“ — reüssiert er mit der Komödie „Ein Strich geht durch's Zimmer“. Partner: die Seminarkollegen Lucie Neudecker, Alfons Lipp und Brigitte Köhler. Und im — von Seminarkollegen Matiasek gegründeten — Kaleidoskop wurde der Regisseur Schenk kreiert: mit Lope de Vegas „Moreto, der Unwiderstehliche“. Drei Volkstheaterjahre, dazu parallel Arbeit im Keller: Dort die Gage als materielles Existenzminimum verdienen, hier seine künstlerische Existenz suchen. Nun endlich meldet sich die Josefstadt: Mit „Sabrina“, „Die Caine war ihr Schicksal“, der Nestroy-Posse „Umsonst“ — er wird erst als Schauspieler, dann als Regisseur „entdeckt“. Ein Weg, der ihn bald an die großen Häuser der Bundesrepublik führt.

Alt-Seminarist und Jung-Salzburg-Intendant Fritz Klingenbeck will den jungen Otto Schenk, dessen Arbeit viel von ihm reden macht, auch an sein Haus binden.

„Nur, wenn ich bei Ihnen etwas machen kann, was mir sonst niemand gibt . . .“

„Dann machen Sie bei mir die Zauberflöte!“

Schenks erste Opernregie. Seine Liebe zum Musiktheater hatte er allerdings bereits vorher entdecken können, als er an den Wiener Kammerspielen den Hit „Hofrat Geiger“ inszenierte.

Schenk und die Oper: ein Kapitel Theatergeschichte, das damals begann, mit Life-Aufnahmen der „Spanischen Stunde“ de Fallas, Menottis „Telefon“, Verdis „Othello“, Bergs „Lulu“ für das Österreichische Fernsehen weitergeführt wurde und gegenwärtig an einem Zenit steht: Schenk, der Opernregisseur in Berlin und Zürich, in Wien und Hamburg, an der Met in New York. Zum Zeitpunkt, als dieses niedergeschrieben wird, hatte er eben seine 112. Inszenierung gemacht: „Ich kann nicht sagen: Ich mach es gerne. Dazu regt es mich zu sehr auf.“

Auch die Entwicklung am Sprechtheater regt ihn auf: „Ich hab manchmal das Gefühl, man lehrt jetzt Dinge, die die Schüler gar nicht werden anwenden können. Mich interessiert das Theater, an das man glauben kann, das Theater der Identifikation. Heute wird oft ein Theater gemacht, wo all das gar nicht mehr gefordert wird. Und das Publikum scheint sich sogar daran zu gewöhnen. Man lehrt die Leute am Seminar immer noch Natürlichkeit, und dann ist das für die Katz. Dann hupfen's hinaus, weiß angestrichen, in zerknittertem Gewand, und schreien. Und machen sich lustig. Macht sich einer lustig über Rollen, die er spielt, ist er mir fad. Und die alten Klassiker werden genauso verhunzt, weil's halt kaum neue Stücke gibt . . .“

Resignation? „Deshalb hab ich mich in die Oper zurückgezogen . . .“ Obwohl ihm das Theaterspielen viel Spaß macht: „Wobei allerdings das Textlernen schon ein starkes Gegengewicht zum Spaß bildet.“ Hatte doch schon Ernst Waldbrunn einmal formuliert: „Der Schenk lernt net *schwer,* der Schenk *lernt* schwer . . .“

Ohne den Text zu lernen gleich spielen, das kann er als Regisseur. Und er tut es auch eifrig: „Ich bin immer ein Dreinredner gewesen, schon als Schauspieler. Daher wurde ich zum Regisseur ernannt. Erst von den Kollegen, dann von den Direktoren.“ Otto Schenk, der „gewöhnliche Faust“ . . . der liebenswürdige, der gottlob auch rechtzeitig böse.

„Als sie der Film holte, war sie in kürzester Frist in aller Munde. Es begann ein stürmischer Aufstieg, vielleicht allzu stürmisch, denn Rückschläge blieben nicht aus". (Oertl)

Die Annie aus dem „Abschiedssouper"

Weil sie mit vier so zart war, schickte sie die Mutter in die Ballettschule zu Toni Birkmeyer. Dort fühlte sich Johanna Matz von allem Anfang an äußerst wohl: sie hatte natürliche Freude an der Bewegung. Als das Institut während des Krieges zeitweise gesperrt war, übersiedelte sie in die Ballettklasse der Akademie für Musik und darstellende Kunst, und mit dieser vom Schloß Belvedere nach Schönbrunn. Damit war die unmittelbare Nähe zum Reinhardtseminar zumindest geographisch gegeben.

Mit elf stand sie zum erstenmal auf der Schloßtheaterbühne, tanzte „Spinnweb" in Shakespeares „Sommernachtstraum" und war damit erstmals auf dem Programmzettel eines Sprechtheaters vermerkt. Ihre „Partner": Helmut Janatsch, Kurt Wilhelm, Gandolf Buschbeck und Heinz Grohmann.

Bei Birkmeyer hatte sie vor allem den freien Tanz gepflegt, erweiterten Ausdruckstanz; auch Flamenco und Steppen. Selbst als sie 1948 zum frühestmöglichen Zeitpunkt Reinhardtseminaristin wurde, verblieb sie weiterhin in der Ballettklasse: „Weil einem die Bewegung sehr abgeht, wenn man daran gewöhnt ist". Das diesbezügliche Übungsangebot am Seminar fand sie „doch ein wenig zu epigonal." Womit sie recht hatte: inzwischen wurden die Unterrichtsfächer in den „Bewegungsdisziplinen" wesentlich erweitert.

Die Jahrgänge 1948—1950 sind in der Geschichte des Instituts singulär geblieben; es waren vielleicht die besten der vergangen fünfzig Jahre, geht man von der quantitativ so vehement auftretenden Qualität aus. Luise Martini und Annemarie Düringer, Walter Kohout und Alfons Lipp, Rudolf Melichar und Lotte Ledl, Lucie Neudecker, Peter Alexander und Otto Schenk, Otto Tausig und Heinz Winter, Bruno Dallansky und Helmut Matiasek, Heinrich Schweiger: das waren nur einige jener, die zugleich mit Johanna Matz das Schauspielerhandwerk erlernten. Mit manchen von ihnen stand sie in jener Zeit auf der Bühne, etwa in Thornton Wilders „Glückliche Reise“, als sie die Caroline spielte; oder die Joan in Doddy Smith's „Der erste Frühlingstag“.

Zwei Jahre lang war sie Seminaristin, dann hatten eine Reihe von Theatern ihr Interesse an der jungen Dame angemeldet; und auch der Film. Sie konnte es sich aussuchen: Zwischen dem Züricher Schauspielhaus, dem Vorarlberger Landestheater und dem Wiener Burgtheater. Berthold Viertel holt sie in seine „Frankie und die Hochzeit“-Inszenierung an das Akademietheater. Nächste Aufgabe: Garcia Lorcas „Bluthochzeit“: Damals übrigens debutierte die unvergeßliche Volkstheater-„Johanna“ an der Burg: Inge Konradi.

„Asphalt“ hieß der erste Film von Johanna Matz, und so war es dazu gekommen: „Da hat mir ein Kollege gesagt, ich möge mich beim Herrn Haas melden, beim Film-Haas. Vor dem mußte ich eine stumme Szene spielen, hatte einen Brief mit einer Hiobsbotschaft aufzufinden. Also, ich habe gefunden. Dann hat er gefunden, ich möge diesen Film machen und einen Optionsvertrag unterschreiben, vorher jedoch noch meine Nase und meine Zähne richten lassen. Da habe ich wieder gefunden, das wäre absolut nicht nötig. Da wieder fand er, das hätte vor mir auch schon manch anderer Star getan. Daraufhin kam es nicht zum Optionsvertrag, wohl aber zu diesem Film“ — in dem übrigens auch Maria Eis mitwirkte.

Das neue Gesicht hat — obwohl oder weil nicht „hergerichtet“ — durchschlagenden Erfolg. Innerhalb kürzester Zeit dreht sie eine Reihe weiterer Filme, ist Paul Hörbigers Partnerin in „Der alte Sünder“, spielt in Paula Wesselys „Maria Theresia“, ist Hauptdarstellerin in „Zwei in einem Auto“, in „Hannerl“ und „Die Försterchristl“.

Innerhalb eines Jahres ist aus der Seminarabsolventin die Burgschauspielerin und der populäre Filmstar geworden; sie kann sich

Filmrollen aussuchen — oder sie abschlagen; welch letzteres sie einige Male tat, etwa, als ihr Ernst Marischka die „Sissy“ anbot . . .

So erfolgreich sie auch ist, ihre Filmkarriere in diesen fünfziger und frühen sechziger Jahren hat nur während der Burgtheaterurlaube stattgefunden. Denn die Bühne war ihr stets wichtiger gewesen als Film und TV: sie war damals „Das Käthchen von Heilbronn“ („Kleists Sprache liegt mir sehr!“), war die Cecily in Oscar Wildes „Bunbury“, war die „Colombe“ (Partnerinnen: Maria Eis und Adrienne Gessner).

Als das Fernsehen hierzulande aktuell wird, ist sie selbstverständlich prominent dabei. In Ödon von Horvaths „G'schichten aus dem Wiener Wald“ unter Erich Neubergs Regie ist sie wie auch Hans Moser, Helmut Qualtinger und Jane Tilden auf der Besetzungsliste. Sie spielt in Hofmannsthals „Christinas Heimreise“, in „Der Schwierige“, Regie: John Olden: „Solch gute Sachen hat mir der Film nie angeboten . . . “

Unvergessen ist uns allen ihre Annie in Arthur Schnitzlers „Anatol“, ihre „Gefesselte Phantasie“. Und jetzt spielt sie erstmals die Katharina in Shakespeares „Der Widerspenstigen Zähmung“ unter der Regie von Kurt Wilhelm mit Günther Ungeheuer als Partner.

Man sollte Johanna Matz an der Burg viel öfter sehen können.

Rudolf Melichars Studienzeit fiel in jene Phase, als am Seminar die Talente gleichsam geballt auftraten. Viele seiner Kommilitonen von damals sind heute seine Burgtheater-Kollegen: Annemarie Düringer, Lotte Ledl, Johanna Matz, Heinrich Schweiger und Otto Tausig.

Eine kontinuierliche Entwicklung

Eine Szene, Ödön von Horvath hätte sie dramatisieren können: Rudolf Melichar fragte den Seminarkollegen Otto Schenk im Jahre 1948, als beide eines hübschen Mädchens ansichtig wurden: „Wenn du eine lange Hose hättest, tätst mit der da anbandeln?"
Es war drei Jahre nach dem Zweiten Weltkrieg, und die Uniform, die die meisten Leute zu tragen hatten, hieß Armut. Da war kein Unterschied zwischen dem Sohn des Eislaufverein-Präsidenten und dem Sohn des berühmten Komponisten, kein Unterschied zwischen dem Otti und dem Rudi. Alle lebten ja von der Hand in den Mund.
Zwei Umstände waren maßgebend gewesen, daß Melichar den Weg zum Theater fand: das musische Elternhaus — Alois Melichar, der Vater, ist als Komponist und Dirigent bekannt — und eine den Musen hingegebene Schulklasse am Gymnasium an der Wiener Stubenbastei. In den Nachbarschulbänken saß nicht nur Freund Schenk, da saßen auch der spätere Klaviervirtuose Friedrich Gulda und Friedl Prinz, später Erster Klarinettist der Wiener Philharmoniker.

Melchiar sprach zur Aufnahmsprüfung ans Seminar den Zettl aus „Sommernachtstraum" vor, den Melchthal aus „Wilhelm Tell" und den Leonce aus Büchners „Leonce und Lena" „Ich war aber noch von der Mittelschule her sehr verkrampft". Heute meint er, er wäre damals wohl am besten als Stichwortgeber für Kollegen gewesen . . . Blättert man in alten Seminarprogrammen, kann man ihm keineswegs recht geben; er war schon in seinen Lehrjahren am Seminar oft genug mit Hauptrollen bedacht worden. Da konnte man ihn als Florindo in Goldonis „Diener zweier Herren" sehen (Truffaldino war Franz Messner), er war mit dabei in Edwin Zboneks „Sechs Personen suchen einen Autor"-Produktion.

Nach dem Seminar holt ihn Ernst Haeusserman an's USIS-Cosmostheater, wo karriereträchtige Schauspieler wirkten: die junge Nadja Tiller beispielsweise, und Vera Frydtberg. Er spielt in John van

Drutens „Lied der Taube“ und in Thornton Wilders „Unsere kleine Stadt“.

Von Wien weg geht es, gemeinsam mit Rolf Boysen, erst mal nach Kiel. Es folgen vier Jahre Essen, sechs Jahre Hannover, drei Jahre Dortmund, zwei Jahre Köln: Fast zwei Jahrzehnte lang hat es gedauert, bis ihn seine Heimatstadt zurückholte, an das Burgtheater. Dort debütierte er in Ödön von Horvaths „Jüngstem Tag“.

Denkt er heute an seine Seminarzeit zurück, fallen ihm viele wichtiggewordene Stunden des Lernens bei Elena Polewitzkaja ein. Und schmunzelnd muß er an Helene Thimig denken, die „in all ihrer Lauterkeit die schönste Regieanweisung gegeben hat, die man sich überhaupt denken kann: ‚Es ist alles schon sehr gut. Sie müssen die Szene nur noch besser spielen'“.

„Wo in der Bevölkerung viel künstlerischer Sinn vorhanden ist, da hat das Theater ein leichtes Spiel, und da entsteht auch am leichtesten ein gutes Theater.“ (Heinrich Laube)

Im Kampf gegen das Mittelmaß

Seminarist Karl Hackenberg war zufällig bei einem Schülerkränzchen. Was ihm dort auffiel, paßte so gar nicht in das Bild einer der üblichen Tanzereien. Denn die ganze Gesellschaft hatte sich rund um einen großen Tisch geschart, und einer unterhielt „blödelnderweise“ alle anderen. Worauf sich Hackenberg an den jungen Mann wandte, ihn fragte: „Was machen Sie eigentlich?“

„Ich studiere an der Musikakademie. Nebenbei soll ich Ingenieur werden.“

„Gehen Sie doch ans Reinhardtseminar. Ich glaube, daß Sie dorthin gehören. Und geht's schief, so haben Sie wenigstens sprechen gelernt."

Zum ersten Mal hat Peter Weck damals von der Existenz dieses Instituts gehört. Nun, er erkundigt sich nach dem nächsten Prüfungstermin, hört: „In vierzehn Tagen", lernt rasch zwei Szenen auswendig und stellt sich der Kommission. Den Maurer Mattern aus Hauptmanns „Hanneles Himmelfahrt" nimmt man ihm ab, letztlich auch seinen Othello, „obwohl ich damit schon einige Lacherfolge erzielt habe". Jedenfalls ist er unter jenen zwanzig, die sich das Seminar unter den über hundert Kandidaten ausgesucht haben.

„Im ersten Jahr war ich wie gelähmt, ich konnte fast nichts machen. Die Paarung Situation und Text war mir nicht geläufig, ich konnte noch nicht umsetzen. Hingegen konnte ich genau sehen und kritisieren, was andere falsch machten. Und das hat mir vielleicht manchen Unmut eingetragen."

Die gemeinsam mit Elena Polewitzkaja erarbeiteten stummen Szenen, „wo ich nicht auf das Wort, sondern nur auf das Sujet angewiesen war, auf das, was ich mir vorgestellt hatte", das machte ihm Spaß, und das war auch gut, so gut, daß es den Lehrern auffiel und sie ihm Zeit ließen, sich über die Hemmungen der Sprache hinwegzuturnen. Am Ende des ersten Jahrgangs jedenfalls war er soweit, daß er in den dritten vorversetzt wurde.

Als Peter Weck ins Seminar gekommen war, hatte er eigentlich noch gar nicht gewußt, ob er wirklich Schauspieler werden wollte. Was sich aber sehr bald herausstellte: „Das war immerhin eine Zeit, die mir mit den größten Spaß in meinem Leben gemacht hat. Und daß mein Vater mir das damals gewährt hat, obwohl ich einmal seinen Betrieb hätte übernehmen sollen, das rechne ich ihm sehr hoch an."

Heute reflektiert er: „Natürlich hat man in der Zeit, in der man am Seminar war, Träume entwickelt. Und ich war einer, der schon damals versucht hat, zu einer gewissen Ehrlichkeit mir selbst gegenüber zu kommen. Das darzustellen, was mich überläuft. Mit meiner eigenen Persönlichkeit." Er wollte bewußt zu seiner eigenen Art, zu seiner Art zu spielen finden, wollte von vornherein nicht mitlaufen: „Ich habe gewußt, daß der Weg schwer wird, aber ich habe eine gewisse Zielsetzung gehabt." Wenn Peter Weck eine Sache anfängt, will er sie nicht gut, er will sie bestens machen.

Während der ersten beiden Semester hatte er, wie alle „Seminarerstklaßler", noch nicht bei den Vorstellungen des zweiten Jahrgangs mitspielen dürfen. Aber den Inspizienten, der dafür verantwortlich ist, daß die einzelnen Herrschaften auch rechtzeitig die Bretter betreten, den haben sie ihn machen lassen. Und auf diese Weise hat er den Theaterbetrieb auch hinter den Kulissen kennengelernt.

Auf der Bühne selbst zu stehen, auch das wäre für ihn damals nichts Neues gewesen: Klein-Peter war jahrelang Mitglied der Wiener Sängerknaben, hatte an der Josefstadt, in der Wiener Staatsoper und in der Volksoper seine Soli gesungen.

Im zweiten Lehrjahr (im dritten Jahrgang) darf er spielen, ist als Amtsdiener Schmidt in „Hanneles Himmelfahrt" besetzt: „Bitte, halten Sie sich zurück", wurde er damals gemahnt, „das Stück heißt nicht ‚Amtsdiener Schmidt', sondern ‚Hanneles Himmelfahrt'." Dann kommen am Seminar die großen Rollen: Der Erzähler in Thornton Wilders „Unsere kleine Stadt", Nestroys „Zerrissener": Da sah ihn der als Kritiker gefürchtete Hans Weigel und fand in seiner Rezension über die Leistung des Jungstars sehr schmeichelnde Worte. Die Weigel'sche Meinung sollten bald viele teilen: Erst das Klagenfurter Publikum, ein halbes Jahr später das der Josefstadt, dann jenes des Burgtheaters, und schließlich Millionen Kinobesucher.

So rasch ging es aber nicht. Der Absolvent mußte erst schauen, wo er unterkam: da ging es mit dem Vorsprechen los. Wenn ihm das Glück diesen Canossagang auch nur wenige Male beschied. Eines dieser Vorsprechen hatte ihm Klagenfurt eingebracht, wo eben Helmut Lohner weggegangen war — an die Josefstadt.

Die Karriere Wecks über sein eigenes Land hinaus brach an, als ihn Rudolf Steinböck ans Schillertheater nach Berlin holte: „Da ging diese Riesenserie mit dem Stani an, das war der große Glücksfall in meinem schauspielerischen Werdegang:“ Peter Weck, der berühmte Stani in Hofmannsthals Komöde „Der Schwierige“; unvergessen auch in „Rosenkrantz und Güldenstern“. . . Er hat Glück gehabt, aber Glück halten und verwerten kann beim Theater nur jener, der auch wirklich etwas kann.

Traurig und erschütternd für den Könner Weck ist das Phänomen, daß das Publikum vielfach mit einem Sowenig an Leistung zufriedengestellt werden kann, daß „Dilletanten ankommen wie Menschen einsamer Klasse. Es wird egalisiert.“

Damit muß man leben, abfinden muß man sich damit nicht. Peter Weck haßt das Mittelmaß. Und vor welchem Publikum er auch immer spielt, ob in einer Provinzstadt oder an einer der ersten deutschen Bühnen: er gibt immer alles. Versucht, mit sparsamsten Mitteln viel zu erreichen. Er ist immer hundertprozentig da.

„Nicht Karriere gemacht“ zu haben, weil man das Glück nicht auf seiner Seite hatte. . .: Das ist fast immer die Ausrede von Erfolglosen. Doch auch beim Theater entscheidet in erster Linie das Können; Glück ist eine wunderbare Zugabe.

Erst das Können, dann das Glück

Christine Ostermayer, seit vielen Jahren Mitglied des Bayrischen Staatsschauspiels, zwischendurch bei den Salzburger Festspielen und Gast am Wiener Burgtheater, fühlte sich am Seminar vom Anfang an wohl, „weil wir nicht Lernstoffe oktroyiert bekamen, sondern uns selbst die Literatur erschließen durften. Dabei haben wir nicht nur etwas gelernt, sondern auch unsere eigenen Möglichkeiten entdecken können.“

Sie hatte vorher schon ein Ballettstudium abgeschlossen, doch als sie ihr Diplom in Händen hielt, war die Tanzkunst in Wien auf dem absteigenden Ast gewesen: In der Provinz wollte sie nicht tanzen, nicht in der Oper. Und im modernen Bereich gab es praktisch keine Möglichkeit: So hat sie in das Seminar gefunden. „Ich hatte viel Glück mit meinen Lehrern, unwahrscheinliches Glück: Fred Liewehr, Elena Polewitzkaja. Nur, was Kestranek sagte, habe ich nicht verstanden; ich habe es nicht von meinem Verstand in den Körper überleiten können. Es hat Jahre gebraucht, bis ich es begriffen habe. . ." Da war sie in München, hatte bereits viele große Rollen gespielt, als sie bei einer Atemtherapeutin atmen und damit richtig sprechen gelernt hat.

Während sie im zweiten Jahrgang saß (drei waren vorgeschrieben), besuchte Prof. Kenter, Intendant in Essen, das Schönbrunner Institut und ließ sich die Studenten des dritten Jahrgangs vorsprechen. Auch die Ostermayer meldete ihr Interesse an, doch Dr. Niederführ, der Seminarleiter, erlaubte es ihr nicht: Sie möge erst einmal ihr Studium abschließen, dann werde man weitersehen. . . Ja, ja, ist schon gut, denkt Christine, und gelangt mittels einer Finte doch auf die Bühne, spricht vor: „Und so kam ich nach Essen. Die äußeren Umstände meines Anfangs waren nicht eben lustig. In Essen war Karneval, alles war betrunken, und ich hatte nicht einmal das Geld für ein Hotelzimmer."

Es ist erstaunlich, wie stark man in diesem Beruf sein muß, wieviel Durchhalte- und Durchstehvermögen man braucht, um eine sogenannte Karriere zu machen. Da muß zu achtzig Prozent das Glück mitspielen. Im richtigen Augenblick die richtige Rolle und den richtigen Regisseur finden — und letztlich muß auch das Publikum mitspielen: Davon hängt so viel ab. Nicht so sehr vom Talent: das hat man doch. . ."

Wenn man hat.

Der Anfang war schwer; damals saß sie oft weinend in ihrem Zimmer, hat ihren Kummer und ihren Gram Tagebüchern anvertraut, „die natürlich niemand finden durfte; „da schrieb ich mir so viel von der Seele". Es dauert lange, sehr lange, bis man als junger Schauspieler überhaupt begreift, was das ist: „eine Rolle" bis man den Bogen rauskriegt, und die Ökonomie der schauspielerischen Arbeit."

Und nun revidiert sie ihre Aussage von vorhin: „Dieser Beruf muß erlernt werden wie jeder andere. Es ist doch nicht nur Glück. . ."
Jahrelang hat sie kein Privatleben, lebt nur ihrem Beruf, kontrolliert sich, arbeitet, lernt. Drei Saisonen lang spielt sie in Essen. Und als die Zeit zu Ende geht, ist sie nahe daran, aufzugeben. Mit dem neuen Intendanten, der Professor Kenter gefolgt war, hatte sie, gelinde gesagt, Sprachschwierigkeiten.

Von Essen geht es nach Wuppertal, von Wuppertal nach München: „In Essen mußte ich, wie auch in Wuppertal, alles spielen. Wir hatten nur ein kleines Ensemble. Und das hat sich auch in München so entwickelt, worüber ich sehr froh bin." Denn so entgeht sie der Gefahr, auf Grund eines Erfolges in einem Genre festgelegt zu werden.

„Mit allen meinen Intendanten seither hatte ich großes Glück:" Hier muß man endlich eingreifen: Sicherlich spielt das Glück im Leben eines Schauspielers — wie letztlich im Leben eines jeden Menschen — eine wichtige Rolle. Aber mit Glück fängt der Schauspieler erst etwas an, wenn er Können investiert hat. Und dieses Können ist für viele, die einen Weg wie Christine Ostermayer hinter sich gebracht haben, zur kaum mehr zu registrierenden Selbstverständlichkeit geworden. Wenn zum großen Glück des Könnens das kleine Glück des Zufalls kommt, dann wird mitunter aus einem Berufsweg eine Karriere.
Es war ein langsamer, mühevoller Weg über acht Provinzjahre gewesen „und der Erfolg kam ziemlich spät, weil ich sehr verhemmt war und mir überhaupt nicht vertraut habe". Wichtig war für sie die Arbeit mit dem präzisen Lietzau, aber auch mit Otto Schenk, „der mir durch sein Österreichertum eine andere Welt erschloß: die spielerische, körperliche. . ." Eine neue Erfahrung setzte Ingmar Bergmann mit „Traumspiel", „Drei Schwestern": „Das waren ganz entscheidende Prägungen!"

Christine Ostermayer ist ihren Weg still gegangen und stetig: Sie stand nie in den Klatschspalten, sie tat ihre Arbeit: Sie ist eine große Künstlerin.

Nicole Heesters ist ein Beispiel dafür, daß eine gute Schauspielerin alle Register ziehen kann: von der klassischen Tragödie (Maria Stuart) bis hin zum modernen Musical („Sweet Charity").

Die Wandlungsfähige

Für die Klosterschülerin Nicole gab es erst nur zwei erstrebenswerte Berufe: den einer Nonne und den einer Straßenbahnschaffnerin. Bis es vehement ausbrach, was da in Nicole Heesters drin war. Sie wußte plötzlich, wohin ihr Weg führte, doch sie behielt dieses Wissen zunächst ganz für sich. Nicht einmal dem Vater erzählte sie davon, obwohl man sonst ein vorbildliches Familienleben führte. Nur einem einzigen gestand sie es, jenem, dem schon so viel Vertrauen im Hinblick auf Theaterwege geschenkt wurde: Alfred Neugebauer. Dem sprach sie vor: „Hab's nicht wollen lernen, das Lesen", die Magdalen aus dem „Apostelspiel" von Max Mell, und erfährt: „Ja, du bist begabt".

Fünfzehn war sie damals. Was fällt einem da schon mächtig auf in dieser neuen Umgebung: Daß Kestranek ein großer Lehrer war, merkte man erst später, als man, eben eine schwere Stimmbandentzündung überwindend, zu ihm kam, ihn um Hilfe bat. Und doch denkt sie an ihn und an die anderen gerne zurück, am liebsten vielleicht an Pater Diego Hanns Goetz, der den Schülern „Religiöse Ethik" näherzubringen versuchte: „Vielleicht, weil ich direkt aus der Klosterschule gekommen war, fand ich ihn am besten."

Marisa Mell und Klaus Wildbolz in „Kiss me Kate“ (1959).

Jeweils v. l. n. r.: 1. Reihe: Marisa Mell, Evelyn Balser, Caspar Fischer. 2. Reih Christine Buchegger, Li-Lien Tscheng. 3. Reihe: Claudia Sorbas, Gerc Marko. 4. Reihe: Wolfgang Dehmel, Helmut Pöpperl. (1960)

Links: Monica Bleibtreu (Franziska) und Gaby Badura (Minna) in Lessings „Minna von Barnhelm" (1963).

Unten: Hofmannsthals „Der Schwierige", 1958. V. l. n. r., sitzend: Hans Hollmann, Hermann Kutscher, Elisabeth Orth und Ernst Haeusserman; stehend: Harald Hardt, Hannelore Fischer, Roswitha Rieger, Nikolaus Paryla, Herbert Kucera, Helmut Sigmund, Berno von Cramm, Heinrich Eis und Eva Bernhofer.

Oben links: Dagmar Thomas. *Oben rechts:* Erika Pluhar.
Unten: Hans Neuenfels (links) inszenierte 1963 Arrabals „Picknick im Felde" mit Heinz Zuber, Peter Panhans, Heinz Trixner, Lore Stefanek und Peter Neubauer.

Oben links: Senta Berger.
Oben rechts: Wolfgang Reinbacher.
Unten: Christian Futterknecht, Stefan Stroux, Herta Schell und Theo Schenk (v. l. n. r.) in „Katharina und Kate" (1965).

Oben links: Nikolaus Paryla.
Oben rechts: Eduard Wegrostek, heute ein bekannter Rechtsanwalt.
Unten: Heinz Marecek (l.) und Florian Liewehr in Büchners „Leonce und Lena“ (1966).

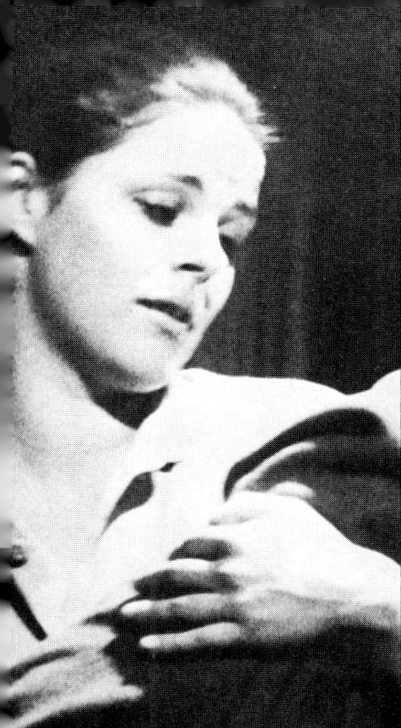

Oben links: Maresa Hörbiger als Marie in Büchners „Woyzeck“ (1966).
Oben rechts: Gaby Jacoby und Franz Xaver Kroetz (1964).
Unten: „Synkopen“. V. l. n. r.: Kitty Speiser, Uwe Falckenbach, Libgart Schwarz, Fritz Truppe, Vera Hühnermann und Heinz Zuber (1964).

Oben links: Ursela Monn.
Oben rechts: August Zirner (1978).
Unten: Helma Gautier und Ulrich Wildgruber in Nestroys „Talisman". (1964).

„Höre ich das Wort Seminar, so sehe ich vor mir den Park, die Bäume, den Stiegenaufgang mit dem großen Spiegel, wo ich immer gesehen habe, daß ich zu dick war . . ."

Dramatischen Unterricht hatte sie gemeinsam mit Peter Weck und Sieghart Rupp, mit Peter Neusser und Walter Schmidinger, mit dem späteren Opernsänger Paul Späni. Und dann war sie erstmals vor Publikum auf der Bühne, spielte in Goethes „Egmont", Oberleitung: Helene Thimig; Sieghart Rupp in der Titelrolle: „Ich war sehr jung und durfte nur eine Marketenderin spielen".

Nicht zu jung war sie allerdings für ihren ersten Film: „Ich und meine Frau"; Hauptdarstellerin — Paula Wessely. Und bald danach die erste große Rolle an einer großen Bühne: „Gigi" am Wiener Volkstheater. Weiter ging es, an die Josefstadt, wo sie mit Seminaristen wie Maria Emo und Schmidinger spielte, den „Ersten Frühlingstag"; in Grillparzers „Weh dem der lügt" als Edrita. Scribe's „Ein Glas Wasser" — die junge Königin; und die „Tochter des Brunnenmachers" von Pagnol. Mit der Josefstadt geht sie auch auf große Reise, spielt in Nord- und Südamerika.

Von Wien weg nach Düsseldorf holt sie Karl Heinz Stroux: „Das war ein sehr entscheidender Regisseur". Siebzehn Jahre lang bleibt sie an diesem Haus, arbeitet sie unter seiner Leitung: „Von dem habe ich alles gelernt!" Alles gelernt, weil sie viel gearbeitet hat; und selbstverständlich „alles" gespielt: fabelhaft, ihre shaw'sche Johanna, damals . . .

Ihr Leben bisher verlief so, als wäre es vorgeplant gewesen: in geraden Wegen, ohne Krach, ohne Saltos. Der Erfolg setzte ein, weil Talent, Arbeit und Disziplin gestimmt hatten, die klassischen Voraussetzungen. Und die „gesunde Relation beziehe ich aus meiner Familie, aus meinen Kindern, aus dem normalen, gesunden Zusammenleben mit ihnen". Denn die bringen sie immer wieder auf den Erdboden zurück, stellen Aufgaben, geben Sinn.

Von Stroux hat sie viel gelernt, vor allem aber „die eigene Phantasie blühen zu lassen". Als klar wurde, daß Stroux nicht mehr in Düsseldorf bleiben würde, Boy Gobert ihr in jener Zeit aber einen lieben Brief sandte und sie einlud, zu ihm, ans Hamburger Thaliatheater, zu übersiedeln, sagt sie zu. Und sie spielt auch dort alles, was für das schauspielerische Potential, das sie offeriert, gut, und was dem Publikum wichtig und teuer wurde: in einem einzigen Spieljahr etwa die schwere Penthesileia und das Käthchen von Heilbronn; sie spielte „Sweet Charity" und Maria Stuart und „Chicago".

Daß sie auch im Privatleben glaubhaft eine Situation darzustellen vermag, bewies sie selbst einmal dem großen Heinz Hilpert.

Nicole war mit ihm im Wiener Sacher verabredet. Sie kam am Ende der Kärntnerstraße an, blickte auf ihre Uhr, merkte, daß sie sich um ein paar Minuten verspätet hatte, drehte um, wohl wissend, daß Hilpert ein superpünktlicher Mann ist, und fuhr nach Hause. Einen Tag später stellte sie sich genau zur vereinbarten Zeit wieder im Sacher ein. Hilpert, der da logierte, sagte:

„Gestern war unser Termin!"

Darauf die Heesters, ungerührt: „Nein, heute . . ."

„Gestern . . ."

„Heute . . ."

Sie spielte ihren Part durch, bis auch Hilpert unsicher wurde. Gestern, heute: Nicole Heesters.

Paola Loew hat sich ihren Weg nicht leicht gemacht, und er wurde ihr auch nicht leicht gemacht; um so konsequenter ist sie ihn gegangen. Sie ist zur persönlichen, nuancenreichen Schauspielerin herangereift.

Der Fixpunkt heißt Zufall

Mit dem letzten regulären Auswandererschiff emigrierte im Jahre 1939 die in Italien geborene Paola Loew nach Südamerika. „Ausgehitlert", faßt sie dieses Schicksal in einen Begriff zusammen.

Erste Station war Paraguay; zwei Jahre später ging es nach Argentinien weiter. Zufall: Dort besetzte sie der Vater einer Kollegin aus der spanischen Schule, ein Filmproduzent, in drei seiner Produktionen in Kinderrollen: eine Arbeit, die der kleinen Paola zwar gefallen hat, die sie aber nicht der Schauspielerei verfallen machte. Das Zentrum ihres Daseins blieb das Klavier: sie wollte Pianistin werden, bis der in Südamerika gastierende Wiener Pianist Friedrich Gulda durch Zufall sich in ihr Leben spielte. Das war 1952. „Es hat wenig Sinn, wenn zwei in der Familie das gleiche machen", überlegte sie, „wenn nur einer *so* gut ist." Nun wird das für sie bisher Zweitwichtigste nach dem Klavier zum großen Wunsch: Schauspielerin zu werden. Gulda berichtet, daß es dafür in Wien eine hervorragende Schule gäbe; das Reinhardtseminar, und er wolle über dieses Thema mit Helene Thimig sprechen . . .

Auf gut Glück zehntausend Kilometer fahren, nur um vielleicht bei der Aufnahmsprüfung zu hören: „Unbegabt", das will und kann sie nicht. Doch Helene Thimig findet einen Weg: Sie übergibt Fotos von Paola Loew dem Filmregisseur Gustav Ucicky, der eben eine Hauptdarstellerin für ein Remake von „Ariane" sucht. Ucicky reagiert prompt: „Kommen Sie auf unsere Kosten zu Probeaufnahmen nach Berlin" telegraphiert er nach Argentinien. Paola Loew reiste an, wurde engagiert; nur zum Film kam es — aus urheberrechtlichen Gründen — nicht. Statt dessen unterschrieb sie einen Zweijahresvertrag, agierte in „Ein Leben für Do" und in zwei weiteren Filmen. Ein Handicap mußte allerdings beseitigt werden: bis dahin hatte Paola zu Hause nur in ihrer Muttersprache italienisch, in der Schule nur spanisch gesprochen: Deutsch hatte sie als Fremdsprache gelernt. Also nahm sie in Berlin Schauspielunterricht und tat dies so fleißig, daß sie schon nach kurzer Zeit sogar in einem Theater auftreten konnte: „Juno und der Pfau" hieß das Stück, in dem sie im British Center auf der Bühne debütierte.

„Doch dann stellte Gulda einen Baum auf — er wollte mich in Wien haben." Übersiedlung also, und, endlich, die längst geplante Aufnahme an das Seminar. Wesentlichste Erinnerung an das erste

Jahr: nach Christine Ostermayer und Netty Hieß durfte sie in Shakespeares „Hamlet“ die Ophelia spielen: „Ich habe das Kostüm entworfen, das wir nacheinander alle drei trugen. Einer war es ein bißchen zu lang, der anderen ein bißchen zu kurz, der dritten ein wenig zu eng — gepaßt hat es jedoch jeder, irgendwie.“

Im zweiten Semester wird die junge Ehefrau schwanger. Was tun? Vor ihr lag noch mehr als die Hälfte des Seminarstudiums, und sie hatte bereits für die nächste Saison einen Elevenvertrag an die Josefstadt unterschrieben:

„Im zweiten Jahrgang begann die schrecklichste Zeit meines Lebens. Ich habe mich nur mehr gefürchtet. Es hing auch damit zusammen, daß, während ich das Kind erwartete, die Verhältnisse auf mich eingestürzt sind: die fremde Umgebung, und meine Familie weit weg. Ich habe von dem Beruf noch viel zu wenig gewußt, habe nicht verstanden, wie man eine Rolle anpackt; niemand hat es mir erklären können.“ Nur ihr Sprechlehrer Zdenko Kestranek sprach ihr Mut zu.

Dann war das Kind da, und sie trat den Dienst im Theater an, wurde besetzt, umbesetzt: es gelang nichts. Kinderwagenschiebend traf sie einmal auf der Straße eine alte Kollegin. Paola Loew grüßt höflich, die Kollegin dankt nicht, schaut sie nur lange an und sagt endlich: „Sie hätten doch beim Film bleiben sollen . . . “

Zäh arbeitet sie weiter, und sie fühlt sich von Rolle zu Rolle wohler. Das verlorene Selbstvertrauen wächst. Dankbar denkt sie heute an die Hilfestellung, die ihr damals der Regisseur Hermann Kutscher gab. Paola probierte eine kleine Rolle. Das Ensemble unkte: „Fehlbesetzung“. Darauf Kutscher: „Laßt sie endlich in Ruhe, es wird schon . . . “ Vertrauen, das lebensnotwendig war.

Doch das Elevenjahr verging, und als sie im Jahr drauf „durch Zufall“ an das Wiener Volkstheater engagiert wurde, war sie bereits eine souveräne Schauspielerin: kleinen Rollen folgten größere, den größeren — große. Sie wurde so etwas wie ein Fixstern im Hause am Weghuberpark. „Dort wurde ich wirklich gut behandelt“. Und Ernst Haeusserman holte sie an die Burg.

Daß es Kinder prominenter Persönlichkeiten im Leben leichter hätten, ist eine Legende, die das Leben selbst ad absurdum führt. Mitunter mag es für den Sohn oder die Tochter eines berühmten Schauspielers relativ einfach sein, ein erstes Engagement zu finden, zumal auch Direktoren gern die Neugierde des Publikums befriedigen. Der Preis, den die debütierenden Kinder dafür zu zahlen haben, ist hoch: Sie müssen sich den Vergleich mit dem durchgesetzten Vater (der Mutter) gefallen lassen. Und daher wird eine Leistung, die man von jedem anderen Anfänger durchaus positiv hingenommen hätte, allzu leicht abgewertet.

Nur ein paar Wochen . . .

Ihre erste Theatervorstellung hatte sie mit elf erlebt: den Salzburger „Jedermann", in der Titelrolle ihr Vater Attila Hörbiger. Da war der Wunsch zum erstenmal da gewesen: ich will auch zum Theater. Mit dreizehn verkleidet sie sich, macht das, „was ich mir halt unter Theater vorgestellt habe".

Nicht der Modus der Aufnahmsprüfung war ihr wichtig, „wichtig war mir vielmehr die elterliche Erlaubnis, überhaupt dorthingehen zu dürfen;" An der Begabung der Tochter hatten Paula Wessely und Attila Hörbiger nie gezweifelt; aber sie hatten — wie es Eltern auch zusteht — Angst: wird das Kind die Kraft haben, in diesem Beruf durchzuhalten?

Sie setzte sich durch, trat zur Aufnahmsprüfung an, wurde von der Kommission für würdig befunden und akzeptiert. „Niederführ war sicherlich ein verdienstvoller Mann, doch er hat mich damals sehr geschockt, als er verkündete: ‚Ich sage euch gleich, meine Lieben, das hier ist wie ein Gymnasium. Glaubt nur ja nicht, daß dies ein freier Betrieb ist!' Das hätte er nicht sagen sollen."

Man ging selbstverständlich gemeinsam in die Generalproben des Burgtheaters, „und dort haben wir alles schlecht gefunden, geradezu verheerend. Wir waren im innersten davon überzeugt, daß wir alles viel besser machen würden."

An was man sich gerne zurückerinnert: „Wunderschön waren die Stunden mit Vilma Degischer, wichtig jene mit Vera-Balser-Eberle und mit Fred Liewehr. Das war schon alles."

Alles wäre normal gelaufen, wenn nicht nach einigen Seminarwochen ein Abgesandter der Sascha-Film aufgetaucht wäre und gefragt hätte: „Wollen Sie in unserem Mayerling-Film mitspielen?" Natürlich wollte man!

Christiane war sechzehn, und da ist ein derartiges Engagement ohne elterliche Erlaubnis nicht möglich. Selbstverständlich ist die Mutter entsetzt: „Wieso willst du gleich mit Film anfangen? Wenn du zum Theater gehen willst, lerne erst ordentlich dein Handwerk!" Christiane trotzt ihren Willen durch. Es wird gefilmt.

Als Mutter Wessely die ersten Muster sieht, urteilt sie rasch: „Ich kann nur sagen: sofort zurück in das Reinhardtseminar." Nach den Dreharbeiten hätte sie auch an das Seminar zurückkehren dürfen, doch „der Gedanke war mir schrecklich. Der Schulgeist, der dort herrschte, tief zuwider."

Lange kam sie nicht zum Überlegen, schon wurde ihr der nächste Film angeboten, und noch einer.

Wo bleibt die Ausbildung? „Ich hatte das große Glück, daß Alma Seidler sich bereits erklärte mich privat zu unterrichten." Und zu Vera Balser Eberle ging sie ebenfalls privat weiter: „Das danke ich ihr heute noch; bei ihr habe ich wirklich sprechen gelernt . . . "

Mit achtzehn spielte sie zum erstenmal am Burgtheater: die Recha in Lessings „Nathan": wenig glücklich. Als sie später in Shakespeares „Romeo und Julia" auftrat, schrieb ein Kritiker: „Die Rolle der Julia spielte die unbegabte Tochter der Wessely".

Das sollte sich jedoch bald alles ändern.

„Erst einmal schickte mich Direktor Haeusserman nach Heidelberg, um dort ein Jahr lang zu lernen." Als sie zurückkam, war die Welt wieder in Ordnung. Sie wurde an die Burg engagiert, wo sie bis 1965 war. „Nur einmal wäre ich fast vertragsbrüchig geworden, als Kortner mich holen wollte.“ Tempora mutantur. Am Burgtheater war sie ein besonders strahlendes Gretchen.

Lindtberg engagierte sie nach Zürich, wo Christiane Hörbiger heute eine erste Schauspielerin ist.

„Ich hatte in meinem Leben viel Glück. Bis ich eines Tages draufgekommen bin: ich hab mir dieses Glück auch wirklich verdient“, weil erarbeitet.

Heute spielt Christiane alle jene Rollen, die man sich nur wünschen kann. Die Elisabeth in Schillers „Maria Stuart“ war wichtig, „weil mir die damals kein Mensch zugetraut hat.“ Wozu zu bemerken ist, daß dies in einer der interessantesten Buckwitz-Inszenierungen stattgefunden hat.

Die klassische Schauspielerin, das ist eine Seite der Christiane Hörbiger; und die andere: die Lilly Vanessi in „Kiss me Kate“ die Wirtin in Benatzkys „Weißem Rössel am Wolfgangsee“.

Sie habe vom Seminar zu wenig Rüstzeug für's Leben mitbekommen meint sie (obwohl sie nur wenige Wochen am Seminar verbracht hat). Strengeren Gesangsunterricht, mehr Tanzunterricht, dazu eine Fremdsprache, möglichst perfekt: das wäre wichtig. „Und man müßte auch den Umgang mit Direktoren lernen, ihre Sprache, richtig verhandeln lernen, daß man nicht mehr der Laune eines x-beliebigen Intendanten ausgeliefert ist.“

Viele junge Leute wenden sich an Christiane Hörbiger, fragen, wie sie es anstellen könnten, dieses „Zum-Theater-gehen“. Sie empfiehlt ihnen, dennoch, immer wieder das Seminar, „weil diese Stadt so unheimlich musisch ist, und weil sie hier noch ein sehr komödiantisches Theater lernen können. Man hat hier doch den Eindruck als Schauspieler: es macht Freude, beim Theater zu sein.“

Maria Emo fühlt sich künstlerisch und menschlich in einem harmonischen Ensemble am wohlsten: „Denn was uns als das schönste Ziel unserer gemeinsamen Arbeit etwa vorschwebt", sprach Max Reinhardt 1929 zu seinen Seminaristen, „wäre das allmähliche Wachsen einer einheitlichen künstlerischen Gruppe, die seelisch und moralisch aufeinander abgestimmt nach Abschluß ihrer Lehrzeit als ein lebendiger Organismus, als eine kleine, in sich geschlossene Welt, auf ihrer Bahn durch die große Welt ziehend und die wahre Kunst des Theaters künden könnte."

Ein künstlerisches Zuhause haben . . .

Prinzipiell war Vater Emo nicht dagegen, daß seine Tochter Maria zum Theater wollte. Seine Bedenken kamen nur aus eigener, lebenslanger Erfahrung. Als die Tochter vor dem Vater stand, sich ihm eröffnete, riet er vorsichtig: „Du kannst es tun; lerne aber zuerst ein Handwerk".

Maria überlegte, beschloß: Das Handwerk heißt Schreibmaschine. Den väterlichen Wunsch erfüllend, perfektioniert sie sich im Englischen, übt die Kurzschrift, tippt Geschäftsbriefe. . .

Um dann wieder vor den Vater zu treten. Dieser, im konkreten „Fall" seinem eigenen Urteil nicht vertrauend, delegiert an Alfred Neugebauer:

„Ja", sagt er „du solltest die Aufnahmsprüfung an das Seminar versuchen".

Am Ende des ersten Jahrgangs wird sie in den dritten vorversetzt, und als Sally Middleton in John von Drutens „Lied der Taube", inszeniert von Johannes Heesters, erweist sie sich bei einer Aufführung im Schönbrunner Schloßtheater als fertige Schauspielerin. Denn am nächsten Tag kann sie es sich aussuchen: Will sie an das Volkstheater oder an die Josefstadt? Sie entscheidet sich für beide, spielt erst bei Rudolf Steinböck, dann bei Leon Epp; sie ist Jessica in

Sartres „Die schmutzigen Hände“, ist Malchen in Raimunds „Der Alpenkönig und der Menschenfeind“, fühlt sich wohl im Volkstheaterensemble, hat aber bald Sehnsucht — heim, in die Josefstadt, „weil diese Atmosphäre prägnant war für mich und meinen ganzen Beruf“.

Sie kehrt heim in den achten Wiener Bezirk, spielt zwischendurch in Filmen, in „Herr Puntila und sein Knecht Matti“ und in „Bel Ami“, agiert im Kinoklamauk „Unser Ehesanatorium“, „weil ich meinen Eltern ein hübsches Weihnachtsgeschenk machen wollte“. Unvergessen ist sie im Josefstädter „Der erste Frühlingstag“ — mit Nicole Heesters, Vilma Degischer, Ernst Waldbrunn und Walter Schmidinger; und in Billingers „Der Gigant“ mit Walter Kohut.

Sie ist vollbeschäftigt, könnte zufrieden, ja glücklich sein. Dennoch verläßt sie das ihr liebgewordene Stammhaus, weil sie — endlich Klassiker spielen will. Gründgens interessiert sich für sie, doch zu einem Engagement kommt es nicht: „Ich habe so entsetzliche Angst gekriegt, weil ich nicht vorsprechen kann. . .“

Jahrelang ist sie freie Schauspielerin, spielt mal an diesem, mal an jenem Theater, nimmt Fernsehangebote an „und glaubte, das ist auch eine Art, den Beruf auszuüben. Ist es aber nicht.“ Vor allem, weil es in ihrem Leben immer weniger Bühnenauftritte und immer mehr Kameras gab. Daher war sie glücklich, als Ernst Lothar sie als Helene in Hugo von Hofmannsthals „Der Schwierige“ an das Züricher Schauspielhaus holte: „Diese Arbeit gehört mit zu meinen schönsten Erlebnissen.“ Lothar wurde ihr wichtig, wie Noelte, wie Hilpert, wie Strehler. . .

Als sie einmal für eine Aufführung der Festspiele in Melk probte, wurde sie mitten in der Arbeit an das Telefon gerufen: „Frau Emo, Hollywood ist am Apparat“. Von Kollegen einigen Ulk gewöhnt, lehnt sie es ab, die Zelle zu betreten. „Frau Emo, Hollywood. . .“ Nur, um den Spaß der anderen nicht zu verderben, läßt sie sich drauf ein, merkt, da ist wirklich Hollywood, hört, daß die Herrschaften sie in ihrem alten Film „Das Mädchen vom Moorhof“ gesehen und an ihr großes Interesse hätten: Ob sie die Rolle der Eva Braun in einem Hitler-Film übernehmen wolle. . .

„Es hat mir ungeheuer gut gefallen, in den Vereinigten Staaten. Dort ist man nicht Wiener, dort ist man Europäer." Mit großen Augen lernt sie die Traumfabrik kennen, begegnet Frank Sinatra und anderen Hollywood-Größen, ist über einen Monat lang in Kalifornien und „wollte fast nicht mehr nach Hause".

Doch das Leben geht weiter: Während zweier Jahre gastiert sie wiederholt an der Volksbühne Berlin: „Das zählt zu meinen aufregendsten Arbeiten". Heyme holt sie nach Köln, Everding an die Münchner Kammerspiele; in Salzburg ist sie dreimal Jedermanns Buhlschaft, sie spielt unter Strehler im „Spiel der Mächtigen". Und nimmt wieder ein festes Engagement an, bei Gobert am Hamburger Thaliatheater: „Da habe ich das gefunden, was ich gesucht habe, seit ich von der Josefstadt weg war. Da stimmt's, und da möchte ich bleiben".

Zumindest so lange Gobert bleibt . . .

ERFOLG IN ANDEREN BERUFEN

In Berlin versuchte die Direktion des Deutschen Theaters im Jahre 1930, anläßlich des fünfundzwanzigjährigen Jubiläums der Reinhardtschule, zu erfassen, welche Wege ehemalige Schüler gegangen wären: Es war auch damals kein sehr erfolgversprechendes Unternehmen, da die meisten Absolventen nach ihrem ersten Engagement den Kontakt zur Schule abgebrochen hatten: „Viele haben geheiratet oder sind in andere Berufe übergegangen, mehr noch haben ihre Namen geändert und sind darum unauffindbar. Von denen, die den Bühnenberuf aufgaben, ist eine Anzahl in sehr ansehnlichen bürgerlichen Stellungen; wir finden sie in der Leitung großer industrieller Unternehmungen, im Buchhandel und Buchverlage, als Journalisten, Photographinnen, auch unter den Ärzten und Zahnärzten."

Die Berliner Situation von 1930 ist praktisch identisch mit jener der Absolventen des Wiener Reinhardtseminars von heute. Wir finden unter den Absolventen Ärzte und Anwälte, Architekten und Schriftsteller, hohe Beamte, Studienräte und Unternehmer . . .

Beachtlich allein ist die Liste der Schriftsteller, die eine Zeit ihres Lebens am Seminar verbrachten: da sind Martin Sperr zu nennen, der mit seinen „Jagdgeschichten aus Niederbayern" vielgespielte Dramatiker, und Franz Xaver Kroetz, der sich als Mitglied der DKP und als Bühnenautor einen Namen gemacht hat. Etwas verblüffend für seine ehemaligen Lehrer am Seminar war, ihm im Fernsehen zuzuhören, als er erklärte, er habe das Seminar wegen mangelnder Begabung verlassen müssen. Ein Mann von seiner Begabung (die schriftstellerische ist erwiesen, die schauspielerische stand, wie auch er weiß, schon damals außer Zweifel) dürfte nicht mit dem mangelnden Erinnerungsvermögen seiner Umwelt rechnen. Richard Flatter, den Shakespeare-Übersetzer, Fritz Eckhardt, den Allround-Schriftsteller, und O. W. Fischer, den Autor von sieben philosophischen Büchern, kennen die Leser dieses Buches bereits. Harald Zusanek, dessen „Straße nach Cavarcere" am Burgtheater aufgeführt wurde, ist heute Professor an der Filmhochschule; Franz Buchrieser und Irene List schreiben Stücke, auch Jon Laxdal-Haldorson. Beatrice Ferolli hat mit ihrem Roman „Sommerinsel“ Bestseller-Erfolge. Elli Ventura bearbeitet Stücke. Und Paul Hengge hat in jahrzehntelanger Arbeit die Fünf Bücher Moses neu übersetzt.

Filmproduzenten wurden Leopold Stöger und (er trat in die Fußstapfen seines Vaters) Peter Podehl.

Polly Kügler erteilt Schauspielunterricht und betreibt eine Künstleragentur, Eva Bernhofer beansprucht viele Möglichkeiten des Theaters für sich: sie ist Tänzerin, Ballettmeisterin und hat verschiedentlich Regie geführt.

Heinrich Eis ist zwar Burgschauspieler und Regieassistent, hat aber besondere Freude mit seiner Aufgabe an der Volksoper: dort ist er für die sprachliche Betreuung der Ausländer bei der Einstudierung von Rollen verantwortlich.

Kaspar Fischer ist ein großartiger Zeichner, hat einige Bücher herausgegeben und zeigt seine One-Man-Show erfolgreich im Fernsehen und auf der Bühne.

Erich Gabriel ist Manager der im Familienbesitz befindlichen Reinigungsanstalt Oscar Deleglise leitet die Film- und Fernsehabteilung der US-Botschaft in Wien.

Lieselotte Anton arbeitet in der Dramaturgie des Burgtheaters, und Hubert Paule betreut die Organisation „Künstler helfen Künstlern“.

Inge Leddhin war ein Leben lang Regieassistenin am Burgtheater.

Helma von Pach besitzt exklusive Boutiquen in Wien, und Gerda Marko ist Studienrat an einem Gymnasium in München: „Ich habe aufgehört, weil ich mich so extrem unkomödiantisch fand.“ Sie war damals, als sie es sich anders überlegte, fünfundzwanzig und in einem sicheren Engagement in Baden-Baden. Was sie am Seminar gelernt hat, kann die Frau Studienrat für die Fächer Deutsch, Geschichte und Sozialkunde gut gebrauchen.

Zu einer wichtigen Lebensaufgabe hat Verena Grendi gefunden — sie spielt mit schwergeschädigten Kindern Theater: Psychotherapie für Menschen, die an den Rand unserer Gesellschaft gedrängt wurden.

Ehemaligen Kollegen haben immer wieder berichtet, daß Hans Herzog sich als Wanderprediger betätige.

Daß Gunther Philipp ein ausgebildeter Neurologe ist, hat sich durchgesprochen. Karl Hackenberg ist Facharzt. Aber auch Wolfram Besch, von Werner Düggelin nach Basel engagiert, ist Arzt geworden. Sein Intendant hatte das Verständnis aufgebracht, ihm die Absolvierung seines Studiums während des Engagements zu ermöglichen. Doktor Besch ordiniert heute im Kantonsspital in Basel; zwischendurch können ihn seine Patienten auf der Bühne sehen.

Harry Horner hat als Filmarchitekt Weltruf, Harry Glück baut Hochhäuser in Wien. Und Otto Liewehr, der Bruder unseres „Freddy“, leitete die Modeschule der Stadt Wien und gilt als erstrangiger Fachmann in Kostümfragen.

Christian Almassy wurde Croupier in einem Spielkasino, Ingeborg Tramm internationales Topmodell. Eva Patzak leitet das Besetzungsbüro in Geiselgasteig. Elga Weinberger zieht mit ihrem Mann, der im Zirkus arbeitet, durch die Lande, und Peter Wiegel ist Repräsentant einer großen Firma.

Eine Reihe von Seminarabsolventen ist, neben ihrem Schauspielerberuf, unter die dramatischen Pädagogen gegangen: Bruno Dallansky, Judith Holzmeister, Otto Tausig, Vilma Degischer, Walter Davy, Annemarie Düringer, Klaus Löwitsch, Walter Hoesslin, Emanuel Schmid und Cornelia Oberkogler.

Im folgenden einige Geschichten von Seminarabsolventen, die ihr Weg in andere Berufe geführt hat.

Zwischen Justinian und Thalia

Als der Dramatiker Stefan Terramare („Leinen aus Irland“) im Jahre 1921 mit dem „Spiel von der Geburt des Herrn“ in der Aula des Wiener Benediktinerstiftes „Unsere liebe Frau“ die alte Tradition der

Schottenspiele wiederaufleben ließ, waren davon zwei damals fünfzehnjährige Stiftsgymnasiasten sehr angetan: Beide, Gustav und Eduard, hatten nämlich schon oft miteinander im Kreise theaterbegeisterter Burschen der Muse des Theaters gehuldigt: Hatte Eduard Volters die Verse des Ferdinand in „Kabale und Liebe“ über die Rampe geschmettert, so mußte er mit einem intriganten Wurm des Gustav Pichler rechnen; verpraßte der spätere Burgschauspieler Volters als Flottwell in Raimund's „Verschwender“ sein Hab und Gut, so rührte Pichler, der spätere Hofrat, Eltern und Tanten mit dem Hobellied. . .

Terramare arbeitete mit den jungen Leuten als Professioneller, was schon der Umstand beweist, daß selbst der Direktor des Burgtheaters die Theaterabende besuchte: Franz Herterich engagierte aus einer „Jungfrau von Orleans“-Vorstellung weg die Hauptdarstellerin an den Ring: Elisabeth Kallina.

Nachdem sie das Gymnasium absolviert hatten, strebten die beiden auf verschiedenen Wegen das gleiche Ziel an: Schauspieler zu werden, und Regisseur. . . Volters geradewegs, Pichler über den Umweg Innsbruck. Dorthin hatte ihn sein Vater, wohlbestallter Rechtsanwalt in Wien, geschickt, um sich als Student mit der Jurisprudenz auseinanderzusetzen: „Wenn man nicht der Bassermann wird, oder der Moissi, hat man als Mann beim Theater nichts verloren“, hatte der Vater gesagt. Anders wäre es bei einem Mädchen, denn „die kann auf diese Weise immerhin einen Mann finden“. Wenn schon unbedingt Theater, dann möge er wenigstens vorher ein Studium abschließen! Die Sache würde sich schon von selber lösen, mag Pichler senior gedacht haben.

Der Sohn gehorcht, besucht die Vorlesungen an der Universität — und ist gleichzeitig am Landestheater engagiert. So kam es zu der prekären Situation, daß er am Abend vor seiner ersten Staatsprüfung („Römisches Recht“) als Illo im „Wallenstein“ auf den Brettern stand und am nächsten Tag — prompt durchfiel. Als er im Juni 1930 feierlich zum Doktor der Rechte promoviert, kann er auf ansehnliche fünf Theaterjahre zurückblicken, verbracht als Schauspieler in Innsbruck, als Oberregisseur in Iglau und Znaim, als Radiosprecher in Wien und als Schauspieler in Rostock, „denn als der Intendant einmal in Wien war, hat er mich, vielleicht als Kuriosität, an sein Theater mitgenommen". Kurzfristig tat Pichler sich auch als Erster Charakterdarsteller in Bern um; kurzfristig deshalb, weil er und der dort als Oberregisseur beschäftigte Reaktivator der Schottenspiele, Terramare, am gleichen Mädchen Gefallen gefunden hatten: „Da ich das Rennen gemacht habe, hatte ich natürlich nichts mehr zu lachen". Die Saison 1930/31 verbringt er in Meißen deshalb, weil die Porzellanmetropole nicht allzu weit von Chemnitz entfernt ist: und im Theater in Chemnitz war nun jenes hübsche Mädchen. . .

Der Vater hat ein großes Maß an Geduld gezeigt, nun aber droht sie zu reißen: Der Herr Sohn möge doch bitte so freundlich sein, schreibt er nach Meißen, und endlich nach Hause kommen, zumal die Kanzlei dringend eines Konzipienten bedürfe.

Gustav Pichler kehrt nach Wien zurück: „Am 17. September 1931 stand ich auf der Bühne des Schloßtheaters und machte meine Aufnahmsprüfung an das Seminar. Ich sehe heute noch die Kommission deutlich vor mir: Sie bestand aus meinem späteren Freund Friedrich Schreyvogl, aus Emil Geyer, der viele Jahre lang Direktor der Neuen Wiener Bühne war, und aus Iwan Schmith." Eine Erinnerung an den Russen Iwan Schmith: „Sie, junger Mann, und Sie, junges Fräulein, kommen jetzt heraus, spielen Szene vor! Text? Text uninteressant! Spielen Sie Szene, Improvisation! Sie, Fräulein, gehen auf Gasse, und Sie, junger Mann, gehen nach. Spielen Sie!"

Fast vergessen ist die väterliche Kanzlei: Pichler spielt nach dem Seminar in Biel-Solothurn, in Frankfurt an der Oder, „dann folgte ein Engagement bei meinem Schulkollegen Franz Stoß in Teplitz-Schönau"; im letzten Kriegsjahr landet er wieder in Wien, gastiert am Meidlinger Theater an der Philadelphiabrücke (das es schon lange nicht mehr gibt) unter dem Direktor Dörfler, spielt dreiundsechzigmal den Gianettino Doria, en suite.

Totaler Krieg und allgemeine Theatersperre: Jetzt noch an die Front gehen? Nein. Pichler weist ein ärztliches Attest vor, das ihn vom Kriegsdienst befreit. Als alles westwärts zieht, um der eilig heranrückenden Front zu entfliehen, übersiedelt auch er in das Salzkammergut, in sein Haus nach St. Wolfgang: „Das ist die eigentliche Ursache, daß ich dann fünfundzwanzig Jahre in Salzburg blieb".

Im Nachbarort Strobl hatte sich unmittelbar nach Kriegsende eine Künstlergemeinschaft zusammengefunden: Theo Lingen war Bürgermeister, Emil Jannings, Siegfried Breuer, Paul Kemp und Jakob Tiedke waren da, der Dichter Alexander Lernet-Holenia und — Susi Nicoletti.

„Ich will eine Tournee mit Anouilhs ‚Einladung auf's Schloß' machen", erzählt ihm Lingen, „und Sie sollen mit dabei sein". Das war im August 1945. Aber als Pichler nichts mehr von diesem Unternehmen hörte und da er nicht weiter warten wollte, entschloß er sich zu handeln.

„Da bin ich nach Salzburg gefahren, wo für die neu aufzubauende Justiz junge, nicht NS-belastete Richter gesucht wurden. Die Salzburger Gerichtsverwaltung bestand damals aus einem einzigen alten Richter." Dessen Vorschlag: „Sie werden Bezirksrichter in Sankt Gilgen"! Damit ist Pichler sehr einverstanden. Zwei Tage später jedoch trifft bei ihm ein Telegramm ein: „Sie sind ab sofort Richter in der Stadt Salzburg".

„Am Tag nach meiner ersten Verhandlung stand ich auf einem der langen Gänge des Landesgerichts im Talar da. Da tauchte plötzlich Theo Lingen auf: ‚Wir können anfangen mit der Tournee, wir sind so weit. . ."

Worauf Pichler leider antworten mußte: „Herr Lingen, es tut mir leid, aber seit gestern habe ich ein anderes Engagement".

Vom Theater kann er dennoch nicht lassen: Wenn schon nicht mehr spielend dabeisein, so wenigstens anderen darüber berichten: Der Richter schreibt Kritiken im „Salzburger demokratischen Volksblatt". Das bleibt der vorgesetzten Behörde nicht verborgen:

„Für Sie haben wir eine Spezialaufgabe: Sie werden in unserem Kulturreferat arbeiten".

Im November 1946 trat er dort seinen Dienst an und wurde im Laufe der Jahre zu einem der wichtigsten und der österreichischen Kultur zuträglichsten Beamten dieses Landes. Hier hatte er, obwohl er „immer ein Zerrissener zwischen Theater und Jus" gewesen war, eine Symbiose zwischen beiden gefunden.

Dreizehn Jahre lang war er Schauspieler gewesen, der als Präsident der Raimund-Gesellschaft immer noch äußerst aktive Herr Hofrat. . .

Der Cutter des Paten

Der junge Peter Zinner wußte selbst nicht genau, was er wollte: war es das Theater, das ihn so faszinierte? Oder doch der Film? Dr. Kalbeck, ein Freund seines Vaters, schlug ihm deshalb vor: „Fange mit dem Theater an!"

Als Zinner zum erstenmal auf der Bühne des Schloßtheaters stand, war er — wie wahrscheinlich alle Kandidaten vor ihm — natürlich — aufgeregt. Und er blieb im Text hängen (was üblicherweise keinen Einfluß auf die Entscheidung der Kommission hat). Der Abiturient von 1937 wird aufgenommen; als er ein Jahr später weggeschickt wird, hat das nichts mit seinem Talent zu tun.

Im April '38 rief ihn Doktor Niederführ in sein Büro und erklärte: „Lieber Herr Zinner, wir müssen leider momentan unser Verhältnis zu Ende bringen."

Drei Monate nach diesem Gespräch hatte er auch seine Heimat Österreich zu verlassen. Mit seiner Ziehharmonika unterm Arm flüchtete er nach Jugoslawien und erwartete dort die Emigrationspapiere. Als die endlich eintrafen, ging erst die große Reise los: rund um die halbe Welt: Anderthalb Jahre lang lebt er auf den Philippinen, versucht, dort beim Film unterzukommen: aussichtslos! Er verdingt sich in einem Buchmachergeschäft, so lange, bis er um Gehaltserhöhung einkommt. Da fragt ihn der Chef: „Sagten Sie nicht einmal, daß Sie in Hollywood arbeiten wollen? Ich glaube, das sollten Sie jetzt tun . . . "

Nächste Station: Kalifornien. „Ab 1940 bin ich da herumgesessen, habe gehofft und geglaubt, daß mir ein wunderbarer Job bei Metro Goldwyn Mayer oder Warner Brothers in den Schoß fiele. Das geschah nicht. Ich mußte mich mit der Realität abfinden. Ich spielte — für einen Dollar pro Abend und ein warmes Essen — in einem Restaurant Klavier; ich war Pianist in einem Stummfilmkino, so lange, bis dieses Pleite ging." Draußen, in der Welt, da war Pearl Habour und Hiroshima: die großen Sorgen. Er selber hatte seine kleinen, aber nicht minder wichtigen: er mußte sehen, wie er sich als Taxichauffeur über Wasser halten konnte, so lange, bis ihm ein Bekannter seines Vaters ein Gespräch mit dem Vizepräsidenten von 20th Century Fox ermöglichte. Er nutzte die Chance, in die Filmbranche „einzusteigen": als Gehilfe in der Abteilung Filmschnitt. Der Anfänger erhält eine „Gage" von 65 Cents die Stunde. Immerhin. „Dort war ich ungefähr drei Jahre lang. So lange, bis ich Otto Preminger kennenlernte."

„Warum sind Sie hier nicht als Cutter angestellt?"

„Dear Mr. Preminger, das ist nicht so einfach, das dauert viele Jahre."

„Würden Sie auch wo anders arbeiten?"

„Natürlich, wo auch immer Sie mir einen Job anbieten."

Preminger telefoniert, und nach zehn Minuten weiß Zinner, wohin er übersiedeln wird: Er ist ab sofort Cutter bei Universal Pictures.

Daß er überdurchschnittliche Kenntnisse im Bereich der Musik hat, dazu entsprechendes Wissen über Filmschnitt, kommt ihm zu jener Zeit (1949) zugute, als ihm MGM einen Job als Musikcutter offeriert. Er ist nun dafür verantwortlich, die auf Tonträger aufgenommene Musik in Filme „einzuschneiden". Da braucht es großer Kunstfertigkeit.

Bald kann er sich selbständig machen: vier Jahre lang ist er freier Unternehmer, ehe er nach England geht, um mit Richard Brooks den Film „Professionals“ zu schneiden. Als Cutter betreut er in den letzten Jahren nur mehr weltweit geplante Filme, etwa „Der Pate“, „A Star is born“ oder „Mahagony“.

Daß er sehr hübsche, sehr eingängige Melodien komponiert, hat er uns ebenso wenig verraten wie das von ihm noch wohlgehütete Geheimnis, daß er soeben seine erste Filmregie vorbereitet.

Ein Weg zum Nächsten

Jenen unter uns, die die Zeit des Bundespräsidenten der Republik Österreich Dr. Adolf Schärf, bewußt miterlebt haben, ist seine Tochter, Frau Dr. Martha Kyrle-Schärf, keine Unbekannte: Sie repräsentierte damals, da Schärf Witwer war, als First Lady ihr Land. Nur wenige wissen, daß die Frau Doktor einmal ihr Leben hatte ganz anders gestalten wollen. . .

Der Weg hatte erfolgversprechend begonnen und wurde jäh durch die politische Wirklichkeit abgeschnitten: Die Tochter eines Rechtsanwaltes und sozialdemokratischen Parlamentssekretärs hatte schon zu Schulzeiten Bühnenluft geatmet: „In Maughams Boulevardkomödie ‚Sie hieß Mrs. Todd‘ bin ich mir großartig vorgekommen“. Da war der Wunsch auf einmal da, aber sie wagte nicht, ihn auch den Eltern vorzutragen, weil sie genau wußte: auch die hatten ihre Träume, und einer davon hieß: die Martha wird Medizin studieren. Zwischen zwei Möglichkeiten wählt die Maturantin vorerst die dritte: Sie begibt sich über den Kanal „to polish up my English“. Und schreibt eines Tages, einer Eingebung folgend, dem berühmten Somerset Maugham einen Brief des Inhalts: Sie habe in Wien in einer seiner Komödien gespielt, interessiere sich brennend für's Theater und für die Literatur; ihre

Eltern aber kämen aus einem der Kunst völlig fremden Milieu; ob es wohl Sinn habe, den Eltern gegenüber einen derartigen Wunsch zu äußern. . .

Sie wartet auf Antwort, ist nicht sehr hoffnungsvoll. Was auch soll ein Nobelpreisträger einem überschäumenden Mädchen aus diesem Austria schon raten?

Dieser nette Brief habe ihn besonders erfreut, anwortete wenige Tage später der Dichter, und er wäre davon überzeugt, daß er es da mit einer sehr begabten jungen Dame zu tun habe; wenn man eine bestimmte Begabung verspüre, möge diese auch gefördert werden: „Ich bin also sehr dafür, daß Sie Ihren Eltern sagen, was Sie gerne tun wollen. . ."

Martha überlegt nicht lange, steckt das Autograph in einen Briefumschlag, adressiert diesen an ihre Eltern und sendet ihn ab. Da nun hat sie plötzlich die Angst: würde sie ihren Vater nicht enttäuschen, die Mutter nicht verbittern? Telegramm an Fräulein Martha Schärf, London: KÜRZE AUFENTHALT IN ENGLAND AB STOP ERWARTEN DICH MÖGLICHST BALD IN WIEN STOP LEHRER FÜR VORBEREITUNG ZUR AUFNAHMSPRÜFUNG AN'S REINHARDT-SEMINAR GEFUNDEN.

Väter sind halt so. . .

Ein erblindeter Schauspiellehrer gibt ihr ein paar Stunden, und er beurteilt, allein aufgrund ihrer Stimme, welche Rolle sie zu studieren habe: „Sie machen das Rautendelein. . ."

Rautendelein, das elfische Wesen aus Gerhart Hauptmanns „Die versunkene Glocke".

Der große Tag: Sie spricht ihren Part auf der Bühne des Schloßtheaters tapfer zu Ende. Da tönt aus der Dunkelheit des Zuschauerraums die sonore Stimme Hans Thimigs: „Das war wirklich sehr hübsch. Es müßte eine gute Sache sein, was Sie da oben gemacht haben. Nur hat man leider gar nichts gehört."

Zu Anfang des zweiten Jahrgangs beginnen manche, sich um ein erstes Engagement umzusehen. Die Zeiten sind nicht so, daß man sich auf langes Warten einlassen kann. Eines Tages macht einer der Lehrer die Bald-Absolventin Marianne Schönauer aufmerksam: „Der Rieser aus Zürich kommt nach Wien, du solltest ihm vorsprechen!“ Die Mariann’ ist ein bisserl verschreckt, und sie bittet ihre Freundin Martha, sie zu begleiten.

„Ich bin mitgegangen, nur um Händchen zu halten, sitze also dort, und die Mandy Schönauer spricht vor. Plötzlich kommt der Rieser heraus, fragt: ‚Und was ist mit Ihnen’, sag’ ich: ‚Bin hier doch nur als Begleitung.’ — ‚Was machen Sie sonst?’ — ‚Ich besuche das Reinhardtseminar.’ — ‚Warum wollen Sie mir nicht vorsprechen?’ — ‚Ich hab gar nicht daran gedacht!’“

Was bleibt ihr anderes übrig? Rieser setzt sich an seine Schreibmaschine, tippt, sagt: „Beginnen Sie“, tippt weiter, scheint sich um sie nicht zu kümmern. Martha wälzt sich am Boden, spricht Gretchens Gebet: „Ach neige, du Schmerzenreiche“. Und Rieser tippt und tippt.

Zwei Stunden später steht sie perplex vor dem Vater: „Stell Dir vor, mich will jemand engagieren“. Vater und Tochter begeben sich gemeinsam zum Züricher Direktor, und „der hat mir den Tort angetan, mich ausgerechnet vor meinem Vater noch einmal vorsprechen zu lassen“.

Martha Schärf, Schauspielerin am Schauspielhaus Zürich: Sie spielt in Csokors „3. November 1918“ die Krankenschwester, die Thekla in Schillers „Wallenstein“. . . Nur aus dem vom Direktor zugesagten Gretchen wurde nichts: Lindtberg sieht diese Figur anders.

Wichtig bleiben ihr die Begegnungen mit Therese Giehse; bei ihr hat sich die Anfängerin oft ausgesprochen, hat ihre Zweifel gestanden. Die Giehse: „Du bist jung, dein Typ aber nicht. Du mußt warten, bis du für das Charakterfach reif bist. Man muß warten lernen.“

Von Zürich hätte es direkt ans Wiener Volkstheater gehen sollen: Mit Direktor Jahn waren die Modalitäten abgesprochen gewesen. Doch es handelte sich um kein gewöhnliches Jahr, es handelte sich um 1938. Im März wurde Österreich zu einer Provinz des Großdeutschen Reichs. Direktor Rieser schien selbst die Schweiz nicht mehr sicher genug zu sein. Er kündigte sämtliche Verträge und emigrierte in die USA. Martha kehrt heim: doch auch Doktor Jahn ist fort . . .

Der Bruder wird zum Militär eingezogen, der Vater verhaftet. Über einer Familie droht der Himmel einzustürzen. Und da sollte Martha Schärf ganz einfach bedenkenlos theaterspielen?

Aus der Schauspielerin wird eine Fürsorgerin. Anderthalb Jahre lang. Dann beginnt sie, dem Wunsch des Vaters entsprechend, mit ihren Medizinstudien, bleibt dabei, selbst als die Versuchung in Gestalt eines ehemaligen Seminarkollegen herantritt, der ihr eine schöne Rolle in Gorkis „Nachtasyl" anbietet. Sie lehnt ab, geht ihren Weg konsequent weiter. Längst hat sie nämlich erkannt: „Wenn die Sucht nach dem Theaterspielen nicht so groß ist, daß sie auch extreme äußere und innere Bedingungen zu überwinden vermag, dann soll man's bleiben lassen". Die promovierte Medizinerin heiratete einen Arzt, Dr. Kyrle, der bis zu seinem Tod als Vorstand einer Wiener chirurgischen Klinik wirkte. Seit vielen Jahren ist Martha Schärf ein Synonym für tätige Nächstenliebe. Sie initiierte „Rettet das Kind", und sie war maßgebend beteiligt an vielen spontanen Hilfsaktionen.

P. S. Martha hätte jeden Beruf gemeistert, den der Schauspielerin sowohl wie jeden anderen. Sie ist die einzige, der ich das zutraue. Denn sie macht alles, was sie macht, mit vollem Einsatz (S. N.).

Zwischen Kunst und Bürgertum

„Über schülerhafte Jausentanten-Vorstellungen am Gymnasium hat mein Weg nach Schönbrunn geführt. Noch dazu auf einen Freiplatz." Das sagt Dr. Feodor Weingart, damals gleichzeitig Studiosus der

Rechte an der Wiener Universität und Reinhardtseminarist. Er schaffte es, an beiden Instituten mit vollem Einsatz da zu sein, innerhalb der vorgeschriebenen Semester zum Doktor juris zu promovieren und bereits nach anderthalbjährigem Seminarstudium, 1936, die Abschlußprüfung für Schauspiel zu bestehen. Eine Wegstrecke lang ist er gemeinsam gegangen mit Paul Hubschmid und Maria Becker, mit Judith Holzmeister, Marianne Schönauer und Otto Liewehr, der später Modefachmann und Leiter der Modeschule der Stadt Wien in Hetzendorf wurde.

Weiter ging es auch nach dem Examen im Parallelslalom: Während seines Gerichtsjahrs trat der junge Doktor in Jubals „Theater der 49“ auf, spielte in der Uraufführung des Ödön von Horvath-Stücks „Glaube, Liebe, Hoffnung“ den Wachmann und trat in kleinen Rollen in der Josefstadt auf.

Doch als es in jener Zeit der Armut und der Arbeitslosigkeit um die Frage des „Entweder — Oder“ geht, fehlt dem in die Kunst entschlüpften Bürgersohn die Courage. Er entscheidet über das eigene Leben und wird Bankbeamter, bis er, 1939, an die Front muß. Daß der gelernte Jurist während der NS-Zeit viel über Gerechtigkeit spricht, tut ihm nicht gut: Er rettet sich in den letzten Kriegstagen durch Untertauchen.

Die Nachkriegszeit sieht ihn vorerst als Konzeptsbeamten der Bundespolizeidirektion Wien, wo ihn sein Weg hinaufführt bis in höchste Positionen: Jahrelang ist er Chef der Abteilung Interpol. Und in dieser Funktion hat er unerwartet Gelegenheit, vieles von dem, was er einst am Seminar gelernt hatte, wieder einzusetzen — bei seinen regelmäßigen „Auftritten“ in Eduard Zimmermanns „Aktenzeichen XY ungelöst“.

„Alles, was ich im Seminar gelernt habe, war in meinem späteren Leben wichtig, vor allem aber, daß ich anständig sprechen konnte.“

Nicht missen möchte Weingart die Erinnerung an jene wichtigen Stunden, die er unter Max Reinhardts persönlicher Leitung im Salzburger „Jedermann“ spielen durfte, und wichtig bleibt ihm auch, daß er einer der Handwerksburschen in Goethes „Faust“ war.

Ein einziges Engagement nur. . .

Walter Kohner ist Theater- und Filmagent in den USA. Gemeinsam mit seinem Bruder vertritt er eine Reihe von Schauspielern und Regisseuren. Er hat einen Weg gemacht, den er nie geplant hatte, den er vielleicht auch gar nicht hätte planen können: Die Zeit und die Umstände haben ihm erst diesen Weg gewiesen. Er war im Jahre 1935 an das Seminar gekommen, um Schauspieler zu werden. In einer Inszenierung Ernst Lothars — „er hat auf mich sehr großen Eindruck gemacht" — spielte er im Schloßtheater den Marinelli in Lessings „Emilia Galotti" — unter dem angenommenen Namen Walter Kent. In Molnars „Veilchen" war er der Direktor, und in einem (in englischer Sprache aufgeführten) Galsworthy, „The first and the last", mimte er Kaith Darrant.

Zwei Jahre nach seiner Aufnahme bestand er das Abschlußexamen, und er begann, wie man damals handfest beginnen mußte: in der Provinz, in Leitmeritz im Böhmischen: „Dort habe ich einfach alles gespielt, was ich mir nur hatte wünschen können: vom Malvolio in ‚Was ihr wollt' bis zu einem Kellner in einer Wiener Operette. Es war ein wunderbarer Anfang."

Doch selbst Leitmeritz war keine Insel der Seligen. Dafür hatte schon die Sudetendeutsche Partei unter ihrem Führer Henlein gesorgt: Und im April 1938 legte man ihm nahe, möglichst umgehend und freiwillig Stadt und Land zu verlassen. Kohner hielt es unter den gegebenen Umständen für geraten, gleich dem ganzen Erdteil den Rücken zu kehren.

Mit offenen Armen hat man damals „drüben" in den USA keinen empfangen; man hatte selbst genug Sorgen. Warum auch sollte es einem Anfänger am Theater besser gehen als einem Albert Bassermann oder einem Fritz Kortner, einem Ernst Deutsch. . . Auf eine Theaterkarriere mußte Kohner erst einmal gründlich verzichten, zu allererst ging es um das Überleben.

Er jobbte als Pianist und Operateur in einem Stummfilmkino, er spielte in einem ungarischen Spezialitätenrestaurant in Los Angeles Klavier. Gage: zehn Dollar die Woche, dazu täglich ein warmes Abendessen.

Langsam, sehr langsam ging es bergauf mit der Agentur. Daß sie heute zu den Großen in ihrem Metier zählt, hat vielleicht ein wenig mit dem Land der damals immer noch unbegrenzten Möglichkeiten zu tun, viel mehr sicherlich mit totalem persönlichem Einsatz. An die zwei Jahre in Schönbrunn und an die paar Monate in Leitmeritz, an die denkt Walter Kohner (zwischendurch) auch heute noch.

Der Vorsichtige

Er hat Theater mit der Muttermilch eingesogen, Theo Schenk, der Sohn der Primadonna Christel Goltz. An musischen Anregungen hatte es ihm nie gefehlt, doch die Fülle des Angebots machte ihm die Wahl schwer. Als Kind erwies sich Theo als besonders begabt für's Klavierspielen: Pianist werden? Nach dem Stimmbruch stellte sich bei ihm eine ausbaufähige, helle Baritonstimme ein: oder doch Opernsänger? Viel von seiner Liebe und einiges Talent gehörte der Malerei: Bühnenbilder entwerfen, das wäre doch auch eine Möglichkeit! Nach der Matura entschließt er sich (fast) endgültig: zur Schauspielerei.

Wenn man mit einiger Begabung zu leben gewohnt ist, neigt man zu gewissem Übermut; oder zu viel Selbstvertrauen, meint dann: „Das kann ich sowieso!“ Also geht Theo Schenk an die Aufnahmsprüfung bedenkenlos heran — und fällt durch: „Ich war nicht gewissenhaft genug vorbereitet.“ Nach geleistetem Präsenzdienst versucht er es im Jahr darauf abermals, diesmal präpariert vom außerordentlichen Zdenko Kestranek: Warum nicht gleich?

Horst Coblenzers Atemtraining ist ihm wichtig: „Ich habe gelernt, in mich hineinzuhorchen, habe Haltung gelernt, atmen; und ich komme immer wieder darauf zurück, heute noch". Alle die Fächer, „die Körperlichkeit entwickeln", haben es ihm angetan: das Fechten, der Tanz, die Pantomime.

Als er im zweiten Jahrgang mit Kollegen Christian Futterknecht und Herta Schell während einer Seminargastspielreise nach Krakau, Warschau, Rom, Paris und Amsterdam fährt und dort Texte österreichischer Autoren unserer Zeit liest, erweitert er bewußt seine Fähigkeit zu internationalem Denken.

Der Absolvent Theo Schenk wird auf ein Jahr nach Münster/Westfalen engagiert, tingelt im Jahr darauf in Wien zwischen Josefstadt und Volkstheater, ist in der Fritz Eckhardt-Sendereihe „Der alte Richter" zu sehen; bis ihn Fleckenstein für zwei Spielzeiten an das Deutsche Theater nach Göttingen holt.

Sein Debüt geht daneben: „Ich packte die Rolle nicht, ich hatte Angst vor jedem Abend". Schlechte Kritiken, und das gleich am Anfang. Den Rest der Saison hatte er manche Rolle zu übernehmen, für manchen erkrankten Kollegen einzuspringen; Premiere gab es keine mehr.

Im zweiten Jahr ging es ihm besser: Da hatte er den ersehnten Erfolg; doch der Schock saß noch tief in ihm drin. „Ich habe versucht, über meine Situation realistisch nachzudenken, ich stellte mir die Frage: Traue ich mir diesen schweren Beruf wirklich zu? Ich wollte ja etwas erreichen, wollte nicht in der Masse steckenbleiben."

Also faßt Theo Schenk Anfang 1972 den Entschluß, von der Bühne abzugehen, umzusatteln. Einfach ist das bei keinem, aber wenn man so jung ist wie er, noch dazu über beträchtliche Sprachenkenntnisse verfügt, dann mag es gelingen:

Theo Schenk ist heute im Auslandssekretariat einer Großbank beschäftigt. Vieles von dem, was er damals gelernt hat, kann er auch jetzt bewußt einsetzen: Er kann richtig sprechen, und er kann sich natürlich bewegen. Und er macht einen souveränen, ausgeglichenen, innerlich frohen Eindruck. Einem Manager soll das nur zugute kommen.

Pflicht und Liebe

Oskar Wegrostek war seit dem Jahre 1940 Mitglied des Wiener Volkstheaterensembles. Er kannte den Beruf, wußte, daß man ihn erfolgreich überhaupt nur dann ausüben kann, wenn Können und Glück in seltener Konstellation zusammenfinden. Für Eduard, den Sohn, wünschten sich die Eltern ein wenig von dem, was man beim Theater nie suchen darf — Sicherheit. Daher versuchte Eduard Wegrostek Neigung und Verstand unter einen Hut zu bringen: er absolvierte ein ordentliches Jusstudium neben einem regulären Seminarstudium — Nebenher war er auch noch Schilehrer in den USA, hatte John Wayne und James Stuart in Sun Valley Nachhilfeunterricht auf der Piste gegeben.

Obwohl er sich für die Anwaltskarriere entschied, blieb sein Hang zur Schauspielkunst vehement bestehen. Ein paarmal brach er auch aus, spielte mit Maria Versini im Film „Der Lift" und agierte in Finnland in einer fünfteiligen TV-Serie als Deserteur in „Alpenschuhe lassen nur Spuren zurück" (1972).

Mitunter hat er Heimweh nach der Schauspielerei, wenn er auch seinem Anwaltsberuf mit einigem spektakulären Erfolg ausübt: er hält seine Wahl für gut, richtig und wichtig, was das Leben betrifft, sogar für wichtiger als seine vorige Profession: geht es ihm doch darum, der Gerechtigkeit zum Sieg zu verhelfen.

Die Mittel des Schauspielerhandwerks helfen ihm dabei: es kommt bei Gericht zwar sehr (oder nur) auf die Wahrheit an, aber letztlich auch darauf, wie sehr sich sämtliche Beteiligte klar artikulieren können. Ein Anwalt, der einen Unschuldigen verklemmt sprechend verteidigt, wird sich wahrscheinlich bei den Geschworenen weniger gut durchsetzen können, als ein redegewandter. Eduard Wegrostek vertritt heute auch die Rechte vieler ehemaliger Seminaristen. Auf diese Weise ist er nach wie vor mit dem Seminar verbunden.

DAS SEMINAR IM FERNSEHZEITALTER

Dr. Hans Niederführ leitete das Reinhardtseminar bis zum Jahre 1959 und lehnte dann eine Wiederwahl ab. Dr. Helmut Schwarz, heute Rektor der Hochschule für Musik und darstellende Kunst, schrieb über die Situation von damals: „Der Grund (der Ablehnung der Wiederwahl, Anm. d. A.) war die Einrichtung eines ‚Sonderlehrgangs für Musical, Singspiel und Chanson' gewesen, den Frau Professor Susi Nicoletti-Haeusserman (seit 1956 Lehrerin am Seminar) initiiert hatte und welcher, Seminaristen wie auch Studenten anderer Abteilungen der Akademie zugänglich, einer Einflußnahme der Seminarleitung weitgehend entzogen sein sollte." Dazu eine persönliche Ergänzung:

„Als ich 1956 an das Seminar kam, habe ich bald feststellen müssen, daß sowohl der körperliche Unterricht, wie auch die musikalische Ausbildung nicht wirklichkeitsbezogen genug, was die Anforderungen des Theaters von heute betraf, unterrichtet wurden. Es ging a priori also nicht nur darum, die jungen Leute für das zeitgemäße Musical vorzubereiten, sondern vor allem darum, ihnen eine Basis dafür zu geben, die in vielen Stücken vorkommenden Liedchen einigermaßen richtig singen zu können. Die Schüler sollten auch nicht in Verlegenheit kommen, wenn man ihnen einmal einen einfachen Tanz abfordert. Ein moderner Schauspieler soll die Grundbegriffe des Singens und Tanzens beherrschen." (S. N.)

Ein Jahr später wurde der – sehr frequentierte – Kurs in den Seminarunterricht aufgenommen. Der von den Professoren gewählte neue Leiter war der dem Seminar seit Jahrzehnten verbundene Hans Thimig, der jedoch im zweiten Semester seines Wirkens sein Amt aus Überlastungsgründen zurücklegte. Ihm zur Seite gestanden war Ellen Müller-Preis, die sich vor allem um die Erhaltung des Palais Cumberland verdient gemacht hatte. Mit beispielhafter Tatkraft setzte sich die langjährige Professorin für die Erhaltung des Hauses und für dessen weitere Verwendung im Rahmen des Reinhardtseminars ein:

Ohne Ellen Müller-Preis gäbe es dieses Institut vielleicht nicht mehr. Für ihren Einsatz soll ihrer auch hier dankbar gedacht werden.

Der neugewählte Seminarleiter Hans Jaray trat bereits nach drei Wochen zurück, als sich nämlich herausstellte, daß der von ihm erbetene Sekretär, der die Administration hätte besorgen sollen, ein Wunschtraum bleiben würde. Im Oktober 1960 wurde daher der Burgtheaterdramaturg Dr. Helmut Schwarz zum neuen Leiter ernannt. Er führte die von Ellen Müller-Preis forcierte Erneuerung des Palais Cumberland zu einem guten Ende. Das Programm, das Schwarz damals formuliert hat, gilt nach wie vor: „Tatsächlich sehe ich auch heute noch die Stärke (und für Systemfanatiker ist es natürlich eine Schwäche!) unseres Instituts in seiner pluralistischen und nach allen Seiten offenen Ausbildung, die sich gewiß auch vom Berufsbild des heutigen Theaters her rechtfertigen läßt: Man muß nur einen Blick auf die Spielpläne unserer Bühnen werfen: Von den Sprachspielen Handkes bis zum naturalistischen Dialektstück, von Brecht über Nestroy und Horvath bis zum wortkargen Volksstück der Jungen, von den Klassikern aller Epochen bis Beckett, Ionesco und Saunders enthalten sie alles und fordern dafür den flexiblen Schauspieler, wobei ihm die abverlangte Synthese von Tanz-Gesang-Schauspiel im Musical ebensowenig übersehen werden darf wie die Fähigkeiten zur expressiven Körperlichkeit bei Truppen im Stil des living theatre. . .“

Was hat Reinhardt im Jahre 1929 gesagt? „Ich sage Ihnen: Die vollkommene Meisterung des Handwerkes, die souveräne Beherrschung des Wortes und der Stimme, die gründliche musikalische, rhythmische, tänzerische, sportliche, ja sogar akrobatische und auch die gesangliche Ausbildung wird in Zukunft vom Schauspieler verlangt werden.“

Sie wird verlangt. Heute.

Das Seminar hat – besonders unter der Leitung von Helmut Schwarz – eine Reihe von Auslandsgastspielen absolviert: 1959 nach Deutschland, 1963 nach England, in den folgenden Jahren nach Frankreich, Italien, Polen, Finnland, Jugoslawien, Türkei, der Tschechoslowakei und Norwegen.

Als Schwarz zum Rektor der Hochschule gewählt wurde, folgte ihm im Reinhardtseminar kurzfristig der langjährige Lehrer Bruno Dallansky, der sich über einige Vertragspunkte mit der Hochschulleitung nicht einigen konnte und ausschied; sein Nachfolger, Walter Hoesslin, ist dem Institut seit einem halben Jahrhundert verbunden. Organisatorisch für das Seminar tätig war er schon in den dreißiger Jahren. Und ideenreich: als beispielsweise in allen Theatern des Landes die Maßeinheiten Zoll und Fuß auf das metrische System umgestellt wurden, setzte er sich mit Schülern auf einen Lastwagen und klapperte sämtliche Theater nach den dort nicht mehr brauchbaren Praktikabel ab. Hoesslin führt das Seminar in das fünfzigste Jubiläumsjahr.

Ernst Haeusserman hat Achim Benning im Jahre 1958 aus dem Seminar an das Burgtheater geholt: als Schauspieler und Regieassistent. Zehn Jahre, nachdem Haeusserman von der Burg in die Josefstadt übersiedelt war, wurde Benning Direktor des Hauses am Ring.

So ein bißchen hineingeraten. . .

Der Student der Germanistik und Geschichte, Hans Joachim Benning, war frustriert. Das, was ihm da in den Vorlesungen an der Universität offeriert wurde, lag so meilenweit von dem entfernt, was ihn wirklich bewegte. Ihm blieb nur noch die Flucht. Zweiter Versuch: Studium der Theaterwissenschaft. Dort ereilt ihn ein weiteres, nämlich sein Schicksal, keineswegs verkleidet als faszinierend-praxisbezogenes Wissen, sondern in Gestalt eines ebenfalls in Wien studierenden Braunschweiger Kommilitonen, der seit Kindestagen zum Theater wollte. „Gehen wir doch miteinander an's Seminar", bat der, erstens, „damit ich dort nicht so allein bin". Und zweitens, „weil du dich sowieso für's Theater interessierst".

Halb hergezogen, halb hingesunken vom Mimus austriacus, schob Arthur Kutschers geistiger Enkel Achim Benning sein angestrebtes Berufsziel — Lektor in einem Buchverlag zu werden — für eine Weile hinaus. (Fußnote: Die Sache endete wie in einem schlechten Witz: Der Verlagsfan machte Theaterkarriere, während der am Seminar Gesellschaft suchende Theaternarr damals bei der Aufnahmsprüfung durchfiel und heute — als Lektor in einem Buchverlag sitzt.)

„Ich bin eigentlich so ein bißchen hineingeraten . . .:" Benning.

Seine frühen Erinnerungen an's Seminar sind in einem knappen Absatz zusammenzufassen: „Es war etwas enttäuschend, daß die einem dort nicht mehr abverlangt haben", und: „Es war so eine Art Übererwartung, die ist, Gott sei Dank, nicht erfüllt worden. . ."

Am Tag der Abschlußprüfung, Sommer 1959, trifft Benning seinen Lehrer Eduard Volters:

„Sie sollen heute um halbvier in's Burgtheater kommen."

„Wieso?" Baß erstaunte Frage des Soeben-Absolventen.

Volters: „Dummer Bub!"

Grund: Ernst Haeusserman hatte ihn in der Schloßtheateraufführung von Shakespeares „Was ihr wollt" gesehen, wollte sich den jungen Mann einmal genauer anschauen.

Benning begab sich also zur angegebenen Zeit in Semper und Hasenauers Prachtbauwerk am Ring, traf im Vorzimmer des Direktors auf den ebenfalls hinbeorderten „Kellerstar" Wolfgang Gasser: Beide sprechen vor, beide werden engagiert — Gasser als Schauspieler, Benning als Regieassistent mit Schauspielverpflichtung.

„Und da auch damals Burgschauspieler nicht immer bei bestem Gesundheitszustand waren, hat man oft übernehmen müssen. So bin ich also nicht nur in's Theater hineingeraten, sondern auch in die Schauspielerei. Zwei Jahre vorher, als mich das Seminar vom Theater überzeugt hatte, war mein Ziel, künftig vor allem zu inszenieren, weniger: zu spielen." Er hatte nicht den Ehrgeiz, zum großen Schauspieler zu reifen. Doch das Leben spielte nicht ganz mit, und bald war er nicht mehr der Einspringer, sondern die Originalbesetzung in vielen Rollen. Und er hatte Erfolg.

Was nützt es, wenn er partout Regisseur sein wollte? Auch wenn manche Kollegen meinten: „Das brauchst ja nicht, hast es ja gar nicht mehr nötig."

Die Chance kommt: Im Rahmen des „Studios des Burgtheaters" inszeniert er im März 1965 Tschechows „Iwanow", inszeniert weiter, in Wien, in Salzburg, mausert sich zum begehrten Spielleiter. Klingenberg schuf während seiner Seminarzeit die „Ensemblevertretung", der auch Benning angehörte. Die Ensemblevertreter von damals sind heute fast vollzählig in die Direktion bzw. in den Regiestab der Burg übersiedelt.

Genau zehn Jahre nach seinem Regiedebut wird Benning Direktor des Wiener Burgtheaters: „Wir wissen beide, wie schwer es ist, aber doch auch, was es bedeutet: Ein Vorgänger drückt dir die Hand . . ." telegraphierte Ernst Haeusserman.

Burgtheaterdirektor sein, das heißt in diesem Land: viel Feind, ein bißchen Ehr. Heißt auch: sich daran zu gewöhnen, auf einem Sessel zu sitzen, von dem man nicht weiß, ob der Teppich, auf dem er steht, aus Schießbaumwolle gewoben ist. Haarsträubend: die Emotionalisierung aller direkt oder indirekt mit diesem Haus zusammenhängenden Fragen, die mangelnde Sachlichkeit rundum, die Einmischung von Nichtkompetenten, all das hatte da jedem der Herren Direktoren noch zu schaffen gemacht. „Wenn's auch, auf der anderen Seite, natürlich, etwas Berauschendes sein mag: daß ein Theater die Leute immer noch so emotionalisieren kann."

Der Regisseur als Direktor und der Nachwuchs:

„Man kann ganz allgemein feststellen, daß bei sehr vielen Anfängern, die bei mir vorprechen, mit denen ich zu tun habe, mit denen ich arbeite, die Sprechausbildung zu wünschen übrig läßt. Man hat da sehr oft das Gefühl: denen wurde nicht ausreichend geholfen. Nicht, daß sie nicht artikulieren können oder dialektgefärbt sprechen: das wäre noch zu korrigieren. Ich meine die pure Stimmbildung, meine das, was Kestranek einst wirklich fabelhaft gemacht hat, dem ganze Generationen von Seminaristen ihre Karriere zu danken haben: einfach — die Stimmbildung. Das ist keine Frage von intellektuellen

Fähigkeiten; ich bin davon überzeugt, daß das Problem gesehen, erkannt und auch das Richtige gesagt wird. Aber Kestranek hat intuitiv eingegriffen, hat die Studenten so weit gebracht, daß sie selber daraufgekommen sind; hat sie in die physische Erfahrung versetzt. Denn was man selber physisch erlebt, das bleibt einem bewußt. Das vergißt man nicht mehr. Es ist halt ein Jammer, daß viele Schauspieler diesbezüglich mit immensen Schwierigkeiten zu kämpfen haben, mit Schwierigkeiten, die sie ohne diese stimmlichen Mißstände nicht hätten. ‚Bin ich zu leise?", fragen sie dann oft. Doch es ist nicht eine Frage der Lautstärke, es ist das Problem, daß die Stimme in einer Gegend stattfindet, wo sie Emotion nicht transportiert, nicht herausholt aus dem Menschen. Dann sagt man unter Umständen: ‚Der ist nicht begabt', und es stimmt gar nicht. Die Stimmbildung, das ist ein Hauptproblem."

Was Achim Benning im Lehrplan, wie er für Regie-Aspiranten vorgesehen ist, als zu wenig berücksichtigt ankreidet: die Auseinandersetzung mit Produktionsfragen (die letztlich auch für Schauspieler relevant sind). Wie wird besetzt? Wie funktioniert das komplette Puzzlespiel eines Abonnementsystems? Ferner sollte der Regiestudent wenigstens einmal an einer Inszenierung eines Repertoiretheaters mitarbeiten, sollte das Zustandekommen der Besetzung, ‚das ganze Vorher' begreifen lernen." Davon haben viele recht falsche Vorstellungen, selbst jene, die schon seit dreißig Jahren in einem Ensemble sind. „Aber schimpfen tun's, in der Kantine."

Die Situation des Schauspielers, des Direktors, ja auch des Zuschauers, hat sich in den vergangenen anderthalb Dezennien entscheidend geändert: „Deshalb kann man auch nicht sagen: ‚Die Leute waren früher begabter.' Kann nicht fragen: ‚Wo ist der Gründgens von heute, der Hilpert von heute?' Die Zeiten waren damals eben derart, daß man ein Theater *so* führen konnte. Das ist längst nicht mehr möglich. Andere Maßstäbe gelten als damals, nicht nur im qualitativen Bereich: Ich meine damit den Anspruch, daß das Theater heute Funktionen in der Gesellschaft erfüllen muß, Aufgaben, die man ihm früher nicht gestellt hat. Früher galt: Wenn es gut ist, ist es voll. Damit hatte sich die Sache. Niemand hat gefragt: Was hat denn der Gründgens eigentlich für ein gesellschaftspolitisches Konzept? Das Konzept war in der Persönlichkeit von Gründgens. Durch diese wachsenden Ansprüche aber verbaut man wahrscheinlich manchem den Zugang zum Theater, sowohl im Zuschauerraum, als auch auf der Bühne."

Das Theater auf dem Weg zur zeitadäquat-moralischen Anstalt?

Elisabeth Orth: „Sie wollte Protektionismus von vornherein durch Namensänderung ausschalten. . . Eigenständigkeit, Kraft, Intelligenz (zeichnen sie aus). . . ihre große Zukunft hat schon begonnen". (Ernst Haeusserman, der Elisabeth Orth an das Burgtheater engagiert hat)

Vertrauen macht kreativ

Sie ist die älteste der drei Schwestern. Als sie ihren Eltern eröffnete, daß „ich zum Theater gehen möchte", war das diesen keineswegs recht, im Gegenteil: Man kannte ja das Metier aus eigener, lebenslanger Anschauung, und man wußte, wieviel Schweiß und wieviel Einsatz dazu notwendig sind. Die Eltern — Attila Hörbiger und Paula Wessely — wollten ihre Elisabeth vor allem in Sicherheit wissen: Also, soll sie erst einmal einen bürgerlichen Beruf erlernen! In ihrem Fall hieß das: Cutterin beim Film. „Ich wußte schon sehr bald, daß ich da nicht alt werde." Maschinschreiben, Stenographieren, Sprachen lernen: das kann allerdings nie schaden. Selbst das Semester, das man in Universitätshörsälen herumrutschte, war nicht verloren.

Damit sollte es aber genug sein. Ohne einen Menschen zu informieren (und weil man's endlich einmal selber wissen wollte), meldete man sich zur Aufnahmsprüfung an. Und hat es dann schwarz auf weiß: „Aufgenommen!“

„Eines weiß ich genau, ich habe in meiner Seminarzeit viel zu wenig gelernt, gemessen an den Möglichkeiten, die einem da geboten wurden. Man ist an vielen Toren, die sich einem hätten auftun können, vorübergegangen, dachte viel zu oft: ach, was brauch ich das!“

Sie setzt sich mit dem Beruf gewissenhaft auseinander, findet Schritt für Schritt zu Erkenntnissen: zum Beispiel, daß man nicht für *sich* spielt, sondern für die *anderen,* für jene, die unten im Zuschauerraum sitzen. Lernt, daß das, was ein Schauspieler macht, verkäuflich ist, verkäuflich präsentiert werden muß.

In den ersten Monaten lebt sie gleichsam in einer gläsernen Kugel. Es galt also, sich bereitzumachen, herauszutreten aus dieser „gläsernen Kugel“. Damals ist Zdenko Kestranek für sie von großer Wichtigkeit: Er führt sie mit der ganzen Behutsamkeit des großen Lehrers Schritt für Schritt zu sich selber. „Er hat mich auf die vielen wichtigen technischen Dinge draufkommen lassen. Während man bei ihm, am Boden liegend, brüllen mußte, erfuhr man, wie kräftig die eigene Lunge ist. Bei Kestranek lernte sie, daß man als Schauspieler auch dann spielen können muß, wenn einem nicht danach ist, denn: „Später müßt ihr das ja auch. Da ist Dienstag und Freitag dieses Stück, und an zwei anderen Tagen das andere. Da darf man nicht in der gläsernen Kugel sitzen.“ Professionalismus in der Schauspielkunst liegt in der Wiederholbarkeit.

Man war begeistert, hingerissen, voll von Emotionen, „und plötzlich, zwischendurch, war die heilige Flamme erloschen. Man wurde faul, fand das Privatleben wichtiger.“ Und dann sagte einem ein Kollege, jetzt in diesem Zustand, würde die Schule wirklich beginnen; sagte: ein aufregendes, zerstörerisches, mit Mord und Totschlag und mit Aufgeben von Positionen verbundenes Privatleben wäre die beste Schule für den Beruf. So könne man die zerstörten Frauen von Ibsen, Strindberg und die modernen Amerikanern richtig darstellen . . .

„Ich habe mir gedacht: das ist so mies, und ich sehe in diesem Privatleben nur Sauhaufen, nicht *eine* kreative Minute. Dachte: So kann es nicht sein.

Elisabeth Orth durchschaut diese Gefahr und gibt „Schulungskurse" für zwei gefährdete Kolleginnen, die in jenem Sinne abzustürzen drohten. Erklärt ihnen, man müsse in diesem Beruf aus der Phantasie und aus der Kraft seines Könnens Charaktere *wiederholbar* herstellen können, glaubhaft machen, auch noch nach Wochen. Sie erklärt das lang und breit und fragt sich plötzlich: Ja, kann ich das eigentlich selber?

In München spielt sie zum erstenmal an einem professionellen Theater. Intendant Hinrichs hatte angerufen, gesagt: „Wir brauchen schnell eine Miss Sara Sampson;" sagte: „Da soll es eine Begabte geben, die Elisabeth Hörbiger." Rundum rieten ihm alle ab: „Bitte nicht! Nicht schon wieder ein Prominentenkind, davon haben wir Unbegabte genug!" Elisabeth spielte die Rolle, und sie spielte sie erfolgreich. Am Programmzettel stand erstmals: Miss Sara Sampson. . Elisabeth Orth. Niemand konnte sagen: „Unbegabtes Prominentenkind versitzt Platz von Sternstundenmädchen aus Buxtehude . . ."

Die erste langfristige Konfrontation mit der Praxis erlebt sie in der Provinz. In Ulm an der Donau: „Es gab damals für uns eigentlich nur Ulm. Alle rundherum waren, unserer Meinung nach, nur schlechter, inklusive München . . .

Sie spielte dann am Wiener Volkstheater, in Stella Kadmon's Theater der Courage, im Josefstadt-Keller . . .

Seit 1969 ist Elisabeth Orth Mitglied des Wiener Burgtheaters. Sie war Marie in „Woyzzeck" und Iphigenie, spielte die Heilige Johanna und die Nora, spielte alles: von Nestroy bis O'Casay. Sie arbeitete unter Hilpert, Lietzau, Zadek . . .

Als sie mit Hilpert einmal über eine längst vergangene gemeinsame Arbeit sprach, Hofmannsthals „Christinas Heimreise", sagt er plötzlich:

„So, jetzt hast es, Mädchen!"

Sie versteht ihn nicht gleich: „Was habe ich?" Man war ja auf keiner Probe.

Hilpert, weiter: „Jetzt hast es, das ‚Leck-mich-am-Arsch-Gefühl' mir gegenüber! Das hast du bei der letzten Arbeit noch nicht gehabt." Was Hilpert meinte, war: Vertrauen.

„Vertrauen ist wichtig, vom Regisseur dem Schauspieler gegenüber, und umgekehrt. Vertrauen macht kreativ".

Ein Gespräch mit Senta Berger

Wann hast Du den Entschluß gefaßt, Schauspielerin zu werden?

Ich weiß nicht, ob man bei einer Fünfjährigen schon von Entschlußfassen reden kann. Aber es war schon in diesem Alter, daß ich meiner Umwelt versichert habe, Schauspielerin zu werden. Mein Vater war Komponist und Pianist. Er komponierte hauptsächlich Wiener Lieder. Er hatte ein kleines Streichorchester; bei den Proben durfte ich oft dabei sein. Ich tanzte dann zu der Musik, und weil ich mich hübsch bewegte und sehr musikalisch war, ließ mich meine Mutter in die Ballettschule von Hedy Pfundmayr einschreiben. Etwas später, etwa mit sieben, kam ich in die Tanzschule Dia Luca. Frau Luca studierte dann mit mir drei Tänze ein, einen Stepptanz, einen sogenannten „Zigeunertanz" mit Tamburin und die „Annenpolka" auf Spitze. Die Anfangsschrittfolge von der „Annenpolka" kann ich heute noch. Damals gab es Bunte Abende. Das waren Veranstaltungen in großen Sälen oder Theatern, die zum Teil vom Radio übertragen wurden und die in der fernsehlosen Nachkriegszeit große Attraktionen waren. Ja, und da trat ich nun mit meinen drei Tänzen auf. Mein Vater begleitete mich am Klavier. Meine Mutter hatte die Kostüme genäht.

Ich teilte die Garderobe mit Maria Andergast und Else Rambausek, wurde von Rudolf Carl gestreichelt, von Wondra und Zwickel mit Bonbons bedacht, und fand alles herrlich. Mein Entschluß, Schauspielerin zu werden, wurde durch diese frühen Kindheitserlebnisse bekräftigt.

Aber bis zum Studium im Reinhardtseminar war doch noch ein langer Weg. Wie bist Du denn überhaupt auf das Seminar als Ausbildungsstätte gekommen?

Das war ganz einfach. Mit etwa neun Jahren begann ich in der Akademie für Musik und Darstellende Kunst (ich glaube, heute sagt man Hochschule dazu) sehr ernsthaft, Tanz zu studieren. Die Abteilung Tanz wurde damals von Professor Rosalia Chladek geleitet. Mittlerweile war ich im Gymnasium und konnte durch das Theater der Jugend (eine ganz wichtige Einrichtung, die für mich wesentlich war) regelmäßig Aufführungen der Wiener Theater sehen. Außerdem hatten meine Eltern ein Abonnement für das Volkstheater und da durfte ich ab und zu mit. Das Theater war für mich ganz wichtig. Nicht nur, weil ich davon träumte, selber einmal auf der Bühne zu stehen und Träume ja ganz wichtig sind, nein, es war maßgeblich an meiner Entwicklung beteiligt. Wenn ich in der Schule den Unterricht verträumte oder mit kabarettistischen Einlagen störte, lernte ich im Theater vom Theater. Ich erinnere mich an ein Stück über Montezuma, „Der weiße Heiland", und an Werfels „Juarez und Maximilian". Und begriff plötzlich, was Kolonialismus, Imperialismus, Eroberungskriege sind. Anzengrubers „Das vierte Gebot", auch im Volkstheater, machte mir die Situation des Proletariats um die Jahrhundertwende verständlich. Das Theater hat mir Impulse gegeben. Ich habe begonnen, über den Umweg Theater mich für meine Umwelt, für das Leben zu interessieren. Das ging alles sehr schnell. In der sechsten Klasse des Gymnasiums drohte ich in Mathematik, Chemie und Physik durchzufallen. Ich hatte kein

Interesse mehr am Unterricht. Dafür stand ich über 24 Stunden um einen Stehplatz zur Burgtheater-Wiedereröffnung an (1955). Überhaupt war ich damals mehr im Theater oder Kino anzutreffen als in der Schule. Meine Eltern sahen das, sie waren zwar nicht glücklich über diese Entwicklung, aber im großen und ganzen akzeptierten sie sie. Sie machten die endgültige Entscheidung vom Bestehen der Aufnahmsprüfung an's Reinhardtseminar abhängig.

Wieso gerade das Reinhardtseminar?

Das Reinhardtseminar hatte ja schon immer einen sehr guten Ruf. Und es war uns eindrücklich empfohlen worden, zum Beispiel von meiner Lehrerin Professor Karla Denk in der Tanzakademie, die mich im Fach Ausdruckstanz unterrichtete. Mir war das Seminar schon vertraut. Es lag ja um die Ecke. Die Akademie für Tanz war damals in dem Trakt des Schönbrunner Schlosses untergebracht, der genau gegenüber dem Schloßtheater liegt. Manchmal schwindelten wir Ballettschülerinnen uns ins Theater, um bei Proben kiebitzen zu können. Und ich kreiste regelmäßig nach meinem Ballettunterricht mit dem Fahrrad um das Palais Cumberland, um etwas zu sehen. Das Palais erschien mir unnahbar und geheimnisvoll. Meine Eltern meldeten mich also zur Aufnahmsprüfung an.

Kannst Du Dich noch daran erinnern, wie das damals war?

Wie könnte ich das je vergessen! Es war ein sehr heißer Julitag, und das Foyer des Schloßtheaters in Schönbrunn war übervoll mit jungen Menschen. Es waren vielleicht dreihundert, vielleicht mehr. Die Atmosphäre war geladen. Wir waren alle aufgeregt. Es herrschte unbeschreibliches Durcheinander. Immer wieder hörte man Fetzen wie: „Ich zählte zwanzig Jahre, Königin“ und „. . . Ach neige, du Schmerzenreiche. . .“ aus dem allgemeinen Lärm heraus, wenn sich ein paar arme Hoffnungsvolle zu konzentrieren versuchten. Ich war am ganzen Körper eiskalt. Ich hatte ein blaues Matrosenkleid an mit einem großen weißen Kragen. Das war mein bestes Kleid. Ich kam mir lächerlich und kindisch darin vor. Um mich wippten nur so die Petticoats.

Was hast Du vorgesprochen?

Also, vorbereitet hatte ich die „Widerspenstige". Dann die Anna aus „Kinder" von Hermann Bahr, dann die anouilh'sche Antigone. Am ersten Prüfungstag sprach ich nur aus der „Widerspenstigen" vor. Ich hatte mir eine Szene mit Petrucchio ausgesucht und schrie diesen imaginären Petrucchio nun an, kämpfte mit ihm, entwand mich ihm. Es muß sehr komisch gewesen sein. Aus dem dunklen Zuschauerraum, in dem die Prüfungskommission saß (ich konnte sie nicht sehen, nur ahnen), kam dann auch das erste Lachen herauf. Ich erschrak. Ich dachte, daß ist das Ende, und während ich mich mit zunehmender Verzweiflung aus den Armen des nicht vorhandenen Petrucchio befreite, mußte da unten, in dieser schrecklichen Dunkelheit, jemand immer noch mehr lachen. So ein helles, ansteckendes Lachen war das. Später habe ich gemerkt, daß Du das warst, Susi, mit Deinem typischen Lachen. Am zweiten Prüfungstag durfte ich wiederkommen. Nun waren es schon viel weniger. Ich kam sehr spät dran. Ich sprach aus „Kinder" vor, da hatte ich mir eine ziemlich dramatische Szene ausgesucht. Meine aufgestaute Erregung und Erschöpfung brachen aus mir heraus, und ich weinte als Senta-Anna helle Tränen. Man konnte mir nicht gleich sagen, ob ich aufgenommen war, aber noch am gleichen Abend sollte ich im Sekretariat anrufen. Ich saß also noch im Park des Schlosses Schönbrunn herum, stand dann Schlange mit anderen Prüflingen vor einer Telephonzelle auf der Schönbrunner Brücke. Vor mir verließ weinend ein Mädchen die Zelle. In der stickigen Enge meinte ich, ohnmächtig zu werden. „Berger? Einen Moment." Eine Ewigkeit.

Lieber Gott, hilf! „Ja, Berger — ist aufgenommen." Ich habe dann auch geheult, und dann habe ich mir die engen, neuen Schuhe ausgezogen und bin barfuß und glücklich von Schönbrunn nach Lainz hinaufgegangen, wo meine Mutter in der Küche saß und auf mich wartete.

Und dann warst Du also im Reinhardtseminar. Was für einen Eindruck hat das Institut auf Dich gemacht?

Einen sehr verwirrenden. Ich war eben noch den Zwängen des Gymnasiums ausgesetzt gewesen und konnte mich so schnell an die akademische Freiheit des Unterrichtssystems nicht gewöhnen. Da ging alles sehr liberal zu. Es gab keinen Zwang. Deine persönliche Reife, deine Selbständigkeit waren ausschlaggebend für die Fortschritte im Unterricht. Ich war selbständiges Arbeiten nicht gewohnt. Ich habe die Freiheit erst mal mißbraucht. Dazu kam eine mir selbst ungewohnte Schüchternheit. Ich schämte mich vor den anderen. Ich fand alle toll und mich selbst entsetzlich. Mein Selbstgefühl zerschmolz völlig. In meiner Klasse war zum Beispiel Erika Pluhar, die unendlich fleißig war und ernsthaft und sich aktiv am Unterricht beteiligte. Und Heidelinde Weis. Ich brauchte sehr lange, um mich an die Situation zu gewöhnen. Und aus diesem lethargischen Zustand hast Du mich herausgeholt, Susi! Hast mich provoziert und mitgerissen.

Wie war das? Du mußtest doch das Seminar im dritten Semester verlassen.

Ja, ich wurde ausgeschlossen. Das kam so: Wir Schüler durften während des Studiums nur mit ausdrücklicher Genehmigung der Direktion Engagements beim Theater oder Film annehmen. Der Sinn war ganz klar: Man wollte Ablenkungen jeglicher Art beim Schüler vermeiden. Ihn auch zu einer gewissen moralischen Strenge gegen sich selbst erziehen. Außerdem sollten wir wohl auch beschützt und beraten werden, um mit unserer Unwissenheit und mit unserem Überschwang nicht in vertragliche Abhängigkeiten zu geraten. Nun verfügten wir alle damals über sehr wenig Geld. Fast jeder versuchte, nebenher noch zu jobben, Zeitungen austragen, Aushilfsbedienung, Nachhilfeunterricht usw., um ein bißchen Taschengeld zu haben. Eines Tages also wurde der Unterricht unterbrochen, und der Direktor des Seminars, Dr. Niederführ, brachte Besuch in den Saal. Es war Anatol Litvak, der amerikanische Regisseur, der gerade in Wien seinen Film „The journey" („Die Reise") mit Yul Brynner und Deborrah Kerr vorbereitete. In seinem Gefolge waren viele Assistenten und Produktionsleiter. Einer dieser Assistenten bestellte mich im Auftrag Litvaks am nächsten Tag in's Filmatelier Rosenhügel. Als mir dann Litvak eine winzige Rolle anbot, dachte ich mehr an den Job, als an anderes. Ich sollte für fünf Drehtage dreitausend Schilling bekommen. Das war sehr viel Geld für mich. Was ich nicht wußte, war, daß große Produktionen alle Darsteller geschminkt am Drehort halten, um auf etwaige Entscheidungen des Regisseurs vorbereitet zu sein. Aus Feigheit hatte ich erst gar nicht gewagt, in der Direktion die nötige Erlaubnis einzuholen. Ich dachte, fünf Tage kann ich schon vom Unterricht fehlen. Aber aus den fünf Tagen wurden zwei Wochen, drei Wochen. Und die Wahrheit kam ans Licht. Das muß so Ende April gewesen sein. Ich sollte zum Semesterende im Juli ausgeschlossen werden. Bis dahin arbeitete ich wie besessen. Ich wollte es gut machen, die Entscheidung über meinen Ausschluß beeinflussen, rückgängig machen. Aber es half nichts. Ich mußte das Seminar verlassen.

War das eine Niederlage für Dich?

Ja. Als eine solche habe ich es sicher eine Zeitlang empfunden. Aber ich war auch sehr trotzig damals, und stark. Ich habe mir gesagt, jetzt erst recht. Euch zeig ich's. Ich war entschlossen, nicht aufzugeben. Ich bekam ein paar Wochen nach dem Ausschluß aus dem Seminar eine winzige Rolle in dem Film „Der veruntreute Himmel" nach dem Werfel-Stoff. Ernst Marischka war der Regisseur. Und während wir in Alt-Aussee saßen, auf nötigen Sonnenschein für die Aufnahmen warteten, kam da ein Telephongespräch aus Wien für mich. Es war Professor Ernst Haeusserman, der damalige Direktor des Theaters der Josefstadt. Er bot mir im Hinblick auf eine bestimmte Rolle ein Vorsprechen im Theater an. Ich sprach einen Monolog von Cocteau: „Der schöne Gleichgültige", eigentlich für einen Mann geschrieben. Ich war etwas bizarr hinsichtlich meiner Auswahl für Vorsprechrollen. Herr Professor Haeusserman engagierte mich dann für die Rolle der Frieda in Pirandellos „Heinrich der Vierte" mit Leopold Rudolf in der Hauptrolle. Nach dieser Premiere legte ich vor der Bühnengewerkschaft meine Fachprüfung ab und bekam einen Elevenvertrag an das Theater in der Josefstadt.

Gibt es zu dieser ersten Theaterzeit Regisseure, die besonderen Einfluß auf Deine Entwicklung gehabt haben?

Ich glaube, ich war allen möglichen Arten von Einflüssen ausgesetzt. Ich war ja sehr jung, siebzehn und wild entschlossen zu lernen. Ich habe von allen gelernt. Von meinen Kollegen. . .; ich habe mehrmals mit Leopold Rudolf gearbeitet, von dem konnte man schon lernen. In jeder Beziehung. Ich habe mit Otto Schenk, mit Michael Heltau, mit Hans Hollmann gespielt. Einen ganz wesentlichen Schritt bin ich während einer Arbeit mit Leonhard Steckel weitergekommen. Er verlangte unerbittlich Genauigkeit. Bis dahin hatte ich immer „irgendwie" gespielt, ohne inneres Konzept, mehr den wechselnden Empfindungen, Stimmungen und Launen ausgeliefert. Einmal mehr und einmal weniger inspiriert. Das hat mir Steckel gründlich ausgetrieben. Er hat mich gelehrt, einmal Erarbeitetes festzuhalten. Während der Proben erst die Emotionen festzustellen, aus denen die

Szene kommt, dann aber den Mechanismus zu erarbeiten, der allabendlich diese Emotionen herstellt.

Du hast ja dann bald angefangen zu filmen. Wie begann das mit dem Film?

Durch die „Reise" (den Film) waren meine Fotos und meine Adresse in verschiedene Büros und Besetzungskarteien gekommen. Ich wurde also öfters einmal zum Vorstellen in verschiedene Filmfirmen gebeten, und so lernte mich Wolfgang Liebeneiner kennen, der gerade einen Film mit Heidelinde Weis in der Hauptrolle vorbereitete. (Heidelinde hatte ja das Seminar mittlerweile abgeschlossen.) Und ich bekam eine hübsche Rolle in seinem Film „Ich heirate Herrn Direktor", mit Heidelinde, Hans Söhnker und Adrienne Gessner. Und dann ging es fast automatisch weiter.

Es waren manchesmal sehr anspruchslose Filme, nicht wahr? Wie siehst Du das heute?

Ende der fünfziger, Anfang der sechziger Jahre, als ich anfing, Filme zu machen, lebte man in der Zeit der absoluten Verdrängung. Diese österreichischen und deutschen Unterhaltungsfilme hatten mit Realität nichts zu tun. Weder mit der realen Vergangenheit noch mit der Gegenwart. Die Drehbücher waren fast alle nach dem selben anspruchslosen Schema zugeschnitten, und fast immer aufgeputscht durch erstklassige Schauspieler. Sehr oft vom Burgtheater, vom Theater in der Josefstadt usw. Ich habe anfänglich diese Filme gerne gemacht, obwohl ich ihre Niveaulosigkeit schon gesehen habe. Aber ich dachte, es wäre ja nur ein Anfang. Ich habe sie als erste kleine Schritte begriffen und habe mich um Alternativen, die es damals kaum gab, bemüht. Ab 1960 war ich durch einen sehr eng gehaltenen Vertrag an eine Berliner Filmfirma gebunden, durch den es mir fast unmöglich war, in besseren Filmen zu drehen. Immerhin habe ich gerade in dieser Zeit in Bernhard Wickis Film „Das Wunder des Malachias“ arbeiten können; mit Helmut Käutner drehte ich „Es muß nicht immer Kaviar sein“ mit O. W. Fischer. Aber ich war nicht zufrieden. Ich war unglücklich. Und gerade da kamen Angebote aus dem Ausland und damit wirkliche Chancen für mich. 1959 hatte ich in Wien in dem Richard Widmark-Film „Secret Ways“ eine kleine Rolle gespielt. 1962 drehte ich „Johann Strauß“ (als Strauß-Ehefrau Adele) für Walt Disney. Und 1963 kam das entscheidende Angebot von der amerikanischen Filmproduktion Columbia: eine wichtige Rolle in dem Film „The victors“, „Die Sieger“, mit einer sehr prominenten Besetzung wie Jeanne Moreau, Melina Mercouri und Romy Schneider. Mein Partner war Albert Finney. Und dann ging alles sehr schnell. Ein langjähriger Filmvertrag mit der Columbia brachte mich nach Amerika, und meine nächsten zwei Filme wurden bereits von Sam Packinpah inszeniert und geschrieben.

Welche Filme aus der amerikanischen Zeit erscheinen Dir heute als besonders wichtig?

Gleich der erste, „Major Dundee“ mit Charles Heston und Richard Harris. Es war abenteuerlich, mit Heston zu drehen, und der Film trägt, trotz mancher Schwächen vielleicht, den Stempel seiner ungewöhnlichen Persönlichkeit. Dann „Cast a giant shadow“, „Im Schatten des Giganten“, mit Kirk Douglas und Yul Brynner, der ein wichtiges Thema behandelte: die Gründung des Staates Israel, und mir die Möglichkeit gab, mich in einer besonders guten dramatischen Rolle dem amerikanischen Publikum vorzustellen. Aber am wichtigsten scheint mir „Quiller Memorandum“, Regie Michael Andersen. Buch: Harold Pinter. George Segal, Max von Sydow und Alec Guiness spielten. Das Buch von Pinter war großartig, ausgetüftelt in seiner Doppeldeutigkeit, und ich spielte eine seiner typischen unergründlichen Frauen. Die Arbeit mit Michael Andersen hat mir ganz Wesentliches beigebracht: Er hat mich ermutigt, ganz auf meine Konzentration zu bauen. Ich meine damit, bis dahin war ich immer bemüht, das Wesen meiner spielerischen Möglichkeiten herauszustellen. Ich konnte meine Ausdrucksmittel nicht im Zaum halten. Oder besser, ich wollte es nicht. Ich habe während der Dreharbeiten im Zusammenspiel mit Sydow und Segal durch die Kontrolle Michael Andersens und der allabendlichen Muster gelernt, konzentriert nach innen zu spielen.

Jetzt, nachdem Du diesen Beruf zwanzig Jahre lang ausübst, was hältst Du von ihm? Findest Du ihn immer noch faszinierend wie damals, als Du unbedingt Schauspielerin werden wolltest?

Faszinierend? Ja, es kann immer noch faszinierend sein. Mit meinen verschwommenen Jungmädchenträumen hat die Realität des Schauspielerberufes natürlich nichts zu tun. Und das ist auch gut so. Aber ich halte es für ein Glück, einen Beruf auszuüben, den ich mir immer gewünscht, den ich gewählt habe. Es ist doch ein Glück in unserer Zeit! Wie viele Menschen üben ein Leben lang tagtäglich einen ungeliebten Beruf aus, mit dem sie nichts zu schaffen haben wollen, den sie, wenn sie ihren Arbeitsplatz verlassen, eiligst ablegen. Schauspieler legen ihren Beruf nie ab. Sie identifizieren sich mit ihm.

Und wo siehst Du die Schwierigkeiten in diesem Beruf?

Ebenfalls in diesem Selbstverständnis. Dieser Beruf ist nicht nur vom Talent abhängig. Talent ist die Voraussetzung. Abhängig ist man von Zufällen, Umständen. Auch Anti- oder Sympathien. Der Schauspieler ist in hohem Maß abhängig von der Qualität der jeweiligen Produktion, in der er arbeitet. Bei der totalen Berufsidentifikation des Schauspielers geschieht es dann, daß Erfolge als ganz persönliche Siege empfunden werden. Und Mißerfolge als Niederlagen. Denn fast kein Schauspieler hat das Gefühl, seine Kapazität voll ausgenützt zu sehen. Er kann zeitweilige Nichtbeschäftigung nicht sachlich sehen, unpersönlich; abgesehen davon, daß er es sich finanziell nicht leisten kann. Nicht spielen, nicht genommen werden, verunsichert ihn zutiefst, läßt ihn an sich zweifeln, verzweifeln. Diese Ängste können zerstörerisch sein. Und man braucht viel Kraft, um sich gegen diese selbstzerstörerischen Verunsicherungen zu stellen, sie durchzustehen, sich nicht aufzugeben. Die Öffentlichkeit weiß so wenig über unseren Beruf. Die freiberuflichen Schauspieler müssen ihre Miete bezahlen und ihre Krankenversicherung, für ihre Familie sorgen, wenn sie Mut haben und Gelegenheit, eine zu gründen. Und sie müssen spielen, um bezahlt zu werden. Nur die wenigsten müssen keine Kompromisse schließen. Da eine bestimmte niveauvolle Linie durchzuhalten, gelingt wenigen. Selbst engagierte Schauspieler haben Angst, ihren Vertrag zum nächsten Jahr gekündigt zu bekommen. Sie befürchten Schwierigkeiten mit der Direktion, wenn sie eine bestimmte Rolle *nicht* spielen wollen, oder — spielen wollen. Und all diese Ängste begleiten uns Schauspieler ein Leben lang. Trotzdem bleibt es ein geliebter Beruf, der einen sehr glücklich machen kann. Du kennst doch dieses Gefühl nach einer guten Probe, nach einer guten Vorstellung, nach einem Drehtag. Das Schöne an unserem Beruf ist, daß er Geist und Körper beansprucht. Wenn man nach einer guten Probe weiß, man hat die an sich gestellten Anforderungen umsetzen können, wenn die seelische und körperliche Spannung nachläßt, ist es ein Gefühl, das man Außenstehenden nur schwer beschreiben kann. Man trägt ein unteilbares Geheimnis mit sich nach Hause. Die Leute auf der Straße merken nichts davon, aber das ist eine schöne Einsamkeit, der man sich in dieser kurzen Zeit der scheinbaren Schwerelosigkeit hingibt. Und diese Begeisterungsfähigkeit in unserem Beruf finde ich schön. Ist es nicht so, daß wir nach einem Theaterbesuch als Zuschauer nach Hause gehen und tief berührt sind und Kollegen tagelang davon reden, ja tagelang davon schwärmen können, um sich noch nach Jahren einzelner Szenen zu erinnern, in denen der oder die unvergeßlich, großartig waren:

Neidlose Bewunderung, das gibt es in unserem Beruf, wie ich glaube, mehr als in irgendeinem anderen. Und ganz im Gegensatz zu der landläufig verbreiteten Meinung über das Verhältnis der Schauspieler zueinander.

Du hast vorhin gesagt: Wenn sie Mut oder Gelegenheit gehabt haben, eine Familie zu gründen. Wie meinst Du das?

Na ja, in diesem Beruf ist doch nichts endgültig und sicher; nicht das Theater, an dem man engagiert ist, nicht der Wohnsitz, nicht der Erfolg, Gott sei Dank nicht der Mißerfolg. Feste Bindungen einzugehen, ist nicht immer möglich. Kinder zu haben, für sie sorgen zu müssen, vergrößert auch die Abhängigkeit, die Entscheidungsunfähigkeit; da braucht man schon Mut. Wenn man ständig herumreisen muß, hat man eben wenig Gelegenheit, Freundschaften und Liebe zu vertiefen.

Was bedeutet es für Dich; eine Familie zu haben?

Für mich ist sie sehr wichtig. Es bedeutet mir sehr viel. Aber darüber möchte ich hier nicht reden.

Gut. Erzähle mir bitte von Deinen Erfahrungen mit der Umwelt in bezug auf Deine berufliche Karriere.

Ja, im allgemeinen ist es so, daß Erfolg die Leute mißtrauisch macht, nach dem Motto, wenn die so erfolgreich ist, kann sie so gut nicht sein. Und je erfolgreicher ich nach außen hin schien, um so mißtrauischer war man mir gegenüber. Diese Erfahrung habe ich besonders gemacht, als ich aus Amerika nach Deutschland und Österreich zurückkam. Es war schwer für mich, dagegen anzukämpfen. Gegen Vorurteile und Vorstellungen, die man sich von mir machte. In der Öffentlichkeit entsteht oft ein Bild von Schauspielern, das mit der Wirklichkeit nicht das Geringste zu tun hat. Und aus diesem verzerrten Blickwinkel wird man betrachtet, beobachtet. Kritiken können dadurch beeinflußt werden. Man schreibt nicht über das, was man sieht, sondern über das, was man vorher schon gehört oder gelesen hat. Meine wirklich guten Freunde stammen alle noch aus meiner Anfängerzeit, als ich einfach nur die „Senta" war. Und man auf mich viel spontaner zuging und auf mich ganz unmittelbar reagierte. . .

Hans Hollmann gilt als einer der wesentlichen Regisseure der deutschen Theaterszene von heute. Sein Talent war vom ersten Augenblick an offenkundig.

Offenheit am Theater

Das Theater war für ihn ursprünglich nur die Nummer zwei. Hans Hollmann wäre gerne Musiker geworden, Dirigent, oder Pianist: „Aber ich war zum Üben zu faul".

Erste, Interesse erweckende Begegnungen mit dem Theater hatte es zwar schon bei Schulaufführungen gegeben, bei Auftritten in einer Laiengruppe, den „Spielvögeln". Aber das Jusstudium stand im Zentrum.

Sein Elementarereignis fand im Grazer Schauspielhaus statt, als er eine Vorstellung des gastierenden Wiener Burgtheaters sah: „Da wurde mir plötzlich klar: Das ist der Beruf! Das wirst du machen im Leben, das ist schön!"

Ein paar Tage danach sucht er die Schauspiel-Pädagogin Lori Weiser auf, meldet sich zum Privatunterricht an: Sprechübungen, Szenen einstudieren und Monologe.

Das Universitätsstudium geht weiter, und das der Schauspielerei. Er legt die Eignungsprüfung vor einer Gewerkschaftskommission ab, ein Jahr später die Kontrollprüfung. Noch weiß der Vater nichts von den Ambitionen seines Jungen. Und als er davon erfährt, ist er zwar nicht begeistert, doch er entscheidet: „Wenn du schon diesen Weg gehen willst, dann gleich ordentlich — am Wiener Reinhardtseminar". Ordentlich, oder gar nicht. Der Vater ist Landesschulinspektor.

Hans Hollmann ist entsetzt, als er sich zum festgesetzten Termin in Schönbrunn einfindet: da sind 250 Mitbewerber! Nach dem zweiten Vorsprechen sind davon nur fünfundzwanzig geblieben. Und es fällt ihm auch auf, daß die künftigen Kollegen aus dem zweiten und dritten Jahrgang besonders fair und hilfsbereit sind, vor allem, wenn es um das Stichwortgeben geht.

Nach ein paar Wochen Seminaristendasein muß Hollmann „um Studienurlaub vom Studium" bitten: das „Romanum" ruft, die dritte Staatsprüfung des Juristen.

Am Ende des zweiten Jahrgangs darf er, über Vermittlung seines Lehrers Hans Jaray, im Theater in der Josefstadt Regieassistenz machen. Im Schönbrunner Schloßtheater spielte er damals in Hofmannsthals „Der Schwierige" die Rolle des Kari Bühl und den Theodor in Schnitzlers „Liebelei". Und während seine Kollegen noch im dritten Jahrgang sitzen, hat er bereits (wie auch die Jahrgangsfreunde Elfriede Ramhapp und Klaus Knuth) seinen Josefstadt-Vertrag in der Tasche.

Seine ersten Inszenierungen finden im Keller statt: In der Wiener Liliengasse macht er Tagores „Postamt" mit Ulli Philipp, in der Courage ein frühes Winiewicz-Stück, literarische Matineen im Kleinen Haus der Josefstadt. . . Und um sein Budget aufzubessern, schreibt und inszeniert er am Funk.

Eine wesentliche Verschiebung der Verhältnisse erfuhr er während der Sommerferien, als er in den Bergen in der Sonne suhlte: Da klingelte einmal das Telephon: Direktor Franz Stoß von der Josefstadt war am anderen Ende.

„Wie Sie wissen, Verehrtester, ist unser lieber Peter Preses gestorben. Ich gebe Ihnen eine Chance, das neue Stück von Hans Schubert zur Uraufführung zu bringen: ‚Mit besten Empfehlungen'. Aber, ich bitte Sie: Es *muß* ein Erfolg werden!"

Das war Ansporn und Entsetzen! Doch Hollmann kam eine publikumswirksame Besetzung zur Hilfe: Otto Schenk, Ernst Waldbrunn, Elfriede Ott. . .

Stoß hatte einen Erfolg bestellt, und er bekam ihn. Es läßt sich denken, daß der Direktor den als erfolgreich entdeckten Regisseur entsprechend einsetzte. Für Handkes „Publikumsbeschimpfung" und „Kaspar" wurde Hollmann später auch die Kainz-Medaille verliehen. . .

Der Wiener Kritiker Rosenthal hatte sich als Dramaturg nach Heidelberg verändert, und Rosenthal lud an sein Haus ein: Nach vielem Hin und Her fand sich auch ein Stück, auf das man sich einigte: die Neuübersetzung von Shakespeares „Romeo und Julia" durch Erich Fried. Als Julia war Andrea Jonasson besetzt, Mercutio war Hans Brenner — das ist eine gute Sache, das muß man machen! Die Premiere hat in Deutschland größtes Echo: „Und dann ging es ziemlich schnell". Bremen: „Trilogie der schönen Ferienzeit" von Goldoni; Stuttgart: Sternheims „Hose", und dann zu Düggelin nach Basel.

Zwischendurch selbstverständlich viel Fernsehen; doch das hatte ja schon in Österreich — mit „Ewiges Wienerlied" — begonnen. „Das Wichtigste, was ich im Fernsehen gemacht habe, war Franz Werfels ‚Der Tod des Kleinbürgers' mit Bruno Hübner."

„Ich habe in meinem beruflichen Leben eigentlich alles gemacht, was es in diesem Geschäft gibt", resümiert er, „am Seminar war ich Inspizient und Souffleur; ich habe später als Schauspieler gearbeitet und als Regisseur für das Fernsehen und für den Hörfunk. Am Anfang nimmt man, was kommt; dabei habe ich selbstverständlich auch vieles gemacht, was ich nicht für wichtig halte."

Von Basel aus geht es nach Berlin, Düsseldorf, Hamburg. Bei Barlog inszeniert er „Bäckerin und Bäckerjunge“ von Anouilh, Schillers „Kabale und Liebe“. Bei Boy Gobert in Hamburg: Shakespeares „Troilus und Cressida“ mit Nicole Heesters, „Richard III.“ und „Coriolan“ bei Stroux in Düsseldorf. München, Recklinghausen. . . „Dann war ich auch Theaterdirektor, aber das ist fast schon verjährt.“ Hollmann, der Intendant von Basel. . .

Tiefe Eindrücke in seinem Leben: Jaray, der das Handwerk absolut beherrscht; wichtig sind ihm die wenigen Kortner-Inszenierungen, die er sah: „Das waren einschneidende Erlebnisse“. Die Begegnung mit dem Brecht-Ensemble in Berlin. . .

Hans Hollmann ist heute einer der allerersten Regisseure an allen großen Theatern des deutschen Sprachraums. Im Augenblick inszeniert er an der „Burg“ die „Komödie der Eitelkeit“ von Canetti. Mag sein, daß er zwischendurch einmal schmunzelnd an sein allererstes Engagement zurückdenkt — als er bei den Seefestspielen im burgenländischen Mörbisch in Johann Strauß’ „Eine Nacht in Venedig“ Enrico war, singend, spielend und tanzend . . .

Maria Perschys Weg führte sie zu großen Filmerfolgen. Wirklich kennenlernen konnte sie ihre Kollegen und Freunde erst, als das Glück nicht auf ihrer Seite war. . .

Zurück zum Anfang

An das Seminar war Maria Perschy nur nach Überwindung einiger Schwierigkeiten gekommen; gegen den Willen der Mutter und mittels eines minikriminellen Delikts — Unterschriftenfälschung. Denn bei Minderjährigen verlangt die Studienordnung elterliches Einverständnis. Damit sie sich Seminar und Arme-Leute-Lebensstandard leisten konnte, mußte sie jobben: „Ich habe in dieser Zeit richtig gehungert".

Im dritten Semester geht es ihr endlich besser: Der Kunstförderungspreis hilft über das Ärgste hinweg. In noch rosigerem Lichte strahlte die nahe Zukunft, als ihr eine Filmrolle angeboten wurde. Da aber hatte sie die Rechnung ohne den Wirt gemacht: Öffentliche Auftritte von Seminaristen sind ohne ausgesprochene Erlaubnis der Seminarleitung unzulässig. „Doktor Niederführ hat mich hinausgeschmissen. . ."

Schock. Aus. „Ich wäre sehr gerne wieder zurückgekommen. Aber es gab kein Pardon."

„Nasser Asphalt" hieß der Film, und ihre Partner waren Horst Buchholz und Martin Held. . . Da auch nur halbwegs zu bestehen: ein unmögliches Ding für eine Anfängerin. Als sie merkte, wie hoch hinaus sie die Public relations-Manager jubelten, wie sie sie zum „Topstar aus dem Reinhardtseminar" und zur „sensationellen Entdeckung" manipulierten, da wurde ihr angst und bange: „Das kann nicht gut gehen, ich kann das ja nicht halten, was die sich von mir versprechen. . ." Sie möge froh und glücklich sein, wurde ihr bedeutet; Tausende andere wären froh und glücklich. . . Nach der Premiere fielen zehn Donnerwetter über Maria — die Kritiken waren vernichtend. „Ich konnte mich im deutschen Film seither nicht mehr ‚derfangen', ich war abgestempelt."

Dennoch: Film folgte auf Film, Heimatfilme mit Toni Sailer, viel Klamauk: Ich habe oft gar nicht in das Drehbuch geschaut, habe nur nachgesehen: *Wo* wird gedreht." So hat sie wenigstens die Welt gesehen, bis eines Tages die Zeit kam, da sie es satt hatte, aus dem

Koffer zu leben. Genug hatte sie auch bald davon, immer nur das liebe Mädchen zu sein. Da endlich bietet sich die Chance, eine dramatische Rolle darstellen zu dürfen, ein wohlbehütetes Bürgermeisterstöchterlein, das schwanger wird und in Kalamitäten gerät. Hauptdarstellerin des Films „Die Landärzin“ war Marianne Koch.

„Jeder hat damals zu mir gesagt: ‚Tu das nicht, du kannst das nicht'!“ Doch Regisseur Paul May vertraute ihr: „Er war rührend, wollte mir helfen; der wußte genau, was in mir vorging“.

Ein, zwei Dutzend Rollen hat sie gespielt, dann schien die ganz große Chance zu kommen: Hollywood. Unter dreihundert europäischen Filmschauspielerinnen war sie ausgewählt worden, hatte einen Siebenjahresvertrag unterschrieben. Es war wie im Traum. Der Traum war aber über Nacht zum Alptraum geworden: als sich die rauhe Realität an ihm rieb.

Man begann, sie nach dem Geschmack der sogenannten Durchschnittsamerikaner umzumodeln, Frisur, Kleidung, Schminke, „und plötzlich war ich eine Mischung von Marlene Dietrich, Laureen Bacall und etlichen anderen. Doch wo war ich geblieben?“ Quälend war auch die Einsamkeit: Sie war die Kollegialität in europäischen Studios gewohnt gewesen, wo einer dem anderen hilft, auch in Kleinigkeiten.

„In Hollywood war man völlig isoliert.“

Sie hatte in einigen englischen Filmen gespielt, in „The password is courage“ mit Dirk Bogarde, im Sigmund-Freud-Film. Aber in England war sie sich keineswegs nur als jenes winziges Rädchen in einer gigantischen Fabrik vorgekommen. In Amerika war alles ganz anders. Als sie ein-, zweimal mit ihrer Meinung nicht hinter dem Berg hielt, saß sie auf dem Eis. „Ich habe zwar allwöchentlich meinen Scheck bekommen, habe jedoch, nachdem wir mit diesem einen Film fertig waren, nichts mehr zu tun gekriegt.“ Und das sollte sie sieben Jahre lang aushalten?

Heimlich, still und leise packt sie ihre Koffer, setzt sich in's nächste Flugzeug und kehrt heim. Um dort von Kollegen hämisch gefragt zu werden: „Vielleicht waren Sie einfach nicht gut genug?“

In Deutschland legt man in jener Zeit nicht viel Wert auf sie. Kann man nichts machen; und macht auch nicht viel, so lange man in England und Frankreich, in Italien und Spanien so gefragt ist: wen wundert das, hatte sie doch im Laufe ihrer Zeit nicht nur das Filmhandwerk aus dem FF, sondern auch Englisch, Französisch, Italienisch und Spanisch gelernt.

Vor allem das spanische Publikum hat die Perschy für sich entdeckt: Dort kann sie sich's aussuchen, die Drehbücher und die Rollen; und sie hat jedes Privileg. Bis ein schwerer Unfall ihr Leben unter neue Voraussetzungen stellte. In Nordspanien, in der Hochebene, posierte sie für Werbefotos. Neun Stunden konzentrierte Arbeit, bis man sich auf den Heimweg macht: Maria Perschy, ihre kleine Tochter und der Photograph.

„Es war in einer Gegend, wo Ölraffinerien stehen. Überall Ölflecke. Ich rutschte aus und war von oben bis unten bekleckert. Nun, wie kriege ich das Zeug 'runter? Dort gab es keine Möglichkeit, sich zu waschen. Ich wischte meine Kleider notdürftig mit Papier ab, um mich wenigstens in das Auto setzen zu können. Die Fahrt führte uns durch ein Dorf, in dem die ehemalige Nurse meiner Tochter wohnte. Dort sind wir hinein, und ich habe mich mal richtig heruntergewaschen. Nur aus den Haaren ging der Geruch nicht raus; ich bekam davon starke Kopfschmrzen. Ich verlangte nach einer Schüssel mit Benzin; in die habe ich mein Haar gesteckt und es zu reinigen versucht. Als die Nurse gleichzeitig die Gasflamme aufdrehte, war die Schüssel, in der mein Kopf steckte, das erste, was explodierte.“ In Bruchteilen von Sekunden war die Katastrophe geschehen, an der Maria Perschy zwei Jahre lang zu leiden hatte.

Fünf Tage lang in einem sterilen Raum der Intensivstation zwischen Leben und Tod schweben. Monate im Spital. In dieser langen Zeit hatte sie Gelegenheit, viele ihrer „Freunde“ kennenzulernen: Sie waren nicht mehr vorhanden. Kein Produzent, kein Regisseur, kein Kollege hat sich da gerührt. Die große Ausnahme: Lilli Palmer und ihr Mann, Carlos Thompson. „Die haben mir sehr viel geholfen. Großartige Menschen.“ Als sie aus dem Krankenhaus kam, war sie ein anderer

Mensch geworden, ein viel ruhigerer. „Ich habe mich mit keinen Nebensächlichkeiten mehr belastet.“

Maria Perschy hat bisher in über neunzig Filmen gespielt, fast ausschließlich Hauptrollen. Diese Zeiten sind vorbei, wie überhaupt die großen Zeiten einer bestimmten Art Film vorbei sind.

Heute lebt Maria Perschy mit ihrem Mann, einem amerikanischen Drehbuchautor, in Hollywood, spielt in TV-Serien und — hat große Sehnsucht nach dem, was sie einst eigentlich gewollt hat, als sie trotz elterlichen Verbots in's Reinhardtseminar ging und die Blanche aus Tennessee Williams' „Endstation Sehnsucht“ vorsprach: Endstation ihrer Sehnsucht ist das Theater; sie hat Sehnsucht, wieder einmal auf einer Bühne stehen zu dürfen. . .

Manche Schauspielschüler sind am Anfang ihres Weges verklemmt. Überwinden sie diese psychischen Barrieren, können sie viel erreichen.

Denn dieser Tage Qual war groß

Sein Großvater schon wär so gern zum Theater gegangen, und ist es ja auch: Er wurde Theaterfriseur in Linz. Dessen Sohn, ebenfalls leidenschaftlicher Comoedien-Enthusiast, hatte deshalb stets im Ohr: „Ich kenne diese verdorbene Gesellschaft“, und studierte also an der Universität, wurde Lehrer, brachte es bis zum Landesschulinspektor.

Kam da eines Tages der Oberstlehrerssohn angerückt, baute sich vor dem Vater auf und artikulierte generationenlang zwangsläufig aufgestaute Sehnsucht: „Ich will zum Theater“!

Viel Verständnis: „Aber erst mach' dein Lehrerexamen“! Recht und gut und schön: Der Gottfried Schwarz setzt sich hin und lernt.

Ein paar Sprechtechnikstunden bei einer ehemaligen Opernsängerin, um das linzerische Idiom zu kaschieren; dann fühlt man sich gerüstet, setzt sich in den Zug, fährt hinunter in dieses Wien. Selbstverständlich ist man nervös, vor allem, wenn man die selbstsicheren Gesichter rundum sieht, im Foyer des Schönbrunner Schloßtheaters. Betritt nach Aufruf die Bühne, schlägt sich, schusselig, wie man ist, an der Proszeniumsloge den Kopf an, daß es nur so kracht, torkelt benommen auf die Bühne und soll auf einmal der Leon sein aus Grillparzers „Weh dem der lügt", soll den Doktor Jura spielen aus dem „Konzert" von Hermann Bahr: „Es war fürchterlich"!

„Wenn er nur Schauspieler werden wollte", erklärte man dem anwesenden Herrn Landesschulinspektor, „dann würden wir ihn nicht nehmen. Aber weil er auch Regie machen will . . ." Hätte doch der Salzburger Aufnahme-Mitbewerber Peter Matic auch auf seine Regieambitionen hingewiesen, vielleicht hätte er dann Gnade vor der gestrengen Kommission gefunden!

Ein Neunzehnjähriger, total verklemmt, durch Zufall in eine Kollegenschar selbstsicherer Prominentenkinder gestoßen: Gab es doch da im gleichen Jahrgang den Heinrich Fanta, Sohn der großen Maria Eis; den Klaus Knuth, Gustavs Sohn; den Nikolaus Haenel, dessen Vater Schauspieler, Theaterdirektor und Regisseur ist; die Elisabeth Hörbiger, die man bald auch als Elisabeth Orth kennen sollte; schwer, sich da als adäquater Partner zu fühlen. . .

Kontaktschwierigkeiten obendrein: selber schuld, wenn einer dennoch ein Doppelstudium wagt: Parallel zum Seminar saß der „Linzer Bua" alltäglich in den Hörsälen der Uni, büffelte Theaterwissenschaften. Freunde, die suchte er sich auch nicht im Seminar, die saßen im oberösterreichischen Studentenheim. Seminar-, Kaffeehaus- und Beiselrunden: für Schwarz Fremdwörter . . .

„Ein halbes Jahr lang habe ich mich gequält, habe alles mitgemacht, vom Fechten bei der Müller-Preis bis zur kestranek'schen Sprechtechnik." Manche negative, wenige positive Reminiszenzen. Positiv: „Kann mich erinnern, daß ich mit einer Kollegin die Szene Edrita-Leon aus ‚Weh dem der lügt' probiert hab'.

Daraus ist mein erstes echtes Theatererlebnis geworden: Da hab' ich gelernt, wie sehr es vom Partner abhängt, ob man gut ist oder nicht. Bei uns beiden, den Schülern, hat's nicht hingehaut. Da hat die Frau Professor erst mit mir zusammen gespielt — sie die Edrita; und dann mit meiner Partnerin — als Leon. Sowohl die Kollegin als auch ich haben nachher festgestellt, daß wir uns niemals vorher so wohl, so sicher und so gut gefühlt haben, wie in dieser einen Szene mit einem Superprofi . . ."

Schwarz bleibt Außenseiter: „Ich bin nie wirklich in diese Gemeinschaft hineingewachsen." Dann das Blackout, der Holzhammer auf den Kopf: „Am Ende des ersten Semesters gab es einen ‚Stummen-Szenen-Abend', quasi die erste semi-professionelle Arbeit als Schauspieler. Einer von uns hatte die Conference zu machen. Mein Auftritt war unmittelbar nach der Pause: Ich spielte einen Clown, der in seiner Garderobe sitzt und sich schminkt. Da betritt der Inspizient den Raum: ‚Ich muß dir eine sehr traurige Mitteilung machen. Deine Frau ist tödlich verunglückt.' — ‚Was, tot?' Lache, Bajazzo: Das Spiel geht weiter. Der Clown hat aufzutreten . . . Ich hatte diese Szene nie richtig gemocht, man hatte sie mir mehr oder weniger eingeredet. Nun saß ich also da, bibbernd hinter der Bühne, und hörte draußen den Ansager: ‚Jetzt, meine Damen und Herren, möchten wir Ihnen einen Kollegen vorstellen, auf den wir selber sehr gespannt sind, weil wir ihn im abgelaufenen halben Jahr privat überhaupt nie gesehen haben. Wir wissen nicht: ist er gut, oder ist er nicht gut. Wir kennen ihn zu wenig: Doch er ist bei uns sowieso nur außerordentlicher Hörer, studiert an der Uni und fühlt sich zu Höherem berufen.'" So oder so ähnlich hörte es der Zittergottfried nach hinten. Vorhang auf! „Der einzige Ton, den ich rausbekommen habe: ein Heulton." An Spielen war in diesen ersten Sekunden gar nicht zu denken.

Aus. Glücklich ist, wer vergißt . . .

Zur „Premierenfeier" gehen, in diesem Zustand? Man rannte lieber die paar Kilometer nach Hause, verkroch sich irgendwo: nichts sehen, nichts hören, nichts mehr von alledem wissen. Ein Häufchen Unglück sein.

Vierzehn Tage später: Kontrollprüfung.

Plumps. Gottfried Schwarz, Ex-Seminarist, ist seelisch down, nicht, weil er durchgefallen und damit draußen war, vielmehr deshalb, weil er vom Seminarleiter „getröstet" wurde: „Er sagte mir, daß ich möglicherweise menschlich sogar der Wertvollste wäre, daß ich aber künstlerisch für diesen Beruf überhaupt nicht in Frage käme. Und er riet mir dringend an, doch Germanistik zu studieren. Nein, nicht Theaterwissenschaften! Ich möge mich in irgendeine Bibliothek zurückziehen, wo ich sicherlich sehr glücklich werden würde. . ."

Geradezu ungeheuerlich ermutigende Worte auf den weiteren Weg, gewiß. Wenn Schwarz heute auch einräumt: „Ich war so verschüttet, daß es niemandem gelungen wäre, mich im Rahmen eines Massenunterrichts aus mir herauszuholen".

Wohl hatte er sich bei Kestranek gefühlt, „weil Sprechen so gar nichts Exhibitionistisches an sich hat". Aber, „zum Theaterspielen, dazu muß man sich erst einmal überwinden".

Noch war es nicht an der Zeit, aber er arbeitete daran. Heimkehr nach Linz, wo ihn ein verständnisvoller Vater tröstet: „Mach erst mal deine Theaterwissenschaft fertig, dann wird man sehen: Vielleicht tut sich einmal was mit der Schauspielerei? Vielleicht wirst du Regisseur? Jetzt, jetzt vergiß es."

Vergessen, nein, verdrängen!

Ein Semester später: Stud. phil. Gottfried Schwarz besucht diszipliniert die Vorlesungen und Übungen; immer noch wohnt er im „Pfeilheim", und sein Mittagessen nimmt er in der Mensa der katholischen Hochschülerschaft. Kommt da eines Tages Seelsorger Monsignore Strobl vorbei, fragt, was der Herr Collega denn studiere. Aha, Theaterwissenschaften? Ob's für den Herrn Kollegen nicht interessant sein könnte, ein Studententheater zu machen. Das „Studio der Hochschulen" wäre jäh eines zwar nicht sanften, immerhin aber eines Todes entschlafen; die Damen und Herren Schauspieler hätten sich zu diversen Profibühnen verlaufen: der Herr Kehlmann, sogar der Herr Qualtinger. . . Aber Sie, Herr Kollege. . ."

Ja, ja, ganz interessant, mal überlegen.

Leute um sich sammeln, Akademieschüler, Studiosi Universitatis Vindobonnensis: den Ulf Bierbaumer (heute Wissenschaftler), den Peter Huemer (heute ORF-Club 2-Mann), den Anton Staudinger (heute Wissenschaftler), den Bertram Mödlagl (heute Schauspieler), den Gösta Neuwirth (heute Komponist).

„So haben wir die ‚Arche' gegründet!"

Die „Arche", heute Wiener Theaternostalgie. Der Gottfried Schwarz hat sie fünf Jahre lang gesteuert: Zum geschaßten Seminaristen des vorigen Semesters durfte man nun ruhig „Herr Direktor" sagen.

„Ich habe inszeniert, was der Teufel hergegeben hat, hab' selber mitgespielt, hab' zwar mit dem Studium sechs Jahre lang gebraucht, aber das war mir wurscht."

Man engagiert sich, macht zeitgemäßes Theater. Spielt erstmals H. C. Artmanns „Kein Pfeffer für Czermak", spielt Sartre. Damals noch ein Ereignis, Brecht. Hatte sich Volkstheaterboß Leon Epp doch schon seit langem bemüht, die „Mutter Courage und ihre Kinder" auf seine Bühne zu bringen, was einige bekannte Zeitgenossen argumentierend und polemisierend veranlaßte, darauf aufmerksam zu machen, bei diesem Brecht handle es sich zwar um einen Dichter, zugleich aber auch um einen prononcierten Vertreter einer Ideologie, die den Untergang des freien Westens zum erklärten Ziel erkoren habe. Polemik hin, Argumente her: Am Weghuberpark kam's und kam's zu keiner Courage.

Wo die Großen versagen, müssen die Kleinen her. Kollege Gösta Neuwirth wendet sich an Prälat Strobl, gibt ihm gegenüber zwar zu: „Natürlich ist der Brecht ein Kommunist. Aber unabhängig davon ist er einer der größten Dramatiker unseres Jahrhunderts. Man kann da nicht einfach vorbeigehen. Und welcher Bühne glaubt man weniger, Agitation für die KP zu machen, als der unseren?"

Österreichische Bert Brecht-Erstaufführung nach dem Zweiten Weltkrieg durch die katholische „Arche": man spielt die Schuloper „Der Ja-Sager"; das Libretto war immerhin schon 1929/30 entstanden. Der Madrigalchor der katholischen Hochschulgemeinde sang:

„Wichtig zu lernen vor allem ist Einverständnis. Viele sagen *ja,* und doch ist da kein Einverständnis“; ein aus Studenten der Akademie zusammengewürfeltes Orchester musiziert die Weill-Rhythmen, Bernhard Klebl dirigiert, und Teresa Stratas singt die Rolle der Mutter. . .

Ein halbes Jahr später gibt es Brecht auch am Volkstheater. Der Wogenbrecher Arche ist auch das Uraufführungstheater für den früh verstorbenen, genialen Konrad Bayer.

Schwarz inszeniert, spielt, wird frei, der verklemmte Linzer, „weil dort alle anderen noch viel größere Dilettanten waren als ich“. Gottfried Superstar.

Saß einmal während eines Adamov-Stücks der Josefstadt Regisseur Hermann Kutscher im Auditorium, kommt nach der Vorstellung in die Garderobe, meint: „Ich habe mir Ihre Inszenierung angesehen, finde Sie sehr talentiert. Was machen Sie in Zukunft? Ich bin der nächste Linzer Oberspielleiter. Wollen Sie mein Assistent sein?“ Ein Job das, für drei gute Jahre: Assistent erst, dann Regisseur.

Träum' ich, oder wach ich? Ein Brief des großen Piscator aus Berlin. „Wenn Sie bei mir als Regisseur und Schauspieler arbeiten wollen, lade ich Sie ein, zu mir nach Berlin zu kommen. Ich möchte Sie kennenlernen.“

Piscator liegt krank zu Bett, empfängt dennoch seinen Besucher aus Österreich. Zwei Stunden lang saß er da, am Bettrand, sprach mit diesem lebendigen Stück Theatergeschichte.

„Ja, Sie gefallen mir. Noch aber fehlt es am nötigen Geld.“

Im nächsten Jahr war Piscator tot.

Arbeit bei Peter Weihs, dem Alt-Seminaristen, in dessen Wiener „Theater der Jugend“. Als Übergangslösung war es gedacht, drei Jahre sind daraus geworden: ein langer Übergang.

Bis man eines Tages das, was man da macht, nicht mehr für das hält, was man eigentlich machen wollte. Gottlob funktioniert die Union der Schulinspektorensöhne. Als eines Tages Altseminarist und Jahrgangskollege Hans Hollmann gerade zu jenem Zeitpunkt bei einem anruft, wo die Veränderungsnot am größten. . .

„Ich mach die Weihnachtskomödie an der Josefstadt", sagt der eine Doktor zum andern Doktor. „Da gibt's eine Rolle, die kannst nur du spielen. Sicherlich bist du total verschmiert, aber: Du wirst das können!"

Die Komödie heißt „Drei Väter".

Abermals an der Josefstadt spielen, dann im Theater an der Wien. Man hatte einen verschusselten Komiker entdeckt. Freischaffend, spielt er mal da, inszeniert mal dort, wird mit dem Förderungspreis zur Kainz-Medaille geehrt, empfindet sich bald als gesettelt und spielt Privatleben, heiratet. Als das erste Baby da ist, entsinnt sich der Jungpapa seines bürgerlichen Kerns, strebt ein bißchen Sicherheit an und wendet sich an den ORF:

„Haben Sie Lektorate für mich"? bittet er den TV-Dramaturgen Florian Kalbeck.

„Nein, keine Vakanz." Aber ein Hinweis: „Kuno Knöbl, Hauptabteilungsleiter für Unterhaltung, sucht einen Redakteur für Kabarett und Literarisches. . .

Knöbl, Knöbl, nein, das geht nicht! denkt der Gottfried Schwarz. Der hat was gegen mich. Seit damals, als er mit seinem Grazer Studentenkabarett nach Wien kam, dem „Würfel": Da wollte sich seine Truppe der Arche anschließen, und daraus wurde nichts. „Nein, der wird mich nicht wollen."

Ein paar Tage später: „Warum kommen Sie nicht zu mir?" Die Stimme Knöbls am Telefon ist eher ungehalten. „Ich brauche Sie".

Schwarz gestaltet Übertragungen aus dem Farkas-„Simpl". Mit Gerhard Bronner „Die große Glocke". Unvergessen: „Mit versteckter Kamera". Und mit Fritz Muliar, dessen „Sohn" er beim Josefstädter Debut war, „Heiteres und Schärferes". „Redaktion: Dr. Gottfried Schwarz", steht am Insert. Bald darauf — eigene Kabarett-Inszenierungen für's Fernsehen. . .

Aus dem Redakteur Schwarz wird Schwarz, der ORF-Abteilungsleiter, und aus dem Abteilungsleiter der Hauptabteilungsleiter des Zweiten Fernsehprogramms, zuständig für Fernsehspiele und Konzerte, für Musik- und Ballettübertragungen, für Jazz.

Eigentlich müßte er sich heute sehr wohl fühlen, in seiner Haut. Und doch fehlt ihm etwas: Im Wust der Administration ist ihm das Inszenieren entglitten.

Die Erinnerung an die Qual der Seminartage ist fast vergessen: ist untergegangen in der eigenen Karriere.

Echte Begabung setzt sich fast immer durch. Mitunter ist es eine Frage der Zeit, fast immer aber eine Frage des Durchhaltevermögens. Solange einem das Ziel wichtiger ist als alles andere, hat man Chancen.

Die jüngste Staatsschauspielerin (und ein Zirkuspferd)

Solveig war für eine Nacht sogar aus Hamburg an die Donau angeflogen, nur um ihrer Schwester die Wahnsinnsidee auszureden: doch Dagmar Thomas hatte es sich nun einmal in den Kopf gesetzt, da half weder vernünftiges Argumentieren noch orakelhaftes Unken. Die Familie kannte den Beruf, kannte seine Tücken, wollte ihr ersparen, unglücklich zu werden, ihr, die sowieso genug auf sich hatte: die geschiedene Ehefrau und Mutter eines Kleinkindes.

„Geh' nicht hin, du wirst nicht einmal die erste Prüfung schaffen!"

„Dann werde ich eben überall dort Prüfungen machen, wo man sie nur machen kann, in Linz und in Salzburg, in Graz und in Innsbruck, überall, so lange, bis ich irgendwo durchkomme!"

Ihre nächste Umgebung zweifelte also an ihrem Talent. Es nutzte nichts. Auch nicht, daß man ihr schillernde Alternativen anbot: Du sprichst doch Englisch und Italienisch — ich habe Beziehungen zur ‚Lufthansa'. Du kannst Stewardess werden . . ."

Diesen Teens-Traumberuf? Nein, danke.

„Ich will zum Theater, ich will zum Theater, zum Theater!!"

Geltungsdrang? Selbstbestätigung? Spieltrieb? All das kann zu diesem Wunsch mit eine Ursache gewesen sein, vor allem aber: „Ich wollte eine Menge Leute zum Lachen bringen". Zum Lachen und zum Weinen. Dagmar Thomas, die komödiantische Tragödin. Doch zu der war damals der Weg noch weit.

Die Kassandren hatten, was die Aufnahmsprüfung und das Talent betrifft, nicht recht behalten. *Allein* hatte Dagmar sich hingesetzt, hatte ein paar Szenen auswendig gelernt, ohne einen Lehrer („hatte ja keinen Groschen Geld"), ohne von irgend jemandem kontrolliert zu werden. Und hatte sich der Kommission der Bühnengewerkschaft gestellt, die den privat Lernenden die Prüfung abzunehmen hat. Die Thomas sprach vor, drei, vier Sätze da: „Ja, danke", zwei, drei Sätze dort: „Das genügt!"

Die junge Dame im Dirndl und ohne eine Spur von Schminke im Gesicht erwartet von der gestrengen Jury das Urteil. Endlich steht einer auf, verkündet: „Ich gratuliere Ihnen, Frau Kollegin! Wissen Sie schon, an welches Theater Sie gehen werden?"

Wie? Was ist da los? Ich kenn' mich nicht aus . . .

Und dann, endlich, begreift sie: Die Eignungsprüfung, die allererste, die Anfängerprüfung, die haben die Herrschaften da unten als Reifeprüfung qualifiziert . . .

„Alles Gute, Frau Kollegin", tönt es noch in ihrem Ohr. Sie hätte sich zufriedengeben können, hätte sich rechtens am nächstbesten Theater um eine Stelle bewerben dürfen. Aber: Sie selbst hielt sich keineswegs für bühnenreif. Sie wollte das Handwerk erlernen.

An's Seminar!

Hingehen, sich anmelden, gleich jetzt, unmittelbar nach der Gewerkschaftsprüfung, und: abgelehnt werden.

„Jetzt kommen Sie, mitten im Semester? Unmöglich. Kommen Sie, wie alle anderen, zur vorgeschriebenen Zeit, in sechs Monaten!"

„Ich bin in die Kanzlei, in's Cumberland: ‚Gibt es denn keine Ausnahme?' — ‚Nein'. Ich habe die ganze Nacht nicht geschlafen, bin am nächsten Tag wieder raus. ‚Ich möchte den Direktor sprechen'! Den Direktor Niederführ. Auch der: ‚Eine Aufnahme zwischendurch? Ausgeschlossen! Ausnahmen gibt es nicht . . ." So bin ich zehn-, zwölfmal hin, habe argumentiert: ‚Ich bin zu alt!', habe ich gesagt. ‚Für mich ist jede Stunde wichtig.' Ich habe gefleht, gebeten. Rausgeschmissen haben die mich. ‚Kommt sie schon wieder.' Vorne hinausgeschmissen, hinten 'reingegangen; hinten 'rausgeschmissen, vorne 'reingegangen . . ., so lange, bis der Direktor mit den Lehrkräften gesprochen hat." Ein Hin und Her, endlich, endlich gelang es, man zeigt Verständnis, nimmt sie auf.

Sie macht in Extratour die Prüfung, besteht, wird in den bereits laufenden ersten Jahrgang aufgenommen und nach drei Monaten in den zweiten vorversetzt.

Retrospektive einer heute prominenten Berliner Staatsschauspielerin: „Ja, das Reinhardtseminar hat mir genützt, und gewisse Tips wende ich heute noch an."

Keine Nostalgie. Dagmar Thomas geht mit ihrer Vergangenheit nicht pitzelig um. Und sie erinnert sich auch nicht allzu gern. Sagt: „Die Kontakte zu meinen Mitstudenten waren spärlich." Sie ging mit ihnen nicht zum Mittagessen, nutzte die Zeit lieber, um in den unbenützten Räumen zu studieren.

Erste Auftritte in Goldonis „Die kluge Witwe" als Rosaura; als Helene Prynne in Cowards „Hochzeitsreisende" — zu viel mehr am Seminar kam sie nicht mehr; ihr Schönbrunner Dasein ist kurz gewesen.

„Diese Überheblichkeit, die ich hatte, als ich anfing! Wenn ich einmal fertig bin, unter Zürich, Berlin, Hamburg, München oder Düsseldorf mache ich es nicht, dachte ich. Diese unbeschreibliche Überheblichkeit aber hat mir viel Kraft gegeben."

Nein, weder Zürich noch München wurde es, auch nicht Düsseldorf, Berlin oder Hamburg: es wurde Linz!

Knapp vor Ende des Studienjahres war ein Vorsprechen veranstaltet worden. Und da war der erste Vertrag da — in die oberösterreichische Hauptstadt.

„Und ich war so glücklich.“ Antrittsrolle: die Eboli.

„Herr Stroux aus Düsseldorf schickte mir ein Telegramm, wann ich zum Vorsprechen kommen könne. Oscar Fritz Schuh kam an. Auch Herr Buckwitz aus Frankfurt telegraphierte . . .“

Die Begegnung mit Stroux in Düsseldorf bringt wenig. Pünktlich war sie angekommen, doch „der ließ mich warten. Lange warten“. Endlich kam er, sagte: ‚Guten Tag' und: ‚Geh'n Sie mal 'runter'. Unten, auf der Bühne: ‚Was steh'n Sie denn 'rum, ziehen Sie's endlich ab, das Programm!' — , Ich beginne mit . . .' — ‚Es interessiert mich nicht, womit Sie beginnen. Ziehen Sie es endlich ab . . .' Das war ich nicht gewöhnt. Ich sprach einen Monolog, eine Szene nach der anderen. Die Nastja aus Gorkis ‚Nachtasyl'. Shakespeare, Coward . .“

Später erst erfährt sie: Stroux war eben erst, nach einer Gallenoperation, aus dem Spital entlassen worden . . .

Wieder in der Direktion. Stroux, an einer alten Pfeife kauend, rennt auf und ab, sagt: „Woher nehmen Sie die Kraft? Woher haben Sie die Kraft?“

Auf und ab rennt er. Dann, plötzlich stehenbleibend: „Kennen Sie Tennessee Williams?“

„Ja.“

„Jedes Stück: das sind Sie! Doch, ich spiele in den nächsten Jahren keinen Tennessee Williams!“

Die Thomas fährt nach Linz zurück, heult stundenlang, kommt sich gefrotzelt vor. Auch aus dem Schuh'schen Angebot wird nichts, und nichts aus dem Angebot Barlogs. Sie bleibt ein zweites Jahr in Linz, bei Intendant Fred Schroer.

Eines Tages ließ er sie zu sich rufen, sagte: „Wie stellen Sie sich das vor? Sie sind hier jetzt anderthalb Jahre lang engagiert . . .“ Die Thomas ist schuldbewußt, denkt nach, was sie denn verbrochen haben könnte.

„Ich weiß nicht, was Sie meinen, Herr Intendant?“

„Anderthalb Jahre, und noch nie kamen Sie zu mir herauf, um mir irgend etwas zu sagen! Ja wenigstens ‚Lecken Sie mich am Arsch' hätte Ihnen einfallen können!“

„Ich spiele fast täglich, ich bin nahtlos bei Ihnen beschäftigt, ich habe gar keinen Grund, zu Ihnen zu kommen."

Bald aber hatte sie Grund: Anfang der sechziger Jahre, in der Zeit, als man sich auf der Bühne noch nicht so oft und so gerne auszog: „Faust, zweiter Teil", steht auf dem Probenplan. Die Thomas ist als Helena besetzt.

„Ich wußte, daß die oft nackt gespielt wird. Also, ich geh rauf, melde mich an, lege Schroer das Buch hin, sage: ‚Herr Intendant, ich möchte Ihnen nur eines zu dieser Rolle sagen: Ich bin Mutter eines Kindes!!' Manche würden mich wahrscheinlich auslachen, heute. Aber mir war es damals todernst." Und sie wurde verstanden, brauchte die Rolle nicht zu spielen.

Beim Theater spielt auch der Zufall (das Glück, nennen es manche) eine Rolle. Bei Tannert in Baden-Baden war eine junge Schauspielerin ausgefallen, eine, die der Chef engagiert hatte und die dann — Verbot des anderswo spielenden Ehemanns! — nicht mehr kommen wollte. Dagmar trifft sich mit Tannert in München.

Der Zug Linz-München hatte Riesenverspätung, kam erst nach zweiundzwanzig Uhr an. Und man hätte sich doch schon um sieben, vor drei Stunden, treffen sollen — in den Kammerspielen.

Ruckzuck in's nächste Taxi, „Kammerspiele", und findet dort nur eine Nachricht: „Bin im Hotel ‚Blaues Haus'".

Da saß er, allein an einem Tisch, eine Reihe leerer Bierflaschen vor sich, Zeitung lesend.

„Gehen Sie hinter diesen Sessel, fangen Sie an! Aber leise!"

Vorsprechen in einer Hotelrezeption.

Gäste durchqueren den Raum, weil sie anders nicht zu ihren Zimmern kommen können.

Flüsternd hinter dem Sessel stehend, immer wieder von Hotelgästen gestört, spricht sie die Eboli, Tannert wiederholt: „Leise, pst, leise!"

Es reicht ihm. Engagiert!

Sie will es schriftlich haben. Allzu viel wurde ihr schon versprochen auf ihrem kurzen Weg, und viel zu wenig war davon gehalten worden.

„Ich will es schriftlich!"

Tannert hat was übrig für theatralische Szenen, er spielt mit, besorgt einen Bogen Hotelbriefpapier, und in Ermangelung eines anderen Schreibuntensils notiert er mit grünem Buntstift: „Vertrag . . ."

Danach: „Soll ich ein Zimmer für Sie nehmen?"

„Nein, danke."

„Wann fahren Sie zurück?"

„Morgen früh . . ."

„Wo werden Sie wohnen?"

„Beim Bahnhof, links."

Was sie wirklich vor hatte: die ihr verbliebenen zwei Mark fünfzig in Weißwürsten anzulegen, so lange, bis endlich der Morgenzug eintrudelte.

Tannert sieht sie skeptisch an: „Sagen Sie mal, wieviel Geld haben Sie überhaupt bei sich?" Und schon hat er ihr Täschchen geöffnet, das Portemonnaie herausgeholt und findet — die Fahrkarte und fünfmal fünfzig Pfennig.

Die Thomas erhält — Sofortkasse! — Diätenvorschuß. Und selbstverständlich zahlt er die Rückfahrkarte.

„Ihre Gage beträgt 500 Mark."

Ist das viel, ist das wenig? Bisher jedenfalls hatte sie einhundertundfünfzig. Man schrieb 1959/60.

„Tannert war ein wunderbarer Frauenregisseur."

Sie tritt mit der Plörösenmieze in Zuckmayers „Hauptmann von Köpenik" an. Bei der ersten Stellprobe erklärt Tannert, wie sie auf die Bühne zu kommen, wie sie sich umzuschauen habe.

„Und dann setzen Sie sich auf diesen Stuhl. Ich sage Ihnen aber, Frau Thomas, dieses Hinsetzen muß eine Aktion sein. Haben Sie mich verstanden, eine Aktion!"

Sie denkt lange darüber nach: Aktion . . .

Premiere, Auftritt der Mieze. Sie sieht sich um, taxiert die Gäste, reagiert, läßt sich auf ihrem Sessel nieder: Szenenapplaus des ganzen Hauses, Dank für das Niedersetzen. Und von da weg, vierundfünfzigmal: kommen, blicken, setzen, Applaus. Bei der fünfundfünfzigsten Vorstellung ist die Vorstellung erstmals nicht ausverkauft.

Aktion wie immer: Auftritt, „Aktion“, setzen — Ruhe —, ein bißchen mehr machen als sonst, forcieren; endlich: Applaus!! Wieder geschafft! Nach dem Auftritt zieht sie sich in die Garderobe zurück, schminkt sich ab. Auf einmal — vehementes Klopfen.

„Jetzt nicht!“

„Kommen Sie sofort ’raus!“

Tannert steht vor der Türe.

„Das war heute nicht drin!“

„Was? Was bitte?“

„Sie wissen es ganz genau: Dieser Szenenapplaus war heute nicht drin. Das Haus war nicht voll. — Sie sind ein Zirkuspferd, und ich habe Sie als Zirkuspferd in mein Ensemble engagiert,“ vehement geht’s weiter, „aber: Es muß sich auch *halten* lassen!“

„Schon während meines ersten Engagementsjahres hatte ich mir eine Methode zurechtgelegt: vor der allerersten Premiere eine Reihe von Bewerbungen an andere Theater zu versenden. Ich wollte gar nicht abwarten, ob ich ankomme. Darauf habe ich mich gar nicht eingelassen.“

Meldet sich der Kasseler Intendant, und da man sich eben über Tannert ärgert (die Gage stimmt nicht, meint man), fährt man einfach hin. Trifft dort ein — und auf zwanzig andere, die ebenfalls vorsprechen sollen.

Im Intendantenbüro:

„Tannert, das ist ein guter Freund von mir, ich habe ihm schon öfters ein paar junge Leute weggeschnappt . . . Was sind denn Ihre Forderungen?“

„800 Mark.“

„Sagen Sie, was verdienen Sie denn bei Hänschen?“

„Siebenhundert.“

„Hat der sich so geändert?“

„Er greift zum Telefon, wählt, sagt: „Hänschen, vor mir sitzt eine junge Schauspielerin, hat gerade vorgesprochen. Thomas heißt sie.

Was zahlst du denn der eigentlich? — Ach ja, ja, aha . . . dankeschön."

Er legt auf, blickt böse, sagt: „Das merken Sie sich, wir Intendanten sind untereinander meist befreundet. Sowas machen Sie nicht wieder! Lügen." Und gibt ihr den Vertrag mit 800 Mark Gage.

Kassel, da begann die Zeit der Knochenbrüche. Premiere: Zehenbruch durch Fall in den Orchestergraben.

Wie stets, liefen auch jetzt eine Reihe von Bewerbungen. Ein einziger Intendant aber reagierte, erkundigt sich sogar, wie das mit dem Fuß nun wäre, wie es ihr wirklich ginge.

Vorsprechen in Gips.

„Alles o.k. Ich nehme Sie. Gage? Elfhundert Mark? Das ist viel. Werde ich heute halt lange mit dem Zug fahren müssen und in jeder Station den Hut raushalten, vielleicht krieg' ich es zusammen, das Geld . . ."

Kiel. Sie schließt für ein Jahr ab, daraus werden drei: Das war ihr bisher längstes Engagement.

Nun endlich darf sie alles spielen, was gut und teuer ist. Das Theater war gut, die Kollegen waren nett. Also, warum nicht bleiben?

Über dreihundertfünfzig Vorstellungen in der Saison, nahtlos beschäftigt sein, vierzehn Tage Zeit zum Lernen, zwanzig Tage das Probenmaximum.

Wieder ein Knochenbruch: im Urlaub diesmal, beim Reiten. Drei Monate im Streckverband stecken, dann mit Krücken gehen dürfen: Da spürt man, wie wichtig es ist, als Theatermensch gesund zu sein. Wenn die nächste Premiere fällig ist, wenn die im Spital anrufen, fragen: Wann ist die endlich wieder soweit?

Dann: probieren, mit Krücken unter den Achseln, mit geschwollenem Bein. Da muß man erst beweisen, ob man ein Zirkuspferd ist.

Zur „Kieler Woche" kam das Schillertheater Berlin — Leitung: Boreslav Barlog — zu Besuch. Barlog; Berlin: für die meisten Kieler Schauspieler unerreichbare Utopie.

Damals spielte die Thomas eine Rolle in „Donna Diana". Und eines Tages sitzt Barlog in der Vorstellung. Das Ensemble weiß davon, ist supernervös. Der kommt doch nicht meinetwegen, denkt die Thomas. Und spielt völlig ungeniert. Ein paar Tage später: ein Expreßbrief. Absender: Barlog, Berlin. Inhalt: ein Angebot an das Schillertheater. Leicht war er sicherlich nicht, der Sprung von Kiel nach Berlin.

„Die Protagonisten benahmen sich, wie — wie ich mich manchmal heute auch benehme: kühl und unnahbar."

Da konnte es schon vorkommen, daß einer für ihren Gruß nicht einmal dankte; oder daß Dialoge nicht zu ihr, der Partnerin, sondern zu einem ganz anderen Kollegen gesprochen wurden. Oder daß ihr ein „lieber Kollege", als sie einmal bei einer Probe verunsichert in's Schwimmen kam, den Rat gab: „Ich würde es mal mit Textlernen versuchen", oder fragte: Haben Sie schon einmal etwas von ‚Arbeit' gehört? Wenn nicht, würde ich mich erkundigen, was das ist." Es gab auch solche Tips, acht Tage vor der Premiere: „Du hast doch hoffentlich dein Rollenbuch schon nach München geschickt, damit die Frau X noch deinen Text studieren kann?"

Bei einer einzigen Probe drehte sich der Wind: Sie spielte in „Samstag morgen und Sonntag morgen"; eine Abtreibungsszene. Darauf hatten die Kollegen nur gewartet; wollen mal sehen: was macht sie?

„Tun Sie, was Sie glauben", sagte Regisseur Swinarski.

Sie tat es. Und da blieb denselben Kollegen die Luft weg, und der Text. Im wahrsten Sinn des Wortes.

Von da an ging es. Und von nun an ging's bergauf.

Großer Unterschied zu Kiel: Die Proben dauerten viel länger, mitunter fast zu lang: denn nach zwei Monaten ist man reif, und dann muß man damit raus. Warum also weiter probieren und probieren?

Ein Kollege, der schon bisher so „wohlwollend" gewesen war, kam eines Tages sagte: „Ich verbringe seit zwanzig Jahren meine Ferien in Österreich, und ich finde diese Sprache wirklich niedlich; wie ich überhaupt von diesem Land sehr begeistert bin. Dadurch weiß ich genau, daß dieses Österreichische nicht rauszukriegen ist aus diesen Leuten. Wollen Sie sich nicht auf Dialektstücke der Österreicher spezialisieren?"

Was nutzte es da, daß man akzentfreies Deutsch sprach, daß man sich für viel Geld einen Lehrer nahm, von dem man sich ständig kontrollieren ließ.

„Was ich so am eigenen Leib erlebe, seit ich am Theater bin: Es hat sich etwas sehr wesentlich geändert — heute sollte ein Absolvent der Schauspielschule *fertig* sein; er wird heute nicht mehr entwickelt, nicht mehr gepflegt. Das, was er kann (und er kann doch eigentlich noch nichts, oder fast nichts, weil ja alles unausprobiert ist), das wird benutzt, nicht mehr. Außer, man hat achtzig Prozent Glück, daß sich ein Regisseur oder ein Intendant an einem festbeißt. Die Schule müßte unheimlich viel mitgeben. Man selber darf auf Pflege nicht hoffen. Wenn man nicht bringt, was verlangt wird, wird man umbesetzt. Zu viele sind arbeitslos, die auch etwas können. . . Das heutige Theater erfordert eine besonders breitgefächerte Ausbildung."

„Wenn aber der Geist der Zeit nicht mitspricht im Theater, sei es noch so leise . . ., dann fehlt dem Theater der notwendige Sauerstoff." (Heinrich Laube)

Seine Motivation: Herausforderung

Künstler waren unter seinen Vorfahren selten: Ernst Wolfram Marboe entstammt einer österreichischen Beamtenfamilie. Sein Großvater — Landesamtsdirektor, später Präsident des Verwaltungsgerichtshofs; sein Vater — Leiter der Österreichischen Bundestheaterverwaltung, zwar beamtet, aber mit großem Nahverhältnis zu Schauspielern, Regisseuren, Direktoren, Autoren. Mit seinem „Österreich-Buch" profilierte er sich als Schreibender, war überhaupt „auf eine elegante weise Bohèmien.“ Der Onkel, studierter Ökonom, während des Zweiten Weltkrieges austriakischer Emotionen wegen in Hitlers KZ, tat nachher vieles an Patriotischem, verkündete von der Loggia des Schlosses Belvedere: „Österreich ist frei“ und hieß Leopold Figl.

Und da hinein platzt Ernst Wolfram Marboe, Hörer der Theaterwissenschaften an der Wiener Universität, mit dem Wunsch, zum Theater zu wollen. Marboes Vater starb genau in jener Stunde, als der Sohn die Aufnahmsprüfung im Reinhardtseminar bestand.

Vom ersten Augenblick an liebte er die neue Umgebung, war vor allem darüber erstaunt, daß man es da im Seminar mit Praktikern zu tun hatte, war überrascht auch über die sich bald einstellende, sehr persönliche und rasch zu konkreten Ergebnissen führende persönliche Auseinandersetzung zwischen Lehrern und Schülern: „Man hatte sofort den Eindruck, daß es da so etwas gibt wie Gemeinschaftsgefühl.“

Am Seminar hat er das gefunden, was er in der Wissenschaft vergebens gesucht hatte: Hier wurde ihm endlich die erstrebte „Universalität“ der Ausbildung angeboten, die vom Sprechen über das Tanzen zum Fechten und bis zum dramatischen Unterricht reichte, die Bühnenbild-Vorlesungen eines Otto Niedermoser inkludierte, Stunden bei Dr. Wilhelm Peter über Theaterrecht und bei Hofrat Langer über Theatergeschichte. Nicht zu vergessen die dort möglichen Begegnungen mit wesentlichen Gästen, mit dem Psychiater Prof. Friedrich Hacker, mit dem Regisseur Leonhard Steckel, Pater Diego Goetz und dem Dichter Friedrich Dürrenmatt: ein großes Milieu!

Eines Tages verläßt man diese heile Welt, begibt sich hinaus in jene andere, „doch die war gar nicht neugierig auf uns.“

Der ausgebildete Regisseur will arbeiten. Fragt sich aber nur: wo? „Also habe ich die Idee eines Studententheaters verwirklicht; und dort habe ich mit eigenen Inszenierungen dilettieren dürfen.“ In seinen Spielplan nahm er vielfach Stücke auf, „die die großen Theater aus Gründen der Ökonomie nicht gespielt haben: Nestroys ‚Die Freiheit in Krähwinkel‘; oder eine Dramatisierung von Saint-Exupery's ‚Der kleine Prinz', die über hundert Mal vor ausverkauftem Haus gespielt worden ist und mit der wir im Prager ,Theater am Geländer' gastierten: Möglicherweise war dies das erste Gastspiel einer österreichischen Truppe in der CSSR nach dem Zweiten Weltkrieg." Mrozek und Terenz, Mozarts „La finta semplice" und vieles, vieles andere, was besetzungsmäßig durchaus zu bewältigen war — Marboes Ensemble umfaßte immerhin stattliche 16 Mitarbeiter.

Das war seine zweite große Lehrzeit: Hier konnte er sich im Organisatorischen perfektionieren, hier hatte er Gelegenheit, praktisch als Anfänger, einen vollwertigen Theaterbetrieb von der Pike auf zu studieren — vom Wissen, wie weit Sitzreihen voneinander entfernt sein müssen, bis hin zur Selbstverständlichkeit, für ein vorspringendes Wetterdach „Lufthoheitssteuer" bezahlen zu müssen: Theaterpraxis.

Dann führt ihn sein Weg zur „Österreichischen Gesellschaft für Literatur": Eine Zeit, die er als wesentliche Tangente seiner dramaturgischen Ausbildung empfindet. Geistige Auseinandersetzung mit Persönlichkeiten der Kultur des Westens und des Ostens rundeten sein Weltbild. Selbstverständlich hielt er den Connex zur Praxis aufrecht, als Assistent Adolf Rotts bei den Bregenzer Festspielen, als Assistent auch bei Salzburger Operninszenierungen.

Was ihm zum Allrounder noch fehlte: der Bereich des künstlerischen Managements. Den lernt er nun im Verlagswesen kennen: Er besucht für sein Unternehmen die großen und kleinen Theater des deutschsprachigen Raums, lernt Dramaturgen und Fernsehleute kennen, verhandelt über Aufführungsrechte, Termine und Lizenzen. Und inszeniert, gleichsam nebenher, im Grazer Schauspielhaus zwei erfolgreiche Boulevardkomödien: „Mädchen in der Suppe" mit der ehemaligen Seminaristin Mirjam Dreifuss, und „Löwe, Löwin, Skorpion". In Ankara setzt er mit türkischen Künstlern Leo Fall's „Der liebe Augustin" in Szene und arrangiert, organisiert und inszeniert zu österreichischen Staatsfeiertagen Monster-Live-Shows für die elektronischen Medien.

Trotz aller Präsenz des Theaters in seinem Leben scheint sein Weg bis zu diesem Zeitpunkt bei oberflächlicher Betrachtung doch etwas diffus. Für die Tätigkeiten, die er von nun an ausüben wird, war diese Vergangenheit geradezu lebensnotwendig: Als Abteilungsleiter für Literatur im Landesstudio Niederösterreich beispielsweise konnte er theoretisch bewältigte Dramaturgie praktisch anwenden: „Das Hörspiel ist Wiedergabe eines Stücks in seiner reinsten Form."

Ein Mann, der Initiative, Theaterpraxis, Managementerfahrung und Dramaturgenwissen zu kombinieren vermag, schafft nun Modelle, die zu neuen Wegen weisen. So einen Mann kann man entweder hinausintrigieren, oder man setzt ihn dorthin, wo er seine Imaginationen verwirklichen kann. Marboe wird Intendant des Studio Niederösterreich, und als Gerd Bacher, Anfang 1979, als General in den ORF zurückkehrt, beruft er ihn zum Intendanten des Zweiten Fernsehprogramms. „Ich bin völlig untypisch für Menschen, die Intendanten werden", stellt er fest, „denn die meisten bisher waren Beamte oder Journalisten". Atypisch, weil a priori kreativ und reflexiv: „Das Fernsehen soll das sein, was es eigentlich ist: modernes Volkstheater, vielleicht auch, in einem zeitgemäßen Sinn, moralische Anstalt im Sinne Lessings."

„Und Theater hat im weitesten Sinne die Aufgabe, den Innenraum des Menschen, die Reise nach innen darzustellen. Dort, wo es das tut, ist es Ereignis, ist es ein weites Land der Schönheit, des inneren Reichtums", doch „ohne Bezug zu Transzendentalem, Mystischem, gibt es kein Theater. Die Heilung des Theaters müßte aus einer neuen Genügsamkeit kommen."

Es wäre den Versuch wert, damit zum Kern zurückzufinden, durch Konzentration auf das Eigentliche: das Wort, das Spiel. Marboe sieht sich dazu herausgefordert, dieses Eigentliche klarzustellen: „Die Herausforderung ist meine Motivation und Rechtfertigung".

Am Heiligen Abend des Jahres 1978 moderierte er zwischen Mittag und Mitternacht live die Fernsehsendung „Licht ins Dunkel", die ganz in den Dienst behinderter Kinder gestellt war. Daß er dafür von den österreichischen Journalisten einstimmig die „Goldene Kamera" zuerkannt bekam, mag ihn dazu veranlassen, diesen Weg weiterzugehen.

Das ist selten: eine moderne Schauspielerin, die sich am Theater und beim Film durchgesetzt hat, die selbständig denken kann, die gesellschaftspolitische Position bezieht und die sich nicht scheut, öffentlich Charakter zu zeigen: Erika Pluhar.

Einmal Filmregie führen

Sie wollte zum Theater, seit sie denken kann, wollte erst Tänzerin werden, später Schauspielerin: Erika Pluhar; und blieb vorerst die brave Schülerin. Als sie das Floridsdorfer Gymnasium absolviert hatte, „zog sie ihr schönstes schwarzes Kleid an und fuhr hinüber nach Schönbrunn". Es war der Eintritt in eine andere Welt. Aus einer engen, kleinen Wohnung jenseits der Donau übersiedelte sie geistig in den geräumigen Adelspalast. „Ich hatte zu Hause kein eigenes Zimmer. Hier konnte ich einen ganzen Saal für mich allein haben. Und oft bin ich nur da gesessen und habe nichts anderes getan, als eben dazusitzen in dem Bewußtsein: dies ist *mein* Zimmer."

Länger hat es gedauert, bis sie sich in die neue Gemeinschaft hat einfügen können: „Ich habe mich lang nur als Beobachterin gefühlt." Aus der distanzierten Beobachterin wurde die verläßliche Kollegin: „Es war ein lustiger Jahrgang. Wir alle waren auf eine gute Weise arm, und es waren so menschliche Kombinationen. Mit der Marlies (Marisa Mell) bin ich immer gewandert, vom Cumberland zur Gloriette, dann wieder zurück, und wir haben tolle Gespräche über unsere Zukunft geführt. Wenn man überlegt, was man sich damals so unter Zukunft vorgestellt hat! Alles ist anders geworden, ganz anders . . ."

Ein wichtiger Lehrer: „Kestranek war so lebensnotwendig, daß ich ihn auch noch nach dem Seminar wöchentlich aufgesucht habe. Er hat viel dazu beigetragen, daß ich diesen Beruf überhaupt ausüben konnte." Denn zu Beginn ihres Weges, darauf spielt sie an, hat sie keineswegs richtig gesprochen, sie hat in unergründlichen Tiefen gebrummt. „Laß das Gefühl“, riet ihr Kestranek, „sage es mir bitte so, daß ich es verstehe. Dann stellt sich das Gefühl von selber ein.“

Sie erinnert sich „der herrlichen Entspannungsübungen bei Ellen Müller-Preis, bei der man ‚fallen‘ gelernt hat“; an die belebenden Stunden bei Walter Hoesslin, an Gielens „Was ihr wollt“Inszenierung mit Achim Benning als Antonio, an Klaus Wildbolz als Schiffshauptmann und Elisabeth Orth als Olivia. Viola war Erika Pluhar. Erinnert sich vor allem aber an den 24. November 1958, als sie, in Cole Porters „Kiss me Kate“, eine hinreißende Lilly Vanessi hinlegte und von dort weg von Ernst Haeusserman ans Burgtheater engagiert wurde. Der zweite Abschluß, zu dem es in jener Zeit kam, und zwar von „Was ihr wollt“ weg, war Achim Benning, der es zwanzig Jahre später bis zum Burgtheaterdirektor gebracht hat.

Vom Seminar an die Burg, das ist „mein vollkommen einfallsloser Lebenslauf“, sagt sie, die sich zu einer unerhört vielseitigen Bühnenpersönlichkeit entwickelt hat, zu einer Schauspielerin, die sich wie selten eine über Welt und Umwelt eigene Gedanken macht.

„Daß man Schauspieler dazu anregt, mitzudenken, finde ich prima. Doch die das wollen, haben immer schon den Mund aufgemacht. Da braucht man doch über Mitbestimmung nicht mehr zu reden.“ Oder: „Man wird als Schauspieler ständig sehr ausgelaugt; daher muß man sich in Welten regenerieren, die nichts mit dem Theater zu tun haben. Muß mitunter das Gefühl haben: Die Welt besteht so köstlich auch ohne das Theater und ohne die Schauspielerei. Wir, die wir uns ständig damit beschäftigen, glauben doch oft: es ist das einzige auf der Welt. Stimmt nicht, es ist nur eine wunderschöne Zugabe. Manchmal möchte ich Schriftstellerin sein, möchte das, was ich tue, allein tun. In unserem Beruf ist alles immer mit Haut und Knochen, mit der ganzen Person verbunden. Du kannst dich ja nie zu Hause lassen; wenn du diesen Beruf ausübst, mußt du hingehen. Du kannst nicht deine Bilder hinschicken, oder ein Manuskript.“

Die Pluhar und das Theater: das ist eine Seite; eine weitere: die Pluhar und der Film: der trat durch Zufall auf sie zu. „Ich war mit

Udo (Udo Proksch, alias Serge Kirchhofer, Erika Pluhars erster Ehemann) in Griechenland, und dort haben wir den Helmut Griem getroffen, der gönnerhaft zu mir sagte: ‚Sie wären doch gut für den neuen Käutner-Film!' Ich habe mir gedacht, das ist halt ein Schauspieler, der sich vor mir wichtig macht. Griem geht auf's Postamt in Mykonos, telegraphiert nach Deutschland . . . Eine Weile habe ich gar nichts mehr davon gehört, und dann habe ich darauf vergessen. Bis eines Tages ein Anruf kam: ‚Käutner' stellte sich der Herr am anderen Ende vor und fragte, ob ich nicht nach Berlin kommen wolle. Also bin ich hingeflogen, habe ihn besucht, mich mit ihm unterhalten — und er hat mich engagiert, ohne eine einzige Probeaufnahme. Es war nur ein Gespräch . . ."

André Heller, ihr zweiter Mann, wies ihr den Weg zur Chanson-Interpretation: Ihre Langspielplatten wurden erfreulich erfolgreich . . .

Erika Pluhar war Desdemona und die Marie in „Fastnachtsende", war Isabell im „Richter von Zalamea" und Iduna in Paul Burckardts „Feuerwerk"; sie war großartig schon in ihrem ersten Film, „Bel Ami". Ein Regisseur des ORF, dem man noch in Erikas Seminartagen Fotos (und zwar gute!) gezeigt hatte, mußte seine Ansicht revidieren; er hatte nämlich behauptet: „Die Pluhar kann man nicht photographieren". Wie sich die Zeiten ändern . . . „Sie hat gehalten, was ich ihr versprach", meinte einmal Ernst Haeusserman.

Die offenen Wünsche der Erika Pluhar? „Ich möchte immer in Wien leben, möchte in guten Filmen spielen. Am Theater will ich Dinge machen, die Neuland sind. Und später einmal Regie führen: Filmregie . . ."

Heidelinde Weis war jahrelang sehr schwer krank. Diese Zeit ist vorbei. Während dieses Kapitel geschrieben wird, steht sie allabendlich auf der Bühne.

Heidi im Glück

Zur Aufnahmsprüfung trug sie ein blaues Kleid mit weißem Bubikragen. Es war extra für den wichtigen Anlaß angefertigt. Und Heidi sah aus wie vierzehn.

Im barocken Schloßtheater, im weitläufigen Palais Cumberland: „Ich kam mir vor wie in einer anderen Welt."

Es geht um Heidelinde Weis, die schon ein Jahr nach ihrer erfolgreichen Seminaraufnahme an der Josefstadt spielte.

Sensibel mag sie schon damals gewesen sein. So schön wie heute war sie nicht. Seminarkollege Klaus Löwitsch faßte damals der Franziska (aus Lessings „Minna von Barnhelm") gegenüber seinen Eindruck in einem einzigen Satz zusammen: „Du bist eine Knackwurst, in der Mitte zusammengebunden. . ."

Der Babyspeck der pummeligen Heidi ging bald von selber weg. Ihr Talent war von allem Anfang an unumstritten. Wenn sie auch nur selten solch einen Erfolg hatte wie an jenem Tag, da sie im Lehrsaal eine „stumme Szene" zeigen mußte:

„Ich hatte ein Mädchen darzustellen, das in den Keller geht — und da verlöscht plötzlich das elektrische Licht. Also, ich suche eine Kerze, zünde sie an. Das habe ich brav gemacht: Aber, da verlöscht plötzlich mein Funserl. . ."

Eine Sekunde lang — Pause, was tut sie jetzt? — Sie sagt für alle deutlich hörbar: „Scheiße!"

Als sich die Zuschauer vom spontanen Lachen erholt hatten, kommentiert der Professor: „Stumm war's nicht, aber es war richtig!"

Gleich zu Anfang des zweiten Jahrgangs hat Heidi Glück. Hans Jaray holt sie in seine „Brave Diebe"-Inszenierung an die Josefstadt. als Partnerin von Peter Weck und Chariklia Baxevanos. Alles klappt herrlich, man kommt auf sie im Laufe dieser Saison ein paarmal zurück.

Als Sommerstück ist das Curt-Goetz-Lustspiel „Das Haus in Montevideo" geplant. Auch da ist sie drin, hat täglich ihre Proben, und das zu einer Zeit, da sie unmittelbar vor dem Abschlußexamen steht. Wären es in dieser letzten Zeit doch nur die Theaterproben gewesen! Doch seit einigen Monaten stand sie regelmäßig auch im Dienste eines Millionenpublikums, als „Tochter“ des Josefstadt-Kollegen Erich Nikowitz und dessen „Ehefrau“ Friedl Czepa im Ensemble der Fernsehfamilie Leitner, was einiges an Popularität gebracht hatte.

Weg von der Josefstadt-Probe, mit dem Taxi hinaus, nach Schönbrunn, vor die Kommission treten: die eingelernten Szenen und Monologe spielen: erst läuft es recht gut, doch plötzlich — Sense, Blackout. Der Text ist weg. Dennoch: o.k.! Dann: Theatergeschichte. Natürlich hat sie dafür nichts gelernt (Zeitproblem!), sie kann nicht eine einzige Frage beantworten, obwohl zwei Lehrer verzweifelt einzuflüstern versuchen. Durch diese Prüfung konnte man sie nicht bugsieren, beim besten Willen nicht. An ihrer Stelle hätten andere nun entsetzt eine Welt in sich zusammenbrechen sehen. Heidi reagiert mit einem leisen Kicksen, das sich zu einem Lachen steigert und schließlich in einem Lachkrampf endet. So etwas hatte die Kommission noch nicht erlebt.

Rasch in’s Taxi, zurück an die Josefstadt, ihre große Rolle probieren.

„Ich bin durchgefallen!“ berichtet die am Theater und im Fernsehen Erfolgreiche strahlend den versammelten Kollegen. Und da lacht ein ganzes Ensemble.

An der Josefstadt übt sie sich als Einspringerin: spielt für die erkrankte Gretl Elb, für die erkältete Baxevanos, für Christl Erber und Maria Emo; für diese in Anouilhs „General Quichotte oder Der verliebte Reaktionär“. In dieser Vorstellung sitzt zufällig Mathias Wiemann. Nach Berlin heimgekehrt, erzählt er Harry Mayen von seinen Eindrücken, jenem, der eben den „General“ für eine Tournee vorbereitet.

Aha, interessant, meint der, und ladet dieses Fräulein Weis nach Berlin zum Vorsprechen ein.

Sie trifft am vereinbarten Tag bei strömendem Regen in Berlin ein, bindet ein Kopftüchel um, saust in das Theater, kommt dort völlig durchnäßt und vor Kälte zitternd an, wird so, wie sie ist, dem Herrn Mayen vorgeführt. Der sieht sie eine Zeitlang an und meint dann: „Was, und *Sie* wollen wirklich die Sophie spielen?!"

Die Weis spielte die Rolle, und erfolgreich. Alles läßt sich gut an — bis der Theaterlaufbahn die Liebe in die Quere kommt und die Heirat: Hellmuth Duna heißt der Erwählte, selber ein Theatermensch. Die junge Ehefrau will, aus Verantwortungsbewußtsein ihrer Ehe gegenüber, den Beruf an den Nagel hängen: keineswegs auf Verlangen ihres Mannes (wie das sonst oft der Fall ist). Er versucht, sie sogar zu überzeugen, wie wichtig es für sie ist, konsequent weiterzumachen, denn: „Es könnte ja sein, daß wir einmal einander nicht mehr so gut verstehen wie jetzt, was dann. . .?"

Dennoch reduziert sie ihre Schauspielerarbeit; so lange, bis sie vom Fernsehen für eine neue Reihe geholt wird: Als „Frau Susanne" ist sie aufregend erfolgreich.

Langsam findet man auf die Bühne zurück, gastiert im Berliner Theater am Kurfürstendamm, spielt in Köln in Bernhard Shaw's „Helden" die Raina, wird von Franz Peter Wirth in dessen „Was ihr wollt"-Inszenierung als Olivia eingesetzt. Die Partner: Ingrid Andree (Viola) und Chariklia Baxevanos (Marie).

Auch das ist typisch für Heidelinde: Als ihr Ehemann in Düsseldorf ein eigenes Theater leitet, lehnt sie es ab, dort aufzutreten: „Es liegt mir nicht, die Frau Direktor zu spielen." Statt dessen macht sie einen Film in den Vereinigten Staaten: „Die Tote von Beverly Hills"; Heidi als männermordendes Frauenzimmer: „Was einem da alles aufgegangen ist . . ."

Obwohl sie zu einer Zeit in den Beruf gekommen war, als das goldene Filmzeitalter ein Begräbnis Dritter Klasse bereits hinter sich hatte, brachte sie es immerhin noch auf rund zwanzig Spielfilme. Angefangen hatte es noch in der Seminarzeit mit „Ich heirate Herrn Direktor" (Regie: Liebeneiner); gefolgt von „Mädchen hinter Gittern"; „Lieselotte von der Pfalz" . . .

Eines Tages setzt, plötzlich, die große Pause ein. Ein Nervenleiden zwingt Heidelinde Weis auf das Krankenlager. Wochen, monatelang. Wie soll es nur je wieder weitergehen? Depressionen. Niemand kann auf diese Frage Antwort geben. Verzweiflung. Bis Heidis Bruder und dessen Musiker-Freund, Christian Schultze, auftauchen und dieser einige Kompositionen daläßt, einfach „zur Unterhaltung"!

„Damals hatte ich ja so viel Zeit, und da fiel mir zu irgendeiner Melodie, die gerade zur Stimmung gepaßt hat, eine Zeile ein. Immer, wenn jemand auf Besuch kam, fragte ich: ‚Wie findest du denn das?' Und die Leute fanden's gut."

Ehrgeizig, wie die Gesunde auf der Bühne war, setzt die Kranke einen gesunden Ehrgeiz dahinter, arbeitet an weiteren Texten. Als sie aus dem Spital entlassen wird und man im Sommer in der Kärntner Heimat wieder beisammen sitzt, singt man gemeinsam weis'sche Texte zu den schultz'schen Melodien: „Alle waren aus der Stimmung heraus ganz hingerissen."

Resumeè bis heute: drei Langspielplatten mit Heidelinde- und Bruder-Texten sind höchst erfolgreich.

In bester Erinnerung ist uns allen eine Heidelinde-Weis-Fernsehshow, in der sie ihre Chansons mit Spielszenen verquickte, in ganz verschiedenen Rollen auftrat und blendend war. Und alle denken wir noch gerne an ihre zauberhafte Königin in Scribe's „Ein Glas Wasser", die sie im Theater an der Wien gespielt hat.

Von ihrer Krankheit hat sie sich gottlob erholt, spielt wieder Theater: „Das Publikum liegt ihr zu Füßen", schrieb eine Münchener Zeitung, als sie bald nach ihrer Genesung im Theater in der Briennerstraße, mit Peer Schmidt als Partner, alltäglich in der Komödie „Nächstes Jahr, gleiche Zeit" Erfolg hatte.

Einer schönen Frau mit Intelligenz und Ausstrahlung, die noch dazu eine gute Schauspielerin ist, zu Füßen zu liegen: was täte ein Publikum lieber?

„Und das Lernen des Schauspielers muß zusammen mit dem Lernen der anderen Schauspieler, sein Aufbau der Figur mit dem Aufbau anderer Figuren vorgenommen werden. Denn die kleinste gesellschaftliche Einheit ist nicht der Mensch, sondern zwei Menschen. Auch im Leben bauen wir uns gegenseitig auf." (Bert Brecht)

Sich auf die eigene Phantasie einlassen

Monica Bleibtreus Weg war vorgezeichnet: Ihr Vater hatte einmal ein Theater geführt, hat inszeniert, Stücke geschrieben: „Und da er nicht so erfolgreich war, wie er es gern gewesen wäre, meinte er: Vielleicht wird es einmal meine Tochter." Jedenfalls stand für Monica von klein auf fest: „Ich werde Schauspielerin": „Und ich bin es auch geworden"! Zwei Jahre hat sie am Seminar verbracht, dann ab die Post: nach Bonn am Rhein.

„Weil ich noch sehr jung war, war es für mich anfangs wichtig, mich mit meinen Rollen total zu identifizieren, jeweils in dieses andere Leben hineinzuschlüpfen. Vielleicht habe ich das auch getan, um mich mit meinen eigenen Problemen nicht so befassen zu müssen." Je dramatischer ihre Rollen waren, um so lieber spielte sie. Erst viel später fing sie an, die Stücke, in denen sie auftreten sollte, auch auf ihren Inhalt hin zu prüfen, zu analysieren, in weitere Zusammenhänge zu stellen, historische Dramen auf ihren Gegenwartsbezug hin zu untersuchen; begann damit, ihre eigene Position im Hinblick auf ihren Beruf zu untersuchen.

Nach außen hin blieb ihre Schauspielerwelt heil: Sie war ausreichend beschäftigt, hatte gar keinen Anlaß, unzufrieden zu sein. Doch innere Schwierigkeiten hatten sich eingestellt: Stimmt das überhaupt, was ich da mache, fragte sie sich. Verhalte ich mich mir gegenüber richtig, und der Gesellschaft gegenüber? Bin ich als Schauspielerin nicht die Marionette des Regisseurs? Habe ich bisher nicht meine eigene Phantasie nur dafür eingesetzt, um die Phantasie des Regisseurs zu verwirklichen?

Gespräche mit Therese Giehse und Hans Brenner sowie eine Inszenierung von Sperrs „Jagdszenen in Niederbayern“ zwangen sie, umzudenken, brachten Hinwendung zu kollektiver Arbeit: „Was für mich damals so erschreckend war: daß ich wieder lernen mußte, mich auf meine eigene Phantasie zu verlassen.“ Wenn man plötzlich niemanden hat, der einem hilft, sich zu orientieren, da muß man in sich selber gehen, sich fragen. Und das ist nicht einfach, wenn man dessen entwöhnt ist.

Nicht über andere zu bestimmen; mitzubestimmen, was die eigene Entwicklung betrifft, darum soll es gehen! Und das ist besonders schwierig, zumal man als Schauspieler gewöhnt ist, in den „Wechselbädern von Regisseuren“ zu sitzen: Zadek arbeitet anders als Schuh, Hollmann anders als Steinböck. Der Schauspieler hat sich darauf einzustellen; und er kann keineswegs sagen: So, jetzt will ich mal eine Zeitlang so arbeiten, wie es der Schuh oder wie es der Zadek gemacht hat, nur weil es mir wichtig ist und weil es mir so liegt: Gedanken, die sich Monica Bleibtreu macht.

Sie war an den Münchner Kammerspielen erfolgreich, übersiedelte von dort für ein halbes Jahr zu Peter Stein an die Berliner Schaubühne und hat damals „unheimlich viel gelernt. Wir haben die ‚Mutter' von Ostrowski siebzigmal gespielt; und ich war bei siebzig Vorstellungen dabei, habe Therese Giehse zugesehen: Da konnte man mehr lernen als auf jeder Schauspielschule.“

Kroetz inszenierte seinen Monolog einer alten Frau mit der Giehse. In einer der Szenen hat diese einen Koffer von einem Schrank herunterzuholen.

„Herr Kroetz, der ist zu schwer!“

„Aber, Frau Giehse, das ist ja eine alte Frau, der muß es ja schwerfallen, den Koffer herunterzuholen.

„Nein, nicht ihr, *mir* ist er zu schwer. . .“

Distance von der Rolle, und dennoch ganz drinnen sein: Das ist der Unterschied von Spiel und Leben, von Kunst und Dilettantismus. „In letzter Zeit hat sich in vielen Inszenierungen eine große Menschenverachtung breitgemacht." Diese Entwicklung geht ihr nahe. „Man sollte die Inszenierungen viel mehr mit ganz großer Liebe ausstatten."

Sie liebt den Beruf, so lange sie ihn **so** ausüben kann, wie sie sich ihn vorstellt: mit starker Selbstbestimmung der „Geschichten". Darum hat sie angefangen, selber zu schreiben. Ein Drehbuch für das Fernsehen. Für ihre Leistungen als Fernsehschauspielerin hat sie die Goldene Kamera bekommen: es ist ein guter Weg, den Monica Bleibtreu geht.

„Die lebendige Kunst des Theaters ist ja nicht nur abhängig vom Können, sondern auch vom Gönnen." (Max Reinhardt)

Es geht ständig weiter . . .

Der Theater- und Fernsehregisseur Gernot Friedl gehört zu jenen, die Theorie und Praxis in einem Aufwaschen studierten: Germanistik, Theaterwissenschaft, Schauspiel und Regie. Im Seminar war damals überhaupt eine fruchtbare Zeit für junge Regietalente. Mit Friedl zugleich besuchten das Institut Horst Zankl und Hans Neuenfels, Hans Gratzer und Bernd Fischerauer.

„Nach anderthalb Seminarjahren hat mich Leopold Lindtberg eingeladen, ihm bei seiner Salzburger ‚Lumpazivagabundus'—Produktion zu assistieren." Das war der Anfang. Nächste Station: Ernst Haeusserman engagiert ihn in dieselbe Position an das Burgtheater, wo er sieben Jahre lang quasi ein Regiepraktikum ablegt. Zwischendurch ist er auch einmal Assistent von Peter Brooks bei einer „Sturm"-Inszenierung in Paris. „Es hat Monate gedauert, und es war für mich der stärkste Eindruck."

Als Haeusserman von der Burg in die Josefstadt übersiedelt, nimmt er Gernot Friedl mit.

Im Jahre 1968 inszeniert er erstmals selbständig: „Zimmerschlacht", mit Curd Jürgens in der Hauptrolle. Weitere Arbeiten folgen in Hamburg und Wien. Dann wird das Fernsehen für ihn dominant: erst überträgt er FIS-Abfahrtsläufe und lernt dabei viel; wenig später macht er — mit Boy Gobert — Kleists „Marionettentheater", dann einen Film über den Selbstmord Ferdinand Raimunds.

Friedl hat sich, ohne viel Aufhebens davon zu machen, ständig und still durchgesetzt. Er inszeniert, er schreibt Drehbücher, er filmt: er wird seinen Weg machen.

„Wir sind natürlich nicht unfehlbar. Es gibt Prüfungen, in denen die Lehrer durchfallen . . ."

(Max Reinhardt)

Tief in sich hineinhorchen

Als sie seinerzeit am Reinhardtseminar zur Abschlußprüfung antreten wollte, wurde sie nicht zugelassen: Die Anzahl der von Kitty Speiser besuchten Fechtstunden war nicht ausreichend, was allerdings nicht durch Faulheit verursacht worden war: Sie hatte einfach keine Zeit gehabt, weil sie damals fast täglich auf der Bühne des Theaters in der Josefstadt stand. Wenige Jahre später wurde die „Ungeprüfte" mit der Kainz-Medaille und dem Karl-Skraup-Preis für besondere schauspielerische Leistungen ausgezeichnet.

Kitty Speiser spielt derzeit in allen großen Wiener Theatern. Sie hat bereits eine schöne Strecke hinter sich, aber, wenn das Schicksal es gut mit ihr meint, eine wesentlich größere vor sich.

Von Wien, wo sie ihre Elevenzeit verbrachte, führte sie ihr Weg über Kiel und München (Arbeit unter William Dieterle) zurück zur Josefstadt, dann an das Volkstheater. In dieser Zeit setzte sie eine erste Zäsur, fragte sich, ob dieser Beruf für sie wirklich sinnvoll wäre. Um sich über sich selbst klar zu werden, schaltete sie eine halbjährige Denkpause ein, schaute sich an verschiedenen Theatern um, studierte, wie andere Ensembles arbeiten, sah „Arturo Ui", aufgeführt vom Berliner Ensemble, und erkannte: „Theater hat doch Sinn für mich!" Worauf sie ernsthaft an sich weiterarbeitete.

Die großen Rollen sind ihr vom Anfang an zugeflogen: Es hatte mit der „Heiligen Johanna" Bernard Shaws begonnen, sie war Christopherl in Nestroys „Einen Jux will er sich machen", sie spielte „Die Unbekannte aus der Seine": ein großer Bogen, der bis zur Alkmene in Kleists „Amphytrion" reicht. Und in den letzten Monaten sah man sie in den Josefstädter Stücken „Sechs Personen suchen einen Autor" und „Leutnant Gustl".

Wichtig war ihr die Zeit, die sie in Berlin verbrachte, wo sie als Mensch unter Menschen leben durfte; mit Schauspielern, Literaten, Musikern Gespräche führen, sich über sich selbst und die Umwelt klarer werden konnte.

Daß sie bisher rund zehn Filme gedreht hat, scheint ihr da wesentlich weniger wichtig zu sein. Sie ist eine, die tief in sich hineinhorchen kann.

Heinz Zuber fängt eben – neben seiner Burgtheatertätigkeit – einen zweiten Weg an: er interpretiert zeitgemäße Chansons.

„Wo bist du lieber unglücklich?"

Heinz Zuber las mit sechzehn, siebzehn stundenlang die „Filmrevue", erfuhr da, was Senta Berger eben wo drehte, und wie die Lieselotte Pulver sich für ihre Rollen vorbereitete. So begann es. Vorgezeichnet war ihm sein Weg, der derzeit am Burgtheater hält, nicht gewesen.

Der gebürtige Schweizer war damals in Basel Lehrling in einer Reederei, dann Speditionsangestellter der Rhein-Binnenschiffahrt. War es Fernweh, war es Flucht, jedenfalls ging der Jüngling nach Paris, machte dort „nicht sehr seriös" Schauspielunterricht bei Le Coq. „Ich habe nur hineingerochen."

Man muß sich über Wasser halten (achtzehn war man, und hatte sich einen großen Bart wachsen lassen), verkauft am Montmartre selbstgefertigte Karikaturen, bietet sich auch als Fremdenführer an. Und läßt in sich die fixe Idee entstehen, nach Wien zu gehen, an das Seminar.

Die Aufnahmsprüfung gelingt; wie aber sein Studium materiell absichern? Also, retour nach Paris, den Karikaturenhandel forcieren. „So habe ich das, was ich im ersten Jahr brauchte, in drei Monaten verdient. Im zweiten ging es dann schon leichter, da hatte ich ein Stipendium. Ich sehe die ganze Zeit sehr romantisch, für mich war das Seminar ein schönes Haus in einem schönen Garten, wo ich mich mit Dingen beschäftigen konnte, mit denen ich mich immer schon beschäftigen wollte."

Und doch gibt es auch bei ihm Erinnerungen, die die makabre Seite andeuten: „Ich habe mich gefürchtet — vor den Mitschülern". Heinz Zuber, 21, hatte zu Studienbeginn bereits drei Jahre hinter sich, die er auf sich selbst gestellt und nur sich verantwortlich gelebt hatte.

„Ich wußte in den ersten Monaten mit vielen Kollegen nichts anzufangen, die waren immer so ungeheuer gescheit. Ich habe gedacht: Entweder ich bin wirklich saudumm, oder die sind noch fürchterlich kindisch."

Wie kann man doch — „ich war zwei Jahre in Paris", sagt Habakuk im „Alpenkönig" — so eingeschüchtert sein; Gottseidank gab es den einen oder anderen, mit dem man gleich zurechtkam.

Der Krampf löste sich, als Kollege Hans Neuenfels „Picknick im Felde" inszenierte: Der erste Erfolg, die erste Anerkennung ist stets die beste Medizin: Da wurde es erst schön.

Im zweiten Jahrgang durfte er sogar im Burgtheater auftreten, in einer Minirolle in Shakespeares „Die lustigen Weiber von Windsor". „Ich mußte ja, hatte kein Geld!"

Und im dritten Jahr, nach einem musikalischen Abend „Synkopen", des Seminars im Akademietheater, „da hat sich das Fernsehen gemeldet. Ich habe durch diesen Abend erst richtigen Kontakt mit Wien bekommen." Die indirekte Folge: eine Einladung, literarisches Kabarett zu machen. Neun Monate Urlaub vom Seminar, Kleinkünstler sein in Stuttgart.

Der diplomierte Absolvent lernt das Leben kennen: im Theater der Jugend: freudenarm Märchen spielen. Vorsprechen in der Josefstadt, wo zufällig Hans Hollmann im Zuschauerraum sitzt. Und der bietet ihm Stückverträge für Peter Handkes „Publikumsbeschimpfung" und für Lessings „Juden". Das beschimpfte Publikum goutiert die schauspielerische Leistung: „Da haben die Leute angefangen, mich kennenzulernen." Der Kreis jener, die ihn kennen, wird größer, auch außerhalb der Stadt: Mit „Venezianische Zwillinge" stellt er sich im Rahmen einer Tournee vor und wird in „Happy end" fröhlich beklatscht.

Fernsehaufgaben als freier Schauspieler: Bis eines Tages zwei verschiedene Angebote auf seinem Tisch liegen: Düggelin rief nach Basel („Ich habe Angst davor gehabt, denn da kennen mich die Leute."), Kutschera an das Theater an der Wien: beides Jahresverträge. Zuber klagt seinen Entscheidungsnotstand der Tourneekollegin Elisabeth Stemberger:

„Sag' einmal", fragt die gescheit, „wo bist du lieber unglücklich: in Wien oder in Basel?"

Der Einjahresvertrag an die Wien wurde fleißig begossen, es wurden vier Jahre draus: „Hallo, Dolly", „Anatevka", „Alexis Sorbas", Leon sein dürfen in Grillparzers „Weh dem der lügt" auf der Bühne des Volkstheaters, eine Hauptrolle in „Orangen sind reif" im Akademietheater; nebenher auch Hauptrollen in TV-Stücken: „Mädchen für alles" zum Beispiel, mit der Gertraud Jesserer; oder, unter William Dieterles Regie „Samba" — mit Helmut Lohner, Helmut Qualtinger, Wolfgang Preiss und Erik Frey; eine Hauptrolle in Mark Twains „Prinz und Betteljunge". . .

Da ereilte ihn ein weiteres Schicksal: Die ORF-Kinderabteilung macht ihn zum Conferencier der ab sofort und jahrelang erfolgreichen Sendung „Das kleine Haus". Acht Jahre lang präsentiert er sie, das heißt auf deutsch: 250 Folgen! Danach (er gilt nun einmal für manche als abgestempelt) abermals so erfolgreich „Am, dam, des", das Entzücken der Vorschulkinder — Zuber als Clown Enrico.

Enrico auf Schallplatte, Enrico in der Kinderzeitung, Enrico als Werbemedium in Großkaufhäusern, Enrico, Enrico: Höchste Zeit, die Enrico-Strähne durch eine Zuber-Strähne zu ergänzen. Zum Beispiel, indem Heinz Zuber eine Platte herausbringt — mit anspruchsvollen Chansons.

Nach vier Jahren Theater an der Wien meldet sich das Burgtheater, fragt an, ob er eine kleine Rolle übernehmen möchte. Mal sehen. Und plötzlich ist man ganz neugierig, kann es gar nicht erwarten, endlich mit der Arbeit beginnen zu dürfen: als man nämlich erfahren hat, daß der Regisseur des Stückes ein gewisser Jean Luis Barrault ist, für Zuber die Erfüllung eines Jugendtraums: „In Paris bin ich immer in's Odeon gepilgert, seinetwegen. . ."

Aus diesen Anfängen mausert sich ein Burgschauspieler. Kleinere Aufgaben, mal eine größere: Langsam geht es nun weiter, oft zu langsam für das Gefühl eines tatendurstigen Akteurs. An ihm liegt es nicht!

Giorgio Strehler ist in Wien, bereitet eben seine „Sommerfrische“-Inszenierung vor. Wäre schön, wenn sie einen da besetzen würden! Durch einen glücklichen Zufall hört Zuber, daß eine Rolle noch zu haben wäre . . .

„Da bin ich hin zu ihm, habe gesagt: ‚Das kann ich doch spielen!‘ Strehler antwortet: ‚Vielleicht.‘“ Aus dem Vielleicht hat man schon das Nein herausgehört.

Strehler begibt sich nach Salzburg, beginnt dort mit den Proben. Hinter ihm her: der nicht aufzugeben bereite Zuber. Der Maestro erkennt den jungen Mann ad hoc, weiß sofort, worum es geht, sagt nur: „Du bist zu jung!“ Worauf Heinz einen Maskenbildner des Festspielhauses dazu bringt, ihm angegraute Haare anzuschminken. Der jäh Gealterte tritt abermals in Strehlers Gesichtskreis: nein, nichts zu machen.

Bis endlich irgendwer im Burgtheater zum großen Italiener sagt: „Warum nehmen Sie eigentlich für diese Rolle nicht den Zuber?“ Da war er im Stück drin.

Mitunter denkt er darüber nach, ob es nicht der Enrico ist, der ihm da nachrennt und ein wenig gegen sein anderes Ich intrigiert. Warum aber sollen sie nicht beide, der Heinz und der Enrico, nebeneinander existieren können?

Sie hat alle Voraussetzungen, die man von einem guten Musical-Interpreten verlangt: Sie kann singen, tanzen, spielen. Selbstverständlich machen sich die Intendanten diese seltenen Gaben zunutze. Und vergessen oft, daß sie es mit einer großartigen Charakterschauspielerin zu tun haben, die ebenso sogut Klassiker spielt.

Sich selbst überwindend sich selber findend

Mit sechs Jahren spielte sie Theater: allein, in der Badewanne sitzend, als nackte Solistin — Gabriele Jacoby.

Das Kind war in St. Wolfgang im Salzkammergut aufgewachsen, mit ihren Eltern nach München übersiedelt, wo sie die Pflichtschule und ein Spracheninstitut besuchte, bis Vater, Mutter und Kind nach Baden bei Wien zogen.

Die Mutter wußte nichts von den Plänen der Tochter; erst als Gaby die Aufnahmsprüfung an das Seminar bestanden hatte, informierte sie auch die Familie.

„Es hat mich ungeheure Überwindung gekostet, während des Dramatischen Unterrichts vor Kollegen zu spielen: als ob man sich öffentlich ausziehe. Trotz Angst und Schweiß war es aber die schönste Zeit meines Lebens."

Die große Geborgenheit im Seminar und wie sehr man dort umsorgt wird tut ihr ebenso gut wie das Gefühl: die kümmern sich auch noch um einen, wenn man nicht mehr Schüler ist.

Kritik: Das Angebot an Sprechtechnikunterricht war ihr zu karg. „Wie wichtig wäre mancher technische Hinweis gewesen; da, und auch im Bereich des Darstellerischen: daß man beispielsweise erfährt, was alles man mit einem Blick, mit einer Handbewegung ausdrücken kann; ob man erst geht und dann spricht, oder erst spricht und dann geht."

Das Talent muß man mitbringen, es geht um die sogenannten „Kleinigkeiten", die sich jedoch bald als absolut notwendig herausstellen.

Dankbar denkt sie an Hans Jaray zurück, ihren Lehrer von damals: „Er wollte immer Präzision, drang beispielsweise darauf, daß man Wörter nicht verhudelte: ‚Wenn man den einen Satz schneller spricht, hat der nächste einen anderen Rhythmus zu haben'."

Kleinigkeiten, gewiß, aber Handwerkszeug! Wie wichtig ist es doch, an der richtigen Stelle zu atmen: Jaray hat auch da geholfen.

Im Seminar spielt Gabriele Jacoby in Nicodemis „Scampolo“ die Emilia; Horst Zankl, heute renommierter Regisseur (vor einigen Jahren war er Direktor des Züricher Theaters am Neumarkt) spielte den Carlo Benini; Martin Sperr, den wir als Dramatiker kennen, den Buritti; Peter Gavajda brillierte als Tito, und in der Titelrolle sah man die zauberhafte Kitty Speiser, die jahrelang am Volkstheater war und heute an allen großen Wiener Theatern spielt.

Otto Tausig, der ehemalige Seminarist, inszeniert Nestroys „Talismann“. Gaby ist Constancia; der rothaarige Titus Feuerfuchs macht später vor allem durch gesellschaftspolitische Aktivitäten von sich reden — als prononciertes KPD-Mitglied und als Theater-Autor. Auch die „rothaarige Salome“ kommt der Literatur nahe: Libgart Schwarz wurde später die Ehefrau des Dichters Peter Handke.

Nach zwei Lehrjahren im Seminar — Wanderjahre, beginnend in Salzburg, unter der Direktion Herterich: „Wie es euch gefällt“. „Leonce und Lena“ (Partner: Klaus Maria Brandauer). Sie spielt sich frei, hat Erfolg, vor allem als „Putzi“ in Virginia Woolfe.

Von Salzburg geht es nach Düsseldorf, zu Karl-Heinz Stroux. Dann ist sie so weit, daß sie den Sprung wagt: Sie will freie Schauspielerin sein: Was natürlich seine Vor- und Nachteile hat. Die Vorteile: Man kann sich die Theater und die Rollen aussuchen (so sie einem angeboten werden). Der Nachteil: Es gibt keinerlei Sicherheit über längere Zeiträume hin.

Gabriele Jacoby kann es sich aussuchen: Sie gastiert in München und in Berlin, mitunter sogar in ihrer Heimat in Wien: tritt in Nestroys weitgehend unbekanntem Stück „Kobold, oder Staberl im Feendienst“ im Theater an der Wien auf — unter Leitung Karl Parylas, spielt mit Otto Schenk und Karl Farkas.

Zurück nach Salzburg, stellt sie in Arthur Millers „Nach dem Sündenfall“ als Marilyn Monroe einen runden Charakter auf die Bühne.

Den großen Erfolg bringt Eliza Doolittle: Mit „My Fair Lady“ macht sie im Theater an der Wien volles Haus, handelt sich damit aber auch unerwünschte Rubrizierung ein, was sich dahingehend auswirkt, daß man ihr seither vornehmlich Angebote für Musicals und musikalische Lustspiele macht. Gut und schön, sie macht es auch gerne. Aber die Herren Intendanten sollten nicht übersehen, daß dies nur eine ihrer Dimensionen ist. Und sie hat mit einer Reihe weiterer aufzuwarten: ein breites Spektrum an Möglichkeiten, Menschen und Charaktere zu gestalten.

Gleichsam ein Post Scriptum: Hat es nun das Kind einer prominenten Schauspielerpersönlichkeit leichter, Karriere zu machen? Zum Zeitpunkt des Anfangs sicherlich — ja. In der Folge ist aber ein großer Preis zu zahlen, denn: „Die Leute erwarten, daß man genauso aussieht, so spricht, daß man genau so tanzt und singt", wie sie es, in diesem Fall von Marika Rökk, gewohnt sind. Und wehe dem, der nun in ein anderes Fach strebt, als es der Klischeevorstellung entspricht, weil dieses einem eben besser liegt: „Sie ist zwar eine gute Minna von Barnhelm", sagen da Dumme, „aber tanzen tut sie halt nicht".

Die größte Grausamkeit: Die ausgereifte Persönlichkeit des prominenten Künstlers wird da beinhart verglichen mit einem an sich arbeitenden, nach seinem eigenen Weg ringenden jungen Menschen. Sippenhaftung.

Gaby Jacoby hat sich durch ständig geübte Selbstdisziplinierung gefunden, hat ihr Können gegen die Vorurteile anderer eingesetzt: und reifte so zur Charakterdarstellerin. Als solche hat sie auch das Publikum schon entdeckt. Jetzt könnten schön langsam auch alle jene draufkommen, die in den Besetzungsbüros der Film- und TV-Studios und in den Direktionssesseln sitzen.

„Denken Sie, daß Sie mit dem heutigen Tag einem Orden beigetreten sind, und unterwerfen Sie sich seinen inneren Regeln, die zwar unausgesprochen, aber für den Hellhörigen bald erkennbar sein werden." (Max Reinhardt an die Schüler)

Ein Theatralmaniker, sich selbst in Frage stellend

„Nie, niemals und nie hat mich etwas anderes interessiert!“ Er wollte weder Schaffner werden, noch Pilot, weder Detektiv, noch Lokomotivführer. . .

„Nie wollte ich was anderes werden als Schauspieler!“ Und er ist, um in seiner Diktion zu bleiben, „ein unhamlich klasser“ geworden, der Heinz Marecek.

Wenn sich auch manche Lehrer nicht sogleich klar über sein Talent wurden, wirkte er doch wie der junge Otto Schenk. Nicht, daß er ihn kopiert hätte; er kannte den großen Otti nicht, er war ihm bis dahin nie begegnet. Im Seminar erst traf er ihn und war betroffen, denn „es war vom ersten Augenblick an unvorstellbar: Da kommst, steht einer da und sagt Sachen, wo dir der Mund offen bleibt, weil's so unerhört ähnlich sind mit dem, was man selber denkt und ist.“ Es dauert daher eine Zeitlang, bis man dem Marecek den Marecek glaubt.

Auch das Seminar war für ihn „unhamlich klass“, nur „hab ich seine Einrichtungen nicht richtig genutzt.“

Nicht nur ihm, vielen ist es so gegangen; und vielleicht ist das Angebot an Substanz für einen Anfänger wirklich nicht ganz nutzbar, vor allem, wenn dieser Anfänger ein Mittelschulgeschädigter ist.

„Das besonders Schöne im Seminar war das Klausurhafte: das müßte man intensivieren. Man dürfte zum Beispiel nicht wegbleiben dürfen. Man sollte um 8 Uhr früh kommen müssen und bis zum Abend bleiben. Zwölf Stunden täglich nur Theater, drei Jahre seines Lebens ausschließlich dieser einen Sache widmen, den ganzen Tag beisammen sein, miteinander sprechen, sich der Schönheit der Aufgabe bewußt werden.“

Ob Heinz Marecek weiß, daß auch Reinhardt einmal davon geträumt hat, in Schönbrunn eine Art Kloster für junge Schauspieler einzurichten? Meditierend mit sich allein sein, miteinander sprechen, spielen, aufgehen in der großen Sache Theater. . .

Und dann die auch von Marecek durchlebte Seminarwirklichkeit: „Man ist zu faul, um sieben aufzustehen und um acht Uhr früh fechten zu gehen, um neun zum Judo-Unterricht. . ." Den Sprechunterricht hätte er wenigstens regelmäßig besuchen sollen, meint er heute, dann hätte man sich später Ärger und Geld erspart, „viele, viele Tausender habe ich ausgeben müssen für Sprechlehrer, nachher. . ."

Adoleszente Bequemlichkeit, die sich auf einen (damals mißverstandenen) Hang zur Natürlichkeit ausredete, und das späte Erkennen, daß schauspielerische Natürlichkeit ohne Sprechtechnik nicht erreichbar ist.

Er spielt viel, in seiner Seminarzeit: In „Katharina und Kate" den Biondello; in Mihail Sebastians „Stern ohne Namen" den Ispas; in William Snyders „Die Tage und Nächte der Beebee Fenstermaker" den Stellenvermittler. . .

In den Ferien zwischen dem zweiten und dritten Jahrgang (Sommer 1966) versucht sich Marecek erstmals als Profi: Im Ateliertheater tritt er mit Seminarkollegen Hans Walter Klein und Seminarbeginner Fritz Sattler in „Narr und Nonne" auf. Sattler, der hochbegabte Jungkollege, „war einer der gescheitesten Menschen, die ich je getroffen habe; einer, der sich dieses Studium vom Mund abgespart hat, ein studierter Physiker und Mathematiker mit einem literarischen Wissen, vor dem man sich nur verbeugen konnte." Sattler starb kurze Zeit später an einer heimtückischen Krankheit.

Der Übergang vom Seminar ins Berufsleben ist fließend: Mareceks letzte Schülerproduktion, Büchners „Leonce und Lena", wird von Peter Weihs ins Repertoire des „Theater der Jugend" übernommen; Valerio Marecek verbleibt ein Jahr lang in diesem Ensemble, wechselt dann ins Studententheater und danach in die „Courage" über, wo ihn der Grazer Intendant Fritz Zecha in „Der Kleine Malcolm und sein Kampf gegen die Kastraten" sieht und vom Fleck weg engagiert. Da hat der Herr Zecha noch Glück gehabt, denn sein Aufsteiger wäre knapp vorher beinahe nach Saarbrücken geholt worden. Daß es nicht dazu kam, hat mit einem Vorsprechen zu tun:

Schauplatz der Handlung: die Bühne des Theaters in Saarbrücken.

Zeit: 1968

Die Darsteller: Ein Intendant, ein Anfänger; später: ein Dramaturg.

Intendant: „Was sprechen Sie vor?"

Marecek: „Den Muley Hassan". (Jeder Theatermensch sollte da sofort denken: Aha, aus Schillers „Fiesco")

Intendant: „Aus dem ‚Nathan'!"

Marecek, ob derartiger Unwissenheit geladen, aber noch freundlich: „Aus ‚Fiesco'."

Auftritt des Dramaturgen.

Der Intendant, aufklärend: „Der Herr Marecek aus Wien spricht uns den Abu Hassan vor".

Pause.

Marecek, von der Bühne laut in Richtung Zuschauerraum: „Nein, jetzt gehe ich nämlich nach Hause!"

Ein Intendant, der den schiller'schen Muley Hassan dem Lessing verpaßt, ist schlimm. Noch schlimmer aber ein Dramaturg, der sich einen Abu Hassan verkaufen läßt. Das war dem perfektionistischen Jungprofi zu viel.

Eine ähnliche Szene hat sich kürzlich am Seminar abgespielt, als nämlich ein Intendant sich eine junge Seminaristin vorsprechen ließ: „Ich spreche die Marion aus ‚Dantons Tod' von Büchner vor." „Welche Szene?" Die Marion hat nur eine . . . „Ach, die gibt ja nichts her", urteilt er dann über diese von vielen gerade deshalb so gelobte Rolle, weil sie eben viel hergibt . . .

Im Herbst erst beginnt das Grazer Engagement, aber noch ist Frühling. Natürlich freut er sich, daß ihn die Josefstadt in ihren Kammerspielen in „Einmal im Jahr" einsetzt; doch als man dem Erfolgreichen einen Dreijahresvertrag anbietet, muß er nein sagen: „Aber im nächsten Jahr. . ."

Nächstes Jahr an der Josefstadt: Als Schauspieler erst, dann auch als Regisseur. Und nebenher, in dem bißchen Zeit dazwischen, an österreichischen Schulen Theaterworkshops leiten: „Die haben mich angerufen, fremde Leute, ob ich nicht im Rahmen des ‚Freifachs

Bühnenspiel' mitarbeiten möchte: eine menschlich und psychologisch interessante Arbeit."

Heinz Marecek spielt wesentliche Rollen und inszeniert im Theater in der Josefstadt. Er ist auf dem richtigen Weg.

„Das Liebste auf der Welt ist mir das Filmen. Das ist für mich ein derartiges Vergnügen, daß ich es gar nicht beschreiben kann. Ich liebe den Film über alles. Wenn ich Zeit hätte, ich würde heute noch als zweiter Assistent arbeiten, um all das zu lernen, was ich dazu brauche. Die Technik, das gute alte Handwerk."

„Maresa wollte und sollte nicht zum Theater gehen. Ich bin zu einem Teil schuld daran, daß sie es tat. Sie hat mir auf der leeren Bühne des Burgtheaters an einem Nachmittag ein paar Sätze des Gretchens vorgesprochen. Da war echte Persönlichkeit, echte Menschlichkeit zu spüren – da leuchtete etwas auf, was dem Theater nicht verloren gehen sollte." (Ernst Haeusserman)

Auf Entdeckungsreise nach dem Ich

Eine gerade Linie war's ja nicht gerade, die Maresa Hörbiger zum Theater führte. Bis zum Abitur war sie sich noch ganz im unklaren, wie es denn weitergehen solle. Diplomatin werden, das wär schon was! Sie wußte zwar wenig um die Berufsrealität, aber dieses Wort war es, das sie so reizte, „Diplomat", weil es so angenehm auf der Zunge zergeht: „Di-plo-mat".

Also inskribiert sie an der Wiener Wirtschaftsuniversität mit dem Ziel, einmal als Botschafterin ihre Heimat vertreten zu dürfen. Zwei Semester lang dauert dieses Interludium, bis sie erkannt hat: da liegt es nicht, mein Glück und meine Zukunft.

Sie steht also wieder dort, wo sie ein Jahr zuvor gestanden ist. Doch jetzt sind Ferien, und im Herbst wird man sehen. Dieweilen ist der Urlaub näher, und den verbringt sie bei englischen Freunden. England, das begeistert sie: „Wäre schön, hier ein Jahr lang zu leben". Nur noch die Brücke finden zwischen dem Angenehmen und dem Nützlichen. Das Nützliche ist naheliegend: sich in der englischen Sprache zu perfektionieren, später Dolmetscherin werden. Die Eltern verstehen ihr Kind, und vielleicht ist es ihnen sogar angenehm zu wissen, daß die Jüngste einen anderen, einen sicheren und weniger beschwerlichen Weg gehen würde.

Die Diplomatie hat man bereits vergessen, und das mit der Dolmetscherei, nun ja, denkt sie: Viel interessanter müßte es doch sein, für eine große Zeitung zu berichten. Auf also, in die Journalistenschule! „Schreiben Sie im Sommer in ihrer Heimat einen Artikel über die Salzburger Festspiele", so lautet die Hausübung. Sommer in Salzburg, das ist angenehm. Und unter diesen Auspizien vielleicht auch nützlich.

Ernst Haeusserman, den sie von Kind auf kennt, ist Mitglied des Salzburger Festspiel-Direktoriums. Ihn sucht sie auf, bittet um Rat und Hilfe:

„Selbstverständlich können Sie als Journalistin Proben besuchen." Material sammeln, Backgrounds recherchieren, den Komplex zu formulieren versuchen und abermals merken: Auch da liegt mein Weg nicht. Was nutzte es ihr schon im Hinblick auf ihre berufliche Zukunft, wenn sich Haeusserman spontan bereit erklärt, ihr ein wenig an die Hand zu gehen: Später, da würde man seine Aufgaben ja auch allein lösen müssen. . .

Eine kurze Krisensituation: Maresa zweifelt an sich, an dem, was sie will und was sie kann. . .

Schon als kleines Kind hatte sie einen starken Hang zum Gesang gehabt, vielleicht liegt es da? Abermals den väterlichen Freund bemühen, ihm etwas vorsingen, jedoch keine konkrete Entscheidung, kein gültiges Urteil erhalten.

„Ich glaube, Sie müßten sich einmal aufraffen“, rät er, „und sich selber sagen: ‚Ich probiere es aus, ob ich zum Theater will.’ Also lernen Sie etwas auswendig und zeigen Sie es jemandem. . .“

Allein steht sie im September oben, auf der Bühne des Burgtheaters, Haeusserman ist irgendwo, weit hinten, im Raum.

„Es war furchtbar“, erinnert sich das Gretchen, „es war so furchtbar!“ Ich hatte ‚Meine Ruh ist hin, mein Herz ist schwer’ vorgesprochen, habe mich hingestellt, kerzengerade, wie man eben ein Gedicht in der Schule aufsagt.“

Stimme aus dem Hintergrund: „Bitte lauter, ich verstehe nichts!“

Maresa beginnt erneut: leise, viel zu leise. . .

Nachher steht sie ganz klein vor dem Direktor, versucht, es ihm leicht zu machen, fragt: „Ich muß doch nicht zum Theater?“

Haeusserman: „Na ja, an Ihrer Stelle würde ich das doch los werden, was da in Ihnen ist. Irgend etwas ist da drinnen“, und deutet auf seine Brust, „das müßte aufgebrochen werden“.

Im Seminar, vor der Prüfungskommission, ist man lange nicht mehr so verschreckt, und doch wundert man sich: Dieses Mädchen ist so „unbeleckt-begabt“, unbeleckt vor allem für jemanden, der aus solch einer Theaterfamilie kommt.

Ein ganzes Semester lang braucht sie, dann hat sie all das nachgeholt, was ihr bisher gefehlt hatte: den unmittelbaren Wunsch, in diesem Beruf ihr Leben zu verbringen. Sie hatte Zugang gefunden, war aufgebrochen. Und von diesen Tagen an „wurde das Seminar für mich zum Paradies“. Alle Belastungen waren wie abgefallen, sie lernte, an sich zu glauben, entdeckte Geheimnisse in sich, war sich selbst auf diesen Entdeckungsreisen zum eigentlichen Ich, zum Abenteuer geworden. Und erspürte vor allem durch intensives Tanztraining das Wesen ihrer Körperlichkeit.

Statt der vorgeschriebenen drei Jahre dauert ihr Studium nur anderthalb. Im Seminar erlebt sie erstmals auch die künstlerische Auseinandersetzung nicht nur mit der Rolle, sondern auch mit dem Publikum. In Büchners „Woyzeck“ spielt sie die Marie; Heinz Marecek war der Hauptmann, dem Andres gab Dieter Berner Gesicht. Irgendwo, versteckt im Publikum, saß die Mutter, Paula Wessely, schaut sich an, wie ihr Kind die schwere Rolle meistert.

„Mein Gott, die Kleine: ein Weib!“

Die schönste Anerkennung, die sich Maresa nur wünschen konnte: „Ich glaub’, wir können dich dabei lassen“.

Was, lieber Gott, was will man mehr?

Wichtig, was einem damals mit auf den Weg gegeben wurde: daß man bei Improvisationen, stummen Szenen „seine eigene Phantasie entwickeln und entfalten lernte. Und den Mut zum Humor fand“. Noch während der Seminarzeit dreht sie, unter Klingenbergs Regie, ihren ersten Fernsehfilm: „Kabale und Liebe“.

Ihr erstes Engagement führt sie nach Regensburg, dort wird sie sich freispielen: „Praktizieren“ würde man vielleicht in einem anderen Beruf sagen. Und als das Jahr zu Ende ging, sah man die Zukunft schon etwas rosiger: Da interessierte sich das Theater in Bern für einen, und auf der anderen Seite winkte Boreslav Barlog nach Berlin. Doch man hat inzwischen sein Gewerbe ein bißchen gelernt, und dazu gehört auch, seine aktuelle schauspielerische Reife abzuschätzen: also nach Bern. Dann Hamburg, Berlin; endlich Wien: Wieder zu Hause sein, als Mitglied des Burgtheaters Kollegin der eigenen Eltern. Sich dem Publikum in Schnitzlers „Liebelei“ stellen, als Käthchen Kleists, als Recha in „Nathan“, und den Durchbruch haben mit Goethes Gretchen, mit jener Rolle also, in der man Jahre vorher erstmals zitternd und bebend auf den Burgtheaterbrettern stand und viel zu leise gewesen war.

Inzwischen ist sie hierzulande eine Eigenständig-Unverwechselbare geworden, ist „die“ Maresa Hörbiger.

„Form, nicht Uniform, ist zu erstreben", sagte Heinrich Laube zum Thema Regie.

Er entwickelt sich gelassen

Er kam zu diesem Beruf, „weil ich aus den Spielen der Kindheit nie ganz rausgekommen bin". Die erste Theatralkonfrontation traf Dieter Berner mit dreizehn: In einem sommerlichen Kinderheim füllte er die dort leerstehende Bühne mit Spiel.

Konkret jedoch war sein Berufswunsch nicht so bald zu artikulieren gewesen. Am schönsten wäre es, mit Literatur, mit Theater zu leben; das wußte er.

Klarer werden die Konturen, als der Student einem Filmclub beitritt: ‚Das wär's eigentlich', denkt er, ‚Filmregisseur'! Selbstverständlich hat er keine Ahnung, wie man das anstellen soll, und darum inskribiert Berner vorerst Theaterwissenschaft: „Ich habe geglaubt, daß man damit auch zum Theater kommt." Doch das Wissen um mittelalterliche Schwänke und die Ursprünge des deutschen Nationaltheaters machen noch lange keinen Praktiker aus. Nach ein paar Vorlesungen durchschaut er seine Situation, läßt sich in eine private Schauspielschule einschreiben, lernt dort ein bißchen Sprechen, ein bißchen Spielen — und wird auch nicht glücklich. Es ist ihm einfach zu wenig, was da geboten wird.

Mit dem Zettel aus Shakespeare's „Sommernachtstraum" und dem Lancelot Gobbo („Kaufmann von Venedig") kam er bei der Prüfungskommission an und fand sich staunend in einem Kreis „von Kindern aus besserer Familie". Die angenehmste Erfahrung des Neulings: daß man da nicht nach irgendwelchen schulischen Vorstellungen dahinvegetieren, daß man nicht irgendwelche lästigen Pflichten erfüllen mußte, sondern daß man sich frei entfalten konnte, naiv an eine Sache herangehen durfte.

Hat beispielsweise Kollege Georg Raimoundus im Seminar Cabanellis „Hof der Wunder“ inszeniert, nicht aber so, wie man es vielleicht von der üblichen Theaterarbeit her kennt: Es begann damit, daß man das Stück gemeinsam übersetzte. Und schon da merkte man, daß es ein auch bühnenbildmäßig äußerst umfangreiches Schauspiel ist. Nach einigem Hin und Her hat einer die Idee: „Machen wir halt die Häuser kleiner“. Man machte. Berner: „Daraus entsteht dann ein neuer Stil“. Von allem Anfang an hatte es ihm der Umstand angetan, daß für jede Inszenierung alles wieder neu zu erfinden ist, hektisch — kreativ.

Der bis dahin kaum aus seiner Heimatstadt hinausgekommene Berner hat im zweiten Seminarjahr das Glück, als Austauschstudent ein Semester lang die Berliner Reinhardtschule besuchen zu dürfen: „Das war ungeheuer wichtig für mich!“ Nicht, weil er dort besser oder anders unterrichtet worden wäre; es war die plötzlich ausgetauschte Welt, in der man sich nun neu zu behaupten hatte. Eindrücke in Berliner Theatern empfangen, die ihm neue Mentalität der Berliner kennenlernen und mit ihnen in England gastieren; der Horizont wächst.

Wieder in Wien angekommen, geht man auch mit dem Seminar auf Reisen: Mit Atem-Coblenzer walzt man mit Büchners „Woyzek“ nach Anatolien.

Der Ernst des Daseins setzt im Wiener Volkstheater ein: Berner debütiert als Georg in Goethes „Götz von Berlichingen“. Direktor Leon Epp mag den jungen Schauspieler, und Berner fühlt sich bei Epp wohl. Zwei Jahre lang. Als der Direktor an den Folgen eines tragischen Autounfalles stirbt, hält es auch ihn nicht mehr an diesem Haus. Er versucht, „irgendwo in der Bundesrepublik“ unterzukommen — was sich schon deshalb als schwierig erweist, weil kaum wesentliche deutsche Theaterleute ans Volkstheater gekommen waren, um sich die jungen Leute überhaupt anzuschauen. Und selbst vorsprechen zu fahren: Wie hätte man das nur anstellen sollen, wenn man vormittags und abends im Theater zu sein hat? Und wenn man, was die Situation noch schwieriger macht, vehement ins Regiefach übersiedeln will, wo man noch ein unbeschriebenes Blatt ist.

Die Königsidee: Nur im eigenen Haus ist man König. Im Keller des Cafe Savoy in der Wiener Himmelpfortgasse will die Truppe um Berner auf vertretbarem Niveau unterhalten. Wenn man Geld einnehmen muß, um pünktlich die Saalmiete bezahlen zu können, darf man beim Theaterspielen das Publikum nicht ignorieren: „Das habe ich für einen sehr gesunden Ausgangspunkt gehalten."

Das Theater im Savoy floriert, „Wie ein Ei dem andern" wird zum durchschlagenden Erfolg, und das fällt selbstverständlich auf: vor allem der rührigen Stella Kadmon, die seit Jahrzehnten mutig ihr „Theater der Courage" macht.

„Ja, Putzerln, wollt's ihr nicht mein Theater machen?" Man überlegt und man legt einen Plan vor, stellt auch eine Bedingung, das machen zu dürfen, was man machen will.

„Ist in Ordnung!" Und nun dominieren an diesem Theater Kroetz und Fassbinder und viele der jungen Autoren. Berner selbst unterbricht seine zweijährige Courage-Zeit durch einen quasi Studienurlaub bei Peter Stein, lernt dort die Probleme eines Mitbestimmungsmodells kennen, sieht, wie da an- und aufgeregt wird und er lernt die Gretchenfrage Autorität reflektieren, erkennt, daß Autorität notwendig ist, wenn sie sich dazu organisch entwickeln kann: Autorität, das ist Vertrauen, eine bestimmte Wegstrecke lang. Und er lernt auch, die sich als Autorität ausgebende faschistoide Form jener Pseudoautorität abzulehnen, die sich als Naturgesetz verkauft. Persönlichkeit, das ist es, was Not tut; und Ausstrahlung, die Wechselwirkung erzeugt.

Schon zu Seminarzeiten hatten ihn Kollegen um Hilfe bei der Erarbeitung von Szenen gebeten, ihn ihres Vertrauens versichernd. Dennoch mißtraut Berner sich selbst in der Praxis: in der Courage führt man vorerst nur paarweise Regie, stets mit Wolfgang Quetes.

Ehe man im Musentempel der Kadmon überhaupt künstlerisch aktiv wurde, streckt man erstmals die Ärmel auf und arbeitet physisch: Man baut aus und um. Kommt da einmal ein junges, blondes Mädchen, sieht den „Arbeitern“ eine Weile gelassen zu und sagt sehr schwyzerdütsch:

„Entschuldigen Sie, ist das hier ein Theater?“ „Ja, ja. Komm’ nur ein biss’l rein. . .“

Sie würde gerade die Aufnahmsprüfung ans Reinhardtseminar versuchen, erzählt das Mädchen. Man unterhält sich, versteht einander, hält weiterhin Kontakt, läßt die junge Dame später auch auftreten, in „Heimarbeit“ von Franz Xaver Kroetz. Unmittelbar nach ihrer Seminarzeit landet sie in Peymanns Stuttgarter Ensemble und wächst dort zu einer ersten Schauspielerin heran: Therese Affolter.

Horst Zankl ladet Dieter Berner nach Zürich ein, Kassel meldet sich, und Berner ist letztlich als freiberuflicher Regisseur hier, da, dort und überall, arbeitet, wo es Freude macht; hat aber auf die Dauer am freien Dasein doch nicht seine rechte Freude: Was ihm fehlt, ist dieses sich aneinander bewußt aufbauen, die Arbeit in der Gruppe.

Das Österreichische Fernsehen mag mitunter Talente übersehen. Das ist seine Schuld. Mitunter aber entwickelt es dafür beachtliches Gespür: und das mag es wieder ehren. Mit „Impulse“ begann Berners Arbeit im ORF, und ist zu „Geschichten aus Österreich“ geworden. Da ihn Film immer schon fasziniert hat, vertieft er sich nun ganz darin: mit Turrinis „Alpensaga“ — eine Arbeit mit und in einer Gruppe von Freunden. Peter Turrini und Wolfgang Pevny, die Autoren, hatte Berner schon in der Courage-Zeit kennengelernt.

In einem gemeinsamen Burgenlandurlaub unterhielten sie sich darüber, wie man es anstellen könnte, so ein Stück Leben in die Realität des Fernsehens zu übertragen. Die psychische Harmonie, die sich damals unter den gemeinsam Arbeitenden einstellte, setzte sich in einer Wohngemeinschaft fort: Und so entstand diese lebensnahe Geschichte.

Berner hat Erfolg. Der Vorteil, der sich daraus ergibt, ist: daß er sich um Angebote nicht mehr zu kümmern braucht. Er inszeniert jährlich zwei Filme, die er gründlich vorbereitet. Und nebenher wird er auch schreibend kreativ: Er entwickelt sein erstes selbständig geschriebenes Drehbuch: „Repräsentant gesucht“.

Daß Theaterspielen sehr eng mit Disziplin, Fleiß und ständiger Arbeit an sich selbst zu tun hat, weiß Ursela Monn. Zielstrebig ist sie ihren Weg gegangen. Schritt für Schritt.

Eine belastende, beglückende Verantwortung

Ursela Monn, Reinhardt-Seminaristin der Jahre 1966-1968, ist eine der wenigen Schauspielerinnen, die vom Fleck weg Karriere gemacht haben. Sie war am Thaliatheater in Hamburg und ist jetzt freischaffende Schauspielerin. Im ganzen deutschsprachigen Raum wurde sie als „Ricke" durch die TV-Serie „Ein Mann will nach oben" sehr bekannt, aber auch durch eine Reihe weiterer TV-Rollen. Sie erinnert sich: „Eines schönen Tages hatte ich völlig unbefangen das Anmeldeformular des Max-Reinhardt-Seminars ausgefüllt. Nun stand ich — über Nacht hineingeworfen, wie mir schien — inmitten eines brodelnden Haufens von ‚Hunderten' Gleichgesonnener, um mein mir so sicher scheinendes Talent unter Beweis stellen zu lassen. Nichts von zitternder Künstlerseele. Ich werde kommen und siegen!

Endlich, endlich wird meine Nummer aufgerufen. Das hübsche Schloßtheater liegt in angenehmem Dunkel, nur die Bühne ist erleuchtet. Unten sitzen, da bin ich sicher, nur wohlgesinnte, nette Menschen. (Erst später erfahre ich, daß ich wohl gar nicht einstimmig angenommen wurde.)

Die Rollen sind tatsächlich alle ‚unter meiner Anleitung' erarbeitet. Das einzige, was mich draußen, im Vorraum, etwas verunsicherte: als jeder von seinen tollen Rollenstudien-Lehrern erzählte. Am Ende des ersten Vorsprechtages ist der ‚riesige' Haufen zu einem ‚mittleren' Haufen zusammengeschmolzen. Ich gehöre dem ‚mittleren' an, was bedeutet, daß man zum Gefecht des zweiten Tages zugelassen ist. Na klar!

Der zweite Prüfungstag wird in äußerlich kleinerem Rahmen im Seminar selbst begangen. Bei der Improvisation kann man unter verschiedenen Themen wählen. Fast alle Mädchen spielen: ‚Ausgehen'. Ich grade nicht! Meine Szene heißt: ‚durchs Abitur gefallen' und ist stummer als stumm, was offenbar tatsächlich gefällt.

Beim ‚Tanzen' schwebe ich ungeniert durch den großen Tanzsaal, und beim ‚Singen' fällt mir doch verflixt nochmal nichts anderes als ‚Vo' Luzern gege Weggis zue. . .' (ein Schweizer Volkslied) ein, und ich jodle ungeniert drauf los. Wenn einem diese Naivität doch erhalten bleiben könnte!

Als es nach einem halben Jahr heißt: ‚Otto Schenk kommt', sitzen sämtliche Klassen des Seminars im größten Raum beisammen. Otti fragt: ‚Na, wer will?' Ich natürlich, und schon beginne ich ihm, die anderen dabei völlig vergessend, strahlend die Irma aus ‚Die Irre von Chaillot' vorzuspielen. Es wird eine erquickliche Arbeit, und einer der vielen Knöpfe, die für den Beruf nötig sind, gehen mir dabei auf. Welch ein Glück! Allerdings schleicht sich dabei — damals noch unmerklich — der Ernst in meine noch im Dunkeln liegende ‚Künstlerseele' ein.

Der nächste Knopf und viele weitere werden durch meine schon damals geliebte Lehrerin und jetzige Freundin Susi Nicoletti gesprengt. Unvergeßlich bleibt mir der Tag, an dem sie mit mir die Rolle der Lena aus ‚Leonce und Lena', die ich in einer Seminaraufführung gespielt habe, zu meiner Kontrolle und zur Übung der künftigen Fernsehaufzeichnungen am Video-Recorder aufnehmen will. Ich schmeiße mich ins Zeug und spiele den kleinen Monolog der Lena mit noch mehr Herzblut als gewöhnlich.

Susi sagt: ‚Weniger!'

Ich denke: ‚Na ja, dieses Stück versteht sie nicht, aber bitte' und spiele das nächste Mal mit etwas weniger Emphase.

Susi sagt: ‚Weniger!'

Ich denk': ‚Na ja, man merkt halt doch: andere Generation.' Aber gut, nocheinmal von vorn, das Ganze. Kamera läuft, los geht's.

Susi läßt die ganze Szene für mich am Monitor ablaufen. Ich gucke entsetzt: ‚Mein Gott, die Frau hat recht!' Weniger ist in diesem Fall mehr. Auf diese Art habe ich ein für alle Mal gelernt, daß Fernsehen ein anderes Medium mit ganz anderen Mitteln ist. Und liebe es seither heiß. Gottlob mußte ich es nicht erst in der Praxis lernen!

Im Theater an der Wien ist eine größere Rolle in ‚Anatevka' zu besetzen. Ich drücke zwar noch immer die Schulbank und will es auch weiterhin tun, aber irgendein Wohlgesonnener drückt mir Noten in die Hand, sagt, ich soll das einstudieren und mich dort vorstellen. Irgendein Musikstudent (mein künftiger Ehemann) spielt mir die Melodien auf dem Klavier vor, und ich singe schön wie ein Opernstar: ‚Jente, oh Jente, ach fang einen Mann. . .' Susi lacht schallend, als ich ihr meine Arie vorsinge. Alle ‚schönen' Töne nimmt sie mir weg und läßt mich das Lied diesmal mit viel Emphase und Temperament in die Welt ‚hinausbrüllen'. Der Direktor des Theaters an der Wien, Rolf Kutschera, ist begeistert, fragt, ob ich noch mehr brüllen kann, und engagiert mich vom Fleck weg.

So war ich eigentlich nur eineinhalb Jahre lang am Seminar. Habe aber durch meine prachtvollen Lehrer so viel gelernt, daß mehr nur noch die Praxis geben konnte.

Zwar ist mir meine Naivität verlorengegangen, anstelle dessen ist eine belastende, beglückende Verantwortung und Bewußtseinswerdung gegenüber dem Beruf, der immer Hand in Hand mit der Entwicklung als Mensch geht, getreten. Ich wünsche mir, daß diese Entwicklung nie aufört."

Als sie nach Wien kam, war sie eine stille, sehr zurückhaltende Schweizerin, die nichts anderes vorhatte, als zum Theater zu gehen. Und als sie nach Jahren in diese Stadt zurückkehrte, mit Peymanns Ensemble im Theater an der Wien ihr Gretchen präsentierte, war das Mädchen von damals eine Erste Schauspielerin.

Mehr als ein Gretchen

Stuttgart unter Peymann, besser: ein Ensemble unter kollektiver Führung eines Dramaturgenteams, des „Stabs"; der Versuch, engagiertes Theater zu machen, trotz Filbinger; Theater mit politischer Relevanz, der Versuch, einer Verantwortung, die dem Theater gegeben zu sein scheint, gerecht zu werden. — Therese Affolter, die Besessene ihres Berufs und ihres Auftrags, fühlt sich wohl dort.

Sie spielte Goethes Gretchen in der Vision Peymanns: eindringlich-herb, nackt, ungewöhnlich, modern, glaubwürdig bis in's letzte. Und dann sitzt man dieser ungeschminkten Person in der Lobby des Wiener Grabenhotels gegenüber (Peter Altenberg hat hier seinerzeit logiert) und ist beeindruckt vom Menschen Affolter, der so gar nichts aus sich „macht", der sich nicht aufspielt, der einfach ganz da ist.

Geboren im braven schwyzerischen Olten, wäre die als Kind heftig Klavier übende gerne Pianistin geworden. Und hätte es sicherlich — mit ihrer Disziplin — auch geschafft, wäre sie nicht in den Funkenflug einer gymnasialen Theateraufführung geraten. Der Profi Paul Weibel inszeniert ein Arrabal-Stück und rät seiner so offensichtlich begabten Protagonistin: „Geh nach Wien, an's Reinhardt-Seminar". Die Affolter: „Es war die Zeit, wo man sehr mißtrauisch war — allen Schulen gegenüber. . ." Wien? Zürich? Zur Sicherheit legt sie an beiden Instituten das Aufnahmeexamen ab, besteht beide und entscheidet sich für die Donaustadt. „Ich weißle, ich weißle. . ." — die Barblin also aus Frischs „Andorra", Brechts Johanna der Schlachthöfe, das Lieschen aus dem „Urfaust", Woyzzecks Marie: ein, wenn man so will, politisch orientiertes Vorsprechrepertoire.

Ihr Mißtrauen im Hinblick auf Schulen scheint berechtigt gewesen zu sein: „Für mich war es erstmal schwierig, in Wien", erinnert sie sich an die ersten Schritte. „Als Schweizerin bin ich vielleicht auch ein bißchen plump, konnte mit der Wiener Art nicht gleich zurechtkommen. Und ich war auch so unelegant — im Gegensatz zu manchen Kolleginnen aus Wien. . ." Sei's drum, sind ja auch nur

Äußerlichkeiten; und auf die Einstellung kommt es an: „Von allem Anfang an hatte ich gewußt, daß ich in diesem Beruf werde viel arbeiten müssen. Und man *muß* in diesem Beruf viel arbeiten! Wenn es einem damals auch ein bißchen schwer gemacht wurde. Man hätte viel mehr an die konkrete Arbeit herangeführt werden müssen. Und es ist im Grunde auch sinnlos, einen Regielehrling mit Schauspielanfängern zusammenzuspannen. . ." Ein Wunsch, von vielen Exseminaristen schon geäußert: „Erste Regisseure sollten mit den jungen Leuten arbeiten, so lange, bis man merkt: aha, so geht's! — Als Schüler weiß man ja nicht, *wohin* man arbeiten soll. Gewiß ist es auch wichtig, daß man sprechen lernt, sich bewegen. . . Wird ja auch gemacht: Aber solange alles das im luftleeren Raum stattfindet, wird einem doch vieles verleidet. Natürliche Folge: Lethargie. Vorschlag: „Es wäre beispielsweise so wichtig, daß die Sprechlehrer bei der Erarbeitung einer Szene mitwirken, mit dabei sind, helfen, Schwierigkeiten zu meistern, die sich bei der Darstellung von der Sprache her einstellen.

So wesentlich der Affolter auch vieles aus dem Angebot zu sein schien, abendfüllend war es in ihren Augen nicht immer: Sie lernte nebenher und über das Seminar hinaus, im Rahmen von Workshops des Dramatischen Zentrums Wien, im Seminar nicht in dieser Weise gepflogene Methoden kennen, Methoden, wie sie beispielsweise im „La-Mama"-Theatre praktiziert werden: „Sicherlich ist auch das als alleinige Methode nicht richtig. Aber es war ungeheuer interessant, wie die mit der Stimme und dem Körper arbeiten. Und das zu lernen, ist sehr gut!"

Dankbare Gedanken: „Gut war, was Ellen Müller-Preis in ihrem Fechtunterricht angeboten hat: Die Haltung hat mit Atmung unerhört viel zu tun. Und Cornelia Oberkogler, die war so wichtig, weil sie stets drauf gedrungen hat, nichts nur äußerlich zu machen: sondern uns angeregt hat, immer wieder nachzugucken in sich, den ‚inneren Punkt' zu finden. . . Jetzt erst weiß ich, was sie gemeint hat, und ich denke oft an sie zurück. . . Und an die lange gemeinsame Arbeit an Tschechows ‚Möwe'." Nicht um Zustände zu spielen geht es, es geht um Situationen. . .

Während des dritten Jahrgangs wird sie an das Züricher Neumarkttheater geholt und debütiert als Annchen in Dieter Berners Inszenierung von Goethes „Stella“: eine Freude für das junge Mädchen, im Ensemble Horst Zankls arbeiten zu dürfen. Und Zankl wieder erkennt seines Gastes besonderes Talent, legt einen Jahresvertrag vor, und Therese Affolter unterschreibt.

Rückkehr in's letzte Seminarsemester, mit wenig Sorgen: Man weiß ja, wie es weitergehen wird, zumindest in der nächsten Saison.

Doch erstens kommt es anders, denn zweitens, als man denkt: Läßt sich da einmal ein Fixstern unter den Neuerern, Claus Peymann, die jungen Leute am Seminar zeigen. Nein, die Affolter will nicht vorsprechen, ist ja auch schon fix untergekommen. Da bittet sie aber ein vorsprechender Kollege: „Gib mir doch Stichworte. . .“ Klar tut man das! Man tritt auf die Schloßtheaterbühne, macht gar nicht viel, markiert nur: ist auch nicht wichtig für einen, wichtig ist es für den Kollegen. Dann: herzlichen Dank, der junge Mann; und von der jungen Dame möchte man ein wenig mehr hören. . . O.K. Schließlich — „Ich engagiere Sie für zwei Jahre. . .“

Hie Zankl, da Peymann: Zankl zeigt für die Situation der jungen Dame Verständnis; Verständnis in Grenzen. . .

Stuttgart: Die Affolter als Wendla in Wedekinds Kindertragödie „Frühlings Erwachen“; als des Karl Moor Amalie; sie ist die Braut in der „Kleinbürgerhochzeit“, die Nutte Marie in Brechts eben wieder aktuellen „Trommeln in der Nacht“; dann, endlich zum erstenmal allein ein ganzes Stück tragen dürfen, als Elfie in Reinshagens „Sonntagskinder“. . .

„Ich stelle mein berufliches Dasein über mein privates.“

Und wie sie sich selbst ständig in Frage stellt, stellt sie auch ihre eigene Zukunft in Frage: „Das kann sich vielleicht einmal ändern“, spinnt sie ihren Gedanken weiter. „Doch heute kann ich mir mein Leben nicht anders vorstellen als so, wie es ist.“

Keine schöne, heile Welt: Es gibt auch jetzt berufsbedingte Depressionen. Doch welcher Künstler hat die nicht?

Wunschtraum: einmal aufregende Filme machen. Solche, wie's etwa „Flug über's Kuckucksnest" einer war. Aufregende Filme!

Das Rendezvous in der Lobby des Wiener Graben-Hotels ist längst vorbei, und auch Peymanns „Faust"-Gastspiel. An sie und an es denkt man oft und gerne zurück. An die Affolter: ein Gretchen unserer Zeit.

„Dies ist der ewige fehlerhafte Zirkeltanz beim Theater; es soll Nachwuchs erzogen werden, aber Rollen will man den jungen Leuten nicht anvertrauen, sie sollen schwimmen lernen ohne Wasser", sagte Heinrich Laube über das Schicksal junger Schauspieler. Heidi Picha kann sich da nicht beschweren.

Die Voraussetzungen stimmen

Dieses Dreimäderlhaus hatte es von allem Anfang an mit der Musik: Zwei der Schwestern Picha sind dort auch auf Dauer gelandet, nur die Heidi wechselte nach ein paar Semestern von der Musikakademie in die Abteilung Schauspielseminar über.

Fast jedes Mädchen mit vierzehn träumt davon, einmal Bühnen- oder Filmstar zu sein. Heidi Picha war vorerst darauf gar nicht heiß: Ihre Jungmädchenträume erfüllten sich darin, später einmal eine gute Musiklehrerin zu sein. Bis es auch in ihr aufbrach, damals, als sie im Theater saß, zuschauen mußte und eigentlich spielen wollte da kam es zur inneren Spannung und 1970 entschloß sich Heidi kurzerhand, wenigstens die Aufnahmsprüfung ans Seminar zu wagen. Sie sprang ins Wasser, und es zeigte sich, daß sie schwimmen konnte, denn schon nach dem ersten Jahrgang „ist das Volkstheater in mein Leben getreten".

Die Noch-Studentin spielt die Eve in Kleist's „Der zerbrochene Krug"; und der ehemalige Seminarist und nunmehrige Regisseur

Bernd Fischerauer ist von ihrer Begabung so angetan, daß er sie gleich noch einmal einsetzt: in „Gräfin von Ratenow". Was auch Direktor Manker wohlwollend registrierte, hätte er sonst die Elevin in eine Nestroy'sche Liebhaberin verwandelt?

Selbstverständlich tritt sie mit Einverständnis der Seminarleitung auf, und ebenso selbstverständlich ist ihr, daß sie jede freie Minute im Seminar verbringt. Im Sommer Theater im Bauernhof, wo sie beispielsweise des „Urfaust" (Heinz Trixner) Gretchen ist.

Das Volkstheater engagiert sie nach ihrer Abschlußprüfung fix, setzt sie in wesentlichen Rollen ein: Als Luise Hülse in Hauptmanns „Die Weber", als Gretchen, und für ihre Darstellung in den „Jagdszenen aus Niederbayern" wird sie als beste Nachwuchsschauspielerin der Saison mit der Kainz-Medaille ausgezeichnet. Daß der ORF sie in Hauptrollen eingesetzt hat, im Theaterstück „Essig und Öl" beispielsweise oder als Prinzessin in „König Drosselbart", freut sie, wie sie es auch genossen hat, bei den Sommerspielen in Perchtoldsdorf die Amalie in den „Räubern" von Schiller zu spielen. Zwei Tage ihres bisherigen Lebens aber waren für sie von prägender Wichtigkeit: „Als Ingmar Bergmann mich für eine Rolle in seinem Film ‚Das Schlangenei' geholt hat: Das war für mich das Ereignis des Jahres."

Wenn es Regisseure gibt, warum soll es dann keine Regisseusen geben? Kitty Buchhammer beispielsweise leistet diese Arbeit vorbildlich.

Theater, das ist wie ein Fluß

Regie zu führen, das ist etwas, was man landläufig als männliche Arbeit bezeichnet. Und man hat sogar Schwierigkeiten, nach einem Begriff zu suchen, der dem des Regisseurs entspricht: „Regisseuse"?

Kitty Buchhammer nahm ein Jahr lang privaten Schauspielunterricht in der Wiener Kraus-Schule, war danach zwei Semester lang ins Schönbrunner Seminar übersiedelt, verzichtete aber dort auf weitere Studien ebenso wie auf ein Abschlußexamen: Weil die Praxis zu verführerisch war, unterschrieb sie einen Stückvertrag nach Hannover; dem schloß sich eine Tournee durch die Bundesrepublik an, „und so bin ich gleich in Deutschland geblieben". In Augsburg, in Darmstadt, in Braunschweig.

Und in Braunschweig werden erstmals ihre Regieambitionen evident: Sie beginnt, im Alleingang Konzeptionen zu machen, arbeitet bald mit Kollegen, kann aber das, was sie eigentlich will, noch nicht artikulieren. Die Konvention steht dazwischen: Ich habe damals noch nicht die Idee gehabt, Regie zu führen, weil mir das zu absurd schien für eine Frau." Über sich und ihren weiteren Weg wird sie sich erst klar, als sie das Einpersonenstück „Wunschkonzert" von Franz Xaver Kroetz sieht, mit dem Autor darüber spricht, ihm auseinandersetzt, was alles sie an dieser Aufführung als falsch empfunden hatte. . . „Probier's doch selber einmal", rät er.

Kroetz macht ihr Mut, und auch Fassbinder, bei dem sie in München arbeitet. Die Chance jedoch gibt ihr eine Frau:

In Stella Kadmon's „Courage" inszeniert sie „Das Nest" von Kroetz — und kommt an. Die Hauptdarsteller: Johanna Thimig, die einen Ausflug von der Josefstadt in die Courage gemacht hatte, und Toni Böhm. Der Schritt über den Rubicon ist getan, man glaubt, daß sie's kann. Im Modernen Theater in München inszeniert sie abermals, und übernimmt schließlich (Mut ist keine ausschließlich männliche Tugend) das Theater für das Burgenland: macht den Spielplan, wählt die Schauspieler aus, trägt Risiko — Kitty als Neuberin.

„Man glaubt, daß man gut ist, wenn man aus dem Seminar rauskommt und merkt sehr bald, wie wenig man wirklich kann." Das erste, was sie in der Realität des Theaters ablegt: das übertriebene Selbstbewußtsein der Seminaristen. Sie trägt nicht nach außen zur Schau, sie reflektiert nach innen, überdenkt alle Phänomene, die ihren

Weg kreuzen, sucht allenthalben nach ihr wesentlichen menschlichen Werten und macht es sich stets und mitunter ihren Vorgesetzten durch ihre Ehrlichkeit nicht einfach. Denn Kitty Buchhammer entspricht keinem Klischee. Sie mag das entwürdigende Vorsprechenmüssen vor grantigen, ihre Macht ausspielenden Intendanten ebensowenig wie das Anheuern und Abservieren von Menschen. Daher hat sie aus ihrer Einstellung eigene Formen der Zusammenarbeit entwickelt: Sie sieht sich nach möglicherweise für ihr Theater geeigneten Leuten lange um, bevor diese überhaupt ahnen, daß sie zur Mitarbeit eingeladen werden sollen. Dabei ist ihr nicht wesentlich, daß einer lange Geübtes imponierend heruntersagen kann; sie läßt sich nur durch Spontaneität beeindrucken.

Wie man das macht, hat sie beispielsweise in Rom gelernt. Durch einen bei Fellini beschäftigten Schauspieler traf sie dort mit einem Agenten zusammen. „Ich fahre jetzt zu Fellini", sagte der, „wenn Sie mitkommen wollen, gerne. Doch ich kann Ihnen nichts versprechen. . ., vielleicht aber hat er Zeit für Sie."

„Wir sind 'rausgefahren, Fellini kam, sagte: ‚Kommen Sie in zehn Minuten'; nach zehn Minuten war er da, in Begleitung eines deutschsprachigen Schweizers für eventuelle Dolmetscherdienste, und wir haben zwanzig Minuten lang miteinander gesprochen. ‚Ich lasse Probeaufnahmen von Ihnen machen'. Und so geschah es auch. Er war wie ein Freund."

Und denkt an die Leiter drittklassiger Provinztheater, die einen jungen Schauspieler zu einer bestimmten Zeit zum Vorsprechen beordern, dann selber eine Stunde zu spät kommen und es nicht der Mühe wert finden, auch nur ein Wort der Entschuldigung zu sagen.

Was Theater wirklich sein kann, hat sie einmal in Athen erkannt, als sie sich „mal kurz, weil ich die Sprache nicht verstehe", „Sieben gegen Theben" anschauen wollte und dann fasziniert ganze vier Stunden sitzengeblieben ist, denn „da habe ich kapiert, daß Theater Fluß ist. Es war wie ein Wasser, das nie aufgehört hat, zu fließen."

Die Wahrheit als Weg

Sie war noch Seminaristin, als sie in Ulm in „Richard Korkbein" gastierte: so erfolgreich, daß man sie gleich für ein zweites Stück dort behielt: als Anja in Tschechows „Kirschgarten".

Während ihrer letzten Seminarwochen glänzte sie bei einem Chansonabend, war im Sommer darauf Viola in „Was ihr wollt" bei den Festspielen im Kärntner Friesach.

Wichtige Erfahrungen mit Regisseuren: Die Begegnung mit Noelte, unter dessen Regie sie an der Berliner Volksbühne in Hauptmanns „Ratten" spielte. Die Arbeit unter Kurt Hübner — „Nathan der Weise": Lena Stolze war die Recha, Nathan — Will Quadflieg. Sie hat sich mit Hübner gut verstanden, hat da aber erstmals miterlebt, wie andere Schauspieler „fertiggemacht" wurden. Wieder eine neue Erfahrung.

Unter Lietzau spielte sie die Leontine in „Biberpelz". „Lietzau war bei der Arbeit unerbittlich, er forderte von einem alles. Aber er sagte die Wahrheit, und dadurch wurde ich wirklich zu dieser Rolle hingeführt. Bei ihm habe ich am meisten gelernt. Doch anfangs war es schrecklich . . ." Nach einer für sie furchtbaren Probe warf er ihr an den Kopf: „Ich hoffe, daß Sie die ganze Nacht nicht schlafen können und sich damit beschäftigen!" Daraus war zu lernen: Ein Schauspieler kann es sich nicht leisten, bei der Arbeit verletzlich zu sein. Das hat man sich abzugewöhnen.

Während Lena Stolze im Theater in der Josefstadt Goethes „Stella" probiert, stirbt der Regisseur Günther Rennert: Es war beeindruckend, wie diszipliniert nun das Ensemble in kollegialster Weise zusammenarbeitete, um die Premiere — den Intentionen Rennerts gemäß — zustandezubringen.

Lena Stolze gehört augenblicklich dem Ensemble des Burgtheaters an: „Der Zauberer von Oos" und „Purpurstaub" waren hier ihre ersten Aufgaben.

Von Arbeit zu Arbeit wachsen

Birgit Doll machte ihren ersten Ausflug in die Praxis noch zu Seminarzeiten: Sie sprang für eine erkrankte Kollegin in Salzburg als Peppi in Nestroys „Lumpazivagabundus“ ein. Nach ihrer Abschlußprüfung holte sie Klaus Maria Brandauer in seine Josefstadt-Inszenierung von Schnitzlers „Großem Wurstl“. „Brandauer kam wunderbar vorbereitet zur Arbeit; er ist zwar autoritär gewesen, aber ich hatte immer ein gutes Gefühl.“ Dann sprang sie für Köndgen in „Das Drehbuch“ ein: „Da hat mir überhaupt niemand was gesagt, ich habe an mir von Vorstellung zu Vorstellung weitergearbeitet“. Eine neue Erfahrung, und wieder ein Schritt weiter.

Unter Wicki erarbeitete sie an der Josefstadt die Rolle der Irma Lambert in „Die Irre von Chaillot“: „Das war schwierig, wir hatten viele, viele Proben, Tag und Nacht“. In dieser Zeit lernte sie an einer großen Kollegin, wie man sich als Künstler ideal zur Arbeit zu verhalten hat: „Ich habe mich an der unerhörten Disziplin von Joana Maria Gorvin aufgerichtet: Ungeheuer Ihre ganze Haltung zum Beruf, zu den Kollegen, ihre Einstellung zur Arbeit. Diese Frau verkörpert all das, warum ich diesen Beruf ausüben will.“

In Hamburg lernte sie erstmals als Kathi in „Alt-Heidelberg“ ein Stück tragen. Eine wichtige Erfahrung. „Mir sind jene Regisseure am liebsten, die wenig sagen, das aber sehr präzise, und die einem die Möglichkeit der eigenen Entwicklung offenlassen.“

„Wunderbar war die Arbeit mit Maximilian Schell bei den Dreharbeiten zu Horvaths ‚G’schichten aus dem Wienerwald’; sie spielte die Hauptrolle — die Marianne. Er hat uns genau gesagt, was er wollte, und ich habe ihm absolut vertraut.

Birgit Doll ist eine, die sich mit ihrer ganzen jungen, starken Persönlichkeit in eine Arbeit stürzt, überall . . . Sie ist unaufhaltsam. Sie ist fest an der Josefstadt engagiert, hat eben aber von dort einen Urlaub an das Züricher Schauspielhaus und spielt in Sartres „Die schmutzigen Hände“ die Jessica. Im Sommer 1979 ist sie bei den Salzburger Festspielen die Erna in Schnitzlers „Das weite Land“.

Im Seminar — für das Leben vorbereitet

August Zirner ist ein junger Schauspieler, der mit großem Einsatz zu einer echten Karriere angesetzt hat. Er spielte nach dem Seminar in Hannover, machte unter Peter Beauvais einige Filme und spielt eine wesentliche Rolle nach der anderen. Er erinnerte sich für uns seiner Anfänge:

Ich habe drei Jahre am Max Reinhardt Seminar in Wien verbracht — im Juni 1976 das Diplom erhalten.

Es ist schwer für mich, jetzt über das Seminar zu sprechen, denn meine Probleme und Auseinandersetzungen mit dem Beruf sind heute ganz andere, als sie damals waren. Das Bißchen, was ich jetzt weiß oder vielleicht auch kann, ist wohl das Produkt einer Summe:

Reinhardtseminar plus Praxis
plus ich-selber
plus der Einfluß gewisser Menschen.

Als ich an das Seminar kam, habe ich eigentlich einfach alles so mitgemacht — im blinden Vertrauen darauf, daß ich dadurch „Berufsfähig-" werde — ohne zu wissen, was das bedeutet. Ich konnte also gar nicht beurteilen, ob es für mich richtig oder falsch ist; das wäre auch damals gar nicht so wichtig gewesen; ich könnte es wahrscheinlich auch heute nicht beurteilen, wenn ich es damals anders gemacht hätte.

Das Seminar ist wohl sehr „praxis"-orientiert — („Kindchen, das ist der Beruf") — das heißt, auf den Markt gerichtet — das hat den Nachteil, daß der Einfluß des Marktes oft gar nicht gutes Theater provoziert. Es werden Typen (oder gar „Fächer") verlangt — möglichst „brauchbare" Schablonen!

Methoden, wie zum Beispiel die von Stanislawski, oder Auseinandersetzungen mit Möglichkeiten eines psychologischen Realismus, fehlten. — Daß die meisten Theater, die ich kenne, nicht gründlich genug sind, oder der Markt nicht danach verlangt, sollte für Oberflächlichkeit kein Grund sein.

Ich habe aber auch sehr wichtige Dinge am Seminar erlebt: das große Angebot auf dem Gebiet der körperlichen Ausbildung — der Improvisationsunterricht; der Einfluß der Lehrer (aus verschiedenen Richtungen mit verschiedenartigen Ideen); und die starken Freundschaften, die für mich unten den Kollegen und Kolleginnen entstanden, welche mir eine anhaltende Kraft bedeuten.

Ich kann nicht sagen, daß ich am Seminar etwas Bestimmtes gelernt habe, — nicht, daß ich das-und-das kann, oder das-und-das benütze; das wäre auch schlimm. — Nein, ich glaube, daß das Reinhardtseminar mich so weit *vorbereitet* hat, daß ich jetzt etwas lernen kann.

Ein Vormittag am Reinhardtseminar

Ein Donnerstag im Januar 1979, halb acht Uhr morgens. Leute hasten zur Arbeit. An den Kreuzungen, links und rechts, graue Alltagsgesichter, an den Gehsteigen unappetitlich schmutziger Schnee.

Punkt acht beginnt im Ballettsaal des Cumberland der Step-Unterricht, Studenten des zweiten und dritten Jahrganges arbeiten konzentriert unter Aufsicht Karla Denk-Kunas. Versucht man, das Aufgenommene in Worte zu fassen, so fallen einem Begriffe ein wie Intensität, Bemühung um Präzision, Ernsthaftigkeit. Tanzübung geht nahtlos in Tanzübung über, man wartet auf einen Leerraum, eine Pause, ein witziges Wort zwischendurch. Vergebens. Dafür ist vielleicht später Zeit, nicht jetzt. Von einem dieser jungen Männer, die da schweißglänzend ihre rhythmischen Übungen hinsetzen, weiß man: Aus dem könnte in ein paar Jahren ein großartiger Komiker werden. Und das Mädchen, das dort mit sichtbarem Ernst bei der Sache ist, wird in sechs Wochen an einem großen deutschen Theater in einem Tschechow-Stück einen ganzen Menschen auf die Bühne zu stellen haben.

Neun Uhr: Man hat die Wahl zwischen drei Möglichkeiten und entscheidet sich für „Sprachgestaltung“ mit Prof. Horst Coblenzer: Übungen im Hörfunkstudio des Seminars. Eine kleine Gruppe sitzt da um den Lehrer, sieben, acht Leute. Man dringt ein in den Mikrokosmos eines Dialogs. Thema: ein Telephongespräch; Autor: Bert Brecht. „Ihr müßt mit lauschendem Denken arbeiten“, hört man.

Einer jeweils am Mikrophon, die anderen als lernende Zuhörer: wie wasserhungrige Schwämme. Jetzt ist da so was wie Kirche, oder wie: die einem gebotene Chance *ganz* nutzen. Klischeezertrümmerung durch den Lehrer: „Machen Sie vierzig Kniebeugen, dann sprechen Sie diesen Satz. Sie werden beim Spielen nicht mehr lügen können“. Einer nach dem anderen; zwei, drei, wenn es gut geht, vier Sätze: viertelstundenlang jeder. Meißeln an der Sprache, Bildhauerunterricht für Schauspieler.

„Tempo ist etwas anderes als Hast.“

Vieles, was man da hört, gilt nicht nur für Schauspieler, es gilt für alle.

Kaum glaublich für einen, der das nicht selber miterlebt: Wie spannend es sein kann, beim „Wachsen“ zuzusehen, zuzuhören.

„Auch Ausstrahlung kann man lernen, durch Absichern des Atemkontinuums. . .“

Schafft einer nicht gleich, was Coblenzer vorschlägt, werden Hilfsmittel zur Hand gegeben: „Dirigieren Sie beim Sprechen“.

Danach: im Studio. Beleuchtungsprobe für Konrad Bayers „Kasperl auf dem elektrischen Stuhl“. Walter Hoesslin, dazu der Regisseur des Stücks, vier, fünf Leute, ein paar Schauspielschüler, die da keine andere Aufgabe haben, als sich „in’s rechte Licht setzen“ zu lassen. Zehn-, zwanzig-, dreißigmal Lichteffekte ausprobieren, ehe die optimale Einstellung entschieden wird. Für den Unbeteiligten eine quälende, weil eben keine echte Aktion: dort einen Schattenfleck wegleuchten, da zu Grelles filtern: technische Arbeit, die sich am Theaterabend künstlerisch manifestieren wird. Da geht es schon wesentlich turbulenter zu in einem der Proberäume: „Bitte, nicht zusammenräumen“, steht an der Tür. Drei Leute arbeiten an einer

Szenenprobe von Wolfgang Bauers „Magic afternoon". Paulus Manker, des Volkstheaterchefs Junior und Ulli Maier. Regie führt Leopold Huber: Er läßt das Spiel laufen, unterbricht, diskutiert, retuschiert. Es geht um Nuancen.

Die ganze aggressive Trivalität dieser Menschen wird durchsichtig; und bald merkt man nicht mehr, daß man auf einer Probe ist, wird zum Tatzeugen. Und als Manker in die Scherben einer zertrümmerten Bierflasche tritt, meint er nur: „Ist nicht so arg", und die Probe läuft weiter.

Inzwischen ist es Mittag geworden. Man könnte jetzt Cornelia Oberkoglers dramatischem Unterricht beiwohnen, oder einer weiteren Probe. Danach noch dem Unterricht bei Erni Mangold. . .

Als man dann durch den dreckigen Schneematsch zum Auto watet, stadteinwärts fährt, sind die Gesichter an den Kreuzungen links und rechts von einem ein bißchen weniger grau als ein paar Stunden vorher. Ein langer, kurzer Vormittag im Reinhardtseminar.

AN VIELEN GROSSEN BÜHNEN . . .

Wir haben aus der Fülle der wesentlichen Seminarabsolventen dieser Zeit – von Mitte der fünfziger bis Mitte der siebziger Jahre – nur mit wenigen ausführlich sprechen können. Die großen Theater Deutschlands, Österreichs und der Schweiz bezeugen, wie wichtig dieses Institut ist: Es gibt kaum eine Stadt, in der nicht Seminaristen von einst oder von heute wirken: seminarinfiziert, die Theater, Filmproduktionen, Funk- und Fernsehanstalten. . .

Koschka Hetzer, die sich schon damals als besonders intelligent und geistreich auszeichnete, hat nach vielversprechenden Anfängen am Theater zum Fernsehen gefunden. Sie schreibt Drehbücher und präsentiert als Redakteurin Kultursendungen des ORF.

Rainer Artenfels spielte in Syberbergs „Hitler"-Film den Goebbels; er war Seni im Fernseh-„Wallenstein"; und wenn er nicht gerade Theater spielt, setzt er sich hin und meditiert. . ., so liest man's jedenfalls in der Zeitung.

Dietlind Macher spielte in Salzburg, dann an der Josefstadt und ist heute freie Schauspielerin.

Renate Bernhard hat ihrem Mann zuliebe eine Wegstrecke lang auf das Theater verzichtet, und das gerade zu einem Zeitpunkt, als sich große Erfolge ankündigten: Sie spielte damals Erste Rollen am Hamburger Schauspielhaus. . . Renate Bernhard hat dann eine Zeitlang am Volkstheater agiert, und jetzt erst findet sie in jene Position zurück, die unmittelbar an die Hamburger Situation anschließt: Sie hat am Züricher Schauspielhaus großen Erfolg. . .

Manfred Schmid ist ein hochbegabter Schauspieler mit starkem Hang zur Meditation: Wenn er sich nicht gerade in ein Kloster zurückzieht, spielt er gutes Theater, zuletzt an den Städtischen Bühnen Augsburg.

Marisa Mell hat internationale Filmkarriere gemacht, was sicherlich eine schöne Sache ist: Ob sie allerdings stets richtig eingesetzt ist, das ist eine andere Frage. Sie war eine der sehr seltenen Begabungen, die aus dem Stand und ohne sichtbare Anstrengung einen Ausbruch schaffen können. Begabungsmäßig erinnerte sie an die junge Heidemarie Hatheyer. Marisa Mell hatte siebzehnjährig ihren ersten Film „Nachtlokal zum Silbermond" gedreht (Regie: Wolfgang Glück). Die gebürtige Grazerin kann heute auf rund vierzig Filme zurückblicken; unter anderem auf „Casanova 70" mit Marcello Mastroianni und einem weiteren „Casanova" mit Tony Curtis. Wenn sie die Gesellschaftskolumnisten verschiedener Zeitungen auch zum „Partygirl" abstempelten, so ist Marlies Moitzi, alias Marisa Mell, doch der Mensch geblieben, den wir am Seminar kennenlernten. . .

Signe Seidel: „Das Seminar, das war für mich eine ungeheuer gute Zeit. Es war eine einzige, pausenlose, dreijährige Hetz'!" Ihr erstes Engagement hatte sie nach St. Gallen geführt: Sie spielte damals die Jennifer in Bernhard Shaws „Der Arzt am Scheideweg", war die Krankenschwester in Dürrenmatts „Physiker" und Carol in Tennessee Williams „Orpheus steigt herab". Von St. Gallen übersiedelte sie an die Josefstadt nach Wien, spielte in „Boeing Boeing". Seit einigen Jahren ist sie Sprecherin am Salzburger Hörfunk. . .

Klaus Wildbolz verbrachte zwischen seinem vierzehnten und achtzehnten Lebensjahr seine Freizeit im Kino. Dabei hätten seine kultivierten Eltern es nur allzu gerne gesehen, wenn er sich öfters auch mit Theater auseinandergesetzt hätte. Im Haus von Jane Tilden lernte er als junger Mann eine Reihe von Theaterleuten kennen. „Die haben mir unerhört imponiert". Er hatte einen, von außen gesehen, relativ leichten Weg: „Es ist deshalb vielleicht so einfach gewesen, weil ich groß und blond bin", sagte er mit einiger Selbstironie. Er war schon ein echter Josefstädter, aber er überlegte es sich anders, er ging weg von Wien, weil er auch Klassiker spielen wollte. In Baden-Baden war er Fiesco, dann in Heppenheim Petruccio in Shakespeares „Der Widerspenstigen Zähmung". Und er meisterte glänzend Hauptrollen in Musicals: Er war in Luzern der Bluntschli in Udo Jürgens' „Helden, Helden", er war in „Cabaret" im Theater an der Wien erfolgreich. Im Fernsehspiel „Ein Job wie jeder andere" zeigte er sich als zwielichtiger Journalist: Wildbolz im Charakterfach.

Silvia Fenz ist bei Gobert in Hamburg engagiert und hat sich – auf Grund ihrer persönlichen Ausstrahlung und ihres großen Talents – zum Publikumsliebling gemausert. Da ihr Ehemann sich als Vizedirektor nach Köln verändert, wird auch sie künftig am Rhein zu Hause sein.

Kurt Schossmann hat organisch seinen Weg gemacht: Bonn, Graz, Linz, Burgtheater Wien.

Harald Harth spielte eine Zeitlang in Salzburg, ehe er an die Wiener Josefstadt geholt wurde, um hier eine gute Charakterrolle nach der anderen zu übernehmen.

Anna Tardi, gebürtige Ungarin, kam 1956 nach Wien und besuchte hier zugleich mit Evelyne Balser und Heidelinde Weis das Seminar: In Linz, ihrem ersten Engagement, lernte sie ihren Mann kennen, Herbert Kucera, den Burgschauspieler von heute, der ein Jahr vor ihr in das Cumberland gekommen war, seine Abschlußprüfung gemacht und seinen Weg am Volkstheater fortgesetzt hatte. Anna war mit dem Burgtheater auf Welttournee, spielte bei Stroux in Düsseldorf, hatte im Fernsehen mit „Harry Janos" (Partner: Josef Meinrad) und in der Kortner-Inszenierung des „Kaufmanns von Venedig" als Nerissa großen Erfolg.

Marianne Chappuis, eine vielseitige, kluge und hochbegabte Schauspielerin, eine echte Stütze des Josefstädter Ensembles! Sie kam direkt vom Seminar an das Burgtheater, spielte in Anouilhs „Grotte" und ging dann an die Josefstadt, wo sie bis heute viele wichtige Rollen dargestellt hat. Sie ist nicht nur eine glänzende Schauspielerin, sondern auch privat ein ausgesprochen lustiger Mensch.

Mirjam Dreifuss spielte viel Cabaret und Musical. Eine große Aufgabe fand sie in dem Fernsehfilm „Peter Voss, der Millionendieb". . .

Maria Rainer war schon während ihrer Seminarzeit das Gretchen im TV-„Faust" – mit Boy Gobert und Walter Reyer als Partner.

Ingeborg Gruber war an der „Burg" in Nestroys „Mädel aus der Vorstadt" eine der „Nähterinnen". Ein paar Jahre später wurde sie von Lindtberg wieder in dessen „Mädel aus der Vorstadt"-Inszenierung aus Göttingen nach Zürich geholt, diesmal allerdings als Frau v. Erbsenstein . . .

Gaby Buch ist Burgschauspielerin und löst vielseitigste Aufgaben zur vollsten Zufriedenheit aller. Sie ist originell, persönlich.

Gertraud Jesserer wollte ursprünglich Pianistin werden; sie war Schülerin des Konservatoriums, nur „ich habe viel zu wenig geübt" (dieses Schicksal hat sie mit Hans Hollmann gemeinsam). Mit elf fand ihre erste Begegnung mit dem Film statt: als Komparsin. Und als sich die Fünfzehnjährige in einer langen Reihe von Statisten angestellt hatte, wurde sie aus der Menge herausgeholt und durfte in der „Halbzarten" eine Hauptrolle spielen: die Schwester der Romy Schneider. Nun war es an der Zeit, sich für das Seminar zu entscheiden. Sie spielte, nachdem sie es absolviert hatte, an der Josefstadt, machte eine Zeitlang in der Fernsehfamilie Leitner mit, ging nach Berlin, nach Hamburg, Zürich und zurück an die Josefstadt, machte einige Filme und spielte die Rosalinde in Schenks TV-Inszenierung von „Wie es euch gefällt". Seit einiger Zeit ist sie Burgschauspielerin: und zwar eine, die nicht nur große schauspielerische Qualitäten hat (was ihr die Öffentlichkeit sowieso immer wieder bestätigt), sondern auch ganz wunderbare menschliche. Sie ist also nicht nur ein Publikumsliebling, sie ist auch ein Liebling der Kollegen. Und wo und was sie auch spielt, sie hat großen Erfolg.

Hannelore Kiesbauer spielt – nach höchst erfolgreichen Jahren in Graz und Wiesbaden – derzeit in Frankfurt: Im Repertoire hat sie von der Barblin in Max Frisch' „Andorra" bis zu Brechts „Der gute Mensch von Sezuan" alles, und sie hat vieles von all dem gespielt, was sich eine junge Schauspielerin nur wünschen kann. Zudem ist Hannelore literarisch begabt: Sie schreibt hübsche Kurzgeschichten und Essays.

Die Zeit habe ich verloren.
Ist irgendwo liegengeblieben.
Vergessen.
Abgestellt wie eine leere Tüte.
Weggeworfen. No return.
Kein Pfand. Kein Einsatz. . .
Sie haben keine Zeit? Ich habe Zeit, weil ich keine Zeit habe. . .":
Zitat aus einer ihrer Geschichten.

Dany Sigell ist nicht nur Schauspielerin: sie kann singen und tanzen; sie spricht spanisch, englisch, italienisch und etwas französisch. Sie hat in vielen Lustspielen gespielt und in Musicals im Theater an der Wien; und sie war oft auf Tournee; in diesem Fall soll vermerkt sein; sie ist ein besonders reizender, angenehmer, gescheiter Mensch, obwohl das Schicksal mit ihr nicht immer sachte umgegangen ist.

Johanna Thimig war zuletzt am Theater in der Josefstadt engagiert, hat sich aber ihrem Mann zuliebe vom Theater zurückgezogen.

Ulrich Wildgruber aus der Sicht Hans Hollmanns: „Er hat eine aberwitziger Karriere gemacht. Ich traf ihn zum erstenmal in Heidelberg, wo er in der Fried-Übersetzung von Shakespeares „Viel Getue um Nichts" eine kleine Rolle spielte. Da konnte man schon sehen, daß aus ihm ein ganz wichtiger Schauspieler wird." Bei Zadek hatte Wildgruber mit seinem Hamlet und dem Othello größten Erfolg. Er wurde zum führenden Schauspieler des Hamburger Schauspielhauses: „Ein Talent, außerhalb jeder Norm", urteilt Hollmann, einer, der in seiner ungeheuren Individualität an Werner Krauß erinnert.

Claudia Lobe spielte an den Münchner Kammerspielen.

Libgart Schwarz war in ihrem ersten Engagement in Graz sehr erfolgreich, auf der Bühne und im Leben (immerhin lernte sie damals ihren Mann kennen, den Dichter Peter Handke), ging dann nach Düsseldorf, hatte großen Erfolg – beispielsweise als Desdemona in Shakespeares „Othello", war lange Jahre in Berlin, hat viel Film und TV gemacht und spielte vor kurzem mit Riesenerfolg (als Gast) die Marianne in Horvaths „G'schichten aus dem Wienerwald". Derzeit ist Libgart Schwarz an der Schaubühne am Halleschen Ufer in Berlin engagiert.

Als bekannt wurde, daß Hans Neuenfels Mitglied des Frankfurter Dreier-Direktoriums werden sollte, wurden davon viele Seminaristen aus allen Richtungen Deutschlands angezogen: Peter Gavajda, der in Kiel angefangen hatte, Robert Tillian kam aus Wiesbaden, Elisabeth Trissenaar aus Bern und auch Lore Stefanek.

Heinz Trixner war am Seminar ein guter Urfaust: Zehn Jahre später spielte er diesen an der Josefstadt, mit besten Kritiken. . . Sein erstes

Engagement führte ihn nach Bern, von dort an das Burgtheater und danach an das Thaliatheater Hamburg. Heute ist Trixner freier Schauspieler.

Vera Hühnermann ist Dramaturgin und mit Ulrich Wildgruber verheiratet.

Heta Mantscheff spielte am Thaliatheater Hamburg (zum Beispiel mit ihrem Seminarkollegen Trixner) und in Köln. Ihre Darstellung in dem Film „Die Krebsstation" brachte ihr eine ganze Reihe von Lobeshymnen ein.

Lieselotte Marquart spielt Erste Rollen am Grazer Schauspielhaus.

Gisela Besch lebt in Griechenland, tritt dort – in griechischer Sprache – singend auf und macht hin und wieder in Deutschland Fernsehen.

Uwe Falckenbach ist Mitglied des Wiener Volkstheaters; derzeit arbeitet er beim Fernsehen in München, macht sich mit TV-Regie vertraut. Er ist mit seiner Seminarkollegin Ute Lasch verheiratet.

Helma Gautier sprang schon in ihrer Seminarzeit für die erkrankte Johanna Matz als „Gefesselte Phantasie" am Burgtheater ein, ein Vertrag, der dadurch zustandegekommen war, weil sie im Seminar-Nestroy-Quodlibet als Salome Pockerl so glänzend war. Auf einem Ausflug nach Münster spielte sie „Irma la Douce". Sie ist eine Schauspielerin, die man einfach gerne haben muß: auf der Bühne und im Leben.

Elisabeth Trissenaar und Hans Neuenfels haben einander am Seminar kennengelernt und sind ein Paar geblieben.

Die Trissenaar gehört heute zu den Ersten Schauspielerinnen Deutschlands. Als sie ihren Weg in Bern begonnen hat, schrieb sie in einem Brief: „Das Theaterspielen macht mich glücklich, und die paar Enttäuschungen, die man an den Kopf geworfen bekommt, sammle ich peinlich genau: ein paar Kieselsteinchen zur (hoffentlich) Reife! Doch uns jungen Schauspielern, die erst anfangen, geht es sehr gut, wenn ich an die Erzählungen meiner Kollegen denke, welche Rollen die zu spielen bekamen, und welche Aufgaben wir heute bekommen. . . Auf meine Traumrollen muß ich noch warten, und in den Jahren kann ich mich bemühen, einen möglichst weiten Bogen zu bekommen. . ." Lustig, wenn man diesen alten Brief liest, und am Abend die Trissenaar in einer großen Rolle in einer Inszenierung ihres Mannes am Akademietheater sieht: in Wedekinds „Franziska". Aus einem Brief Elisabeth Trissenaars vom 7. April 1965: „Vor einem Monat habe ich in Biel-Solothurn (!!!) als Eboli gastiert. Innerhalb von zwei Tagen habe ich die Rolle übernommen . . . Trotz der Nervenanspannung war es herrlich, ich habe Blut geleckt, Eboli-Blut, und werde mich in Zukunft um die Rolle reißen . . ."

Mijou Kovacs wurde nach dem Seminar nach Graz engagiert. Fritz Umgelter holte sie als Reporterin in seine „Babenberger"-Show. Sie lebt jetzt in München und filmt.

Herbert Kucera war drei Jahre in Linz, danach am Wiener Volkstheater, wo er als Oswald in Ibsens „Gespenster" großen Erfolg hatte. Über Bonn kam er zurück an das Wiener Burgtheater.

Ulla Purr spielte ihre erste Rolle im Wiener Burgtheater – in Hebbels „Gyges und sein Ring" unter Regie Lindtbergs. Bei den Salzburger Festspielen war sie eine junge Hexe im Faust; Ulla Purr ist ausgebildete Tänzerin und sehr musikalisch. Sie war eine Zeitlang im Hamburger Thaliatheater, hat Peter Striebeck geheiratet, ist also nun eine „Frau Direktor".

Claus Rott war noch zu Seminarzeiten als Gast bei Barlog in Berlin, spielte „Vater, armer Vater", ging dann nach Bonn und ist derzeit am Theater der Jugend in Wien engagiert, sowohl als Schauspieler wie auch als Regisseur.

Wolfgang Reinbacher ging vom Seminar direkt zu Stroux nach Düsseldorf, wo er alles, was in sein Fach fällt, spielte. Er gastiert an den Münchner Kammerspielen und in Zürich: Er hat einen ganz großen Weg gemacht, sehr verdient!

Annemarie Schüler lebt heute in Rom. Sie spielte nach dem Seminar in Baden-Baden, hatte großen Erfolg auch in komischen Rollen. Sie ist ideal für das Musical geeignet, weil sie auch ausgebildete Sängerin und Tänzerin ist. Sie spricht fließend spanisch und italienisch, etwas französisch und englisch.

Heribert Sasse, der an der Josefstadt „Maria Magdalena“ inszenierte, hat bei dieser Gelegenheit Andrea Nürnberger kennengelernt und geheiratet.

Christian Futterknecht über eine Seminaraufführung aus dem Jahre 1965: „Am 26. März war unsere Premiere von den ‚Gelehrten Frauen'. . . Es ist im großen und ganzen gut verlaufen und hat beim Publikum bei allen fünf Vorstellungen großen Anklang gefunden. Nicht ganz so angetan war die Presse; die Kritiken waren zwar sehr wohlwollend, doch war man allgemein der Ansicht, daß sich Moliere für eine Schüleraufführung nicht besonders eigne. . .“

Damals war Futterknecht im letzten Seminarjahr, von der Schloßtheater-Stroux-Inszenierung von „Katharina und Kate“ weg wurde er an die Josefstadt engagiert. Besonders gute Figur machte er in seiner ersten Fernsehaufgabe – Schnitzlers „Komtesse Mitze“. Er war der „Gärtner“ im TV-„Feuerwerk“.

Johanna Mertinz war lange in Wiesbaden, wurde dann an die Münchner Kammerspiele geholt und spielt das „Fach der guten Rollen“.

Berno von Cramm war nach dem Seminar in Schleswig und in Augsburg. Heute ist er freier Schauspieler in München, macht viel Synchron und TV.

Hertha Schell ist eine sehr eigenständige Schauspielerin. Sie spielte in Basel, und im übrigen ist sie mit ihrem Mann, Horst Zankl, ein wunderbares Team.

Fritz Truppe ist in Braunschweig engagiert.

Götz Fischer inszeniert an einer Reihe deutscher Bühnen.

Ernst Konarek spielt in Bochum; wir denken gerne an seinen Woyzzeck im Seminar zurück.

Hans-Dieter Lehmann war Goberts Regieassistent in dessen „Orchester“-Inszenierung am Seminar, wurde daraufhin an das Thaliatheater verpflichtet, machte dort seine ersten selbständigen Inszenierungen und ist jetzt freier Regisseur.

Florian Liewehr hat nach seinen Seminarstudien in den Vereinigten Staaten einen Kursus für Musical absolviert und ist jetzt Mitglied des Wiener Burgtheaters. Sein Ausflug an die Wiener Volskoper-„Westside

Story" war erfolgreich; und als „Mann von La Mancha" hat er sich in der Provinz – zur Zufriedenheit des Publikums – ausprobiert.

Bettina Lindtberg übersiedelte von Düsseldorf nach Nürnberg und ist jetzt in Zürich engagiert. Sie ist für Charakterrollen prädestiniert, hat aber auch das Gretchen gespielt.

Heinz Rainer arbeitet viel für das Fernsehen. In seiner Seminarzeit spielte er im Fernsehen in „Des Meeres und der Liebe Wellen" und war und ist viel auf Tournee.

Bernd Spitzer, der mit Wolfgang Bauers „Magic afternoon" im Ateliertheater großen Erfolg hatte, war am Volkstheater engagiert und ist jetzt freier Schauspieler. Er war einer der Mitwirkenden in der TV-Verfilmung von Turrini-Berners „Alpensaga".

Ingeborg Deutinger ist eine sehr persönliche Schauspielerin. Sie war in Graz engagiert und ist jetzt freie Schauspielerin.

Silvia Manas ging nach dem Seminar nach Salzburg. Als sie auf dem besten Wege war, eine Erste Schauspielerin zu werden, hat sie – aus privaten Gründen aufgeben wollen; sie mußte – um ihres Talentes willen – überredet und überzeugt werden, weiterzuspielen. Sie war eine der großen Zweiflerinnen an sich selbst. In Salzburg sprang sie bei den Festspielen 1973 in der Noelte-Inszenierung des „Menschenfeind" als Celimene innerhalb kürzester Zeit für Johanna Matz ein: Damals hatte sie bereits ihren Vertrag an die Josefstadt. Sylvia Manas, die mit neunundzwanzig Jahren nach einem Autounfall starb, war zweifellos eine der originellsten Begabungen, mit ganz konservativen Mitteln im besten Sinn. Sie war großartig in Shakespeares „Wie es euch gefällt" (Inszenierung: Klaus Maria Brandauer), herrlich, wirklich herrlich in der Noelte-Inszenirung von „Der Arzt am Scheideweg". „Sylvia, Sie können alles spielen, was Sie wollen", hatte ihr Direktor Ernst Haeusserman vorgeschlagen, „wir hatten uns geeinigt, daß sie die Stieftochter in ‚Sechs Personen suchen einen Autor' spielt. Darauf hat sie sich schon sehr gefreut. Das sollte die zentrale Rolle in dieser Saison sein. Dazu ist es nicht mehr gekommen."

Roger Murbach spielt am Theater der Jugend in Wien und macht zwischendurch viel Fernsehen.

Eva Rieck ist unverständlicherweise nach dem ersten Jahrgang aus dem Seminar ausgeschlossen worden, hat dann aber gleich am Burgtheater gespielt und sich besonders gut entwickelt. Sie kommt jetzt langsam in das Charakterfach, was ihr ausgesprochen guttut; denn es ist für eine Schauspielerin ärgerlich, immer nur nach ihrer Schönheit eingesetzt zu werden. In „Schmutzige Wäsche" hat sie gezeigt, daß sie auch herrlich komisch sein kann (Akademietheater). Eva Rieck spielt jetzt im Züricher Schauspielhaus alles, was gut und schön ist.

Rainer Delventhal hat am Thaliatheater Hamburg begonnen, ging dann nach Göttingen, und hat jetzt eine erste Stellung in Köln. In Göttingen hat er mit großem Erfolg den Ferdinand in Schillers „Kabale und Liebe" gespielt (Regie: Stefan Stroux)

Ernst Prassel und Martin Gelzer verdienten sich ihre ersten Sporen in Graz. Gelzer ist nun am Düsseldorfer Schauspielhaus.

Vitus Zeplichal macht nicht nur viel Fensehen, er ist auch ein echtes Original und müßte längst als solches von den Direktoren entdeckt sein.

Alexander Wächter gehört der Josefstadt an. Er hatte als „Leutnant Gustl" Arthur Schnitzlers beachtenswerten Erfolg. Wächter entwickelte sich organisch und stetig.

Robert Tillian ist unter anderem auch ein besonders guter Nestroy-Schauspieler. Er war lange bei Neuenfels in Frankfurt. Er ist ein jugendlicher Komiker mit großem Bogen, ein Mann, den man beispielsweise in Wien sehr gut gebrauchen könnte.

Horst Schily ist in Bielefeld: Man darf neugierig sein, wie er sich weiterentwickelt.

Elisabeth Stepanek spielte im Theater der Courage (Wien), ging daraufhin nach Bochum zu Zadek und mit nach Hamburg.

Michael Rastl ist am Schauspielhaus Hamburg.

Dorothea Parthon kam vom Seminar direkt an das Burgtheater. Um ihren Weg wirklich zu machen, müßte sie endlich einmal aus Wien hinaus, was sie aus privaten Gründen ablehnt. Jetzt spielt sie im „Hofrat Geiger" das Mariandl (Josefstadt).

Susanne Granzer hat sich zu einer sehr persönlichen Schauspielerin entwickelt. Sie spielte noch während ihrer Seminarzeit in der Schweiz, wurde an die Josefstadt geholt, wo sie eine eindrucksvolle Nina in Tschechows „Möwe" darstellte, sie hat Horvath und Anouilh gespielt, im Fernsehen Kabarett gemacht und ist jetzt in Düsseldorf.

Lore Stefanek begann in Bern (als Salome Pockerl in „Talisman"), ging später mit Robert Tillian nach Frankfurt und spielte dort sämtliche jugendliche Charakterrollen, die man sich nur wünschen kann. Trotz ihrer Jugend hat sie auch die Frau John in Hauptmanns „Biberpelz" gespielt.

Claudia Rieschel ist eine besonders reizende junge Schauspielerin und wird viel bei Film und Fernsehen beschäftigt.

Georg Nenning spielt bei Conny Hannes Mayers „Komödianten".

Miguel Hertz-Kestranek ist seit geraumer Zeit Josefstädter.

Werner Friedl ist – mit Recht – einer der Lieblinge des Salzburger Publikums.

Marina Wandruszka ist in Bremen, sollte eigentlich jetzt, nach ihren Lehrjahren, an ein großes, erstes Haus geholt werden.

Franz Csencsits spielt in Linz und war u. a. in den „Leiden des jungen Werther" ausgezeichnet.

Matthias Croy war im Fernsehen ein guter Gottfried in der „Armut" von Anton Wildgans, ist überall gut einsetzbar und derzeit Mitglied der Josefstadt.

Beverly Blankenship, Klaus Bachler und Brigitte Fischer wurden gemeinsam vom Seminar nach Salzburg geholt. Beverly Blankenship lebt jetzt in Australien, stellte sich One-Women-Shows zusammen und reist mit „Brecht auf englisch"; Klaus Bachler ging von Salzburg nach Göttingen und traf dort seine Seminarkollegin Silvia Haider (die aus Graz kam, und Andreas Walz wieder. Bachler hat in Kehlmanns „Hiob"-Film den jungen Dirigenten gespielt.

Brigitte Fischer ist bei Gobert in Hamburg. Sie war in Oscar Wildes „Lady Windermeres Fächer" die Lady. Von dieser vielseitigen Schauspielerin werden wir noch einiges hören.

Mona Seefried war bei Hollmann in Basel, spielt jetzt am Thaliatheater Hamburg, war erfolgreich in „Schmutzige Wäsche": ein ruhiger, kontinuierlicher Weg, der immer so weitergehen soll!

Antonia Reininghaus, eine Persönlichkeit: Ihren ersten Film hat sie mit Wicki gemacht, „Zitadelle"; eben arbeitet sie an ihrem dritten. . .

Alexander Zellermayer hätte eigentlich in der familieneigenen Gastronomie arbeiten sollen, war aber an das Seminar gegangen, wurde nach Bregenz engagiert und wandte sich ein Jahr später ganz dem Medium Film zu, das er von der Pike auf erlernen möchte.

Katharina Hoyos war eines der vielversprechendsten Talente: Sie spielte im Hamburger Thaliatheater, dann in Heidelberg, und hatte bereits einen Vertrag nach Wuppertal, als sie – von sich aus – ihre Karriere plötzlich abbrach, um Sozialhelferin zu werden.

Sissy Höfferer hat am Münchner Residenztheater großen Erfolg.

Marika Adam ist ungeheuer vielseitig, bildet ihre Stimme aus und wendet sich auch dem Musical zu. Sie kann perfekt tanzen und gehört sicherlich zu den ambitioniertesten jungen Mitgliedern des Burgtheaters, wo sie eben als Celia in Shakespeares „Wie es euch gefällt" einen ganz persönlichen Erfolg hat. Im Fernsehen präsentierte sie eine eigene Show.

Michael Schrenk: Rund zwei Millionen Menschen hören ihm zu, wenn er, zweimal die Woche, die Mittagssendung des Österreichischen Rundfunks, „Autofahrer unterwegs", präsentiert, ebenso viele Zuseher mag er haben, wenn er im ORF-Fernsehprogramm „Wir" moderiert.

Michael Gspandl ist freier Schauspieler in München. Er war einige Zeit in den USA zu weiterer Ausbildung.

Michael Balaun ist Regie-Assistent in Graz, er übersiedelt an das Thaliatheater nach Hamburg.

Markus Völlenklee ist Mitglied des Düsseldorfer Schauspielhauses.

Felicitas Morawitz hat an der Hochschule für Musik und darstellende Kunst, Fach Gesang, ihre Ausbildung mit Auszeichnung absolviert, war auch Schülerin von Irmgard Seefried, war in dieser Zeit aber auch am Seminar; zudem ist sie ausgebildete Tänzerin. Angefangen hat ihr Theaterweg in Bremerhaven, wo sie als Opern- und Operettensängerin, sowie als Schauspielerin erfolgreich war, vor allem als „Fair Lady". Von dort weg wurde sie nach Linz engagiert und geht jetzt nach Graz. Ihre Karriere ist nicht aufzuhalten.

Gudrun Gabriel war ein gutes Gretchen unter Krejca. Sie ist in Düsseldorf engagiert, spielt dort wesentliche Rollen.

Christoph Waltz ist nach dem Seminar in die USA gegangen, um sich im Musical-Bereich weiter auszubilden.

Gaby und Georg Schuchter kommen aus einer extrem musikalischen Familie. Der Vater ist Konzertpianist, die Tante Opernsängerin, und auch ihre Geschwister geben bereits Konzerte. Gaby Schuchter studierte am Salzburger Mozarteum, Klavier, er Schauspiel; er blieb, sie übersiedelte dann (die Liebe zum Theater war stärker) an das Reinhardtseminar und wurde von dort weg aus dem zweiten Jahrgang an das Burgtheater geholt: Sie spielte in Sternheims „Tabula rasa“, in Nestroys „Talisman“, in Wedekinds „Liebestrank“; sie ist in Nestroys „Kampl“ Partnerin von Josef Meinrad, spielt eine schöne Rolle im „Hofmeister“. Mit ihrem Bruder (ebenfalls in guten Rollen am Burgtheater), spielt sie in „Wie es euch gefällt“ sogar ein Liebespaar.

Isolde Halwax ist ausgebildete Tänzerin, ein großes Schauspieltalent und eine Musicalhoffnung.

Zur Zeit der Drucklegung hatten für die Saison 1979/80 folgende Seminaristen ein Engagement abgeschlossen:

Peter Clös – Wien, Ensembletheater
Mechthild Hauptmann – Salzburg, Landestheater
Paulus Manker – Salzburg, Landestheater
Cornelia Killing – Düsseldorf, Städtische Bühnen
Eva Krüll – 1. Jahr: St. Gallen, 2. Jahr: Bern
Ulrike Meier – Fernsehen, Tournee „Gioconda“
Ruth Olafsdottir – München, Bayrisches Staatsschauspiel
Michael Scheidl – Saarbrücken
Gabriele Schuchter – Wien, Burgtheater
Reinhard Winter – Linz, Landestheater
Leopold Huber – St. Gallen (Regie Ass.)

Ehestifter Reinhardtseminar

Während unserer Arbeit fiel uns auf, daß das Reinhardtseminar mitunter auch die Funktion eines Eheanbahnungsinstituts hatte. Viele dieser Ehen haben sogar über Jahre und Jahrzehnte gehalten. Bisweilen haben einander auch Absolventen erst später gefunden. Im folgenden eine kleine Aufstellung, allerdings ohne Gewähr, ob diese Ehen alle noch aufrecht sind. Das war zu klären auch nicht immer möglich.

Daß Judith Holzmeister und Bruno Dallansky seit vielen Jahren miteinander verheiratet sind, daß sie gemeinsam auch als Lehrer am Seminar und als Schauspieler am Burgtheater wirken, ist allgemein bekannt.

Hannelore Fischer, die Nichte von O. W., hat am Seminar Klaus Knuth kennen- und lieben gelernt, den Sohn Gustav Knuths: Beide spielen heute am Züricher Schauspielhaus.

Und der Burgschauspieler Herbert Kucera ehelichte die hochbegabte Anna Tardi, die heute zum Leidwesen der Theater und des Publikums statt zu spielen ihre Kinder aufzieht: Wir würden uns wünschen, daß sich die Kinder rasch entwickeln, damit die Mutter dorthin zurückkehrt, wohin sie (auch) hingehört: auf die Bühne.

Helma Gautier hat ihren Kollegen Peter Schwenk geheiratet, der inzwischen vom Theater abgegangen ist und im Management des elterlichen Betriebes wirkt.

Gandolf Buschbeck, heute Vizedirektor der Volksoper, ist mit Evi Servaes verheiratet.

Die moderne, persönlichkeitsstarke Elisabeth Trissenaar ist Ehefrau des vielbeschäftigten deutschen Regisseurs Hans Neuenfels.

Eva Kerbler war mit dem ehemaligen Regieschüler Harry Glück verheiratet, der heute ein vielbeschäftigter Architekt und Planer der Hochhäuser in Alt-Erlaa bei Wien ist.

Wolf Neuber war mit seiner Susi Peter glücklich, bis sie in seinen Armen starb.

Herta Schell hat Seminarkollegen Horst Zankl geheiratet.

Mitunter finden auch Lehrer und Schüler zusammen, wie etwa Kurt Werner, der die Seminaristin Renate Bernhard ehelichte, oder Heinrich Schweiger seine Namenskollegin Susanne Schweiger!

Gerda Falk, die von der Bühne abgetreten ist und heute in einer Schule lehrt, ist fast schon Seminarzeiten mit Walter Davy verheiratet.

Kurze Zeit nur war Wolfgang Glück am Seminar; aber er war und er ist mit einer Seminaristin verheiratet: Seine erste Frau war Christiane Hörbiger, die zweite ist Claudia Sorbas.

Erich Padalewski war mit Gretl Löwinger verheiratet, Tua Paller mit dem Fernsehsprecher und Redakteur Helmut Sigmund, Maria Valenta mit Peter Neusser, Johanna Matz mit Karl Hackenberg.

Ein Seminarpaar ist auch Maria Becker und Robert Freytag.

Gaby Badura war mit Olaf Tschierschke verheiratet.

Alfons Lipp und Francis Martin sind ein Ehepaar.

„Prominentenkinder“

Wenn der Sohn eines Schneidermeisters oder die Tochter einer Friseuse Schneidergeselle oder Friseurgehilfin wird, so hält das jedermann für eine gesunde Sache: Es gehört sich eben, daß Kinder das Geschäft der Eltern übernehmen. Wehe aber dem Schauspielerkind, das zum Theater will: Da sind oft nicht nur die eigenen Eltern dagegen (die sogar noch mit einigem Recht, weil sie die zu überwindenden Fährnisse des Berufes kennen), sondern auch Theaterfremde, und am meisten wohl erfolglose Kollegen. Dabei wissen gerade diese sehr genau, daß Protektion am Theater eine sehr kurzlebige Sache ist. Es gibt keinen Theaterdirektor, der bewußt unbegabte Leute in großen Rollen einsetzt. Manche der „Prominentenkinder“, die am Seminar waren, haben sich durchgesetzt, weil sie die entsprechende Begabung mitgebracht haben; und andere haben im Beruf ebenso wenig erreicht wie Kinder nicht prominenter Eltern, die ebenfalls kein Talent hatten.

Am Seminar studierten:

Evelyn Balser, die Tochter des verstorbenen Burgschauspielers Ewald Balser;

Gaby Jacoby, die Tochter Marika Rökks und des Filmregisseurs Georg Jacoby;

Elisabeth Orth, Christiane und Maresa Hörbiger, Töchter von Paula Wessely und Attila Hörbiger;

Florian Liewehr, Sohn von Fred Liewehr und Martha Rohs;

Bettina Lindtberg, die Tochter des Regisseurs Leopold Lindtberg;

Johanna Thimig, deren Eltern Vilma Degischer und Hermann Thimig sind;

Stefan Stroux, der Sohn des Regisseurs Karl-Heinz Stroux;

Susanne Schönwiese, Elisabeth Schreyvogl und Felix Franchy: Dichterkinder;

Clarissa Stolz, die Stieftochter des großen Komponisten;

Maria Becker, deren Mutter die Reinhardt-Schauspielerin Maria Fein war;

Die Schauspielerkinder Heiki Eis (der Sohn von Maria Eis), Nikolaus Haenel (der Sohn von Günther Haenel), Nikolaus Paryla (der Sohn von Karl Paryla und Hortense Raky), Klaus Knuth (der Sohn von Gustav Knuth), Francis Martin (die Tochter von Jane Tilden), Eduard Wegrostek (der Sohn von Oskar Wegrostek), Thomas Frey (der Sohn von Erik Frey), Nicole Heesters (die Tochter von Johannes Heesters), Eva Patzak (Tochter von Kammersänger Julius Patzak), Jovita Dermota (die Tochter des Kammersängers Anton Dermota), Karl Heinz Böhm (der Sohn des Dirigenten Dr. Karl Böhm), Gandolf Buschbeck (der Sohn des Burg-Vizedirektors Erhard Buschbeck), Mona Seefried (die Tochter des Künstlerehepaars Irmgard Seefried und Wolfgang Schneiderhahn), Michael Schrenk (der Sohn von Emmerich Schrenk) und Gisela und Wolfgang Besch (die Kinder des Schriftstellers Lutz Besch).

INTENDANTEN, REGISSEURE, DIREKTOREN

Aus dem Wiener Reinhardtseminar sind viele hundert Schauspieler hervorgegangen: Es gibt kaum ein Theater im deutschsprachigen Raum, an dem nicht einer oder mehrere von ihnen spielten oder spielen. Zahlreich sind aber auch die „regierenden" und inszenierenden Intendanten und Regisseure, die sich auf eine Lehrzeit in Schönbrunn berufen. Hier einen kurzen Überblick zu schaffen, versucht folgende Übersicht, die weder systematisch geordnet noch vollständig zu sein beansprucht.

Robert Freytag leitet mit Maria Becker ein erfolgreiches Tourneetheater mit Sitz in der Schweiz.

Bernhard Wicki hat sich sowohl durch seine Theaterinszenierungen als auch durch seine Filme einen bedeutenden Namen geschaffen. Zum Welterfolg wurde „Die letzte Brücke" mit Maria Schell, vielfach ausgezeichnet „Das Wunder des Malachias". Positives Echo fand auch das Fernsehspiel „Das falsche Gewicht" mit Helmut Qualtinger.

Kurt Wilhelm arbeitet seit Jahrzehnten als Regisseur für das Bayrische Fernsehen und wurde vor allem dadurch bekannt, daß er Opern von erstrangigen Schauspielern spielen ließ und die Stimmen berühmter Sänger „darüberlegte".

Er hat unendlich viel im Fernsehen inszeniert, und leider viel zu wenig am Theater. Wenn er allerdings für die Bühne arbeitet, hat er meist Riesenerfolg, wie zum Beispiel derzeit am Münchner Residenztheater, wo er „Der Brandner Kaspar schaut in's Paradies" inszenierte – in seiner Bearbeitung. Eben fand die zweihundertste Aufführung statt – was für ein Repertoiretheater enorm ist. Kurt Wilhelm setzt sich sehr für das bayrische Volkstheater ein. Eben bereitet er für das Fernsehen Ludwig Thomas „Moral" vor.

Rudolf Nußgruber war lange Assistent des Filmregisseurs und Schauspielers Erik Ode („Kommissar"); er inszenierte auch selbständig Filme.

Fritz Eckhardt arbeitet am Theater, beim Film, im Fernsehen und im Hörfunk, er schreibt, spielt, inszeniert. Und er hat ein besonderes Gespür für das, was das Publikum will.

Franz Marischka, der berühmten Theaterdirektoren- und Filmproduzenten-Dynastie entstammend, produziert gängige Kinofilme.

Karl Guttmann, gebürtiger Holländer, inszeniert erfolgreich in seiner Heimat.

Rudolf Wessely ist Vizedirektor des Wiener Burgtheaters gewesen und spielt und inszeniert an großen österreichischen und deutschen Bühnen, z. Zt. an der „Burg".

Herbert Hauk leitet die Hauptabteilung „Jugend und Familie" im ORF.

Peter Weihs führte lange das Theater der Jugend in Wien und ist heute, neben seinen Regiearbeiten und seinen Auftritten als Schauspieler, Mitglied der Seminarleitung.

Peter Fürdauer ist Regisseur am Österreichischen Rundfunk; zu Zeiten des Senders Rot-Weiß-Rot hat er unzählige Kabarettsendungen inszeniert, vor allem die „Brettl vor dem Kopf"-Serie.

Loek Huisman hat sich vor allem auf das Schreiben verlegt; von ihm bearbeitete Stücke wurden am Volkstheater und am Burgtheater erfolgreich aufgeführt.

Herbert Kreppel, Oberspielleiter in Hannover, inszeniert an einer Reihe deutscher Bühnen und holt mit sicherem Instinkt begabte Leute vom Seminar an sein Theater: zum Beispiel Ingrid Doman und August Zirner.

Klaus Löwitsch lebt in München als freier Schauspieler und Regisseur. Er machte mit seiner Arbeit „Christ und Antichrist", die er in Südtirol und München zeigte, viel von sich reden. Dieses Stück – mit Horst Frank – wird im Sommer 1979 in Salzburg im Rahmen der Szene der Jugend aufgeführt.

Armin Akermann ist ständig als Regisseur beim ORF beschäftigt. Er hatte schon zu Seminarzeiten fabelhafte Ideen: Er ist einer, in dem noch viel steckt. Am Seminar hat er Saint-Exuperys „Der kleine Prinz" bearbeitet und inszeniert.

Werner Bruhns ist Regisseur und Schauspieler am Deutschen Schauspielhaus Hamburg.

Klaus Höring spielt und inszeniert am Burgtheater und Hubert Kronlachner führt erfolgreich in Basel, Stuttgart und Zürich Regie.

Gerben Hellinga hat während seiner Seminarzeit erfolgreich Cole Porters „Kiss me, Kate" inszeniert. Nach dem Studium ging er in seine holländische Heimat zurück, arbeitete als Regisseur am Theater „Das Ensemble" und hat – eine echte Doppelbegabung – auch als Dramatiker seinen Weg gemacht.

Rudolf Kautek ist seit langem Oberspielleiter des Tiroler Landestheaters in Innsbruck.

Uli Luft wurde nach dem Seminar nach Celle engagiert, ist Schauspieler, Regisseur und Dramaturg.

Peter Eschberg ist Regisseur in Köln. Viele Seminaristen lächeln, wenn sie an die gemeinsame Seminarzeit mit ihm zurückdenken: Denn wann immer Eschberg sich in den Kulissen oder auf der Bühne umdrehte, gab es kleinere „Katastrophen": Darum nannte man ihn auch den „Kulissenreißer".

Jon Laxdal Haldorsson ist seit Jahren am Schauspielhaus in Zürich engagiert. Er inszeniert und hat auch ein Theaterstück geschrieben.

Andreas Roszgony begann am Wiener Parkringtheater: Er führt jetzt Regie in Deutschland.

Olaf Tschierschke ging als Regisseur nach Bonn, war dann kurz Oberspielleiter in Graz, Direktor eines neueröffneten Theaters in Bonn, mit den Usancen der Unternehmer aber nicht einverstanden und gastiert jetzt an verschiedenen deutschen Bühnen.

Klaus Helmer ist Direktor der Frankfurter „Komödie". Er fing in einem Düsseldorfer Boulevardtheater als Schauspieler an, wurde dort Regisseur und Direktor und leitet seit einigen Jahren die Frankfurter „Komödie".

Helmut Lorin ist Regisseur im Grenzlandtheater Aachen.

Horst Zankl war vom Anfang an ein fabelhafter Mann: einer der wenigen, denen man eine Karriere als gegeben voraussagen konnte. Während seines Studiums, mitten in der Saison, wurde er als Regie-

Assistent nach Hannover geholt, weil der Vorgänger zur Bundeswehr eingezogen worden war: Und es dauerte nicht lange, da betraute ihn sein Intendant Franz Reichert schon mit den ersten Inszenierungen. Als dem Hannoveraner Theater während der Probenzeit die Darstellerin der „Jungfrau von Orleans" wegen Erkrankung ausfiel, übernahm die Seminaristin Herta Schell den Part: Sie war nicht nur höchst erfolgreich, sie wurde auch gleich dort behalten. Und aus ihr und Zankl wurde ein Ehepaar. Von Hannover ging der Weg Zankls weiter, nach Zürich, wo er die Direktion des Theaters am Neumarkt übernahm: Damals begann dort die Zeit, in der sich selbst sehr arrivierte Schauspieler auf eine Arbeit an diesem – für viele recht wenig attraktivem – Hause freuten. Heute ist Zankl freier Regisseur, er inszeniert in Stuttgart und Basel, in Berlin und in Paris, in Frankfurt und München. . .

Georg Remoundus hat – mit Heinz Marecek in der Hauptrolle – am Seminar „Ein Hof voll Wunder" gemacht – zur Freude des Ensembles, der Professoren und vor allem des Publikums.

In Freiburg und Saarbrücken inszenierte Götz Fischer; er ist eben Oberspielleiter in Bielefeld geworden.

Hans Peter Holasek hat seine Doktorarbeit über das Reinhardtseminar geschrieben. Nach Beendigung seines Regiestudiums war er lange Assistent Walter Davys, damals Oberspielleiter des Österreichischen Fernsehens. Er arbeitet im Auftrag des ORF in Ankara am Auf- und Ausbau des Türkischen Fernsehens mit.

Claus Rott ist Schauspieler und Regisseur am Theater der Jugend, ebenso Peter Gruber, der Jahre nach seinem Abgang an das Seminar geholt wurde, um „Kannibalen" von Tabori zu inszenieren.

Hans Gratzer hat bisher fünf verschiedene Theatergruppen „aufgestellt"; nebenher hatte er sich als Regisseur in Berlin, Zürich und München umgetan, ehe er sein Wiener Schauspielhaus eröffnete, das von allem Anfang an große Beachtung des Publikums und der Presse fand. Jahre vorher hatte er bereits ein Theater in Wien geführt: die Werkstatt.

Hans Neuenfels gehört zu den profiliertesten Persönlichkeiten der jungen Regisseur-Generation: Er arbeitet frei an vielen großen Bühnen des deutschen Sprachraums, er kann es sich aussuchen. Sein Weg hatte ihn sehr bald steil nach oben geführt. Aus einem Brief von Hans Neuenfels, als er Regisseur in Krefeld war, Juni 1967: „Sissy (Trissenaar, seine Frau) spielt u. a. die Lady Milford und die Kate in ‚Kiss me Kate.'. Wir haben eine traumhafte Wohnung, und der Sohn ist prächtig. Ich war ja nach dem Trierer Happening (seiner Arbeit in Trier, vorher, Anm.) hier noch nicht so eingeplant, hatte aber Riesenerfolg mit der ‚Publikumsbeschimpfung', Gastspiel in Paris und in London mit ‚Warten auf Godot'. Dann gastierte ich in Hamburg im Theater im Zimmer, inszenierte die ‚Fliegende Kuh'. Mit Ulrich Wildgruber, den das Staatstheater Heidelberg dafür beurlaubte, ‚Victor und die Kinder an der Macht'. Das war ein ‚Triumph'. . . An der Staatlichen Ingenieurschule lehre ich Theater und Literatur. . ." Eine seiner bisher letzten Inszenierungen ist Wedekinds „Franziska" in Wien mit sehr positivem Presse- und Publikumsecho zu nennen. Dieser Arbeit vorausgegangen war ein eher umstritener „Hamlet" in Hamburg.

Bernd Fischerauer war vor allem mit den Inszenierungen der Stücke Wolfgang Bauers in Wien erfolgreich und ging dann nach München.

Ein von allem Anfang an äußerst zielstrebiger und sich selbst gegenüber harter Regisseur ist Stefan Stroux, der nach dem Seminar nach Göttingen ging, später Oberspielleiter in Kiel wurde und Aufsehen erregte, als er einen Prozeß gegen die Stadtverwaltung gewonnen hat. Stroux arbeitet als freier Schauspieler und Regisseur in Deutschland.

Er inszenierte 1978 am Reinhardtseminar „Brecht barock". Dazu schrieb damals Paul Blaha: „Sehr viel Talent ist da. Und ein Einstehen für die Dinge. Reinhardtseminaristen feierten Brecht. So würde es ihm gefallen. So würde er sich verstanden wissen."

Carl Rainer Ecke ist ein hochbegabter Fernseh-Regisseur, er macht auch gute Theater-Übertragungen, z. B. die „Trilogie der Sommerfrische" von Strehler und hat verdienten Erfolg.

Hans Lehmann, jetzt freier Regisseur – vor allem in Augsburg und Bielefeld – hat vorher am Hamburger Thaliatheater inszeniert.

Regie zu zweit haben Dieter Berner und Wolfgang Quetes bei ihren ersten Inszenierungen geführt. Heute arbeitet Quetes wieder solo – in Bonn, Gelsenkirchen, Heidelberg, Köln.

Rudolf Jusits inszeniert im Theater der Jugend und in der Courage in Wien.

Herbert Adamec inszeniert im „Dramatischen Zentrum" in Wien.

Zsoltan Pataky und Anton Reizenstein arbeiten für den ORF.

Jürgen Kaizik an der Wiener Kammeroper und

Jürgen Pfaff bei den „Komödianten" Conny Hannes Mayers in Wien. Von hier wechselt er im Herbst 1979 an das Neumarkttheater, nach Zürich.

Auch die „ganz Jungen" beginnen sich bereits durchzusetzen:

Mohamed Awad hat am Seminar seine Regielektion so gut gelernt, daß ihn seine Heimat Ägypten beauftragt hat, ein Theater aufzubauen.

Michael Oberer inszeniert in Wuppertal.

Der gebürtige Türke Aret Güzelaleksanyan hat bei Dieter Haspel im Konzerthauskeller in einer Inszenierung des jetzigen Seminaristen Scherzer gespielt.

Mark Zurmühle ist ein hochbegabter Schauspieler und Regisseur: Er hat am Seminar eine hervorragende Inszenierung von „Petra von Kant" gemacht, hat an der Volksbühne Berlin den Spitta in Hauptmanns „Ratten" gespielt und als Schauspieler echten Erfolg.

Aus dem Seminar ist auch eine ganze Reihe von Direktoren deutschsprachiger Theater hervorgegangen: hier nur eine kommentarlose Wiedergabe von Namen und Orten:

Horst Zankl war Direktor des Neumarkttheaters Zürich.

Hans Hollmann war Direktor des Theaters in Basel.

Achim Benning ist Direktor des Wiener Burgtheaters.

Klaus Helmer ist Direktor der Frankfurter Komödie.

Edwin Zbonek leitet das Theater der Jugend in Wien.

Gustav Manker war Chef des Volkstheaters, Wien.

Gandolf Buschbeck war Intendant des Landestheaters Salzburg und ist jetzt Vizedirektor der Wiener Volksoper.

Peter Janisch leitet das Wiener Ateliertheater und die Melker Festspiele.

Otto Ander ist Direktor der Wiener Tribüne und der Österreichischen Länderbühne, die seit Jahrzehnten Tourneen durch Österreich durchführt.

Helmut Matiasek war Intendant in Salzburg und Braunschweig und übernimmt ab 1979 die Städtischen Bühnen Wuppertal.

Karl Heinz Friese (ein erfolgreicher Schauspieler, zuletzt am Hamburger Thaliatheater, bei Gobert) leitet nun das winzige, aber wunderschöne Theater in Leoben (244 Sitzplätze, erbaut 1790).

Fritz Klingenbeck war Intendant in Salzburg und Direktor des Theaters an der Wien; vorher schon war er Intendant der „Gaubühne“ Baden, des Theaters in Brünn, des Klagenfurter Theaters und des Vorarlberger Landestheaters gewesen.

Peter Weihs leitete vor Edwin Zbonek das Theater der Jugend.

Interessant ist auch, wieviele ehemalige Seminaristen im Dienste der elektronischen Medien stehen: hier nur eine kleine Auswahl:

Regisseure am ORF sind Wolfgang Steuer, Rainer Ecke, Helmut Sigmund, Walter Davy, Gottfried Schwarz, Zsoltan Pataky, Herbert Hauk.

Sprecher waren und sind: Herbert Kragora, Signe Seidel, Wolfgang Riemerschmied, Olivia Silhavy, Ingrid Wayand.

Kommentare spricht Robert Hochner.

Kulturredakteure sind Koschka Hetzer und – wieder – Helmut Sigmund.

Michael Schrenk präsentiert die Sendung „Autofahrer unterwegs“ und „Wir“ des ORF.

Sophie Szalay war die erste Mode-Präsentatorin des ORF.

Intendanten, die im Reinhardtseminar waren, sind: Ernst Wolfram Marboe und Karl Hofer (ORF).

Wenn das Stichwort ORF fällt, so hat auch das Stichwort Dr. Mayer zu fallen: Als Chef des Besetzungsbüros hat er immer wieder junge Seminaristen geholt: „Ich kann mich nicht erinnern, daß auch nur ein einzigesmal gesagt wurde: dieser oder jener ist unbrauchbar. Es hat immer funktioniert, nicht nur von der darstellerischen, sondern auch von der technischen Seite her. Es waren immer erfreuliche Begegnungen."

Statt eines Epilogs von Susi Nicoletti

Für einen zukünftigen Schauspieler ist Talent Voraussetzung. Man kann nur beten, daß man es hat. Talent allein genügt nicht. Charakter, Ethik, eine persönliche Weltanschauung, Erziehung, alles kann und muß ständig weiterentwickelt werden. Talent ist unerlernbar. Damit es sich aber voll entfalten kann, muß man seine Mittel voll beherrschen, sonst bleibt alles immer nur ein „Wollen". Leider wird das von vielen Begabten zu spät erkannt. Dadurch wird dann viel verschüttet und bleibt stecken.

Man sollte sich mit Geschichte, Literatur, der eigenen Sprache und fremden Sprachen intensiv beschäftigen! Ebenso mit anderen Kunstformen, wie Musik, Tanz, Malerei und mit Theatergeschichte. Unumgänglich notwendig ist das völlige Durchtrainieren des Körpers, womit ich die totale Beherrschung und Sensibilisierung meine. Der Körper muß einem wirklich „auf Abruf" gehorchen. Er darf keine Barriere zwischen Gedanken und Ausführung bilden.

Der Vergleich mit einer Geige liegt nicht fern. Das „Instrument" kann eine Stradivari sein. Und der Schauspieler sollte sein Instrument, den Körper, zu einer Stradivari machen.

Genausowichtig ist die vollkommene Beherrschung der Stimme und des Sprechens. Es ist unmöglich, eine Rolle wie z. B. die „Jungfrau von Orleans“ oder den „Max Piccolomini“ zu spielen, womöglich en suite, wenn man seine Mittel nicht beherrscht. Es ist wichtig, dialektfrei sprechen zu können. Der eigene Heimatdialekt geht einem nie verloren. Es ist gut, andere Dialekte zu erlernen, wenn man ein Ohr dafür hat. All das muß man nach eigenem Willen einsetzen können, erst dann ist man auf dem Punkt gelandet, wo man das, was man ausdrücken will, ohne „technische“ Barriere wirklich ausdrücken kann. Die Arbeit und ständige Weiterentwicklung der Fähigkeiten darf, so lange man spielt, nicht aufhören. Es ist ein großer Fehler, und er wird oft gemacht, daß manche glauben, wenn man es einmal gelernt hat, „man kann's eh' schon“. Falsch. Es bleibt nicht. Das „Handwerk“ muß man ebenso pflegen wie einen Garten. Sonst wächst nichts weiter.

Das Wesentliche aber ist das innere Erlebnis, die Persönlichkeit. Nur wer ganz ehrlich mit sich selbst ist, immer in sich hineinhorcht, wird imstande sein, auf die Dauer ein Publikum zu „erreichen“, es zu „berühren“.

Noch eins. Ein Schauspieler, der Sicherheit anstrebt, sollte lieber gleich einen anderen Beruf ergreifen. Er wird ewig unglücklich oder unzufrieden sein. Sicherheit am Theater gibt es nicht. Der größte Erfolg kann am nächsten Tag vergessen sein, und plötzlich zählt nur ein aktueller Mißerfolg. Es ist ein ewiges Risiko — es gibt keine Gewähr. Empfindlich darf ein Schauspieler nicht sein. Empfindsam muß er sein. Wenn er sieht, daß es irgendwo nicht so geht, wie er will, wie es für ihn richtig ist, muß er den Mut haben, aus einem sogenannten „guten Engagement“ wegzugehen. Tut man das nicht, so verkauft man sich innerlich. Dann wird es künstlerisch gefährlich.

Wenn man nicht mehr interessiert ist, nicht mehr neugierig ist auf die Probleme des darzustellenden Menschen, auf die Probleme des Stückes, auf den Autor, auf das Warum und Wieso, dann soll man das Ganze lieber lassen, sonst wird man ein Darstellungsbeamter. Und der ist uninteressant.

Disziplin, sich und den Kollegen gegenüber ist unerläßlich. Fair sein, auch gegenüber Schauspielern, die einem nicht gefallen, mit denen man aber auf der Bühne zu stehen hat, ist unerläßlich — für den anderen und für sich selbst. Wenn man „schlechte Stimmung“ erzeugt, wird ein schwächerer Schauspieler nur immer noch schwächer und schlechter. Man hat als Partner dann noch weniger von ihm.

Kollegialität — sich anständig benehmen ist wichtig. Das möchte man für sich selbst auch, besonders in schwierigen Situationen, die das Theater immer wieder mit sich bringt. Außerdem: man trifft einander ständig wieder in diesem Beruf. Manchmal erst nach vielen Jahren und oft in völlig veränderter Position. Plötzlich steht einem so ein früherer Kollege als Regisseur gegenüber, und der entscheidet, ob man die ersehnte Rolle bekommt oder nicht.

Überheblichkeit wird einem verhältnismäßig schnell abgekauft. Am besten, man fängt gar nicht damit an.

Echtes Theater findet nur statt, wenn viele Menschen zusammenarbeiten. Regisseure, Bühnenbildner, Kostümbildner, Assistenten, Schauspieler, Musiker, Beleuchter, Inspizienten, Bühnenarbeiter, Maskenbildner, Garderobieren. Sie alle bilden eine Gruppe, und nur wenn alle gemeinsam das gleiche Ziel haben, nämlich: eine gute Vorstellung zustande zu bringen, kann das Ganze funktionieren. Darüber sollte man öfter nachdenken.

Wo sie engagiert sind

Sämtliche Daten sind dem Bühnenjahrbuch 1977/78 entnommen. Reihenfolge: Regie — Herren — Damen.

DEUTSCHE BUNDESREPUBLIK

Aachen:
Helmut Lorin, Regie
Ulrike Thiel

Augsburg:
Hans Dieter Lehmann, Regie
Georges Remoundos

Berlin:
Schiller-Schloßpark—Werkstatt-Theater:
Otto Schenk, Regie
Nikolaus Haenel
Susanne Altschul
Dagmar von Thomas

Freie Volksbühne:
Hans Gratzer, Regie
Horst Zankl, Regie
Toni Böhm
Roger Murbach
Marc Zurmühle
Lena Stolze
Brigitte Strohbauer

Komödie:
Chariklia Baxevanos

Hansa-Theater:
Paul Esser, Direktion/Regie

Theater des Westens:
Georg Siedler

Schaubühne am Halleschen Ufer:
Libgart Schwarz

Kleines Theater:
Heribert Sasse

Bielefeld:
Hans Dieter Lehmann, Regie
Günther Ned, Regieassistent
Hans Bayer
Horst Schily

Bochum:
Peter Gavajda
Ernst Konarek
Ulrich Wildgruber
Dagmar Dorsch (Solms)
Elisabeth Stepanek

Bonn:
Wolfgang Quetes, Regie
Dagmar Hessenland

Kontrakreis:
Hans v. Borsody

Bad Godesberg:
Kleines Theater im Park:
Ulrich Hüls, Regie
Hans v. Borsody

Braunschweig:
Fritz Truppe

Bremen:
Marina Wandruszka

Bremerhaven:
Josiane Pfeiffer
Ilse Stöckl

Bruchsal:
Andreas Krähenbühl

Darmstadt:
Peter Lieck, Regie
Heta Mantscheff

Dortmund:
Karin Mitterhauser

Düsseldorf:
Peter Cieslinsky
Karl Heinz Böhm
Martin Gelzer
Hubert Kronlachner
Wolfgang Reinbacher
Marcus Völlenklee
Gudrun Gabriel
Gabriele Köstler
Barbara Kohl
Jenny Lattermann
Hilde Mikulicz
Komödie, Boulevard Theater:
Fritz Gehlen
Gabriele Jacoby

Esslingen:
Dr. Axel Carl Buschbeck

Feuchtwangen:
Gunhilt Eichhorn

Frankfurt:
Hans Neuenfels, Regie
Nikolaus Haenel
Lore Stefanek
Fritz Remond Theater:
Gerhard Riedmann
Friedrich Schönfelder
Ernst Stankowski
Die Komödie:
Klaus Helmer, Direktion
Rudolf Kautek, Regie
Hans v. Borsody
Gunther Philipp
Chariklia Baxevanos
Christine Glasner
Hannelore Kiesbauer

Giessen:
Doris Meyer

Göttingen:
Helmuth Matiasek, Regie
Fritz Zecha, Regie
Jörg von Liebenfels
Franz Josef Nagler
Martin Waltz

Hamburg:
Schauspielhaus:
Werner Bruhns
Herbert Menschig
Michael Rastl
Robert Tillian
Ulrich Wildgruber
Elisabeth Stepanek
Thalia:
Hans Hollmann, Regie
Hans Neuenfels, Regie
Eva Bernhofer, Regieass.
Jörg von Liebenfels
Ernst Stankowski
Maria Emo
Sylvia Fenz
Bigi Fischer
Nicole Heesters
Susanne Schweiger
Mona Seefried

Kammerspiele:
Sylvia Eisenberger

Ernst Deutsch Theater:
Helmut Oeser
Claudia Rieschel
Dany Sigell

Theater im Zimmer:
Hanne Rohrer

Kleine Komödie:
Hans v. Borsody
Chariklia Baxevanos

Hannover:
Dr. Herbert Kreppel, Schauspieldirektion
Wolfgang Ransmayer
August Zirner
Ingrid Domann

Landesbühne:
Karl Schönböck (Herrenhausen)
Wolfgang Packhäuser

Heidelberg:
Wolfgang Quetes, Gastregie
Wolfgang Graczol
Toni Slama
Katharina Hoyos

Zimmertheater:
Karlheinz Buhl

Bad Hersfeld:
Fritz Zecha, Regie
Martin Waltz

Ingolstadt:
Ernst Strachwitz
Alexander Strobele

Jagsthausen:
Kurt Jaggberg

Kassel:
Ulrich Hüls, Regie
Werner Schroeter, Regie
Alexander Stoia, Regieass.
Hannes Gastinger
Barbara Klein
Elisabeth Krejcir

Kiel:
Stephan Stroux, Schauspieldir.

Köln:
Peter Eschberg, Regie
Rainer Delventhal

Theater am Dom:
Gunther Philipp
Claudia Rieschl

Landshut:
Wolfgang Schröter, Regie

Mainz:
Irene Sulzer

Mannheim:
Matthias Buhl
Gabriele Badura

Marburg:
Jean Pierre Cornu

Moers:
Paul Weismann

München:
Bayr. Staatsschauspiel:
Heinrich Schweiger, Regie
Otto Bolesch
Paul Hubschmid

Nikolaus Paryla
Walter Schmidinger
Marie Bardischewski
Maria Becker
Christine Buchegger
Sissy Höfferer
Elfriede Kuzmany
Christine Ostermeyer
Ilse Winkler

Kammerspiele:
Bruno Dallansky
Harald Kuhlmann
Helmut Matiasek
Romuald Pekny
Wolfgang Reinbacher
Rudolf Wessely

Kleine Komödie:
Chariklia Baxevanos

Lore Bronner Bühne:
Björn Tilo Kraft
Albert Lippert

Münchner-Tournee-Theater:
Peter Weck

Theater Unterwegs:
Helmut Oeser
Chariklia Baxevanos

Münster:
Olaf Tschierschke, Regie

Neustadt:
Eurostudio Konzertdirektion Landgraf:
Karl Walter Diess
Helmut Oeser
Robert Tessen
Evelyn Balser
Renate Bernhardt
Brigitte Goebel
Annemarie Schüler

Nürnberg:
Helmut Winkelmann

Oldenburg:
Harald Pfeifer

Osnabrück:
Brigitte Walzel

Paderborn:
Iris aus der Schmitten, Gast

Pforzheim:
Ronald Seboth, ab 1978 Herbst
Barbara Tremba

Saarbrücken:
Hans Herzog
Irene Kugler

Saarländisches Landestheater:
Hans Herzog, Regie
Peter Leimgruber

Schwäbisch Hall:

Freilichtspiele:
Hubert Kronlachner
Elisabeth Augustin

Stuttgart:
Hubert Kronlachner
Franz Xaver Zach
Therese Affolter

Komödie am Marquart:
Wolfgang Glück, Regie
Christian Ghera

Ulm:
Walter Pfaff, Regie
Brigitte Goebel
Tatjana v. Radetzky

Wiesbaden:
Ulrike Johannson

Wilhelmshaven:

Landesbühne:
Gernot Friedl

Wuppertal:
Michael Oberer, Regieass.

ÖSTERREICH

Baden bei Wien:
Peter Göller

Bregenz:
Christian Schratt, Regieass.
Susanne Altweger
Antonia Limacher

Festspiele:
Gustav Manker, Regie
Rudolf Buczolich
Peter Hey
Walter Langer
Florian Liewehr
Rudolf Strobl
Susanne Altweger
Renate Bernhard
Helma Gautier
Heidi Picha
Hilde Sochor

Graz:
Ernst Prassel, Regie
Fritz Zecha, Regie
Michael Balaun, Regieass.
Otto David
Heribert Just
Peter Uray
Brigitte Antonius
Sylvia Haider
Lotte Marquardt

Innsbruck:
Oswald Fuchs, Regie, Oberspielleiter
Gerti Rathner
Roswitha Sickinger

Klagenfurt:
Herbert Wochinz, Intendant
Dr. Michael Balaun, Regie
Gerhard Tötschinger
Herlinde Gärtner, Gast

Leoben:
Carl Heinz Friese, Direktion

Linz:
Alf Beinell
Franz Csencsits
Felicitas Morawitz

Melk:

Melker Festspiele:
Dr. Peter Janisch, Künstl. Leiter
Harry Fuss
Peter Gerhard
Gabriele Jacoby
Helly Servi

Mörbisch am See:
Alfred Böhm
Fred Liewehr
Kitty Speiser

Salzburg:
Werner Friedl
Götz Kaufmann
Christoph Moosbrugger
Wolf Oeser
Ilse Hanel
Dietlind Hauk
Angelika Welzl

Spittal a. d. Drau:
Herbert Wochinz, Intendant

Stockerauer Festspiele:
Uwe Falckenbach
Franz Mössmer
Kurt Sobotka
Evelyn Balser
Katharina Kutschera

St. Pölten:
Max Pfeiler, Regie

Wien:

Burgtheater:
Achim Benning, Direktor
Liselotte Anton, Dramaturgie
Dieter Berner, Regie
Helmut Matiasek, Regie
Hans Neuenfels, Regie
Otto Schenk, Regie
Heinrich Eis, Regieass.
Heinrich Aberle
Rudolf Buczolich
Richard Eybner
Fritz Grieb
Adolf Hirschal
Klaus Höring
Helmut Janatsch
Michael Janisch
Otto Kerry
Herbert Kucera
Fritz Lehmann
Florian Liewehr
Fred Liewehr
Rudolf Melichar
Romuald Pekny
Hannes Schiel
Kurt Schossmann
Heinrich Schweiger
Hannes Siegel
Otto Tausig
Curth A. Tichy
Rudolf Wessely
Peter Wolfsberger
Heinz Zuber
Trude Ackermann
Marika Adam
Elisabeth Augustin
Inge Brücklmeier
Gabriele Buch
Annemarie Düringer
Helma Gautier
Maresa Hörbiger
Judith Holzmeister
Gertraud Jesserer
Astrid Keller
Lisl Kienast
Inge Konradi
Lotte Ledl
Paola Loew
Johanna Matz
Elisabeth Orth
Erika Pluhar
Eva Rieck
Aglaja Schmid
Gabriele Schuchter

Staatsoper:
Hans Christian

Volksoper:
Gandolf Buschbeck, Direktion
Heinz Marecek, Regie
Peter Gerhard

Fred Liewehr
Christiane Hörbiger

Theater in der Josefstadt:
Gustav Manker, Regie
Heinz Marecek, Regie
Erwin Strahl, Regie
Bernhard Wicki, Regie
Heribert Aichinger
Otto Ambros
Carl Bosse
Matthias Croy
Otto David
Robert Dietl
Frank Dietrich
Karl Fochler
Bert Fortell
Thomas Frey
Fritz v. Friedl
Christian Futterknecht
Harald Harth
Miguel Herz-Kestranek
Rudolf Jusits
Götz Kaufmann
Heinz Marecek
Peter Neusser
Albert Rueepprecht
Heribert Sasse
Otto Schenk
Emanuel Schmied
Eugen Stark
Heinz Trixner
Alexander Wächter
Bernhard Wicki
Christine Böhm
Marianne Chappuis
Vilma Degischer
Birgit Doll
Eva Kerbler
Birgit Machalissa
Luzi Neudecker
Andrea Nürnberger
Elfriede Ramhapp
Marianne Schönauer
Helly Servi
Grete Zimmer
Christiane Hörbiger
Erni Mangold
Aglaja Schmidt
Kitty Speiser

Raimundtheater:
Götz Kaufmann

Theater der Jugend:
Edwin Zbonek, künstl. Leiter
Peter Gruber, Regie
Rudolf Jusits, Regie
Jürgen Kaizik, Regie
Klaus Rott, Regie
Peter Weihs, Regie
Georg Mittendrein
Franz Mössmer
Sylvia Eisenberger
Evelyn Faber
Katharina Manker
Hansi Prinz
Hilde Rom
Barbara Weber

Löwingerbühne:
Hansi Prinz
Hilde Rom

Theater an der Wien:
Rolf Kutschera, künstl. Leitung
Gerald Uhlig
Christoph Waltz

Volkstheater:
Gustav Manker, Direktor
Loek Huisman, Regie
Rudolf Jusits, Regie
Herbert Wochinz, Regie
Edwin Zbonek, Regie
Fritz Zecha, Regie

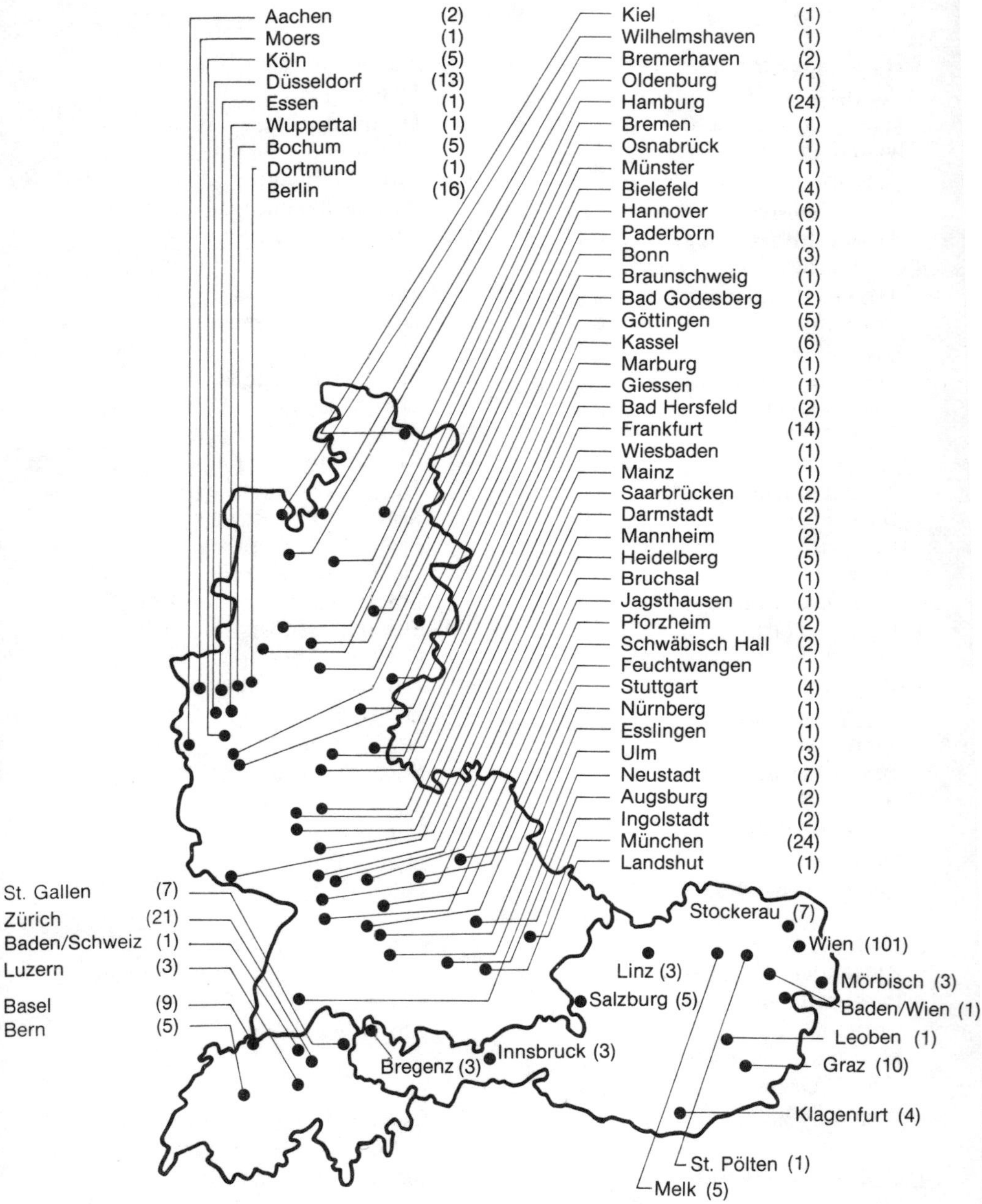

Die Zahlen in den Klammern beziehen sich auf die Anzahl der festengagierten ehemaligen Reinhardtseminaristen (lt. Bühnenjahrbuch 1978)

Uwe Falkenbach
Friedrich Jores
Hanns Krassnitzer
Aladar Kunrad
Helmut Lex
Ernst Meister
Albert Rolant
Louis Ries
Renate Bernhard
Margarete Fries
Barbara Klein
Ute Lasch
Elisabeth Masek
Heidi Picha
Hilde Sochor
Kitty Speiser
Maria Urban
Traute Wassler

Wiener Kammeroper:
Jürgen Kaizik, Regie

Ateliertheater am Naschmarkt:
Dr. Peter Janisch
Inge Rosenberg
Alice Zlatnik

Theater im Künstlerhaus:
Manfred Lukas Luderer
Georg Nenning

Ensemble Theater:
Alexander Goebel
Doina Weber

SCHWEIZ:

Baden:

Städt. Kleintheater im Kornhaus:
Christina Mosimann

Basel:
Dr. Hans Hollmann, Direktion
Hans Neuenfels, Regie
Horst Zankl
Karl Heinz Böhm
Hubert Kronlachner
Johannes Reiter
Eva Maria Duhan
Susanne Granzer
Hertha Schell

Bern:
Johanna Mertinz
Marina Steinmann

Ateliertheater:
Erwin Leimbacher

Klein Theater:
Peter Holliger
Erwin Leimbacher

Luzern:
Peter Stöhr, Direktion
Elisabeth Müller
Klaramaria Skala

St. Gallen:
Dietmar Pflegerl, Regie
Gernot Friedel, Regie
Kurt Geyer
Gerhard Palder
Peter Haener
Astrid Keller

Zürich:

Schauspielhaus:
Fritz Zecha, Regie
Rudol Buzolich
Peter Holliger

Klaus Knuth
Jon Laxdal
Helmut Lohner
Robert Tessen
Maria Becker
Hannelore Fischer
Christiane Hörbiger
Marion Jakob
Eva Kerbler
Bettina Lindtberg
Christian Kohlund

Theater am Neumarkt:
Hans Henning Heers

Die Schauspieltruppe Zürich:
Maria Becker, Direktion
Robert Freytag, Direktion
Otto Freytag, Direktion
Christian Futterknecht
Christian Ghera

Bühne 64:
Paul Hubschmid

An deutschsprachigen Bühnen waren also in der Saison 1977/1978 rund 450 ehemalige Seminaristen engagiert.

Personenregister

Adam, Marika 390
Adamec, Herbert 400
Adler, Gusti 54
Affolter, Therese 362, 365 ff.
Aichinger, Ilse 128
Akermann, Armin 396
Alexander, Peter (Neumayer, Peter) 12, 172, 218, 247
Allyson, June 40
Almassy, Christian 269
Alpar, Gita 63
Ambros, Otto 40, 139
Ander, Otto 162, 401
Andergast, Maria 295
Andersen, Michael 302, 303
Andics, Hellmuth 25, 179
Andree, Ingrid 338
Anschütz, Heinrich 24
Anton, Liselotte 268
Antonius, Brigitte 174
Arleth, Emmerich 47
Arno, Siegfried 81
Artenfels, Rainer 379
Artmann, H. C. 220, 317
Askenase, Leon (Askin, Leo) 35 f.
Askin Leo 35 f.
Aslan, Raoul 70, 97, 115, 140, 148, 164, 169, 183, 184, 188, 195, 211, 226
Aufwerber, Martha 36
Awad, Mohamed 400

Bacall, Laureen 311
Bacher, Gerd 322
Bachler, Klaus 389
Bachmann, Ingeborg 128
Bachrach, Ernst 140
Badura, Gaby 393
Bahn, Roma 17
Bahner, Willi 37, 49, 60
Balaun, Michael 390
Balla, Lizzi 36
Balser, Evelyn 381, 394
Balser, Ewald 97, 164, 196, 394
Balser-Eberle, Vera 119, 160, 187, 199, 206, 209, 218, 262
Bard, Maria 35
Barlog, Boreslav 98, 309, 327, 328, 358, 385
Barnay, Paul 88, 181
Barrault, Jean-Louis 219, 347
Bassermann, Albert 88, 95, 188, 280
Bauer, Günther 174
Baumeister, Bernhard 25, 188
Baxevanos, Chariklia 174, 336, 337, 338
Bayer, Konrad 318
Beauvais, Peter 375
Becker, Maria 66, 96 ff., 177, 181, 279, 393, 395, 395
Beer, Rudolf 78, 115
Behrend, Klaus 101, 115
Bei, Heliane 170, 205
Beierle, Alfred 17
Bel Geddes, Norman 75
Benning, Achim 287 ff., 334, 400
Berger, Senta 294 ff., 345
Bergmann, Ingmar 255, 370
Bergner, Elisabeth 17
Bernau, Alfred 195
Berner, Dieter 358 ff., 368, 387, 400
Bernhard, Renate (Röhrl) 12, 379, 393
Bernhofer, Eva 137, 268
Berzobohaty, Elisabeth 116
Besch, Gisela 384, 394
Besch, Lutz 394
Besch, Wolfram 163, 269, 394
Bettac, Ulrich 17, 63, 133, 162
Bie, Oscar 19
Bierbaumer, Ulf 317

Bildt, Paul 164
Birkmeyer, Toni 110, 246
Blaha, Paul 173, 399
Blankenship, Beverly 389
Blaschitz, Mena 28, 30, 57
Bleibtreu, Hedwig 97, 211
Bleibtreu, Monica 340 ff.
Bloch, Ernst 79
Blühm, Karl 119
Bock (Direktor) 91
Böheim, Franz 89
Böhm, Anton 371
Böhm, Karl 394
Böhm, Karl Heinz 145, 146, 153, 394
Bodenwieser, Gertrud 109
Bogarde, Dirk 311
Bolesch, Otto 146
Bornemann, Jutta 40, 270
Borsche, Dieter 69
Borsody, Hans 174
Boskowsky, Willi 145
Boysen, Rolf 250
Brahm, Otto 16
Brandauer, Klaus Maria 350, 374, 387
Brandtner, Ignaz 189
Braun, Felix 140
Braun, Pinkas 219
Braun, Viktor 203
Brecht, Bert 23, 220
Brenner, Hans 308, 341
Breuer, Siegfried 272
Breuer, Walter 141
Brier, Daniel 226
Bronner, Gerhard 227, 319
Brook, Peter 342
Brooks, Richard 275
Brücklmeier, Ingeborg 205, 206
Bruhns, Werner 397
Brynner, Yul 299, 302
Buch, Gaby 382
Buchhammer, Kitty 370 ff.
Buchholz, Horst 310
Buchrieser, Franz 268
Buckwitz, Harry 263, 323
Buczolich, Rudolf 174
Burgkhardt, Ingrid 174
Buschbeck, Erhard 28, 31, 78, 126, 159, 160, 161, 162, 196, 202, 394
Buschbeck, Gandolf 153, 160 ff., 200, 202, 246, 392, 394, 401

Cramm, Berno von 386
Calhern, Luis 80
Carl, Rudolf 295
Caspar, Horst 66
Castiglione, Camillo 26, 72
Cebotari, Maria 66, 226
Chappuis, Marianne 381
Chladek, Rosalia 295
Christian, Hans (Hans Sachsl) 12, 128, 216, 222
Chudek, Erwin 93
Clarin, Hans 227
Cleve, Luise 145
Clös, Peter 391
Coblenzer, Horst 101, 102, 119 ff., 360, 377
Cocteau, Jean 182, 281
Coq, le 345
Corti, Axel 139
Croy, Matthias 389
Csencsits, Franz 389
Curtis, Tony 380
Czerwenka, Lydia 170
Czepa, Friedl 337
Cziffra, Geza von 179

Dahlke, Paul 17
Dallansky, Bruno 101, 102, 114, 173, 174, 234, 247, 269, 287, 392
Dangl, Martha (Weichselbaum) 101, 119
David, Otto 174

Davy, Walter 134, 198 ff, 210, 212, 269, 393, 398, 401
Decru, Etienne 219
Degenschild, Beatrix von 195
Degischer, Vilma 42 ff., 49, 57, 114, 262, 265, 268, 394
Deleglise, Oscar 126, 166, 169 ff., 176, 179, 187, 223, 240, 268
Delventhal, Rainer 388
Denk-Kuna, Karla 101, 102, 109 ff., 376
Dermota, Anton 394
Dermota, Jovita 394
Dessoir, Max 19
Deutinger, Ingeborg 387
Deutsch, Ernst 17, 168, 207, 280
Dieterle, William 344, 347
Dietrich, Frank 175
Dietrich, Marlene 311
Disney, Walt 302
Dörfler (Direktor) 271
Doll, Birgit 374
Domin, Friedrich 212
Dor, Milo 128
Douglas, Kirk 302
Dreyfuss, Mirjam 331, 381
Dubois, Lona 227
Düggelin, Werner 153, 269, 308, 346
Duna, Helmut 338
Dürer, Otto 87 ff.
Düringer, Annemarie 114, 172, 203, 246, 248, 269
Dürrenmatt, Friedrich 330
Durieux, Tilla 17
Duse, Eleonore 124
Duschek, Anton 189
Duschinsky, Richard 92
Dux, Margarethe 39
Dworsky 53, 54

Ecke, Carl Rainer 399, 401
Eckhardt, Fritz 38, 151, 267, 282, 396
Edthofer, Anton 44, 207
Egger, Bertrand A. 128
Egger, Inge 146, 153
Ehmke, Ilse 170
Ehrlich, Max 20
Eis, Heiki (Fanta) 137, 196, 268, 314, 394
Eis, Maria 97, 183, 184, 185, 186, 188, 211, 247, 248, 314, 394
Eisenreich, Herbert 128
Elb, Gretl 337
Emo, Maria 257, 264, 265, 266, 337
Engel, Erich 41
Engel, Walter 78
Epp, Leon 88, 167, 181, 239, 232, 264, 317, 360
Erber, Christl 175, 337
Eschberg(er), Peter 116, 397
Everding, August 191, 266
Eybner, Richard 43 ff., 51, 188
Eysoldt, Gertrud 18, 20, 21

Falk, Gerda 201, 393
Falckenbach, Uwe 384
Fanta, Heinrich (Heiki Eis) 314
Farkas, Karl 80, 319, 350
Fassbinder, Werner 361
Federmann, Reinhard 128, 129
Fein, Maria 97, 394
Fellini, Frederico 372
Felsenstein, Walter 196
Fenz, Sylvia 381
Ferolli, Beatrice 216, 268
Figl, Leopold 330
Finney, Albert 302
Firner, Walter 127
Fischer, Brigitte 389
Fischer, Götz 386, 398
Fischer, Hannelore 137, 392
Fischer, Kaspar 268

Fischer, Markus 36
Fischer, O. W. 39, 41, 94, 95, 147, 151, 267, 302
Fischerauer, Bernd 342, 399, 370
Flatter, Richard 37, 41, 57, 267
Fleckenstein, Günther 282
Fleischmann, Herbert 145, 153
Fontane, Theodor 16
Forster, Rudolf 17, 41, 211
Franchy, Felix 394
Frank, Horst 396
Frey Gaby 116
Frey, Erik 151, 216, 347, 394
Frey, Thomas 394
Freytag, Otto 178
Freytag, Robert 98, 143, 147, 181, 393, 395
Fried, Erich 308
Friedell, Egon 36
Friedl, Gernot 342 f.
Friedl, Werner 389
Friedmann, Siegwart 18
Friedrich, Karl 65
Friese, Karl-Heinz 401
Frisch, Ephraim 19
Froboess, Conny 237
Frydtberg, Vera 249
Fürdauer, Peter 127, 131, 396
Fütterer, Werner 17
Fuß, Harry 240
Futterknecht, Christian 282, 386
Fux, Herbert 127, 131, 202

Gabriel, Erich 268
Gabriel, Gudrun 391
Gasser, Wolfgang 288
Gaulhofer, Karl 109
Gautier, Helma 384, 392
Gavajda, Peter 350, 383
Gelzer, Martin 388
George, Heinrich 17
Gerasch, Alfred 95
Gerzner, Marianne 38
Gessner, Adrienne 248, 301
Geyer, Emil 19, 28, 30, 33, 36, 43, 54, 62, 68, 74, 78, 89, 93, 114
Giehse, Therese 147, 277, 341
Gielen, Josef 114, 144, 162, 211, 334
Ginsberg, Ernst 181, 224
Glaser, Otto Fritz 206
Glück, Harry 201, 269, 392
Glück, Wolfgang 127, 134, 182, 208 ff., 380, 393
Glücksmann, Josef 114, 132
Gnilka, Walter 146, 170
Gobert, Boy 224, 257, 309, 343, 381, 386
Goetz, Diego Hanns 140, 256, 266, 330
Gold, Käthe 209
Goltz, Christel 281
Gorvin, Joana Maria 374
Gottschlich, Hugo 236
Gspandel, Michael 390
Granzer, Susanne 388, 389
Gratzer, Hans 342, 398
Grendi, Verena 268
Gregor, Joseph 30, 123, 178, 187
Gregori, Ferdinand 19, 25
Grieb, Friedrich 172
Griem, Helmut 335
Groh, Ernst 107
Grohmann, Heinz 246
Gruber, Ingeborg 381
Gruber, Peter 398
Gründgens, Gustav 265, 290, 291
Guiness, Alec 302
Gulda, Friedrich 249, 259
Gutmann, Karl 396
Güzelaleksanyan, Aret 400

Haas, Ludwig 62, 63, 65, 127, 247
Haas, Waltraud 182
Habe, Hans 36

Hackenberg, Karl 250, 269, 393
Hacker, Friedrich 330
Haenel, Günther 87, 114, 314, 394
Haenel, Nikolaus 175, 314, 394
Haeusserman, Ernst 9, 88, 92, 133, 137, 167, 224, 249, 260, 261, 287, 288, 289, 291, 300, 334, 335, 342, 343, 355, 356, 357, 387
Hahn, Eleonore (siehe Minor, Nora) 12, 49
Hahne, Heidemarie (siehe Sorbas, Claudia) 213
Haider, Silvia 389
Halwax, Isolde 391
Hamme van (Direktor) 195
Hampel, Lucie 102
Handke, Peter 350, 383
Harth, Harald 381
Hatheyer, Heidemarie 164, 380
Hartl, Karl 161
Hartmann, Paul 28, 61
Harris, Richard 302
Harvey, Lilian 80
Haspel, Dieter 400
Hasse, O. E. 17
Haugk, Dietlind 116
Hauk, Herbert 170, 396, 401
Hebenstreit, Wolfgang 215
Heesters, Johannes 263, 394
Heesters, Nicole 256 ff., 265, 309, 394
Heim, Wilhelm 203
Heine, Albert 26
Heintel, Kurt 195
Heinz, Wolfgang 40, 173
Held, Berthold 19, 20
Held, Martin 310
Heller, André 335
Hellerau-Laxenburg 78
Helmer, Klaus 397, 400
Heltau, Michael 300
Hermann, Max 19
Hertel, Otto 102
Herterich, Franz 270, 350
Herz-Kestranek, Miguel 389
Heston, Charles 302
Hetzer, Koschka 401
Heymann, Werner Richard 145
Heyme, Hans Günther 266
Hieß, Netty 260
Hilpert, Heinz 22, 45, 120, 121, 149, 160, 162, 188, 198, 233, 237, 258, 265, 290, 293, 294
Himmel, Heinz 164, 165
Hinrichs (Intendant) 293
Hintz, Werner 17
Hlawka, Ilse 170
Hochdorf, Max 17
Hochner, Robert 401
Höbarth, Elisabeth 145
Hoesslin, Walter von 30, 33, 48, 49, 51 ff., 57, 61, 78, 101, 102, 127, 169, 187, 201, 269, 287, 334, 377
Hofbauer, Fritz 223
Hofer, Karl (Wuzelhofer) 401
Hoff, Hans 112
Höfferer, Sissy 390
Höflich, Lucie 17, 19
Hofmannsthal, Raimund 190
Holasek, Hans Peter 10, 398
Holländer, Walter von 19
Hollmann, Hans 116, 137, 153, 300, 306 ff., 318, 319, 341, 346, 382, 383, 400
Holzmeister, Clemens 176
Holzmeister, Judith 40, 66, 101, 114, 147, 178, 211, 269, 279, 392
Homolka, Oskar 147
Hörbiger, Attila 44, 50, 62, 261, 291, 364
Hörbiger, Christiane 213, 261 ff., 393, 394
Hörbiger, Elisabeth (siehe Orth, Elisabeth) 314
Hörbiger, Maresa 355 ff., 394

Hörbiger, Paul 41, 50, 225, 247
Höring, Klaus 116, 397
Horky, Robert 37, 49
Horner, Harry 70 ff., 81, 269
Hoyos, Katharina 390
Hrubesch, Erni 114
Huber, Gusti 164
Huber, Leopold 391
Hubermann, Leopold 119
Hubschmid, Paul 41, 66, 177, 178, 279
Hübner, Bruno 308
Hübner, Kurt 373
Hühnermann, Vera 384
Huemer, Kurt 116, 174
Huemer, Peter 317
Hudec, Vaclav 120
Huisman, Loek 396

Ibaschitz, Franz 177
Ihering, Herbert 44
Iltz, Bruno 87
Innitzer, Theodor 176

Jacoby, Gaby 163, 348 ff., 394
Jacoby, Georg 394
Jaffé, Karl 62
Jagersberger, Kurt (s. auch Jaggberg, Kurt) 12
Jaggberg, Kurt 12, 173
Jahn (Direktor) 86, 277, 278
Janatsch, Helmut 130, 133, 142, 200, 246
Janisch, Michael 193 ff.
Janisch, Peter 188, 193 ff., 401
Jannings, Emil 33, 272
Jaray, Alexander 119
Jaray, Hans 44, 62, 95, 108, 114 ff., 286, 307, 309, 336, 349
Jesserer, Gertraud 347, 382
Jonasson, Andrea 308
Jordan, Egon von 181, 182
Joseph, Arthur 96, 98, 99
Juch, Hermann 40
Jürgens, Curd 41, 195, 209, 224, 343
Jullien, Grit 68, 78
Jung, C. G. 237
Jungbauer-Stengl, Kitty 114
Jungbluth, Robert 163
Jusits, Rudolf 400

Kadmon, Stella 171, 235, 293, 361
Käutner, Helmut 302, 335
Kainz, Josef 120,186, 198, 224
Kaizik, Jürgen 400
Kalbeck, Florian 319
Kalbeck, Paul 27, 30, 33, 35, 36, 52, 61, 68, 78, 89, 90, 93, 114, 176, 177, 273
Kallina, Elisabeth 270
Kallina, Friedrich 162
Kamitz, Reinhard 108
Kapusta, Ernst 198, 200
Karajan, Herbert von 64, 222
Karpath, Ludwig 26
Kastner, Günther 102
Kasznar, Kurt 37, 78, 81
Katt, Geraldine 40
Kautek, Rudolf 134, 397
Kaye, Dany 80
Kayssler, Friedrich 21
Kazan, Elia 80
Kehlmann, Michael 92, 93, 103, 153, 201, 236, 316
Kemp, Paul 44, 272
Kenter, Heinz Dietrich 254
Kerbler, Eva 173, 392
Kerr, Deborah 299
Keppler, Renate 109
Kestranek, Maria 194
Kestranek, Zdenko 30, 43, 61, 78, 94, 119, 178, 193, 215, 254, 256, 260, 281, 289, 290, 292, 316, 333, 334
Kiesbauer, Hannelore 382

Kiesler, Hedy (Hedy Lamarr) 68, 69
Kienast, Liesl 39, 84
Killing, Cornelia 391
Kirchhofer, Serge (Udo Proksch) 335
Klebl, Bernhard 318
Klein, Hans Walter 353
Kleiner, Arthur 119
Klingenbeck, Fritz 30, 56 ff., 109, 135, 143, 236, 244, 401
Klingenberg, Gerhard (Schwabenitzky) 128, 289, 358
Klöpfer, Eugen 17
Knöbl, Kuno 319
Knuth, Gustav 314, 392, 394
Knuth, Klaus 116, 307, 314, 392, 394
Köhler, Brigitte 244
Köndgen, Cornelia 374
Körber, Hilde 22
Körner, Hermine 19
Kohner, Walter 280, 281
Kohout, Walter 246, 265
Konarek, Ernst 386
Konrad, Herta 172
Konradi, Inge 66, 147, 148, 196, 197, 247
Kortner, Fritz 17, 183, 191, 192, 212, 224, 280, 309, 381
Kovacs, Mijou 385
Kragora, Herbert 401
Kralj, Mathias 221
Kraus, Heinrich 140, 141
Kraus, Helmuth 118
Kraus, Wolfgang 134
Krauß, Werner 15, 17, 38, 41, 97, 181, 188, 196, 197, 243
Kreppel, Herbert 396
Kroetz, Franz Xaver 267, 341, 350, 361, 362, 371
Krüll, Eva 391
Kucera, Herbert 381, 385, 392
Kuchenbuch, Herbert 119, 160, 169, 189
Kügler, Polly 268
Kühnelt-Leddhin, Inge 38
Kuhlmann, Harald
Kutscher, Arthur 288
Kutscher, Hermann 101, 134, 137 ff., 260, 318
Kutschera, Rolf 346, 365
Kyrle-Schärf, Martha 278 ff.

Laban, Rudolf v. 56, 57
Lamac, Karl 78
Lamarr, Hedy (Kiesler) 69
Lambert-Hofer 116
Lang, Martin 89
Langen, Margaret 119
Langer, Friedrich 102, 123, 124, 125, 126, 130, 201, 330
Langer, Walter 172
Lasch, Gertrud 119
Lasch, Ute 384
Lattermann, Jenny 172
Laurentis, Di 136
Laxdall Halderson, Jon 268
Leddhin, Inge (Kühnelt) 38, 210, 268
Ledl, Lotte 141, 216, 227 ff., 247
Legbard, Paul 19
Lehár, Franz 65, 66
Lehmann, Hans Dieter 386, 400
Lehner, Alfred 179
Lehr, Maria 102, 111
Leichter Otto 46
Leontieff, Sascha 176
Lernet-Holenia, Alexander 272
Lessing, Gotthold Ephraim 23
Leyrer, Max 102
Lhotzky, Georg 114, 134
Liebeneiner, Wolfgang 44, 301, 338
Liewehr, Florian 386, 387, 393

Liewehr, Fred 49, 59 ff., 68, 78, 114, 144, 160, 164, 178, 187, 199, 201, 211, 218, 226, 241, 254, 262, 394
Liewehr, Otto 269, 279
Lind, Emil 126
Lindinger, Hugo 195
Lindner, Robert 95
Lindtberg, Bettina 387, 394
Lindtberg, Leopold 137, 147, 158, 263, 277, 385, 394
Lingen, Theo 272
Link, Hans Peter 128
Lipp, Alfons 244, 247, 393
Lissa, Eva 39
List, Irene 268
Litvak, Anatol 299
Lobe, Claudia 383
Loew, Paola 258, 260
Löhner, Ernst 85
Löwe 86, 119
Löwinger, Gretl 39, 393
Löwitsch, Klaus 109, 116, 175, 269, 336, 396
Lohner, Helmuth 37, 38, 252, 347
Losert, Josef 107
Lothar, Ernst 32, 33, 93, 94, 147, 265, 280
Luca, Dia 57, 294
Lugger, Alois 126

Matz, Johanna 141, 172, 196, 216, 229, 246, 247, 384, 387, 393
Maugham, Sommerset 275
Maultaschl, Ferdinand 102, 140
Mauthe, Jörg 152, 203
May, Paul 311
Mayen, Harry 337, 338
Mayer, Annie 40
Mayer (Dr.) 401, 402
Medved, Silvia 38
Meinhardt, Carla 114
Meinrad, Josef 209, 336, 381, 391
Meisel, Kurt 153
Meister, Ernst 153, 161, 163, 165 ff., 170
Melchinger, Siegfried 96, 98
Melichar, Alois 249
Melichar, Rudolf 247, 249, 250
Mell, Marisa (Moitzi, Marlies) 12, 213, 333, 379, 380
Mercouri, Melina 302
Mertinz, Johanna 386
Merz, Carl 40
Messner, Franz 172, 249
Michaelis, Renée 238, 239, 240
Meyer, Conny Hannes 389, 400
Mill, Edith 145
Mikulicz, Hilde 104, 152 ff., 159, 196, 205
Macher, Dietlind 379
Maier, Ulrike 378, 391
Manas, Silvia 163, 387
Mangold, Erni (Reincke) 101, 115, 118, 119, 378
Manker, Gustav 82 ff., 370, 400
Manker, Paulus 378, 391
Mannheim, Lucie 207
Mantscheff, Heta 384
Marboe, Ernst Wolfram 329 ff., 401
Marceau, Marcel 219
Marecek, Heinz 348, 352 ff.
Marischka, Ernst 248, 300
Marischka, Hubert 101
Marischka, Franz 396
Marko, Gerda 268
Markus, Elisabeth 114, 206
Markus, Winnie 41, 66, 147, 178
Martin, Francis 393, 394
Martini, Luise 225, 226, 227, 246
Marquardt, Liselotte 384
Marx, Joseph 26
Maschkan, Josef 102, 120
Mastroianni, Marcello 380

Matiasek, Helmut 141, 229, 233 ff., 244, 247, 401
Matic, Peter 314
Mattern, Kittty (Matfuss) 57, 77 ff.
Minor, Nora (Hahn Eleonore) 12, 38, 43, 49, 92
Mittermüller, Fritz 54

Neff, Dorothea 228
Neher, Caspar 52
Nenning, Georg 389
Neuber, Wolf (Newerkla, Wolfgang) 12, 148
Neuberg, Erich 127, 128, 130, 236, 248
Neudecker, Lucie 173, 216, 244, 247
Neuenfels, Hans 346, 383, 384, 388, 392, 399
Neugebauer, Alfred 27, 33, 34, 93, 97, 114, 150, 158, 160, 178, 187, 188, 189, 199, 203, 229, 238, 242, 256, 264
Neumayer, Peter (Alexander) 12, 218
Neusser, Peter 257, 393
Neuwirth, Gösta 317 .
Newerkla, Wolfgang (Neuber, Wolf) 12
Nicoletti, Susi (Haeusserman) 9, 115, 272, 285, 297, 298, 364, 365, 402, 403,
Niederführ, Hans 32, 34, 66, 71, 89, 108, 114, 116, 144, 160, 171, 254, 261, 273, 285, 299, 310, 322
Niedermoser, Otto 33, 127, 169, 201, 330
Nikowitz, Erich 337
Noelte, Rudolf 224, 265, 373, 387
Nüchtern, Hans 139, 178, 217
Nürnberger, Andrea 386
Nussgruber, Rudolf 395

Oberer, Michael 400
Oberkogler, Cornelia 101, 115, 269, 367, 378
Ode, Eric 395
Olafsdottir, Ruth 391
Olden, John 248
Olivier, Lawrence, Sir 124
Ott-Gollubits, Maria 119
Ott, Elfriede 308
Ordynski, Richard 19
Orlik, Emil 19
Orth, Elisabeth 137, 291 ff., 334, 394
Ostermayer, Christine 253 ff., 260

Pacassi 24
Pach, Helma v. 268
Packinpah, Sam 302
Padalewski, Erich 172, 393
Pallenberg, Max 68
Paller, Tua 393
Palmer, Lilly 312
Parthon, Dorothea 388
Paryla, Karl 38, 168, 350, 394
Paryla, Nikolaus 394
Pasetti, Peter 192
Pataky, Zsoltan 400, 401
Patzak, Eva 269, 394
Patzak, Julius 394
Patzak, Peter 204
Paule, Hubert 268
Paulsen, Max 162, 211
Pekny, Thomas 190
Pekny, Romuald 172, 183 ff., 206, 208, 233
Pelikowsky, Erika 40
Peter, Ilka 109
Peters, Monika 170
Petrus, Eva 190
Perak 15
Perny, Wolfgang 362
Perschy, Maria 309 ff.
Peymann, Claus 362, 365, 366, 368

Pfaff, Jürgen 400
Pfaudler, Franz 216
Pfundmeyer, Hedy 294
Philipp, Gunther (Placheta) 12, 143, 145, 153, 200, 205, 269
Philipp, Ulli 307
Picha, Heidi 369, 370
Pichler, Gustav 270 ff.
Pirchan, Emil 135
Piscator, Erwin 85, 153, 318
Pistorius, Hedwig 37, 68
Placheta, Günther (Philipp, Gunther) 12
Plechl, Pia Maria 111
Ploy, Liesl (Trude) 38
Pluhar, Erika 298, 333, 334
Podehl, Peter 268
Pohl, Carla
Pohlmann, Eric 84, 89, 90, 91, 92, 93
Pointner, Anton 164
Polewitzkaja, Elena 103 ff., 157, 164, 229, 237, 250, 251, 254
Pollitzer, Arthur 47
Ponto, Erich 164
Pöschl, Trude 167, 202
Possony, Ernst 119
Prack, Rudolf 66, 146, 147
Prassel, Ernst 388
Prawy, Marcel 102, 120
Preiss, Wolfgang
Preminger, Otto 27, 32, 52, 68, 71, 74, 75, 78, 81, 84, 90, 272
Preses, Peter 308
Prevert, Jacques 219
Prevert, Pierre 219
Prinz, Friedrich 249
Prinz, Hansi 39
Proksch, Udo (Kirchhofer, Serge) 335
Pruscha, Victor 167
Pulver, Liselotte 345
Purr, Ulla 385
Quadflieg, Will 373
Qualtinger, Helmuth 202, 219, 227, 248, 316, 347, 395
Quetes, Wolfgang 361, 400

Raimoundus, Georg 360, 398
Rainer, Heinz 387
Rainer, Maria 381
Raky, Hortense 38, 84, 90, 394
Rambausek, Else 295
Ramhapp, Elfriede 307
Rastl, Michael 388
Rauchenwald, Thomas 116
Reich, Johannes 37, 38, 73
Reichert, Charlotte 69
Reichert, Franz 63, 398
Reichel, Hedy 172
Reinbacher, Wolfgang 385
Reininghaus, Antonia 390
Reizenstein, Anton 400
Renar, Karl 128
Rennert, Günther 373
Reyer, Walther 173, 381
Richard, Frieda 33, 93, 114
Richter, Walter 181
Riedmann, Gerhard 172, 188, 206
Rieck, Eva 388
Rieger, August 213
Riemerschmied, Wolfgang 401
Rieschel, Claudia 389
Rieser, Wolfgang 277
Rischanek, Herbert 171
Röbbeling, Hermann 59, 63, 64
Röhrl, Renate (siehe Bernhard, Renate) 12
Rökk, Marika 351, 394
Römpler, Alexander 25
Rösner, Rudolf 180
Rohs, Martha 225, 394
Rollett, Erwin 67
Roller, Alfred 28, 30, 52, 55, 61, 71, 78, 88, 126
Rom, Hilde 172

Romanowsky, Richard 44
Rosar, Annie 151, 176
Rosenthal, Heinz H. 308
Roszgony, Andreas 397
Rott, Adolf 57, 66, 233, 331, 385
Rott, Klaus 398
Rudolf, Leopold 146, 207, 215, 242, 300
Rühmann, Heinz 212
Rütting, Barbara 92
Rupp, Sieghart 174, 257
Rysanek, Leonie 226

Sachsl, Hans (Christian, Hans) 12
Sagan, Leontine 18, 19, 20, 21
Sailer, Toni 310
Salten, Felix 42, 50
Sandt, Nina 69
Sasse, Heribert 386
Sattler, Fritz 353
Schärf, Adolf 275
Schärf-Kürle, Martha 93, 275 ff.
Schafheitlin, Franz 17
Scheidl, Michael 39
Schell, Hertha 382, 386, 393, 398
Schell, Maria 395
Schell, Maximilian 153, 374
Schellow, Erich 98, 99, 225, 229
Schenk, Otto 101, 115, 132, 133, 141, 172, 216, 234, 238 ff., 249, 255, 300, 308, 350, 352, 364, 382
Schenk, Theo 281 ff.
Scherzer, Christian 400
Schildkraut, Josef 17
Schily, Horst 388
Schimmelpfennig, Heinz 205
Schleiermacher, Annette 194
Schmedes, Maria 40
Schmid, Emanuel 101, 102, 119, 269
Schmid, Manfred 379
Schmidinger, Walter 175, 257, 265
Schmidt, Aglaja 156 ff., 200
Schmidt, Peer 339
Schmidt, Wilhelm 223
Schmith, Iwan 19, 28, 30, 43, 57, 61, 70, 78, 84, 103, 271
Schmitt, Saladin 120, 150
Schmöle, Otto 133
Schneider, Romy 302, 382
Schneiderhan, Wolfgang 394
Schneider-Siemssen, Günther 52
Schönauer, Marianne 93 ff., 277, 279
Schönwiese, Susanne 394
Schörg, Gretl 95
Schoop, Trudi 78
Schossmann, Kurt 381
Schrenk, Emmerich 394
Schrenk, Michael 390, 394, 401
Schreyvogl, Friedrich 30, 32, 59, 123, 271
Schreyvogl, Elisabeth 394
Schröder, Ernst 212
Schroer, Fred 323, 324
Schroth, Karl Heinz 92
Schuchter, Gabriele 391
Schuchter, Georg 391
Schüler, Annemarie 385
Schuh, Oscar Fritz 158, 207, 236, 323, 341
Schulbaur, Otto Heinz 169, 171, 187, 188, 218, 224, 228, 240
Schult, Ursula 181
Schultze, Christian 339
Schuschnigg, Kurt 84
Schwabenitzky, Gerhard (Klingenberg, Gerhard) 128
Schwarz, Gottfried 313 ff., 401
Schwarz, Helmuth 10, 31, 101, 102, 112, 127 ff., 136, 285, 286, 287
Schwarz, Kurt Julius 129
Schwarz, Libgart 350, 383
Schweiger, Heinrich 141, 172, 195, 203, 223 f., 229, 248, 393

Schweiger, Susanne 393
Schweikart, Hans 191
Schwenk, Peter 189
Schwetter, Karl 189
Seefried, Irmgard 389, 391, 394
Seefried, Mona 394
Seelig, Ernst 200
Segal, George 302, 303
Seidel, Signe 380, 401
Seidler, Alma 133, 164, 262
Sellner, Gustav 158
Servaes, Dagny 216
Servaes, Evi 392
Servi, Helly 40. 178
Siebert, Hans 198, 199
Siegl, Hannes 172
Sigell, Dany 383
Sigmund, Helmut 393, 401
Silhavy, Olivia 401
Sittner, Hans 171
Skoda, Albin 97, 211, 226
Skodler, Stefan 39, 84
Skraup, Karl 95
Sklusal, Elfriede 171
Söhnker, Hans 301
Sorbas, Claudia (Heidi, Hahne) 213, 393
Sowinetz, Kurt 133
Soyfer, Jura 129
Späni, Paul 174, 257
Speiser, Kitty 343, 344, 350
Sperr, Martin 267, 341, 350
Spitzer, Bernd 387
Standl, Ludwig 226
Stanislawski, Konstantin S. 23, 103
Stankovski, Ernst 172, 204 ff.
Stark, Eugen 175
Staudinger, Anton 317
Steckel, Leonhard 147, 181, 207, 300, 330
Stefanek, Lore 383
Stein, Peter 341, 361
Steinberger, Elisabeth 346
Steinböck, Felix 133
Steinböck, Rudolf 158, 161, 162, 236, 255, 264, 341
Steinrück, Albert 18
Stejskal, Karl (s. auch Renar) 128
Stemberger, Elisabeth 346
Stepanek, Elisabeth 203, 389
Steuer, Wolfgang 401
Stöger, Leopold 268
Stoiber, Rudolf 128, 401
Stolz, Clarissa 394
Stolze, Lena 373
Stoß, Franz 38, 151, 271, 308
Strahl, Erwin 179 ff., 233
Strakosch, Albert 18, 21, 22
Stratas, Teresa 318
Strehler, Giorgio 265, 266, 348
Striebeck, Peter 385
Strnad, Oscar 28, 30, 33, 44, 52, 55, 61, 71, 75, 78
Strobl, Mons. 316
Stroux, Karl Heinz 153, 224, 309, 350. 323, 381, 385, 394
Stroux, Stefan 257, 386, 388, 394, 399
Stuart, James 283
Stucki, Lorenz 172, 200
Sulzer, Irene 388
Swinarski 328
Sydow, Max von 302, 303
Szalay, Sophie 401

Tannert, Hans 324, 325, 326
Tardi, Anna 381, 392
Tausig, Otto 101, 115, 172, 173, 247, 248, 269, 350
Terramare, Stefan 269, 270, 271
Terval 63
Thomas, Dagmar 137, 320 ff.
Thomas, Solveig 320
Thomson, Carlos 312
Thimig, Christl 194

Thimig, Hans 27, 28, 35, 41, 44, 62, 71, 93, 108, 116, 169, 184, 185, 187, 267, 295
Thimig, Helene 22, 33, 44, 45, 50, 62, 72, 96, 107, 140, 141, 171, 188, 207, 209, 229, 240, 241, 250, 257, 259
Thimig, Hermann 44, 169, 180, 394
Thimig, Hugo 44, 52, 60, 62
Thimig, Johanna 371, 382, 394
Tichy, Curth Anatol 172
Tiedke, Jakob 272
Tilden, Jane 248, 380, 394
Tiller, Nadja 249
Tillian, Robert 383, 388, 389
Tolnay, Margit von 35, 42, 178
Tordis, Eleonor 176
Tramm, Ingeborg 269
Tressler, Otto 95, 203, 225
Trojan, Alexander 121
Trissenaar, Elisabeth 383, 384, 385, 392, 399
Trixner, Heinz 370, 383, 384
Truppe, Fritz 386
Tschierschke, Olaf 393
Turrini, Peter 362, 387

Ucicky, Gustav 259
Umgelter, Fritz 385
Ungeheuer, Günther 248
Urban, Maria 173, 238

Valente, Katharina 393
Versini, Maria 283
Ventura, Elli 268
Vilar, Jean 219
Viertel, Berthold 132, 147, 162, 196, 202, 209, 210, 211, 212, 224, 247
Völlenklee, Markus 390
Vogel, Rudolf 212
Vollmer, Bernhard 120, 121
Volters, Eduard 144, 151, 194, 199

Wächter, Alexander 388
Waelterlin, Oscar 23, 153
Waldau, Gustav 50, 60
Waldbrunn, Ernst 95, 245, 265, 308
Waldmüller, Lizzi 91
Wallburg, Otto 17, 44
Waltz, Andreas 389
Waltz, Christoph 391
Wandruschka, Marina 389
Wangel, Hedwig 18
Waniek, Herbert 176
Wassermann, Georg 176
Wassler, Traute 174
Wayand, Ingrid 401
Wayne, John 283
Weck, Peter 250 — 253, 257, 336
Wegener, Paul 17
Wegrostek, Eduard 283, 394
Wegrostek, Oskar 283, 394
Weibel, Paul 366
Weichselbaum-Dangl, Martha 101, 102
Weigel, Hans, 128, 129, 235, 252
Weigel, Helene 220
Weihs, Peter 233, 318, 353, 396, 401
Weil von Weilen, Josef 25
Weinberger, Elga 269
Weingart, Feodor 93, 278
Welzel, Margarethe 171
Werner, Ilse 94
Werner, Kurt 102, 120, 393
Werner, Oskar 161
Wessely, Paula 24, 41, 50, 62, 67, 69, 158, 188, 247, 257, 261, 262, 291, 358, 394
Wessely, Rudolf 171, 207, 396
Wicki, Bernhard 143, 163, 302, 374, 390, 395

Widmark, Richard 302
Wiegel, Peter 269
Wieland, Guido 39, 68, 151
Wieman, Mathias 17, 337
Wiesenthal, Grete 89, 110
Wiethe, Camillo 144
Wigman, Mary 110
Wildbolz, Klaus 334, 380
Wildgans, Anton 26, 49
Wildgruber, Ulrich 399
Wilhelm, Kurt 145, 200, 246, 248, 395
Willner, Oscar 181, 182
Winter, Heinz 172, 247
Winter, Reinhard 391
Winterstein, Eduard v. 18
Wirth, Franz Peter 338
Wochinz, Herbert 130, 141, 218 — 221
Wöber, Johanna, 120
Wögerer, Otto 95
Wohlgemuth, Else 97
Wondra & Zwickl 295
Wondruschka 131
Wolf, Gusti 69
Wotruba, Fritz 176, 219
Zadek, Peter 293, 341, 383
Zaeckel, Michael 107, 144
Zankl, Horst 342, 350, 362, 368, 386, 393, 397, 398, 400
Zbonek, Edwin 214, 215, 216, 217, 249, 400
Zecha, Fritz 134, 353
Zeisel 91
Zeiss, Ernst 30
Zellermayer, Alexander 390
Zeplichal, Vitus 388
Zeska, Philipp v. 129
Zilcher, Eva 114, 130
Zimmer, Grete 200, 216
Zimmermann, Eduard 279
Zinner, Peter 273, 274, 275
Zirner, August 375, 376
Zuber, Heinz 344, 345, 346, 347, 348
Zuckmayer, Carl 179
Zurmühle, Mark 400
Zusanek, Harald 276

Literaturverzeichnis

Neben einer Reihe hier nicht näher zu zitierender Nachschlagewerke dienten als wesentlichste Grundlage für dieses Buch einige hundert Gespräche mit Schülern und Lehrern des Reinhardtseminars.

Hier — in Auswahl — zusätzlich verwendete Literatur:

Helmut Schwarz, *Max Reinhardt und das Wiener Seminar.* Wien 1973.

Gusti Adler, *Max Reinhardt, sein Leben.* Salzburg 1964.

Ernst Haeusserman, *Max Reinhardts Theaterarbeit in Amerika.* Diss. der philosophischen Fakultät der Universität Wien, 1966.

Oscar Deleglise, *Das Schönbrunner Schloßtheater.* Mit Beiträgen von O. Deleglise, J. Gregor, R. Holzer, K. Kobald, J. K. Ratislav. Wien 1847

Berthold Held, *„25 Jahre Schauspielschule des Deutschen Theaters".* Berlin 1930.

Erhard Buschbeck, *Mimus Austriacus.* Aus dem nachgelassenen Werk, hrsg. von Lotte von Tobisch. Salzburg/Stuttgart 1962.

Heinz Hilpert, *Formen des Theaters.* Reden und Aufsätze, Wien/Leipzig o.J.

Helene Thimig-Reinhardt, *Wie Max Reinhardt lebte.* Percha 1973.

Rudolf Oertel, *Macht und Magie des Film.* Weltgeschichte einer Massensuggestion. Wien 1959.

Hans Peter Holasek, *Das Max Reinhardt Seminar.* Dissertation Wien, 1967

Konstantin S. Stanislawskij, *Theater, Regie und Schauspieler.* Hamburg 1958.

Bert Brecht, *Kleines Organon für das Theater.* Frankfurt/Main 1960.

175 Jahre Burgtheater. Herausgegeben mit Unterstützung der Bundestheaterverwaltung, Wien. o. J.

Ernst Haeusserman, *Das Wiener Burgtheater.* Wien, München, Zürich 1975.

Friedrich Schreyvogl, *Das Burgtheater.* Wirklichkeit und Illusion. Wien 1965.

Erwin Müller-Karbach, *Palais Cumberland in den Kriegsjahren* 1914—1918. Wien 1919.

Ferner wurden verschiedene Jahrgänge des „Deutschen Bühnenjahrbuchs" verwendet, Theaterjahrbücher und Almanache sowie eine Reihe von Zeitungen und Zeitschriften.

Ein schönes Stück Kulturgeschichte

Leo Mazakarini

Das Hotel Sacher zu Wien

Zum Buch

„Es ist allein schon durch seine Ausstattung eine würdige Geburtstagsgabe geworden, bei der der Textteil hält, was der Bildteil verspricht. Der Autor hat es verstanden, eine ungemein anschauliche, stets amüsante Darstellung seines Themas zu geben.“ (ORF)

Das Buch wurde von der Gastronomischen Akademie Deutschlands, Frankfurt/Main, mit der Silbermedaille ausgezeichnet.

Aus dem Inhalt

Die große Tradition: Die ersten 100 Jahre — Traumkarriere im Biedermeier: Franz Sacher — Wien um das alte Sacher - ein Farbbildessay — Ein süßes Geheimnis: Die Sachertorte — Als der alte Kaiser noch jung war — Ein Ruf geht um die Welt: „Das Sacher, das bin ich!“ — Vom Kärtnertor zum Opernring - Ein Farbbildessay — Wie man einst im Sacher lebte — „Komm mit mir ins Chambre separeé — In diesem Haus ißt (nicht nur) Österreich — Kleine Kulturgeschichte in großen Menüs — Das kleine Sacher-Familienalbum — Sacher-Spezialitäten - Ein Farbbildessay — Das Gästetuch der Anna Sacher — Das Sacher ist tot! Es lebe das Sacher! — Ein Hotel als Filmdiva — Sacher-Impressionen - Ein Farbbildessay — Der Lichthofspezialist — Ein Galerie, die keine Vernissagen braucht — Kleiner Führer durch das Sacher-Museum — Ein Hotel als Muse — Management im Dienst des Gastes — Wie man heute im Sacher lebt - Ein Farbbildessay — Die „treuen Diener“ ihrer Herrn: Die Sacher-Familie — Die große Tradition: Die nächsten 100 Jahre — Personenregister.

Zum Autor

Leo Mazakarini, seit anderthalb Jahrzehnten im Verlagswesen leitend tätig, veröffentlichte zahlreiche Artikel in Büchern, Zeitungen und Zeitschriften, war an der Entwicklung großer Bild-Text-Dokumentationen entscheidend beteiligt und schrieb Sendungen für Hörfunk und Fernsehen.

ORAC

ISBN: 385368-823-3
Standardausgabe

ISBN: 385368-822-5
Lederausgabe

Bibliographie:

Leo Mazakarini, Das Hotel Sacher zu Wien, 256 Seiten, davon 48 Farbseiten, 248 Schwarzweißbilder, Großformat 23 x 27 cm, Preis der Standardausgabe S 495,—, DM 68,—

Von diesem Werk liegt eine in weißes Leder gebundene signierte und numerierte Luxusausgabe (99 Exemplare) vor. Preis der Luxusausgabe: S 1240,—, DM 168,—

Auslieferung in der Bundesrepublik Deutschland: Verlag Gräfe und Unzer, München.